지역인재
9급 수습직원
[국어]

지역인재 9급 수습직원
[국어]

초판 인쇄	2021년 2월 8일
개정1판 발행	2022년 5월 11일

편 저 자 | 공무원시험연구소
발 행 처 | ㈜서원각
등록번호 | 1999-1A-107호
주　　소 | 경기도 고양시 일산서구 덕산로 88-45(가좌동)
교재주문 | 031-923-2051
팩　　스 | 031-923-3815
교재문의 | 카카오톡 플러스 친구[서원각]
영상문의 | 070-4233-2505
홈페이지 | www.goseowon.com
책임편집 | 김수진
디 자 인 | 이규희

PREFACE

본서는 지역인재 9급 수습직원 선발시험을 준비하는 수험생을 위해 그동안 시행되어 온 각종 9급 공무원시험 및 지역인재 선발시험을 철저하게 연구·분석한 수험서로서, 짧은 시간 내에 효과적인 학습이 될 수 있도록 단원별로 핵심이론을 요약정리하고, 그에 맞는 기출문제와 핵심예상문제를 함께 실었다.

갈수록 치열해지는 공무원 시험에서 고득점을 올릴 수 있는 최선의 방법은 체계적인 학습계획을 세우고 보다 좋은 수험서를 선택하여 완벽한 학습이 이루어지도록 꾸준히 노력하는 길일 것이다. 본서가 학습의 길잡이가 되어 수험생 여러분이 합격의 영광을 누릴 수 있기를 바란다.

INFORMATION

📝 선발개요

1. 학교의 장은 추천 요건에 맞는 우수한 인재를 인사혁신처에 추천
2. 인사혁신처는 필기시험, 서류전형, 면접시험을 통해 수습직원을 선발
3. 최종합격자는 6개월간의 수습근무 후 임용심사 결과에 따라 일반직 9급 국가공무원 이용 여부 결정

📝 선발규모

직군	직렬	직류	선발인원	임용예정부서(예시)
행정 (260명)	행정	일반행정	191명	전 중앙행정기관
		회계	15명	교육부
	세무	세무	45명	국세청
	관세	관세	9명	관세청
기술 (120명)	공업	일반기계	14명	중소벤처기업부 등 그 밖의 중앙행정기관
		전기	17명	우정사업본부 등 그 밖의 중앙행정기관
		화공	4명	산업통상자원부 등 그 밖의 중앙행정기관
	시설	일반토목	11명	국토교통부 등 그 밖의 중앙행정기관
		건축	16명	국가보훈처 등 그 밖의 중앙행정기관
	농업	일반농업	18명	통계청, 농림축산식품부
	임업	산림자원	5명	산림청
	보건	보건	6명	보건복지부
	식품위생	식품위생	2명	식품의약품안전처
	해양수산	선박항해	4명	해양수산부
		선박기관	2명	
	전산	전산개발	15명	행정안전부 등 그 밖의 중앙행정기관
	방송통신	전송기술	6명	과학기술정보통신부, 행정안전부
총계			380명	

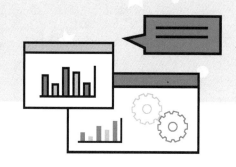

✎ 추천대상 자격요건

1. 응시가능 연령

17세 이상(2005.12.31. 이전 출생자)

2. 졸업자 또는 졸업예정자

(1) 졸업자

졸업일이 최종시험예정일을 기준으로 역산하여 1년 이내인 사람에 한해 추천 가능

(2) 졸업예정자

고등학교는 3학년 1학기까지의 학사과정 이수자 또는 조기졸업예정자, 전문대학교는 졸업 학점의 3/4 이상을 취득한 사람으로 2023년 2월까지 졸업이 가능하여야 하며, 수습시작(2023년 상반기 예정)전까지 졸업하지 못할 경우 합격 취소

3. 학과성적

(1) 고등학교

소속 학과에서 이수한 모든 전문교과 과목의 성취도 평균 B 이상, 그 중 50% 이상의 과목에서 성취도 A, 보통교과 평균석차등급 3.5 이내에 해당

(2) 전문대학교

졸업(예정) 석차비율이 소속 학과의 상위 30% 이내에 해당

4. 선발예정직렬(직류) 관련 전문교과 또는 학사

(1) 고등학교

선발예정직렬(직류) 관련 전문교과를 전문교과 총 이수단위의 50% 이상 이수

※ 졸업예정자의 경우 3학년 1학기까지 이수한 전문교과 총 이수단위 기준

(2) 전문대학교 : 선발예정직렬(직류) 관련 학과 전공

직군	직렬	직류	선발예정 직렬(직류) 관련 전문교과 또는 학과	
			고등학교	전문대학교
행정	행정	일반행정	경영 · 금융 교과(군)	해당 없음
		회계		
	세무	세무		
	관세	관세		
기술	공업	일반기계	기계 교과(군) / 재료 교과(군)	선발직류 관련 학과
		전기	전기 · 전자 교과(군)	
		화공	화학공업 교과(군)	
	시설	일반토목	건설 교과(군)	
		건축		
	농업	일반농업	농림 · 수산해양 교과(군) 중 농림 관련 과목	
	임업	산림자원		
	보건	보건	보건 · 복지 교과(군)	
	식품위생	식품위생	식품가공 교과(군)	
	해양수산 (자격증 필수)	선박항해	선박운항 교과(군) / 농림 · 수산해양 교과(군) 중 수산해양 관련 과목	
		선박기관		
	전산(자격증 필수)	전산개발	정보 · 통신 교과(군)	
	방송통신	전송기술		

① 관련 전문교과(군)에 해당하는지 여부는 초 · 중등학교 교육과정 총론을 따름

② 해양수산, 전산 직렬은 관련 전문교과 또는 학과 기준을 충족하고 자격증을 취득하여야 응시 가능

③ 선발예정직렬(직류) 관련 전문교과 또는 학과 요건을 충족하지 못한 경우에는 선발예정직렬(직류)과 관련된 자격증을 취득하여야 해당 직렬(직류)에 응시 가능

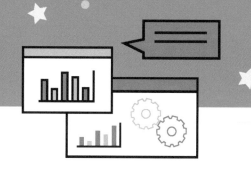

✎ 시험방법

1. 전형절차

필기시험	서류전형	면접시험

2. 시험 세부사항

(1) 필기시험

시험과목	출제유형	문항수	배점	배정시간
국어, 한국사, 영어	객관식	과목당 20문항	100점 만점 (문항당 5점)	과목당 20분

① 각 과목 만점의 40% 이상 득점한 사람 중 시험성적 및 면접시험 응시자 수 등을 고려하여 고득점자 순으로 합격자 결정

② 선발예정인원을 초과하여 동점자가 있을 때에는 그 동점자를 모두 합격자로 처리(동점자 계산은 소수점 이하 둘째자리까지 한다)

(2) 서류전형

필기시험 합격자에 한해 기준 적합 여부를 서면으로 심사하여 적격 또는 부적격 여부 결정

(3) 면접시험

직무수행에 필요한 능력과 적격성을 점증하기 위해 5개 평정요소에 대해 각각 상·중·하로 평정하여 불합격 기준에 해당하지 않는 사람 중 평정 성적이 우수한 자 순으로 합격자 결정

평정요소	• 공무원으로서의 정신자세	• 전문지식과 그 응용능력
	• 의사표현의 정확성과 논리성	• 예의·품행 및 성실성
	• 창의력·의지력 및 발전가능성	

(4) 합격자 발표

① 합격자는 사이버국가고시센터(www.gosi.kr)를 통해 공고

② **추가 합격자 결정** : 최종합격자가 수습근무를 포기하는 등의 사정으로 선발예정인원에 미달하는 때에는 수습근무 시작 전까지 추가로 합격자 결정 가능

✎ 합격자 결정시 고려사항

지역별 균형합격, 특성화고 등 고등학교 출신 우대, 관련학과 응시자의 직렬(직류) 유관 자격증 가산점 부여

STRUCTURE

05 희곡 · 시나리오 · 비평

❶ ·· 희곡

(1) 희곡의 정의

무대에서 배우가 공연하는 것을 목적으로 한 연극의 대본으로 산문 문학의 한 갈래이면서 동시에 연극의 한 요소가 된다.

(2) 희곡의 특징

① 무대 상연의 문학 : 희곡은 무대 상연을 전제로 한 문학, 즉 연극의 각본이다.

② 행동의 문학 : 희곡에서의 행동은 압축과 생략, 집중과 통일이 이루어져야 하며, 배우의 연기에 의해 무대에서 직접 형상화된다.

③ 대사의 문학 : 소설에서는 마음껏 묘사와 설명을 할 수 있지만, 희곡에서는 오직 극중 인물의 대사와 행동만으로 이루어진다.

④ 현재화된 인생을 보여 주는 문학이다.

⑤ 내용이 막(幕, act)과 장(場, scene)으로 구분되는 문학이다.

⑥ 시간적 · 공간적 제약을 받는 문학이다.

⑦ 의지의 대립 · 갈등을 본질로 하는 문학이다.

(3) 희곡의 구성(plot)

① 희곡의 형식적 구분 단위

　㉠ 장(場, scene) : 막의 하위 단위이며 희곡의 기본 단위이다. 전체 가운데 한 독립된 장면으로, 하나의 막 가운데에서 어떤 하나의 배경으로 진행되는 장면의 구분이다.

　㉡ 막(幕, act) : 몇 개의 장으로 이루어지며, 휘장을 올리고 내리는 것으로 생기는 구분이다. 연극 및 희곡의 길이와 행동을 구분하는 개념이 된다.

② 희곡의 구성 유형

　㉠ 3분법(3막극) : 발단→상승(전개 · 위기)→해결(결말)

　㉡ 4분법(4막극) : 발단→전개→전환(위기 · 절정)→결말

　㉢ 5분법(5막극) : 발단→상승(전개)→절정(위기)→하강(반전)→결말(대단원)

(4) 희곡의 갈래

① 내용에 따른 갈래

　㉠ 희극(喜劇 ... 용으로 하는 희곡으로, 기지, 풍자, 해학의 수 ... 이다. 지적이며 행복한 결말을 맺는다.

　㉡ 비 ... 하는 희곡으로 처음부터 비극을 ... 하게 끝맺는다.
... 백베드 · 오텔로, 아더 밀러의 세일즈 ...

보충학습

희곡의 형식적 구성 요소

㉠ 해설 : 희곡의 첫머리 ... 기 전후에 필요한 무대 ... (시간적, 공간적) 등을 설명 ... 한다.

㉡ 지문 : 배경, 효과, 조명, 등장 인물의 행동, 표정, 심리 등을 지시하고 설명하는 글로 '바탕글'이라고도 하며 현재형으로 쓴다.

㉢ 대사 : 등장 인물이 하는 말로 모든 극적인 주제와 사건은 대사를 바탕으로 이루어진다.

보충학습

희곡의 삼일치(三一致)의 법칙

아리스토텔레스의 시학(詩學)에서 비롯된 법칙(고전극의 법칙)이다.

㉠ 시간의 통일(unity of time) : 모든 사건은 하루(24시간)를 넘어서는 안 된다는 제한

㉡ 장소의 통일(unity of place) : 모든 사건은 한 장소에서 이루어져야 한다는 제한

㉢ 행동의 통일(unity of action) : 일정한 주제와 줄거리 안에서 필연적 관계를 가지도록 통일되어야 한다는 제한

기출문제

다음 글이 설명하는 희곡의 특성으로 옳은 것은?

2005. 4. 3. 경기도

• 무대는 가공의 장소이지만, 희곡에서는 이를 현실로 받아들인다.

• 희곡의 등장 인물은 분장을 한 인물이지만 실제 인물로 간주하고, 배우의 행동 또한 실제의 행동으로 간주한다.

• 독백과 방백은 다른 등장 인물은 듣지 못한다.

① 희곡은 무대 상연의 문학이다.
② 희곡은 약속의 문학이다.
③ 희곡은 대사의 문학이다.

2017. 8. 26. 지역인재

... 위란 놈 같으니, 네가 지 ...늘 부리지마는. 어디 내 ...

...이야기가 전하지마는 이것 ...가발의 성격을 단적으로 ...이다.

...어 고치기 어려운 병 ...위가 누그러들지 않음. 또 ...힘

...세 싸우거나 일한

☞ ②

...정이입이 드러나지 않은

2008. 7. 20. 서울특별시

...낙네의 살결보다도 흰 자 ...였다. 설 자리를 삼가, ...가 아니면 살지 않는 자작 ...(者) 공주이던가! 길이 지 ...갈며 찾아든 곳이 애화(哀 ...석(龍馬石) - 마의 태자의 ...독했다. 능(陵)이라기에는 ...- 절해(絶海)도 상석(床石) ...달려 비문조차 읽을 수 없 ...오히려 처량하다. ...서 느껴지는 처량한 ...두어 평 잔디밭 테두리에 ..., 석양이 지는 서녘 하 ...태자의 애기(愛騎) 용마의 ... 무심히 떠도는 구름도 ...르는 듯, 소복(素服)한 백 화(白樺)는 한결같이 슬프게 서 있고, 눈물 머금은 초저녁 달이 중천(中天)에 서럽다.

① 자작나무　②무덤
③ 비석　④ 구름
⑤ 달

[핵심이론정리]

체계적인 학습이 가능하도록 주요 핵심이론을 단원별로 정리하였습니다.

[보충학습]

한 단계 더 나아간 학습이 가능하도록 핵심이론과 관련된 추가적인 내용들을 보기 쉽게 담았습니다.

Chapter

06 기출문제분석

1 밑줄 친 부분의 어법이 맞지 않는 것은?

2021. 9. 11. 지역인재

① 주전 선수들의 잇딴 부상으로 선수가 부족하다.
② 그녀는 얼굴에 미소를 띠고 우리에게 다가왔다.
③ 우리는 음식을 만들려고 재료를 다듬기 시작했다.
④ 오랜만에 선생님을 뵐 생각에 벌써 마음이 설렌다.

TIP ① 잇딴 → 잇단
잇단 : '잇달다'의 어간 '잇달' + 관형사형 어미 'ㄴ'
② 띠다 : 지니다
예 미소를 띠고 있는 그녀
띄다 : 눈에 언뜻 보이다. 사이를 띄게 하다
예 영수가 내 눈에 띄었다. 글을 쓸 때는 올바르게 띄어 써야 한다.
③ 만들려고 : '만들다'의 어간 '만들' + 려고
④ 설렌다 : '설렌다'의 어간) '설레' + 현재형 어미 '-ㄴ다'

2 밑줄 친 부분의 표기가 틀린 것은?

2021. 9. 11. 지역인재

① 그녀는 자기가 보고 들은 일을 세세히 기록했다.
② 그는 일을 하면서도 틈틈히 외국어 공부를 했다.
③ 우리는 회사에서 보내온 계약서를 꼼꼼히 검토했다.
④ 형은 내 친구의 태도를 섭섭히 여겼다고 나에게 말했다.

TIP ② 틈틈히 → 틈틈이
※ 중요 맞춤법(한글맞춤법 제25항)
'-하다'가 붙는 어근에 '-히'나 '-이'가 붙어서 부사가 되거나, 부사에 '-이'가 붙어서 뜻을 더하는 경우에는 그 어근이나 부사의 원형을 밝히어 적는다.
㉠ '-하다'가 붙는 어근에 '-히'나 '-이'가 붙는 경우
예 세세히, 꼼꼼히, 섭섭히, 급히, 꾸준히, 도저히, 딱히, 어렴풋이, 깨끗이
단, '-하다'가 붙지 않는 경우에는 반드시 소리대로 적는다
예 갑자기, 반드시(꼭), 슬며시
㉡ 부사에 '-이'가 붙어서 역시 부사가 되는 경우

[기출문제분석]

- 지역인재 기출문제뿐만 아니라 공무원, 경찰직 등의 과년도 기출문제를 수록하여 출제경향을 파악할 수 있도록 하였습니다.
- 기출문제를 통하여 해당 단원의 학습 포인트를 확인할 수 있도록 하였습니다.

13 밑줄 친 말 중 표준어인 것은?

① 담쟁이덩쿨은 가을에 아름답다.
② 벌러지를 함부로 죽이면 안 돼.
③ 쇠고기는 푸줏관에서 팔고 있다.
④ 아이가 고까옷을 입고 뽐내고 있다.

TIP ① 담쟁이덩쿨 → 담쟁이덩굴, 담쟁이넝쿨
② 벌러지 → 벌레
③ 푸줏관 → 푸줏간
※ 기타 주의해야할 표준어규정

바른 표기	잘못된 표기	바른 표기	잘못된 표기
강낭콩	강남콩	웃어른	윗어른
깡충깡충	깡총깡총	위층	웃층
끄나풀	끄나불	윗도리	웃도리
넋	넉	풋내기	풋나기
돐	돐	셋째	세째

[핵심예상문제]

- 기출문제를 바탕으로 엄선한 다양한 유형의 문제를 다수 수록하여 보다 효과적인 학습이 가능하도록 하였습니다.
- 문제마다 상세한 해설을 첨부하여 이해도 높은 학습이 가능하며 이론을 한 번 더 정리할 수 있도록 하였습니다.

14 다음 중 띄어쓰기가 옳은 것은?

① 쓰레기를∨길에∨버리면∨안된다.
② 이∨일을∨하는∨데에∨사흘이∨걸렸다.
③ 부모∨자식간에는∨정이∨있어야∨한다.
④ 그가∨집을∨떠난지∨일∨년이∨지났다.

TIP ① 쓰레기를∨길에∨버리면∨안∨된다.
③ 부모∨자식∨간에는∨정이∨있어야∨한다.
④ 그가∨집을∨떠난∨지∨일∨년이∨지났다.

CONTENTS

국어사용의 실제

말하기와 듣기

1 ·· 말하기의 과정과 대화의 원리

(1) 말하기의 과정

① 내용 선정하기 : 말할 목적에 따라 말할 내용을 정한다. 화자는 청자의 조건, 말할 주제 등을 고려해서 내용을 선정해야 한다.

② 내용 조직하기 : 말할 목적과 주제에 알맞은 조직 방법을 선택하여 내용을 적절히 배열한다.

③ 효과적으로 표현하기 : 정확한 발음과 알맞은 음성으로 말할 내용을 전달한다.

(2) 대화의 원리

① 협력의 원리 : 대화에 참여하는 사람은 원활한 대화를 위하여 상호 협력해야 한다.

　㉠ 양의 격률 : 대화에 필요한 적정한 양의 정보를 제공한다. 너무 과하거나 부족하면 대화의 목적을 성공적으로 달성하기 어렵다.

　㉡ 질의 격률 : 증거가 불충분하거나 거짓이라고 생각하는 정보는 제공하지 않는다. 대화에 있어 정보의 질은 매우 중요하다.

　㉢ 관련성의 격률 : 대화 맥락에 맞는 정보를 제공해야 한다.

　㉣ 태도의 격률 : 모호한 태도를 피하고 의미가 잘 전달될 수 있도록 표현해야 한다.

② 순서교대의 원리 : 함부로 끼어들거나 부적절한 침묵을 삼가고 원만한 대화가 이루어질 수 있도록 적절한 순서와 방식을 지켜서 대화해야 한다.

③ 공손성의 원리

　㉠ 요령의 격률 : 상대방에게 부담이 가는 표현을 최소화하고 상대방의 이익을 극대화하는 것이다. 정중하고 공손한 말은 상대방이 좋아하는 쪽으로 말하는 것이며 상대방에게 이익이 되는 쪽으로 말하는 것이다.

　㉡ 관용의 격률 : 요령의 격률를 화자의 관점에서 말한 것으로 화자 자신에게 혜택을 주는 표현을 최소화하고 화자 자신에게 부담을 주는 표현은 최대화하는 것이다. 이 격률에 의하면 의사소통의 과정에서 남이 하기 싫은 일을 자신이 떠맡음으로써 남을 높이고 존중하는 태도를 지니라는 것이다.

　㉢ 찬동의 격률 : 다른 사람에 대한 비방을 최소화하고 칭찬을 극대화하는 것이다.

　㉣ 겸양의 격률 : 찬동의 격률을 화자의 관점에서 말한 것으로 자기 자신에 대한 칭찬은 최소화하고 자신에 대한 비방을 극대화하는 것이다.

　㉤ 동의의 격률 : 자신의 의견과 다른 사람의 의견 사이의 차이점을 최소화하고 자신의 의견과 다른 사람의 의견의 일치점을 극대화하는 것이다.

② ·· 토의(討議)

(1) 토의의 뜻

공동의 관심사가 되는 어떤 문제에 대한 가장 바람직한 해결 방안을 찾기 위하여 집단 성원이 협동적으로 의견을 나누는 말하기이다.

(2) 토의의 절차

① 문제에 대한 의미 확정 : 문제의 필요성, 중요성 등을 고려하여 토의할 문제를 설정한다.

② 문제의 분석과 음미 : 문제의 원인과 실태, 앞으로의 전망 등에 대한 정보와 지식, 의견 등을 서로 교환한다.

③ 가능한 모든 해결안의 제시와 검토 : 문제를 해결할 수 있는 방안에는 어떤 것들이 있는지 여러 가지 측면에서 찾아본다.

④ 최선의 해결안 선택 : 여러 해결안을 검토·평가해 보고, 가장 바람직한 해결안을 결정한다.

⑤ 구체적인 해결안의 시행 방안 모색 : 집단 사고를 통해 행동화할 수 있도록 논의한다.

(3) 토의의 종류

① 심포지엄(Symposium) : 공동 주제에 대해 전문가 3~6명이 강연식으로 발표한 뒤, 청중과 질의 응답하는 토의 형식을 말한다.

② 포럼(Forum) : 공공의 문제에 대해 공개적으로 토의하는 것으로, 심포지엄과는 달리 처음부터 청중이 참여하는 형식을 말한다.

③ 패널(Panel) : 공동 토의 또는 배심 토의라고도 하며, 주어진 문제나 화제에 대하여 특별히 관심이 있거나 정보와 경험이 있는 사람이 청중 앞에서 각자의 지식, 견문, 정보를 발표하는 토의 형식을 말한다.

④ 원탁 토의(Round table discussion) : 10명 내외의 소규모 집단이 평등한 입장에서 자유롭게 상호 관심사에 대해 의견을 나누는 토의 형식을 말한다.

③ ·· 토론(討論)

(1) 토론의 뜻

어떤 문제에 대해 찬성이나 반대의 의견을 가진 사람들이 근거를 바탕으로 자기 주장을 논리적으로 펼치는 말하기이다.

(2) 토론의 요건

① 토론의 참가자 : 주제에 대하여 찬성과 반대의 뚜렷한 의견 대립을 가지는 사람들이 있어야 한다.

② 논제 : 논점이 대립적으로 드러나는 정책이나 사실이어야 한다.

③ 토론 규칙 : 공정한 진행을 위한 발언 시간, 발언 순서, 동일한 논박 시간, 토론에 대한 판정 발언에 관한 규정을 말한다.

④ **청중** : 공정한 판정을 내리는 심판을 포함한다.

⑤ **사회자** : 폭넓은 상식을 토대로 적극성을 가진 사람이 맡는다. 또한 공정성과 포용력, 지도력을 지닌 사람이어야 한다.

🚩 **토의와 토론의 차이**

구분		토의	토론
공통점		둘 이상의 참가자, 집단 사고의 과정, 집단 의사의 결정	
차이점	참가자	특정 문제에 대한 공통 인식 이해자	찬성과 반대의 의견 대립자
	해결 방법	참가자 전원의 협력과 합의	자기 주장의 정당성을 밝혀 상대방 설득
	목적	참가자 전원의 의견을 종합하여 최선의 해결안 도출	자기 주장의 옳음을 상대방이 인정하도록 설득하여 집단 의사로 결정

④ ·· 듣기

(1) 듣기의 뜻

다른 사람의 말을 듣고, 그 내용을 자기의 생각으로 정리하여 이해하는 행위를 말한다.

(2) 효과적으로 듣는 방법

① **듣기 전 활동** : 들을 내용에 대해 미리 준비한다.

② **듣는 중 활동** : 들으면서 중요한 정보를 가려내고, 메모하며 듣는다.

③ **들은 후 활동** : 들은 내용을 서로 관련이 있는 내용끼리 묶거나, 들은 내용을 구조화한다.

(3) 일반적인 듣기의 단계

정보 확인→내용 이해→내용에 대한 비판→감상

1 다음 대화에 대한 설명으로 적절하지 않은 것은?

2021. 9. 11. 지역인재

> A : 오늘은 갈수록 심각해지는 미세 먼지 문제의 원인을 진단하고 실효성 높은 대책을 수립하기 위한 논의를 진행하고자 합니다. 그간 관련 연구를 지속적으로 수행해 오셨고, 환경부의 자문 위원으로도 활동하고 계시는 전문가 한 분을 모셨습니다. 안녕하십니까? 박사님.
>
> B : 네, 반갑습니다.
>
> A : 먼저, 국내 미세 먼지의 주요 오염원에는 어떤 것들이 있을까요?
>
> B : 네, 미세 먼지는 질산염, 암모늄, 황산염, 탄소 화합물, 금속 화합물 등으로 이루어져 있으며, 입자 크기가 매우 작아 우리 눈에는 잘 보이지 않는 유해 물질을 말합니다. 흔히들 봄철에 계절풍의 영향으로 국외에서 유입되는 오염원만을 그 원인으로 생각하시는 경우가 많은데, 국내에서 자체적으로 배출되는 오염 물질 역시 큰 영향을 끼치고 있습니다.
>
> A : 아, 우리나라 밖에서 들어오는 미세 먼지뿐 아니라 국내에서도 상당한 양의 오염 물질이 배출되고 있다는 말씀이시군요. 그렇다면, 우선 국내 오염원을 적극적으로 관리하는 일이 대책 수립의 한 방향이 될 수 있을 텐데요.
>
> B : 네, 맞습니다. 그래서 산업계를 대상으로 한 오염물질의 배출 규제를 현재 수준보다 강화하는 정책이 필요한 것입니다.
>
> A : 그렇지만, 모든 규제가 그러하듯이 산업계에서 수용하기 어려운 수준으로 규제를 강화한다면 산업계의 거센 반발도 충분히 예상되는데요. 어떻게 하면 좋을까요?
>
> B : 네, 그렇습니다. 그 점 때문에, 산업계와 충분한 협의를 거쳐 산업계에서 수용 가능한 수준의 규제 기준을 마련해야 합니다. 동시에 규제를 이행하는 기업들에 다른 부분의 규제를 완화해 주거나 세금을 감면해 주는 등의 보완 정책도 후속되어야 합니다.

① A는 대화의 주제를 소개하고 전문가의 대화 참여 배경에 대해 설명한다.

② A는 B의 발화를 요약적으로 환언한 뒤 '원인 진단'에서 '대책 수립'으로 화제를 전환한다.

③ B는 미세 먼지의 개념을 정의하며 관련 실태 조사의 미비가 이 문제의 핵심 원인이라고 지적한다.

④ A는 '규제 강화'에 대해 예상되는 반발을 언급함으로써 이를 해소하기 위한 B의 의견을 이끌어 낸다.

> **TIP** B의 두 번째 발화를 참고하면, 관련 실태 조사 미비가 이 문제의 핵심원인이라고 지적한다는 진술은 잘못되었음을 알 수 있다. 미세먼지의 개념 정의 후 미세먼지의 원인을 구체적으로 밝히고 있다.
>
> ① '오늘은 갈수록 심각해지는 미세 먼지 문제의 원인을 진단하고 실효성 높은 대책을 수립하기 위한 논의를 진행하고자 합니다. 그간 관련 연구를 지속적으로 수행해 오셨고, 환경부의 자문 위원으로도 활동하고 계시는 전문가 한 분을 모셨습니다.'라는 A의 발화를 통해 적절한 진술임을 알 수 있다.
>
> ② '아, 우리나라 밖에서 들어오는 미세 먼지뿐 아니라 국내에서도 상당한 양의 오염 물질이 배출되고 있다는 말씀이시군요. 그렇다면, 우선 국내 오염원을 적극적으로 관리하는 일이 대책 수립의 한 방향이 될 수 있을 텐데요.'라는 A의 진술을 참고하면 적절함을 알 수 있다.
>
> ④ '그렇지만, 모든 규제가 그러하듯이 산업계에서 수용하기 어려운 수준으로 규제를 강화한다면 산업계의 거센 반발도 충분히 예상되는데요. 어떻게 하면 좋을까요?'라는 A의 발화에서 적절한 진술임을 알 수 있다.

ANSWER 1.③

2 ㈎에 들어갈 반대 신문으로 가장 적절한 것은?

2021. 9. 11. 지역인재

찬반으로 나누어 토론을 진행하는 과정에서 반대 측의 반대 신문은 질문의 형식으로 이루어지는 것이 일반적이다. 이때, 찬성 측의 발언에 대한 검증의 역할을 해야 하기 때문에 반대 신문은 '예, 아니요'로 답할 만한 폐쇄형 질문으로 이루어진다. 또한, 반대 신문은 찬성 측 발언의 허점이나 오류를 짚어 내기 위한 내용이어야 한다.

찬성 측의 주장	국민 건강 증진을 위해 건강세를 도입해야 합니다.
반대 측의 반대 신문	㈎

① 건강세 이외에 국민 건강 증진을 위한 또 다른 효과적 대안은 무엇입니까?
② 건강세 도입의 경제성이나 효과성에 대해 찬성 측은 어떻게 생각하십니까?
③ 찬성 측에서 말씀하신 건강세 도입은 구체적으로 어디에 세금을 부과하는 것입니까?
④ 건강세 도입으로 제품의 가격이 인상되면 결국 국민들이 과세 부담을 안는 것 아닙니까?

TIP 찬성 측의 주장은 '건강세 도입'이 핵심이므로, 반대 신문의 세 가지 조건(찬성 측의 발언에 대한 검증의 역할, '예, 아니요'로 답할 만한 폐쇄형 질문, 발언의 허점이나 오류를 짚어내기 위한 내용)을 모두 충족하는 질문은 ④이다.

3 다음 대화에서 밑줄 친 부분의 표현 효과에 대한 설명으로 적절한 것은?

2020. 6. 13. 제1회 지방직

김 대리 : 늦어서 죄송합니다. 일이 좀 많았습니다.
이 부장 : 괜찮아요. <u>오랜만에 최 대리하고 오붓하게 대화도 나누고 시간 가는 줄 몰랐네요. 허허허.</u>
김 대리 : 박 부장님은 오늘 못 나오신다고 전해 달라셨어요.
이 부장 : 그럼, 우리끼리 출발합시다.

① 자신과 상대방의 의견 차이를 최소화한다.
② 상대방에게 부담이 되는 표현을 최소화한다.
③ 화자 자신에게 혜택을 주는 표현을 최소화한다.
④ 상대방에 대한 비방을 최소화하고 칭찬을 최대화한다.

TIP 대화에서 이 부장은 김 대리가 늦은 것을 탓하지 않고 최 대리와 오랜만에 대화를 나눌 수 있었다고 하였다. 이는 약속에 늦은 상대방에게 부담이 되는 표현을 최소화한 것으로 볼 수 있으므로 대화의 원리 중 공손성의 원리에서 상대방의 부담을 최소화하여 말하는 '요령의 격률'에 해당한다. 따라서 ②가 가장 적절하다.
① 동의의 격률 ③ 관용의 격률 ④ 칭찬의 격률

ANSWER 2.④ 3.②

4 다음 대화에서 '정민'의 의사소통 방식으로 가장 적절한 것은?

2020. 7. 11. 인사혁신처

> 상수 : 요즘 짝꿍이랑 사이가 별로야.
> 정민 : 왜? 무슨 일이 있었어?
> 상수 : 그 애가 내 일에 자꾸 끼어들어. 사물함 정리부터 내 걸음걸이까지 하나하나 지적하잖아.
> 정민 : 그런 일이 있었구나. 짝꿍한테 그런 말을 해 보지 그랬어.
> 상수 : 해 봤지. 하지만 그때뿐이야. 아마 나를 자기 동생처럼 여기나 봐.
> 정민 : 나도 그런 적이 있어. 작년의 내 짝꿍도 나한테 무척이나 심했거든. 자꾸 끼어들어서 너무 힘들
>   었어. 네 얘기를 들으니 그때가 다시 생각난다. 그런데 생각을 바꿔 보니 그게 관심이다 싶더라
>   고. 그랬더니 마음이 좀 편해졌어. 그리고 짝꿍과 솔직하게 얘기를 해 봤더니, 그 애도 자신의
>   잘못된 점을 고치더라고.
> 상수 : 너도 그랬구나. 나도 생각을 바꾸려고 노력해 보고, 짝꿍하고 진솔한 대화를 나눠 봐야겠어.

① 상대방의 입장을 고려해 용서함으로써 갈등을 해결하고 있다.
② 자신의 경험을 들어 상대방이 해결점을 찾을 수 있도록 돕고 있다.
③ 상대방의 약점을 비판하면서 자신의 장점을 최대한 부각하고 있다.
④ 상대방이 말하는 내용을 경청하면서 그 타당성을 평가하고 있다.

> **TIP** 정민이는 "나도 그런 적이 있어"라면서 자신의 경험을 들어 말하고 있다. 따라서 "자신의 경험을 들어 상대방이 해결점
> 을 찾을 수 있도록 돕고 있다"라고 한 ②가 적절하다.

5 다음 대화에서 박 과장이 고려하는 것으로 적절한 것은?

2018. 8. 18. 지역인재

> 박 과장 : 말씀 낮추세요. 부서 밖인데 어때요. 부서 내에서야 다른 직원들이 있고 하니까 어쩔 수 없
>   지만 우리끼리 있을 때는 말씀 낮추세요. 오히려 제가 불편해서 안 되겠어요.
> 이 대리 : 그래도 상사인데. 하긴 직장 생활 한평생 할 것도 아닌데 편하게 지내는 것이 좋지.

① 성별에 따른 협력 방식
② 계층에 따른 공감 방식
③ 세대에 따른 설득 방식
④ 상황에 따른 존대 방식

> **TIP** 박 과장은 '부서 내'와 '부서 밖'이라는 상황에 따라 존대를 달리 하고자 한다. 즉, 직급을 기준으로 하는 '부서 내' 상황
> 에서는 이 대리에게 존대를 받지만, 직급을 벗어난 '부서 밖' 상황에서는 이 대리에게 말을 낮추라고 하는 것을 보아 상
> 황에 따른 존대 방식을 고려한다고 볼 수 있다.

6 토론에서 사회자의 역할로 적절하지 않은 것은?

2017. 8. 26. 지역인재

① 토론을 하게 된 배경과 토론의 논제를 소개한다.
② 참가자들이 골고루 발언할 수 있도록 발언권을 안배한다.
③ 토론자들이 사실과 의견을 구분하도록 주의를 환기한다.
④ 토론자들의 논거를 정리하고 이에 대한 자신의 주장을 피력한다.

> **TIP** ④ 토론에서 사회자는 중립적인 위치로 자신의 주장을 피력해서는 안 된다.

ANSWER 4.② 5.④ 6.④

1 다음 두 사람의 대화에 적용된 공감적 듣기의 방법이 아닌 것은?

> "지원아, 나 오늘 중요한 면접이 있었는데 망쳐버렸어."
> "정말? 어떻게 된 일인지 자세히 말해 봐."
> "너무 긴장해서 준비해 간 질문에도 대답을 못했지 뭐야."
> "준비한 질문에 대답을 못했구나. 잘해야 된다는 생각에 수진이 네가 긴장을 많이 했나 보다."

① 지원이는 수진이의 말에 자신이 주의 집중하고 있음을 보여 주고 있다.
② 지원이는 수진이가 계속 말을 할 수 있도록 격려하고 있다.
③ 지원이는 수진이의 말을 자신의 처지로 바꾸어 의미를 재구성하고 있다.
④ 지원이는 수진이의 혼란스러운 감정을 수진이 스스로 정리하게끔 도와주고 있다.

> **TIP** ③ 지원이는 수진이의 입장을 고려해서 면접에 대한 부담을 언급한 것이지 자신의 처지로 바꾸어서 의미를 재구성한 발화를 하고 있지는 않다.
> ① 지원이는 준비해 간 질문에 대답을 못했다는 수진이의 말을 반복하면서 자신이 주의 집중하고 있음을 보여 주고 있다.
> ② 지원이는 무슨 일이 있었는지 자세히 말해 보라며 수진이가 계속 말을 할 수 있도록 격려하고 있다.
> ③ 지원이는 수진이가 잘해야 된다는 생각에 긴장을 많이 했나 보다고 위로하며 수진이 스스로 감정을 정리하게끔 도와주고 있다.

2 다음 대화 상황에서 의사소통에 장애가 일어났다고 한다면, 그 이유로 가장 적절한 것은?

> 과장 : 프로젝트 보고서 오늘까지 제출하라고 했던 것 같은데, 어떻게 됐습니까?
> 사원1 : 네, 과장님. 사원2가 마무리하기로 했는데, 거래처 외근 나가서 아직 안 들어 왔습니다.
> 과장 : 마감시간까지 이제 1시간 남았는데, 그 전에 마무리가 되는 겁니까?
> 사원1 : 죄송합니다. 지금 사원2가 연락이 되지 않아서요.
> 사원3 : 연락이 안 되면 어떡해요. 사원2 때문에 우리 모두 문책당하는 거 아닌지 모르겠네요. 사원1이 프로젝트 매니저니까 책임지세요.
> 사원1 : 아니, 뭐라고요? 사원2가 마무리하기로 한 건 지난 회의 때 다 같이 결정한 거잖아요.
> 과장 : 자, 그만들 하세요. 지금 누구 잘잘못을 따지고 있을 상황이 아닙니다. 사원2와 연락할 방법이나 빨리 찾아보세요.
> 사원4 : 사원2가 외근 나간 거래처에 연락해 보겠습니다.

① 과장이 권위적인 태도로 상황을 무마하려 하고 있다.
② 사원1이 자신의 책임을 면하기 위해 변명으로 일관함으로써 의사소통이 단절되고 있다.
③ 사원3이 대화의 맥락을 고려하지 않고 끼어들어 책임을 언급함으로써 갈등이 생겨나고 있다.
④ 사원4가 본질과 관계없는 말을 언급함으로써 상황을 정리하려고 하고 있다.

> **TIP** ① 과장은 더 큰 갈등을 막고, 문제를 해결하는 것에 주력하고 있다.
> ② 사원1은 문제가 발생한 상황과 원인을 잘 설명하고 있다.
> ④ 사원4가 한 말은 문제를 해결하기 위한 대화에 부합한다.

ANSWER 1.③ 2.③

3 다음은 연설문의 일부이다. 화자의 논지 전개 방식으로 가장 적절한 것은?

> 조금만 생각하면 우리의 환경을 위해 할 수 있는 일이 아주 많습니다. 먼저 조금 귀찮더라도 일회용 물품들을 사용하지 않도록 합시다. 우리가 잠깐 쓰고 버리는 일회용 물품들 중에는 앞으로 오백 년 동안 지구를 괴롭히게 되는 것도 있다고 합니다. 조금 귀찮겠지만 평소에 일회용 도시락과 종이컵을 사용하지 않는 것도 우리들이 어렵지 않게 지구를 보호할 수 있는 방법 가운데 하나라고 생각합니다.

① 문제 해결을 위한 사례를 제시하고 있다.
② 문제 해결을 위한 방법을 제시하고 있다.
③ 문제 해결을 위한 기존의 방법과는 다른 대안을 제시하고 있다.
④ 문제 해결을 위한 사례의 장단점을 분석하고 있다.

TIP 연설문의 마지막 부분에서 '지구를 보호할 수 있는 방법 가운데 하나'라고 언급하고 있다. 즉, 이 글은 환경 문제를 해결하기 위한 방법을 사례를 들어 제시하고 있다고 보는 것이 적절하다.

4 다음 글에 대한 설명으로 가장 적절한 것은?

> 사회자 : 이번 시간에는 '유명인의 사생활 보장이 국민의 알권리에 우선되어야 하는가?'를 논제로 하여 찬반 양측 토론자 각 두 분씩과 배심원들을 모시고 토론해 보겠습니다.
> 사회자 : 먼저 찬성 측 첫 번째 토론자가 자신들의 입장과 그 이유에 대하여 입론해 주십시오.
> 찬성 측 토론자 1 : 저희 측에서는 국민의 알권리보다 유명인의 사생활 보호가 우선이라고 생각합니다. 여기서 '유명인'은 말뜻 그대로 사회적으로 널리 알려진 사람을 가리킵니다. 또 '사생활'은 개인의 사적인 생활 영역과 그와 관련된 개인적인 정보 등을 포함하는 개념이며, '알권리'는 국민이 공공의 이익을 위해서 정보를 요구할 수 있는 권리입니다. 여기서 '사생활'은 '개인의 사적인 생활 영역'에 관계되므로, '알권리'의 대상에 해당하지 않습니다. '알권리'란 공공의 문제에 적용되는 개념 아닙니까? 유명인의 사생활은 공적 활동이 아니므로 알권리의 대상에 해당하지 않습니다. 또한 사생활을 보장받을 권리는 한 인간으로서 부여받은 가장 기본적인 권리입니다. 사생활을 보장받을 최소한의 인권은 보장되어야 합니다.
> 사회자 : 찬성 측의 입론을 잘 들었습니다. 이어서 반대 측에서 준비해 온 입론을 듣겠습니다.
> 반대 측 토론자 1 : 저희는 유명인의 사생활보다 국민의 알권리가 우선이라고 봅니다. 여기서 '유명인'은 그 지명도를 바탕으로 사회에 큰 영향력을 행사하는 사람이고, '사생활'과 '알권리'는 찬성 측의 개념과 같습니다. 우리는 유명인이 유명하다는 것 자체보다도 사회에 큰 영향력을 행사한다는 점에 주목해야 한다고 생각합니다. 유명 정치인의 경우, 그가 사적으로 어떤 말을 하고 행동을 하는지가 정치 활동의 형태로 공공에 영향을 미칠 수 있습니다. 유명 연예인 또한 그의 행동 하나하나가 사회에 큰 영향을 끼치지 않습니까? 그가 감추고 싶은 비밀이라도 공익을 위해 필요하다면 국민들이 알아야 합니다.

① 사회자가 토론자들의 발언 순서를 통제하고 있다.
② 사회자가 논제에 대한 자신의 찬반 여부를 표명하고 있다.
③ 찬성 측과 반대 측 모두 논제에 대한 상대방의 입장을 수용하고 있다.
④ 찬성 측은 입론 단계에서 논제와 관련된 구체적 사례를 제시하고 있다.

TIP ① 토론자들의 발언 전에 사회자가 순서를 말해주며 통제하고 있다.
② 사회자는 논제를 밝히고, 토론자의 입론을 잘 들었다고 이야기 할 뿐, 자신의 찬반에 대한 여부를 표명하고 있지 않다.
③ 반대 측 토론자 1은 찬성 측의 개념을 일부 수용하였지만, 찬성 측 토론자 1은 그렇지 않다.
④ 찬성 측 토론자 1은 개념에 대한 정의를 자세하게 풀어가며 자신의 주장을 펼치고 있으며, 구체적 사례는 제시하지 않았다.

ANSWER 3.② 4.①

5 다음에서 설명하는 토의의 종류는?

> 특정 주제에 대하여 대립하는 의견을 가진 사람이 공개 석상에서 사회자의 지도아래 토의하고 청중에게 질문을 받는 형식으로 진행되며, 서로 다른 의견을 조정하는 성격을 지닌다. 이 토의의 참석자들은 각자의 지식이나 정보 등을 교환하면서 그 문제에 대한 이해와 앞으로의 행동 방안을 찾는다.

① 심포지엄
② 원탁토의
③ 패널
④ 포럼

TIP ① 공동 주제에 대하여 전문가 3~6명이 강연식으로 발표한 뒤 청중과 질의 응답한다.
② 10명 내외의 소규모 집단이 평등한 입장에서 자유롭게 상호 관심사에 대해 의견을 나눈다.
④ 공공의 문제에 대하여 공개적으로 토의하는 것으로 처음부터 청중이 참여한다.

6 다음 중 토론의 주제로 적당하지 않은 것은?

① 첨단 기술 개발의 중요성
② 사형 제도의 폐지 문제
③ 기부금 입학제의 허용 문제
④ 뇌사의 법적 죽음 인정 문제

TIP 토론은 어떤 문제에 대해 찬성이나 반대의 의견을 가진 사람들이 근거를 바탕으로 자기 주장을 논리적으로 펼치는 말하기이므로, 주제는 대립성이 있어야 한다.
① 설명 또는 설득의 주제로 적합하다.

7 다음 두 토론자 사이의 대화에서 토론의 필수 요소 중 을이 빠뜨리고 있는 가장 핵심적인 논리적 문제점은?

> 갑 : 현재 초등학교 교사가 부족한 것은 여러 원인이 있겠지만 무엇보다 중요한 원인은 교사 정년을 단축한 것입니다. 그러므로 초등학교 부족교사 문제를 해결하기 위해서는 무엇보다 교사 정년을 늘려야 한다고 생각합니다. 다른 어떤 대안보다 이 정책을 우선 시행해야 한다고 생각합니다.
>
> 을 : 저는 교사 정년을 늘리는 것에 반대합니다. 부족교사를 충당하기 위해서는 중등학교 자격증 소지자 가운데 일정 교육을 받은 사람에 한하여 초등교과 전담교사를 배치하는 것이 더 좋다고 생각합니다. 사범대학이나 교육대학이 동일한 과목의 교직과목을 이수하고 있기 때문에 일정교육을 통해 이 사람들이 초등에 필요한 몇 가지 이론적 실천소양을 갖추게 되면 초등교사로 배치되는 데 크게 문제가 없다고 생각합니다.

① 주장의 근거를 제시하고 있다.
② 상대방의 주장에 대해 논박하지 않았다.
③ 을의 주장에 대한 논리성이 부족하다.
④ 자신의 주장에 대해서 명확하게 표현하지 않았다.

TIP 을은 교사 정년을 늘리는 것에 찬성하는 갑의 의견에 반대한다고 의견을 표현하였으나 왜 교사 정년을 늘리는 것에 반대하는 지에 대해서는 의견을 제시하지 않고 있다.

ANSWER 5.③ 6.① 7.③

8 다음 발표에서 사용한 전략이 아닌 것은?

여러분은 지금부터 제 질문에 "받아들일 만하다!"와 "불공정하다!"의 두 가지 대답 중 하나만을 선택할 수 있습니다. 첫 번째 질문은 다음에 관한 내용입니다. 어떤 자동차가 매우 잘 팔려서 물량이 부족한 상황입니다. 이에 한 자동차 대리점은 지금까지와는 달리 상품 안내서에 표시된 가격에 20만 원을 덧붙여서 팔기로 했습니다. 자동차 대리점의 결정은 받아들일 만한 것일까요, 아니면 불공정한 것일까요?

두 번째 질문은 다음과 같습니다. 어떤 자동차가 매우 잘 팔려서 물량이 부족한 상황입니다. 20만 원 할인된 가격으로 차를 팔아 왔던 한 자동차 대리점이 할인을 중단하고 원래 가격대로 팔기로 했습니다. 이러한 결정은 받아들일 만한 것일까요, 아니면 불공정한 것일까요?

실제로 캐나다에서 130명을 상대로 이러한 질문을 했습니다. 그 결과에 따르면, 첫 번째 질문에 불공정하다고 답한 응답자는 71%인 반면, 두 번째 질문에 불공정하다고 답한 응답자는 42%에 불과합니다. 두 경우 모두 가격을 20만 원 올렸는데, 이러한 차이가 발생한 이유는 무엇일까요? 이에 대해 노벨 경제학상을 받은 대니얼 카너먼은 가격을 올리는 방식에 대해 정반대의 생각을 하기 때문이라고 했습니다. 기존의 가격에서 인상하는 것은 손해로, 할인을 없애는 것은 이득을 볼 기회를 잃어버리는 것으로 여긴다는 것입니다.

① 전문가의 견해를 인용하고 있다.
② 물음을 통해 청중의 주의를 환기하고 있다.
③ 구체적인 사례와 조사 결과를 제시하고 있다.
④ 매체의 특성을 고려해 발표 내용을 조절하고 있다.

TIP 위 글은 전문가의 견해를 인용하고 물음을 통해 청중의 주의를 환기시키고 있으며 구체적인 사례를 들어 설명하고 있지만 매체의 특성을 고려하여 발표 내용을 조절하고 있지는 않다.

ANSWER 8.④

9 다음의 토론상황에서 실수를 저지르고 있는 사람은?

> 사회자 : 오늘의 토론 주제는 군가산점 부활입니다. 토론 시작하십시오.
>
> 토론자1 : 저는 군가산점 부활에 찬성합니다. 군가산점은 나라를 지키기 위하여 국방의 의무를 다하는 사람들에 대한 정당한 보상이라고 생각합니다.
>
> 토론자2 : 저 역시 토론자1의 의견에 동의합니다. 군가산점을 부활시킨다면 군대에 가지 않으려는 젊은 이들이 줄어드는 효과를 얻을 수 있을 것입니다.
>
> 사회자 : 두 분의 의견 잘 들었습니다. 두 분 모두 군가산점 부활에 찬성하신다는 의견을 밝혀주셨는데요, 저 역시 군대에 다녀온 입장에서 두 분의 의견에 동의합니다. 그러면 이에 대한 반론 시작하십시오.
>
> 토론자3 : 저는 군가산점 부활에 반대합니다. 군가산점은 군대에 갈 기회를 갖지 못하는 여성 및 장애를 가진 남성들에 대한 차별로 작용할 가능성이 큽니다.
>
> 토론자4 : 저 역시 토론자3의 의견에 동의합니다. 국방의 의무를 다한 사람들에 대한 보상은 군복무 기간을 호봉에 가산해 주거나 제대 후 취업 프로그램 지원 등 다양한 방법으로 가능하다고 생각합니다. 또한 군가산점의 부활로 군대에 가지 않으려는 젊은이들이 줄어드는 효과는 군가산점 부활로 인해 피해를 입을 여성 및 장애들에 비하며 매우 미미한 정도라는 한 신문의 조사결과도 있었습니다.(신문 조사결과 자료 제출)

① 토론자2   ② 토론자3

③ 토론자4   ④ 사회자

> **TIP** 사회자는 발언 허용시간, 반박 기회 등을 공평하게 부여하면서 어느 쪽에도 치우치지 않는 중립적 위치를 유지하면서 토론을 진행해야 한다.

10 다음 대화에서 마지막 을의 말에 대한 설명으로 적절한 것은?

> 甲 : 늦어서 미안해. 알람을 맞춰 놨는데 휴대폰 배터리가 나가서 울리지 않았어.
>
> 乙 : 다행이네. 혹시 무슨 일이 생겨서 늦는 건 아닌지 걱정했어.
>
> 甲 : 넌 정말 착하구나. 이 추운 날씨에 길에서 30분이나 기다리게 했는데도 이해해주다니. 앞으로는 절대 늦지 않을게.
>
> 乙 : 에이, 아니야. 나도 자주 약속시간을 지키지 못하는 걸.

① 자신과 상대방의 의견 차이를 최소화한다.

② 상대방에게 부담이 되는 표현을 최소화한다.

③ 자신에 대한 칭찬을 최소화하고 비방을 최대화한다.

④ 상대방에 대한 비방을 최소화하고 칭찬을 최대화한다.

> **TIP** 대화에서 乙은 甲이 늦어서 미안해하는 것을 덜어주기 위해 자신은 착하지 않으며, 자기도 자주 약속시간을 지키지 못한다고 얘기하고 있다. 이는 자신에 대한 칭찬을 최소화하고 비방을 최대한 표현으로 '겸양의 격률'에 해당한다.

ANSWER 9.④ 10.③

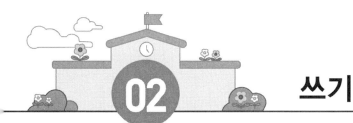

02 쓰기

1 ·· 좋은 글의 요건

① 내용의 충실성 : 쓸 것이 있고 쓸 가치가 있는 것으로 내용이 충실해야 한다.

② 독창성 : 표현 · 관점 · 주제면에서 개인의 창의력이 담겨 있어야 한다.

③ 성실성(진실성) : 글쓴이의 온 정신, 온 마음이 구현되어야 하며, 체험과 표현이 진실해야 한다.

④ 명료성 : 글의 내용이 분명해야 하며, 정확한 어휘를 구사해야 한다.

⑤ 표현의 경제성 : 불필요한 내용이 없이 간결하게 써야 한다.

⑥ 논지의 일관성 : 하나의 주제로 일관되어야 한다.

⑦ 구성의 치밀성 : 논리적인 흐름에 따라야 한다.

2 ·· 쓰기의 과정

(1) 계획하기(주제 설정)

① 주제의 뜻 : 주제란 글쓴이가 글을 통해서 나타내고자 하는 중심 생각을 말한다.

② 좋은 주제의 요건

㉠ 너무 크거나 추상적이지 않고 구체적이어야 한다.

㉡ 경험한 것이나 잘 알고 있는 것이어야 한다.

㉢ 여러 사람이 공감할 수 있는 것이어야 한다.

㉣ 개성 있고 참신한 것이어야 한다.

③ 주제를 정하는 과정 : '무엇'에 대해 쓸 것인지를 결정한 뒤 그 '무엇'에 관해 떠오르는 생각이나 느낌을 정리한다. 그리고 정리한 생각이나 느낌 중에서 잘 쓸 수 있는 내용을 선택하여 선택한 생각이나 느낌을 하나의 문장으로 나타낸다.

(2) 내용 생성하기(재료 수집과 선택)

① 생각의 발견 : 자유롭게 쓰기, 연관짓기, 토론하기, 질문하기 등의 방법이 있다.

② 재료 수집 : 내용에 관한 전문적인 지식이나 통계 자료 등을 책이나 도서관 등을 통해 수집한다.

③ 재료 선정 : 주제와의 관련성, 내용 전개 방법을 고려하여 선택한다.

(3) 내용 조직하기(개요 작성)

① 개요(outline) 작성 : 머릿속에서 이룬 구상을 체계적으로 도식화하여 표(개요표)로 나타낸다.

② 내용 구성의 원리

㉠ 통일성 : 주제를 직접 뒷받침하는 내용을 선정한다.

㉡ 단계성 : 부분에 따라 그 단계에 맞는 내용을 배치한다.

㉢ 응집성 : 내용을 긴밀하게 연결한다.

📖 보충학습

주제문의 작성 원칙

㉠ 완결된 문장으로 쓴다(주어 + 서술어).

㉡ 간결하고 구체적으로 쓴다.

㉢ 둘 이상의 내용을 담지 않는다.

㉣ 명확한 표현이 되도록 한다.

㉤ 의문문, 비유적 · 함축적 표현을 피한다.

📖 보충학습

재료가 갖추어야 할 요건

㉠ 주제를 뒷받침해야 한다.

㉡ 풍부하고 다양해야 한다.

㉢ 출처가 확실해야 한다.

㉣ 글쓴이와 독자의 관심거리이어야 한다.

📝 기출문제

다음 글이 들어가야 할 부분으로 가장 적절한 것은?

2012. 9. 22 하반기 지방직

우린 때때로 말 한마디 없이 서로의 눈빛만으로 상대방의 깊은 속내를 읽어내기도 하고 자신의 깊은 마음을 전달하기도 한다. 이것은 어떻게 가능한 것인가? 또 사람들은 어떻게 상대방의 얼굴 표정이나 눈빛, 자세, 제스처 등을 해석하고 반응하는가? 이 글에서는 바로 이러한 비언어적 의사소통의 여러 가지 측면에 대한 탐구를 목적으로 한다.

① 글의 서론 부분　　② 글의 결론 부분

③ 글의 본론 부분　　④ 예를 드는 부분

☞ ①

③ 내용 구성의 종류
  ㉠ 시간적 구성: 사건의 시간적 순서에 따라 제재를 배열한다.
  ㉡ 공간적 구성: 시선의 이동이나 사물이 놓여진 순서에 따라 기술한다.
  ㉢ 인과적 구성: 사건의 원인과 결과가 논리적인 필연성을 가지고 전개된다.
④ 논리적 구성
  ㉠ 연역적 구성: 일반적인 내용(주장) + 구체적인 내용(근거)
  ㉡ 귀납적 구성: 구체적인 내용(근거) + 일반적인 내용(주장)
⑤ 단계식 구성
  ㉠ 3단 구성: 머리말 – 본문 – 맺음말, 서론 – 본론 – 결론
  ㉡ 4단 구성: 기 – 승 – 전 – 결
  ㉢ 5단 구성: 발단 – 전개 – 위기 – 절정 – 결말(대단원)
⑥ 문단의 구성 방식
  ㉠ 두괄식: 중심 문장 + 뒷받침 문장들
  ㉡ 양괄식: 중심 문장 + 뒷받침 문장들 + 중심 문장
  ㉢ 미괄식: 뒷받침 문장들 + 중심 문장
  ㉣ 중괄식: 뒷받침 문장들 + 중심 문장 + 뒷받침 문장들
  ㉤ 병렬식: 중심 문장이 대등하게 나열되는 구성

(4) 표현하기(집필)

① 내용 전개 방법: 정의, 비교·대조, 예시, 분류(비슷한 특성에 근거하여 대상들을 나눔), 분석(복잡한 것을 단순한 부분들로 나눔), 과정, 유추, 묘사, 서사, 인과
② 수사법(표현 기교, 표현 기법)
  ㉠ 비유법: 표현하고자 하는 대상을 다른 대상에 빗대어 나타내는 표현 기법이다.
    📖 직유법, 은유법, 의인법, 활유법, 의성법, 의태법, 풍유법, 대유법, 중의법 등
  ㉡ 강조법: 단조로운 문장을 강렬하고 절실하게 하는 표현 기법이다.
    📖 반복법, 과장법, 열거법, 점층법, 점강법, 비교법, 대조법, 억양법, 미화법, 연쇄법, 영탄법 등
  ㉢ 변화법: 단조롭거나 평범한 문장에 변화를 주어 표현하는 기법이다.
    📖 도치법, 대구법, 설의법, 인용법, 반어법, 역설법, 생략법, 문답법, 돈호법, 명령법 등

(5) 고쳐쓰기(퇴고)

① 고쳐쓰기의 원칙: 부가(附加)의 원칙, 삭제(削除)의 원칙, 구성(構成)의 원칙
② 고쳐쓰기의 방법: 글 전체 수준에서 고쳐쓰기 → 문단 수준에서 고쳐쓰기 → 문장 수준에서 고쳐쓰기 → 단어 수준에서 고쳐쓰기

📄 **기출문제**

다음 글의 설명 방식으로 가장 적절한 것은?
2019. 8. 17. 지역인재

자동차의 장치는 크게 몇 가지로 나뉜다. 움직이기 위해 동력을 만드는 동력 발생 장치, 동력을 바퀴에 전달하는 동력 전달 장치, 노면의 진동이나 충격을 흡수해 안전하고 편안하게 주행하도록 하는 현가 장치, 주행 도중 방향을 바꾸기 위한 조향 장치, 주행 중 속도를 줄이거나 멈추기 위한 제동 장치, 자동차의 운전을 돕기 위한 각종 계기·조명·전기 부품 등을 포함하는 기타 장치로 되어 있다.

① 비교   ② 분류
③ 분석   ④ 정의

☞ ③

🔖 **보충학습**

반어와 역설
㉠ 반어(Irony): 나타내려는 본의(本意)와는 정반대의 뜻으로 표현하는 방법이다.
  📖 나 보기가 역겨워 가실 때에는 죽어도 아니 눈물 흘리오리다.
㉡ 역설(Parodox, 모순 형용): 표면적으로 이치에 맞지 않는 듯하나 실은 그 속에 진리가 숨어 있는 표현법이다.
  📖 님은 갔지마는 나는 님을 보내지 아니하였습니다.

기출문제분석

1 (가)에 들어갈 내용으로 가장 적절한 것은?

2021. 9. 11. 지역인재

당신이 런던과 파리의 호텔 요금을 비교하려 한다고 가정해 보자. 당신은 여섯 살짜리 딸을 컴퓨터 앞으로 보내 인터넷 검색을 시킨다. 왜냐하면 딸의 컴퓨터 실력이 당신보다 훨씬 더 낫기 때문이다. 아이는 1박에 180유로인 파리의 호텔 요금이 1박에 150파운드인 런던의 호텔에 비해 상대적으로 비싸다고 말할 것이다.

당신은 아이에게 파운드와 유로의 차이를 설명할 것이고, 정확한 비교를 위해 아이로 하여금 두 통화 간의 환율을 찾게 할 것이다. 아이는 1유로와 1파운드가 달러로 환산했을 때 각각 얼마인지를 확인하게 될 것이며, 아이는 간단한 산수를 통해 180유로는 약 216달러, 150파운드는 약 210달러여서 겉으로 보이는 차이보다 실제의 차이는 훨씬 작다는 것을 알게 될 것이다. 이렇듯 우리가 서로 다른 두 개의 단위를 비교 가능한 동일한 단위로 바꾸기 전까지 다른 나라의 통화가 나타내는 숫자 그 자체는 아무런 의미가 없다. 이때 필요한 것은 파운드와 유로간의 환율이 동일한 단위인 달러로 얼마인가의 여부이다.

이러한 문제는 인플레이션 개념을 이해하는 데에도 유사하게 발생한다. 오늘날의 1달러는 구매력이 크게 떨어진다는 점에서 60년 전의 1달러와 같지 않다. 인플레이션으로 인해 1950년에 1달러로 구매할 수 있던 상품을 2011년 현재에 구매하려면 9.37달러가 필요하다. 따라서 1950년과 2011년 간 통화에 대한 비교를 할 때 달러 가치의 변화를 감안하지 않는다면 이는 유로와 파운드로 표시된 금액을 비교하는 것보다 더 부정확해진다. 이는 _____(가)_____

① 인터넷의 정보가 항상 정확한 것은 아니기 때문이다.
② 과거의 화폐 가치를 정확하게 파악하는 일이 거의 불가능하기 때문이다.
③ 유럽의 경제 위기로 인해 유로의 화폐 가치가 큰 폭으로 변동하기 때문이다.
④ 1950년과 2011년 달러의 가치 차이가 유로와 파운드의 2011년 현재 가치 차이보다 크기 때문이다.

> **TIP** (가)의 바로 앞 문장의 내용 '따라서 1950년과 2011년 간 통화에 대한 비교를 할 때 달러 가치의 변화를 감안하지 않는다면 이는 유로와 파운드로 표시된 금액을 비교하는 것보다 더 부정확해진다.'라는 진술을 참고해 보면, 달러 가치의 변화를 감안하지 않으면 더 부정확해진다는 것이므로, 이는 달러가치의 차이가 유로와 파운드의 현재가치의 차이보다 크기 때문이라는 것을 알 수 있다.

ANSWER 1.④

2 (가) ~ (라)의 전개 순서로 가장 자연스러운 것은?

2021. 9. 11. 지역인재

> (가) 이뿐만 아니라 중앙부의 돌길 좌우에는 정일품부터 종구품의 품직을 새겨 넣은 품석(品石)들이 중앙부의 돌길보다 낮은 위치에 세워져 있어 마치 만조백관들이 아래에서부터 위로 왕을 호위하는 형상을 나타내고 있다.
>
> (나) 왕이 거처하는 궁궐은 그것을 구성하는 모든 요소들이 왕의 권위를 드러내는 방향으로 설계되어 있다. 좁게는 궁궐 안의 돌길에서부터 넓게는 부속 건물의 배치에 이르기까지 궁궐 안의 크고 작은 부분들에 이러한 의도가 반영되어 있다.
>
> (다) 예를 들어, 경복궁의 중문(中門)에서부터 왕이 조회를 행하던 근정전 사이에는 세 겹의 돌길이 나란히 놓여 있다. 중앙의 돌길은 양측의 돌길보다 높이 솟아 있으며, 이곳은 왕만이 지나갈 수 있었다. 중앙의 돌길은 근정전으로 올라가는 계단까지 직선으로 곧게 뻗어 있는데, 이는 왕의 정사(政事)가 조금의 막힘도 없이 순탄하기를 기원하는 것으로 보인다.
>
> (라) 이와 같이 조선의 궁궐은 신하를 포함한 백성들의 삶을 높은 곳에서 굽어살피고 어루만지는 절대적인 존재가 왕이라는 의미를 외적으로 구현하고 있으며, 그러한 왕의 보살핌 아래 조선의 무궁한 번영을 기원하는 의미 역시 내재되어 있다. 이렇게 볼 때, 조선의 궁궐은 조선 전체를 작게 옮겨 놓은 일종의 축도(縮圖)와 같다.

① (나) – (가) – (다) – (라)　　　　　② (나) – (다) – (가) – (라)
③ (나) – (라) – (가) – (다)　　　　　④ (나) – (라) – (다) – (가)

TIP 제시된 글의 중심 내용은 궁궐은 왕의 권위를 드러내는 방향으로 의도하여 설계되었다는 것으로 이러한 글의 화제를 제시하며 글을 시작하는 (나)가 제일 처음에 와야 한다. → (나)의 마지막 문장에 '이러한 의도가 반영되어 있다.'라는 문장을 참고할 때 다음으로 이에 대한 예시 문단 (다)가 나와야 함을 알 수 있다. → (가)의 '이뿐만 아니라'라는 말로 보아 (나)의 내용에 더해지는 또 다른 예시의 첨가 문단임을 알 수 있다. → 마지막으로 (라)의 '이와 같이'라는 접속어로 보아 글의 마지막에서 요약 · 정리, 마무리하는 성격의 문단임을 알 수 있다.
지시어와 접속어를 잘 활용한다면 글의 순서를 보다 쉽게 파악할 수 있다.

3 (개) ~ (래)에 들어갈 말로 가장 적절한 것은?

2021. 9. 11. 지역인재

데이비드슨 박사는 뇌파 전위 기록술인 'EEG'를 사용하여 사람들의 두뇌 활동을 측정하였는데, 이를 통해 일상생활에서 행복 또는 불행한 사람들의 두뇌 활동에서 발견되는 특이한 비대칭성을 발견하게 되었다. 그리하여 그는 좌뇌와 우뇌에 대한 뇌 과학적 사실에 비추어 스스로 행복하다고 말한 사람들의 경우, 좌측 전두엽이 우측 전두엽에 비해 더 많이 활성화될 것이고, 불행하다고 말한 사람들의 경우, 그 반대의 결과가 나타날 것이라고 가정하였다.

그는 이 가정을 입증하기 위해 추가 실험을 진행하였다. 첫 번째로는 신생아들에게 빨기 좋은 물건을 주고 뇌의 활성화 패턴을 측정하였으며, 두 번째로는 성인들을 대상으로 코미디 영화를 보여 주고서는 한창 즐거워할 때 뇌의 활성화 패턴을 분석하였다. 첫 번째 실험 결과, 위의 가정에 부합하였는데, 신생아들은 주어진 물건을 빨면서 즐거워할 때 ☐(가)☐ 전두엽이 ☐(나)☐ 전두엽에 비해 더 활성화되었다. 반면, 빨고 있던 물건을 강제로 빼앗았을 때는 그 반대의 결과가 나타났다.

두 번째 실험 역시 마찬가지였다. 실험 대상에게 코미디 영화를 보여 주었을 때 ☐(다)☐ 전두엽은 ☐(라)☐ 전두엽에 비해 활성화 정도가 낮았던 반면, 공포 영화를 보여 주었을 때 뇌의 활성화 패턴은 정반대로 나타났다. 이러한 실험 결과는 뇌 과학의 발전을 통해 사람들을 인위적으로 행복하게 만들 수 있는 방법이 있을 수 있음을 말해 준다.

	(가)	(나)	(다)	(라)
①	좌측	우측	우측	좌측
②	좌측	우측	좌측	우측
③	우측	좌측	우측	좌측
④	우측	좌측	좌측	우측

TIP 첫 번째 문단의 '그리하여 그는 좌뇌와 우뇌에 대한 뇌 과학적 사실에 비추어 스스로 행복하다고 말한 사람들의 경우, 좌측 전두엽이 우측 전두엽에 비해 더 많이 활성화될 것이고, 불행하다고 말한 사람들의 경우, 그 반대의 결과가 나타날 것이라고 가정하였다.'라는 진술을 참고하여 문맥에 맞는 적절한 단어를 넣어보면 (가)는 '좌뇌', (나)는 '우뇌', (다)는 '우뇌', (라)는 '좌뇌'가 적절하다는 것을 알 수 있다.

4 다음 글의 ㉠~㉣에 대한 고쳐 쓰기 방안으로 적절하지 않은 것은?

2020. 9. 26. 지역인재

> 과연 문학작품을 완벽하게 번역할 수 있는가? 인간은 세상을 각자의 시선에서 ㉠보므로 인식의 도구인 각 언어에는 공통된 기준이 있을 수 없다. 세상을 보는 기준이 ㉡부재한 상태에서 번역이 과연 가능한 것일까? 번역은 타 언어를 ㉢비록 우리의 언어 속 유사어로 대치해 놓는 것에 불과하다. 이 말은 번역이 원문과 비슷할 수는 있어도 동일하지는 ㉣않다. 그 대표적인 예가 '뉘앙스'이다. 특히 문학작품의 경우 원문과 일치하는 뉘앙스를 지닌 어휘나 표현이 없어 번역에 어려움을 겪는 일이 많다.

① 앞뒤 문맥을 고려하여 ㉠을 '봄으로써'로 수정한다.
② 글의 흐름을 고려하여 ㉡을 '상대적인'으로 수정한다.
③ 맥락상 자연스럽지 않으므로 ㉢을 '단지'로 수정한다.
④ 주어와 호응이 되지 않으므로 ㉣을 '않다는 것이다'로 수정한다.

> **TIP** ① ㉠ 앞의 내용이 뒤의 내용의 까닭이나 근거가 되기 때문에, 연결 어미 '-므로'를 쓰는 것이 옳다.
> ※ '-므로'와 '-ㅁ으로(써)'
> ㉠ '-므로' = '-기 때문에' : 까닭이나 근거
> ㉡ '-ㅁ으로(써)' = '-는 것으로(써)' : 수단 또는 방법

5 다음 글에 사용된 표현 기법이 아닌 것은?

2020. 5. 30. 경찰공무원

> 당신 같으면 어느 쪽을 선택할 것인가. 나의 선택은 마을의 불빛들이다. 불빛들은 갓 핀 달리아 꽃송이이다. 세 칸 집 안에 사는 사람들의, 꿈과 노동과 상처와 고통의 시간들의 은유이기도 하다. 아름다움보다는 쓸쓸함이, 기쁨보다는 아쉬움의 시간들이 훨씬 많았을 텐데도 그들은 말없이 불을 켜고 지상의 시간들을 지킨다. 어떤 불빛들은 밤을 새우기도 한다.

① 문답법   ② 점층법
③ 은유법   ④ 의인법

> **TIP** ② 점층법은 문장의 뜻을 점점 강하게 하거나, 크게 하거나, 높게 하여 마침내 절정에 이르도록 하는 수사법으로, 제시된 글에서는 사용되지 않았다.
> ① 문답법 : 묻고 대답하는 형식으로 표현하는 수사법 →'당신 같으면 어느 쪽을 선택할 것인가.(물음) 나의 선택은 마을의 불빛들이다.(대답)'
> ③ 은유법 : 사물의 상태나 움직임을 암시적으로 나타내는 수사법 →'불빛들은 갓 핀 달리아 꽃송이이다.'
> ④ 의인법 : 사람이 아닌 것을 사람에 비겨 사람이 행동하는 것처럼 표현하는 수사법 →'그들(마을의 불빛들)은 말없이 불을 켜고'

ANSWER 4.① 5.②

6 다음에서 제시한 글의 전개 방식의 예로 가장 적절한 것은?

2020. 7. 11. 인사혁신처

> '인과'는 원인과 결과를 서술하는 전개 방식이다. 어떤 현상이나 결과가 나타나게 된 원인이나 힘을 제시하고 그로 말미암아 초래된 결과를 나타내는 서술 방식이다.

① 온실 효과로 지구의 기온이 상승할 때 가장 심각한 영향은 해수면의 상승이다. 이러한 현상은 바다와 육지의 비율을 변화시켜 엄청난 기후 변화를 유발하며, 게다가 섬나라나 저지대는 온통 물에 잠기게 된다.

② 이 사회의 경제는 모두가 제로섬 요소로 구성되어 있다. 제로섬(zero-sum)이란 어떤 수를 합해서 제로가 된다는 뜻이다. 어떤 운동 경기를 한다고 할 때 이기는 사람이 있으면 반드시 지는 사람이 있게 마련이다.

③ 다음날도 찬호는 학교 담을 따라 돌았다. 그리고 고무신을 벗어 한 손에 한 짝씩 쥐고는 고양이 걸음으로 보초의 뒤를 빠져 팽이처럼 교문 안으로 뛰어들었다.

④ 벼랑 아래는 빽빽한 소나무 숲에 가려 보이지 않았다. 새털구름이 흩어진 하늘 아래 저 멀리 논과 밭, 강을 선물 세트처럼 끼고 들어앉은 소읍의 전경은 적막해 보였다.

> **TIP** 인과(원인과 결과)의 전개 방식을 찾으라는 문제이다. ①에서 온실 효과로 인해 해수면이 상승한다고 했으므로 인과의 전개방식은 ①이 적절하다.
> ② 정의의 방식으로 제로섬의 개념을 설명하고, 운동 경기를 예로 들어 제로섬에 대한 이해를 돕고 있다.
> ③ 서사의 방식으로 창호가 학교로 몰래 들어가는 사건을 시간의 순서에 따라 서술하고 있다.
> ④ 소읍의 전경을 그림을 그리듯 묘사하고 있다. 또한 풍경을 '선물 세트'로 비유하고 있다.

7 다음 글의 서술 방식에 대한 설명으로 적절하지 않은 것은?

2018. 8. 18. 지역인재

> 침체된 재래시장이 본래의 역할을 회복하려면 무엇이 필요한가? 현재 시행되고 있는 재래시장 활성화를 위한 대표 방안은 시설 현대화 사업과 상품권 사업이다. 시설 현대화 사업은 시장의 지붕을 만드는 공사가 중심이었으나 단순하고 획일적인 사업으로 효과를 내지 못하고 있다. 상품권 사업도 명절 때마다 재래시장 살리기를 호소하는 차원에서 이루어지기 때문에 아직까지 정착되지 못했다. 그렇다면 재래시장을 활성화할 수 있는 근본 방안은 무엇일까? 기존의 재래시장은 장년층과 노년층이 주 고객이었다. 재래시장이 발전하려면 젊은이들이 찾는 시장이어야 한다. 따라서 젊은이들의 기호를 파악하기 위한 상인들의 노력이 있어야 하고, 경쟁자인 대형 유통 업체와의 차별화도 필요하다. 다시 말해 주변 환경만 탓하거나 관련 기관의 지원만 바라지 말고 스스로 생존할 수 있는 힘을 길러야 한다. 당장 배가 고프다고 해도 물고기를 바라기보다 물고기 잡는 방법을 터득해야 한다. 이런 조건들이 갖추어질 때 대형 유통 업체와 경쟁할 수 있는 힘을 가지게 된다. 여기에 정부나 지방자치단체의 행정적·재정적 지원이 더해진다면 재래시장은 다시 살아날 수 있을 것이다.

① 대상을 종류별로 나누어 체계적으로 정리하고 있다.
② 비유적 표현을 활용하여 필자의 생각을 드러내고 있다.
③ 스스로 묻고 답하는 방식으로 글의 화제를 제시하고 있다.
④ 현재 상황의 문제점을 제시하고 그 해결책을 모색하고 있다.

> **TIP** ① 대상을 종류별로 나누어 체계적으로 정리하는 '분류'는 사용되지 않았다.

ANSWER 6.① 7.①

8 다음 글의 진술 방식에 해당하는 것은?

2016. 8. 27. 지역인재

> 문명은 대개 물질적인 성과와 관련된 사항을 거론할 때 사용하는 용어이다. 반면에 문화는 인간이 자연 상태에서 벗어나 일정한 목적이나 이상을 실현하려는 활동 과정 및 그 과정에서 이룩해 낸 물질적, 정신적 성과를 총칭하는 용어이다.

① 대조   ② 분류
③ 예시   ④ 유추

TIP 제시된 글은 '물질'과 '인간'이라는 서로 반대되는 내용을 기준으로 '문명'과 '문화'의 쓰임을 설명하고 있다. 따라서 대조가 사용되었다.
② 분류: 종류에 따라서 나누어 정리
③ 예시: 예를 들어 설명
④ 유추: 같은 종류 또는 비슷한 것에 기초하여 추측

1 다음의 내용 전개 방식으로 가장 적절한 것은?

> 세계에서 언어가 사라져 가는 현상은 우리나라 지역 방언에서도 벌어지고 있다. 특히 지역 방언의 어휘는 젊은 세대 사이에서 빠르게 사라져 가고 있는 실정이다. 일례로 한 조사에 따르면 우리 지역의 방언 어휘 중 특정 단어들을 우리 지역 초등학생의 80% 이상, 중학생의 60% 이상이 '전혀 사용하지 않는다.'라고 답했다. 또한 2010년에 유네스코에서는 제주 방언을 소멸 직전의 단계인 4단계 소멸 위기 언어로 등록하였다.
> 지역 방언이 사라져 가는 원인은 복합적이다. 서울로 인구가 집중되면서 지역 방언을 사용하는 인구가 감소하였으며, 대중 매체의 영향으로 표준어가 확산되어 가는 것도 한 원인이다.
> 일부 학생들은 표준어로도 충분히 대화할 수 있다며 지역 방언이 꼭 필요하냐고 말할 수도 있다. 그럼에도 우리는 왜 지역 방언 보호에 관심을 가져야 하는 것일까? 그것은 지역 방언의 가치 때문이다. 지역 방언은 표준어만으로는 표현하기 어려운 감정과 정서의 표현을 가능하게 한다. 그리고 '다슬기' 외에 '올갱이, 데사리, 민물고동'과 같이 동일한 대상을 지역마다 다르게 표현하는 지역 방언이 있는 것처럼 지역 방언은 우리말의 어휘를 더욱 풍부하게 만드는 바탕이 된다.
> 지역 방언은 우리의 소중한 언어문화 자산이다. 지역 방언의 세계문화유산 지정이 시급하다. 사라져 가는 지역 방언의 보호에 관심을 기울이자.

① 대상의 인과 관계에 초점을 맞추어 설명하고 있다.
② 구체적인 사례를 통해 자신의 주장을 뒷받침하고 있다.
③ 대상의 유사점을 중심으로 특징을 설명하고 있다.
④ 용어의 정의를 통해 정확한 개념 이해를 돕고 있다.

TIP 화자는 구체적인 사례를 통해 지역 방언이 사라져 가고 있는 실정을 지적함은 물론 지역 방언의 필요성까지 설명하면서 자신의 주장을 뒷받침하고 있다.

2 다음은 하나의 문장을 구성하는 문장들을 순서 없이 나열한 것이다. ㉠~㉣ 중 주제문으로 가장 적당한 것은?

> ㉠ 범죄를 저지른 사람 중에는 나쁜 가정환경에서 자란 경우가 많다.
> ㉡ 인간됨이 이지러져 있을 때 가치 판단이 흐려지기 쉽다.
> ㉢ 범죄를 저지른 사람들은 대체로 자포자기의 상황에 처한 경우가 많다.
> ㉣ 인간의 범죄 행위의 원인은 개인의 인간성과 가정환경으로 설명될 수 있다.

① ㉠   ② ㉡
③ ㉢   ④ ㉣

TIP 주제문은 문단 전체의 내용을 포괄할 수 있는 내용이어야 한다.

ANSWER 1.② 2.④

3 다음 글에 드러난 설명 방식이 아닌 것은?

다의어란 두 가지 이상의 의미를 가진 단어를 말한다. 다의어에서 기본이 되는 핵심 의미를 중심 의미라고 하고, 중심 의미에서 확장된 의미를 주변 의미라고 한다. 중심 의미는 일반적으로 주변 의미보다 언어 습득의 시기가 빠르며 사용 빈도가 높다. 그러면 다의어의 특징에 대해 좀 더 알아보자.

첫째, 주변 의미로 사용되었을 때는 문법적 제약이 나타나기도 한다. 예를 들면 '한 살을 먹다'는 가능하지만 '한살이 먹히다'나 '한살을 먹이다'는 어법에 맞지 않는다. 또한 '손'이 '노동력'의 의미로 쓰일 때는 '부족하다, 남다' 등 몇 개의 용언과만 함께 쓰여 중심 의미로 쓰일 때보다 결합하는 용언의 수가 적다.

둘째, 주변 의미는 기존의 의미가 확장되어 생긴 것으로서, 새로 생긴 의미는 기존의 의미보다 추상성이 강화되는 경향이 있다. '손'의 중심의미가 확장되어 '손이 부족하다', '손에 넣다'처럼 각각 '노동력', '권한이나 범위'로 쓰이는 것이 그 예이다.

줄 (명사)
① 새끼 따위와 같이 무엇을 묶거나 동이는 데에 쓸 수 있는 가늘고 긴 물건. 예) 줄로 묶었다.
② 길이로 죽 벌이거나 늘여 있는 것. 예) 아이들이 줄을 섰다.
③ 사회생활에서의 관계나 인연. 예) 내 친구는 그쪽 사람들과 줄이 닿는다.

셋째, 다의어의 의미들은 서로 관련성을 갖는다. 예를 들어 '줄'의 중심의미는 위의 ①인데 길게 연결되어 있는 모양이 유사하여 ②의 의미를 갖게 되었다. 또한 연결이라는 속성이나 기능이 유사하여 ③의 뜻도 지니게 되었다. 이때 ②와 ③은 '줄'의 주변의미이다.

① 정의   ② 예시
③ 묘사   ④ 대조

TIP ① 첫째 문단에서 다의어, 중심 의미, 주변 의미의 개념에 대해 정의하고 있다.
② 다의어의 특징에 대해 예를 들어 설명하고 있다.
④ 첫째 문단에서 중심 의미와 주변 의미에 대해 대조적으로 설명하고 있다.

4 다음 글의 설명 방식과 가장 가까운 것은?

여름 방학을 맞이하는 학생들이 잊지 말아야 할 유의 사항이 있다. 상한 음식이나 비위생적인 음식 먹지 않기, 물놀이를 할 때 먼저 준비 운동을 하고 깊은 곳에 들어가지 않기, 외출할 때에는 부모님께 행선지와 동행인 말씀드리기, 외출한 후에는 손발을 씻고 몸을 청결하게 하기 등이다.

① 이등변 삼각형이란 두 변의 길이가 같은 삼각형이다.
② 그 친구는 평소에는 순한 양인데 한번 고집을 피우면 황소 같아.
③ 나는 산·강·바다·호수·들판 등 우리 국토의 모든 것을 사랑한다.
④ 잣나무는 소나무처럼 상록수이며 추운 지방에서 자라는 침엽수이다.

TIP 제시문은 학생들이 잊지 말아야 할 유의사항들을 구체적 '예시'를 들어 설명하고 있으므로 답지도 이와 같이 '예시'로 이루어진 문장을 찾으면 된다.
① 정의 ② 비유 ③ 예시 ④ 비교

ANSWER 3.③ 4.③

5 다음을 가지고 '올바른 청소년 문화의 정착'에 관한 글을 쓸 때, '서론 – 본론1 – 본론2 – 결론' 부분이 순서에 맞게 바르게 짝지어진 것은?

> ㉠ 문화의 중요성 강조   ㉡ 청소년 비행의 뜻
> ㉢ 향락적 분위기   ㉣ 청소년 비행의 실태
> ㉤ 전인교육 강화   ㉥ 가치 · 뜻 부재
> ㉦ 사랑 · 관심 촉구   ㉧ 퇴폐문화로부터 청소년 보호

① 서론 : ㉢㉥   본론1 : ㉣   본론2 : ㉤㉦㉧   결론 : ㉠
② 서론 : ㉡㉢   본론1 : ㉠㉤   본론2 : ㉥㉧   결론 : ㉣㉦
③ 서론 : ㉡㉣   본론1 : ㉢㉥   본론2 : ㉤㉧   결론 : ㉠㉦
④ 서론 : ㉡㉣   본론1 : ㉢㉧   본론2 : ㉤㉥   결론 : ㉠㉦

> **TIP** 서론에서는 문제를 제기하고 본론에서는 구체적인 내용과 주장을 내세우며 결론 부분에서는 내세우는 바를 다시 요약하며 마무리한다.
>
> ※ 올바른 청소년 문화의 정착
>   ㉠ 서론 : 청소년 비행의 뜻, 청소년 비행의 실태
>   ㉡ 본론1 : 향락적 분위기, 가치 · 뜻 부재
>   ㉢ 본론2 : 전인교육 강화, 퇴폐문화로부터 청소년 보호
>   ㉣ 결론 : 문화의 중요성 강조, 사랑 · 관심 촉구

6 다음 글에 대한 평가로 가장 적절한 것은?

> ㉠관용구는 어떤 표현이 습관적으로 굳어져 사용됨으로써 원래의 뜻을 잃어 버린 언어 표현을 의미한다. ㉡'내 코가 석 자', '배가 남산만 하다'라는 말은 코의 길이나 배의 크기에 대한 내용을 담고 있는 것이 아니다. ㉢즉 이 표현들을 이루고 있는 단어들의 표면적인 뜻만 가지고는 그 의미를 알 수가 없는 것이다. ㉣이러한 관용어는 우리의 전통 문화를 잘 보여 주고 있다는 점에서 큰 의의를 지닌다고 할 수 있다.

① ㉠은 정의의 형식을 갖추고 있으나 단락의 완결성을 해치므로 삭제하는 것이 좋다.
② ㉡에 제시된 두 예는 원래의 뜻으로 해석될 수 있으므로 다른 예로 바꾸어야 한다.
③ ㉢은 앞 문장과의 연결이 부자연스러워 긴밀성을 해친다.
④ ㉣은 전체 제시문의 주제와 관련이 없으므로 단락의 통일성을 해친다.

> **TIP** ① ㉠은 단락의 완결성을 해치지 않는다.
> ② ㉡에 제시된 두 예는 관용구에 해당하는 적절한 예로 다른 예로 바꿀 필요가 없다.
> ③ ㉢은 앞 문장과의 연결이 자연스럽다.

7 다음 주제문을 뒷받침하는 내용으로 적절한 것은?

> 인간은 일상 생활에서 다양한 역할을 수행한다.

① 교통과 통신의 발달로 멀리 있는 사람들 사이에도 왕래가 많아지며, 인간 관계가 깊어지고 있다.
② 인간은 생활 속에서 때로는 화를 내며 상대를 미워하기도 하고, 때로는 웃으며 상대를 이해하기도 한다.
③ 누구나 가정에서는 가족의 일원, 학교에서는 학생의 일원, 그리고 지역 사회에서는 그 사회의 일원으로 생활하게 되어 있다.
④ 인간은 혼자가 아니라 사회 속에서 여러 사람과 더불어 살아가고 있기 때문에 개인의 행동은 사회에 영향을 끼칠 수밖에 없다.

> **TIP** "인간은 일상 생활에서 다양한 역할을 수행한다."라는 일반적 진술을 뒷받침하기 위해서는 다양한 역할이 무엇인지에 대한 구체화가 이어져야 한다.

8 '어린이 과보호'에 대해 글을 쓰고자 할 때, 다음 개요의 결론에 들어갈 적절한 내용은?

> Ⅰ. 서론
> • 어린이 과보호의 문제점
> Ⅱ. 본론
>   1. 문제의 배경
>   ① 핵가족화 현상으로 인한 가족 우선주의
>   ② 자녀에 대한 소유 의식
>   2. 문제점의 규명
>   ① 가정 차원의 문제점
>   • 아이의 경우 – 자기 중심적이고 비자주적인 태도 형성
>   • 부모의 경우 – 자녀에 대한 기대가 충족되지 않는 데에서 오는 배신감과 소외감
>   ② 사회 차원의 문제점
>   • 공동체 의식의 이완
>   • 시민 의식의 파괴
> Ⅲ. 결론
> ＿＿＿＿＿＿＿＿＿＿＿＿

① 과보호 규제를 위한 사회적 · 법적 장치의 필요성
② 과보호에 대한 인식 전환과 건전한 가족 문화 형성의 필요성
③ 유치원 교육의 개편을 통한 시민 도덕 규범의 일상적 실천 촉구
④ 과보호 문제의 교육적 해결을 위한 학교 사회의 대응 방안의 모색

> **TIP** 본론에서 어린이 과보호의 배경과 그로 인한 문제점을 가정 · 사회 차원에서 드러내고 있으므로 이를 바탕으로 결론의 내용을 찾으면 ②가 적절하다.

ANSWER 7.③ 8.②

9 다음 글에 쓰인 진술 방식이 사용된 글은?

> 이 궁전 앞에서는 아마도 오늘 큰 잔치가 베풀어지나 보다. 별들이 활발하게 오가고, 바다에 내려온 별들은뱃전에 부딪혀 은가루가 되었다가는 다시 별이 되는 요술을 부리고 있다.

① 소년이 등을 돌려 댔다. 소녀가 순순히 업히었다. 걷어올린 소년의 잠방이까지 물이 올라왔다. 소녀는 "어머나!" 소리를 지르며 소년의 목을 끌어안았다.

② 까치는 다양한 음식을 즐기는 새다. 곤충을 비롯하여 달팽이, 지렁이, 쥐, 과일, 나무 열매, 감자, 토마토, 콩은 말할 것도 없고 인가에서 버리는 먹다 남은 찌꺼기며 다른 새의 알이나 병아리까지 먹는다.

③ 반쯤 솟아오른 것을 보니 마치 해가 바닷물 속에서 솟아 나오는 것 같고, 해면과 접한 부분은 황금빛으로 빛난다. 수평선에서 막 떨어졌을 때 약간 가로 퍼진 타원형으로 되면서 꿈틀거린다.

④ 사람은 사회적 동물이다. 사람은 본성적으로 다른 사람들과 공동체를 이루어 살게 되어 있다. 따라서, 자기 자신만을 내세우는 유아독존적 생활 태도는 지양되어야 한다. 토마스 만의 말대로 인간은 하나하나의 개체로서가 아니라 그 개체의 상호 연합에 의해서만 위대성이 구현되기 때문이다.

> **TIP** 제시된 글은 묘사의 방법으로 내용을 전개하고 있다. 묘사는 대상의 세부 요소들에 대한 감각적 인상을 있는 그대로 언어로 표현하는 방법이다.
> ① 서사 ② 예시 ③ 묘사 ④ 논증

10 다음 글의 주제를 분명히 드러내기 위해 (   ) 안에 들어갈 알맞은 말은?

> 우리 속담 가운데 "콩 심은 데 콩 나고, 팥 심은 데 팥 난다."라는 말이 있다. 공부하지 않고 성적이 향상되기를 바라는 사람에게 주는 교훈이다. 농부가 씨앗을 잘 간수해 두었다가 때를 맞추어 뿌리고, 심고, 가꾸어야 풍성한 결실을 거둘 수 있다. 돈을 낭비하면 가난뱅이가 되고, 시간을 낭비하면 낙오자가 된다.
> 논밭을 망치는 것은 잡초요, 사람을 망치는 것은 허영이다. 모든 일은 심은 대로 거두는 것이다. 우리는 심은 것을 거두는 (   )(을)를 마음 속에 되새겨야 할 것이다.

① 긍정적 사고 방식
② 인과 응보의 진리
③ 성공과 실패의 차이
④ 낭비하지 않는 습관

> **TIP** 제시된 글의 주제는 '모든 일은 원인에 따라 결과를 맺는다.'이다.

읽기

❶ ·· 읽기의 과정과 방법

(1) 읽기의 과정

① **주제 파악하기의 과정**: 형식 문단의 내용 요약→내용 문단으로 묶어 중심 내용 파악→각 내용 문단의 중심 내용 간의 관계 이해→전체적인 주제 파악

② **주제를 찾는 방법**

㉠ 주제가 겉으로 드러난 글: 설명문, 논설문 등이 있다.
　• 글의 주제 문단을 찾는다. 주제 문단의 요지가 주제이다.
　• 대개 3단 구성이므로 끝 부분의 중심 문단에서 주제를 찾는다.
　• 중심 소재(제재)에 대한 글쓴이의 입장이 나타난 문장이 주제문이다.
　• 제목과 밀접한 관련이 있음에 유의한다.

㉡ 주제가 겉으로 드러나지 않는 글: 문학적인 글이 이에 속한다.
　• 글의 제재를 찾아 그에 대한 글쓴이의 의견이나 생각을 연결시키면 바로 주제를 찾을 수 있다.
　• 제목이 상징하는 바가 주제가 될 수 있다.
　• 인물이 주고받는 대화의 화제나, 화제에 대한 의견이 주제일 수도 있다.
　• 글에 나타난 사상이나 내세우는 주장이 주제가 될 수도 있다.
　• 시대적·사회적 배경에서 글쓴이가 추구하는 바를 찾을 수 있다.

③ **세부 내용 파악하기**

㉠ 제목을 확인한다.
㉡ 주요 내용이나 핵심어를 확인한다.
㉢ 지시어나 접속어에 유의하며 읽는다.
㉣ 중심 내용과 세부 내용을 구분한다.
㉤ 내용 전개 방법을 파악한다.
㉥ 사실과 의견을 구분하여 내용의 객관성과 주관성을 파악한다.

④ **비판하며 읽기**

㉠ 비판하며 읽기의 뜻: 글에 제시된 정보를 정확하게 이해하기 위하여 내용의 적절성을 비평하고 판단하며 읽는 것을 말한다.
㉡ 비판하며 읽기의 효과: 내용을 보다 정확하게 이해할 수 있고, 내용의 타당성을 판단할 수 있는 능력을 기를 수 있다.

⑤ **추론하며 읽기**

㉠ 추론하며 읽기의 뜻: 글 속에 명시적으로 드러나 있지 않은 내용과 과정과 구조에 관한 정보를 논리적 비약 없이 추측하거나 상상하며 읽는 것을 말한다.
㉡ 추론하며 읽기의 방법
　• 문장의 연결 관계를 통하여 생략된 정보를 추측한다.
　• 뜻이 분명하지 않은 문장의 의미를 자신의 배경 지식을 활용하여 정확하게 파악한다.
　• 글에 제시되어 있는 내용을 바탕으로 글 속에 분명히 드러나 있지 않은 중심 내용이나 주제를 파악한다.
　• 문맥의 흐름을 기준으로 문단의 연결 관계를 정확하게 파악한다.
　• 글의 조직 및 전개 방식을 기준으로 글 전체의 계층적 구조를 정확하게 파악한다.

기출문제

다음 글의 제목으로 가장 적절한 것은?

2019. 8. 17. 지역인재

　가상현실(virtual reality)은 컴퓨터 모형화와 모의실험을 통해 사용자로 하여금 인공적인 3차원의 시각적 및 그 밖의 감각적 환경과 상호 반응하게 하는 것을 말한다. 따라서 가상현실은 자연적으로 우리에게 주어지는 경험의 세계가 아니다. 이것은 우리가 살고 있는 물리적 세계의 기술과 과학을 바탕으로 만들어지는 인공적인 세계이다. 즉 가상현실은 인공 정원이나 인공 호수처럼 과학 기술에 의해 인위적으로 만들어진 환경이다. 가상이라는 말이 주는 뉘앙스 때문에 환상이나 신기루 같은 것과 연관 지어 생각하기 쉽지만 가상현실은 현실이 아님에도 실재처럼 생각하고 보이게 하는 컴퓨터가 만들어낸 가상 환경이다.

① 상호 반응에 의한 가상현실
② 인공적 세계로서의 가상현실
③ 경험적 세계로서의 가상현실
④ 감각적 환경에 의한 가상현실

☞ ②

(2) 읽기의 여러 가지 방법

① **음독(音讀)** : 시 낭송과 같이, 소리내어 읽는 방법이다.

② **묵독(黙讀)** : 눈으로 조용히 읽어 가는 방법이다.

③ **정독(精讀)** : 내용을 자세히 파악해 가며 읽는 방법이다.

④ **통독(通讀)** : 단순한 내용일 때 전체를 가볍게 읽는 방법이다.

⑤ **속독(速讀)** : 빠른 속도로 읽는 방법이다.

⑥ **다독(多讀)** : 다양한 정보를 얻기 위해 많은 양의 책이나 글을 읽는 방법이다.

⑦ **발췌독(拔萃讀)** : 여러 책이나 글에서 필요한 부분만 뽑아서 읽는 방법이다.

⑧ **색독(色讀)** : 글귀나 문장을 있는 그대로 해석하는 방법이다.

2 ·· 논설문

(1) 논설문의 뜻

어떤 문제에 대하여 자기의 주장이나 의견을 이론적으로 체계를 세워 주장하는 글이다.

(2) 논설문의 종류

① **논증적 논설문** : 어떤 일이나 문제의 옳고 그름을 밝히기 위하여 여러 가지 객관적 논거를 제시하여 그 옳고 그름이 드러나게 하는 논설문으로 학술 논문 등에 쓰인다.

② **설득적 논설문** : 자기의 의견이나 견해를 타인에게 분명하고 조리있게 주장하여 다른 사람들이 그 의견이나 견해에 찬동하여 따라 오게 하는 논설문으로 신문의 사설, 칼럼 등에 쓰인다.

(3) 논설문의 3요소

① **명제(命題)** : 의견이나 사상을 단적으로 내세우는 것을 말한다.

  ㉠ 사실 명제 : 어떤 문제에 대한 진위 판단을 언어로 서술한 것이다.

    예 사람은 포유동물이다.

  ㉡ 정책 명제 : 어떤 문제에 대한 해결책이나 바람직한 행동에 대한 판단을 언어로 서술한 것이다.

    예 사람은 법을 지켜야 한다.

  ㉢ 가치 명제 : 어떤 대상에 대한 가치 판단을 내린 것이다.

    예 홍길동전은 명작이다.

② **논거(論據)** : 명제를 논리적으로 뒷받침해 주는 근거가 된다.

  ㉠ 사실 논거 : 자신의 주장이 타당함을 증명해 보일 수 있는 구체적인 사실이다(주로 예시의 방법 사용).

  ㉡ 소견 논거 : 자신의 주장과 유사한 권위 있는 사람의 견해를 논거로 사용한 것이다(주로 인용의 방법 사용).

③ **추론(推論)** : 논거를 제시하여 명제가 진실임을 밝히는 과정이다.

  ㉠ 귀납법(歸納法) : 개별적인 많은 예들에서 공통된 일반 원리를 이끌어내는 방법이다(과학적인 논문 등에 자주 사용).

    예 • 개별적 사실 : 공자는 죽었다.

        • 개별적 사실 : 석가도 죽었다.

        • 결론 : 그러므로 모든 사람은 죽는다.

기출문제

글의 내용과 가장 유사한 주장은?

2018. 8. 18. 지역인재

'읽지 않은 책'에 대해 말한다는 것은 사회적으로 널리 알려진 다른 창작 행위들에 비해 좀 더 소박하긴 하지만 결코 그것들에 뒤지지 않는 창조적 활동이라 할 수 있다. 그런데 학교에서 우리의 학생들은 책을 읽고 그 책에 대해 말하는 법은 배우지만, 읽지 않은 책에 대해 의사를 표현하는 법을 배우지 못한다. 이는 어떤 책에 대해 말을 하기 위해서는 반드시 그 책을 읽어야 한다는 가정이 한 번도 의문시되지 않았음을 반증한다고 할 수 있다. 그렇다면 우리의 학생들은 읽지 않은 어떤 책에 대한 질문을 받을 때 자신들의 생각을 표명하기 위한 어떤 방도도 찾아낼 수 없어서 혼란에 빠질 공산이 크다.

그런 혼란은 책을 신성시하는 태도에서 벗어나게 해 주는 역할을 교육이 충분히 수행하지 못해 '책을 꾸며낼' 권리가 학생들에게 주어지지 않았기 때문에 빚어지는 일이다. 텍스트에 대한 존중과 수정 불가의 금기에 마비당하는데다 텍스트를 암송하거나 그것이 '담고 있는' 내용을 알아야 한다는 속박으로 인해, 너무나 많은 학생들이 자신들의 창의적 역량을 발휘하지 못한 채 상상력이 유익할 수 있는 상황에서도 자신들의 상상력에 호소하는 것을 스스로 금해 버린다.

① 독서하는 습관이 중요한 이유는 주체적으로 사고하고 문제를 해결하는 능력을 키울 수 있기 때문이다.

② 많은 책을 읽고 그것을 이해하는 것보다 자신의 생각을 다른 사람과 자유롭게 나누는 것이 더 중요하다.

③ 어떤 책을 읽느냐보다는 책을 읽는 행위 자체에서 독서의 의미를 찾아야 진정한 독서의 의의를 찾을 수 있다.

④ 좋은 책을 골라 읽지 않고 무분별하게 독서하는 것은 독자의 상상력과 창조력을 방해하는 저해 요소가 될 수 있다.

☞ ②

ⓛ 연역법(演繹法) : 일반적 원리에서 출발하여 논리적인 추리 과정을 거쳐 특수한 사실이 타당함을 증명하는 방법이다(3단 논법이 대표적임).

　　예 ・대전제 : 모든 사람은 죽는다.
　　　　 ・소전제 : 공자는 사람이다.
　　　　 ・결론 : 그러므로 공자는 죽는다.

ⓒ 변증법 : 모순 대립되는 두 개념[정(正)과 반(反)]과 그 모순점을 부각시켜 보다 고차원적인 제3의 개념[합(合)]으로 통일시키는 방법이다.

　　예 ・정 : 개(큰 것)의 죽음은 처참하다.
　　　　 ・반 : 이(작은 것)의 죽음은 처참하다.
　　　　 ・합 : 모든 생명은 소중하다.

ⓛ 유추 : '유비 추리'의 준말로 두 사물 간의 여러 공통점에 비추어 특수한 예에서도 공통점이 있으리라고 추정하는 방법이다.

(4) 논설문의 구성

① **서론** : 글을 쓰는 동기와 목적을 밝히고, 주제와 관련되는 문제를 제기한다.

② **본론** : 주장하려는 논거를 여러 가지 근거를 들어 증명하여 자기의 생각이나 주장을 발전시킨다.

③ **결론** : 본론의 논술을 근거로 하여 단정을 내리고, 자기의 의견이나 주장을 다시 한 번 확인하여 끝맺는다.

❸ ‥ 설명문

(1) 설명문의 뜻

어떤 대상에 대한 정보, 사실, 지식, 원리, 개념 등에 관하여 글쓴이가 알고 있는 바를 독자가 쉽게 이해할 수 있도록 풀어서 쓴 글이다.

(2) 설명문의 구성

① **머리말(도입)** : 설명할 대상, 배경, 동기, 목적, 방법 등을 제시하는 단계로 독자의 관심을 불러일으키는 구실을 한다(문제 제기).

② **본문(전개)** : 다양한 설명 방법을 사용하여 사실과 지식을 이해하기 쉽게 풀이하는 단계이다(문제 풀이).

③ **맺음말(마무리)** : 본문에서 설명한 내용을 요약하고 정리하여 마무리짓는 단계이다(문제 정리).

(3) 설명문의 기술 방법

① **추상적 진술** : 의견이나 주장 또는 일반적 사실을 말하는 부분이다. 구체적 진술 부분과 어울려 완전한 내용이 될 수 있다(주요 문단).

② **구체적 진술** : 추상적(일반적) 진술에서 언급된 내용에 대해 구체적이고 특수한 사실을 들어 진술하는 부분이다. 구체적 진술만으로 의사 전달이 이루어지지 않는다(보조 문단).

기출문제

다음 글에 대한 이해로 적절하지 않은 것은?

2020. 9. 26. 지역인재

처용에 관한 『삼국사기』의 사실적 기록과 그로부터 약 140년이란 긴 변이 과정을 거쳐 나온 『삼국유사』의 처용 설화를 비교해 보자. 헌강왕이 돌아다닌 곳이 개운포를 포함한 동쪽 지방이고, 왕 앞에 나타나 노래하고 춤춘 인물들이 그 당시 신라인에게는 생소했던 대상들이며, 처용의 용모와 일화가 이색적이라는 데는 두 문헌이 같다. 그러나 『삼국사기』에는 처용의 이름이, 『삼국유사』에는 그의 출현 연대가 없고, 전자에는 역신(疫神), 처용가, 왕정 보좌 같은 내용이 없으며, 출현자 수가 전자는 4명이지만 후자는 8명이라는 등 다른 점들이 있다.

---

① 『삼국유사』를 통해서는 처용의 출현 연대를 알 수 없다.
② 『삼국사기』에는 처용의 이름과 왕정 보좌에 관한 내용이 수록되어 있다.
③ 『삼국사기』와 『삼국유사』에는 처용이 신라인들에게 생소한 대상으로 기술되어 있다.
④ 처용과 관련된 내용이 『삼국사기』는 사실적 기록인 반면 『삼국유사』는 설화라는 차이가 있다.

☞ ②

1 다음 글의 ㉠~㉣ 중 성격이 다른 것은?

2021. 9. 11. 지역인재

> 자신의 신념과 일치하는 정보는 받아들이고 ㉠그렇지 않은 정보는 무시하는 경향을 확증 편향(confirmation bias)이라고 한다. 기존의 믿음이나 견해와 일치하는 정보는 적극적으로 수용하되 ㉡그에 반대되는 정보는 무시하거나 주목하지 않는 심리경향을 말한다. 사회심리학자인 로버트 치알디니에 따르면 자신이 가진 기존의 견해와 일치하는 정보에는 두 가지 이점이 있다고 한다. 첫째, ㉢그러한 정보는 어떤 문제에 대해 더 이상 고민하지 않고 마음의 휴식을 취할 수 있도록 해 준다. 둘째, 그러한 정보는 우리를 추론의 결과로부터 자유롭게 해 준다. 즉 추론의 결과 때문에 행동을 바꿔야 할 필요가 없는 것이다. 첫 번째 이점은 생각하지 않게 하고, 두 번째 이점은 행동하지 않게 한다는 것인데, 이를 입증하기 위해 특정의 정치 성향을 가진 사람들을 대상으로 실험을 실시하였다. 그 결과, ㉣반대 당 후보의 주장에 대해서는 거의 기억하지 못한 반면, 지지하는 당 후보의 주장에 대해서는 거의 대부분을 기억해 냈다.

① ㉠   ② ㉡

③ ㉢   ④ ㉣

> **TIP** ㉠㉡㉣ 자신의 신념이나 견해와 일치하지 않는 정보
> ㉢ 바로 앞 문장에 제시된 자신이 가진 기존의 견해와 일치하는 정보

2 ㉠~㉟을 문맥적 의미가 유사한 것끼리 올바르게 묶은 것은?

2021. 9. 11. 지역인재

> 한때 ㉠가족의 종말을 예견하는 목소리가 유행했었다. 19세기 초에 샤를 푸리에는 상부상조에 기반한 공동체인 '팔랑스테르'를 만들었고, 그 뒤를 계승한 실험이 유럽 곳곳에서 이루어졌다. 또한 엥겔스는 사유 재산의 종말과 함께 가족 역시 종말을 맞을 것이라고 예언했다. 어쩌면 유토피아에 대해 꿈꾸는 일은 근본적으로 ㉡가족의 개념에 배치될 수밖에 없는지도 모른다. 토머스 모어의 '유토피아'는 예외적으로 기존의 가부장제 ㉢가족을 사회 구성의 핵심 요소로 제안했지만, 섬 전체가 '한 ㉣가족, 한 가정'을 이루어야 한다는 사회적 단일체의 이상에 대한 강조를 잊지 않았다. 이러한 ㉤가족은 사적 재산을 소유할 수 없으며, 똑같이 생긴 집을 10년마다 바꿔 가며 살아야 한다. 유토피아의 가족은 사회의 거센 바람을 피하는 둥지가 아니라 사회 그 자체이며, 그런 의미에서 더 이상 ㉥가족이 아닌 ㉦가족인 것이다.

① ㉠,㉡,㉥/㉢,㉣,㉤,㉦

② ㉠,㉡,㉢,㉥/㉣,㉤,㉦

③ ㉠,㉣,㉤,㉦/㉡,㉢,㉥

④ ㉠,㉣,㉦/㉡,㉢,㉤,㉥

> **TIP** ㉠㉡㉢㉥ 기존의미의 가족, 전통적 가족
> ㉣㉤㉦ 새로운 의미의 가족

⁂ANSWER 1.③ 2.②

3 다음 글에 대한 이해로 적절하지 않은 것은?

2021. 9. 11. 지역인재

자본주의 시스템하에서 성공의 판타지는 어려운 현실을 극복하고 모든 것을 거머쥐는 소수의 영웅들을 전면에 내세움으로써 그 이면에 있는 다수의 실패자들을 은폐하는 역할을 한다. 예를 들어, 공개 오디션 프로그램에서는 본선에 오른 십여 명의 성공을 화려하게 비추는 대신, 본선에 오르지 못한 나머지 수백만 명의 실패에 대해서는 주목하지 않는다. 합리적으로 이해하기 힘든 이 방정식은 '너희도 열심히 노력하면 이 사람들처럼 될 수 있다'는 자본주의의 정언명령 앞에서 이상한 것으로 인식되지 않는다. 이 때문에 자본주의는 지극히 공정하고 정당한 방식으로 운영되고 있으며, 오직 부족한 것은 개인의 능력과 노력인 것처럼 보인다. 슬라보이 지젝이 "왜 오늘날 그 많은 문제들이 불평등, 착취 또는 부당함의 문제가 아닌 불관용의 문제로 여겨지는가?"라고 말했듯, 이 성공의 판타지는 가장 순수한 의미에서 이데올로기적인 기능을 수행한다. 사회적 불평등과 부당함이 관용과 불관용이라는 문화적 차원으로 환원돼 버리는 현상과 마찬가지로 자본주의 체제가 만들어 내는 여러 가지 사회적 문제들은 '그럼에도 불구하고 승리한' 영웅의 존재 때문에 능력과 노력이라는 지극히 개인적 차원으로 환원된다.

① 자본주의 사회에서 경쟁은 합리적이고 공정한 방식으로 이루어진다.
② 공개 오디션 프로그램은 탈락한 대다수의 실패자들을 주목하지 않는다.
③ 자본주의 사회는 열심히 노력하면 누구나 성공할 수 있다는 판타지를 제시한다.
④ 자본주의 체제하의 사회적 문제들은 성공한 소수의 존재로 인해 개인적 차원으로 치부될 가능성이 있다.

TIP 글의 초반부에서 '소수의 영웅들을 전면에 내세움으로써 그 이면에 있는 다수의 실패자들을 은폐하는 역할을 한다.'는 진술을 통해 ①의 내용이 잘못되었음을 알 수 있다. 또한 '자본주의는 지극히 공정하고 정당한 방식으로 운영되고 있으며, 오직 부족한 것은 개인의 능력과 노력인 것처럼 보인다.'고 진술된 부분은 겉으로 그렇게 보일뿐이지 실제는 그렇지 않다는 진술이므로 결국 ①의 진술은 틀린 것이다.
② '공개 오디션 프로그램에서는 본선에 오른 십여 명의 성공을 화려하게 비추는 대신, 본선에 오르지 못한 나머지 수백만 명의 실패에 대해서는 주목하지 않는다.'는 진술을 통해 알 수 있다.
③ "너희도 열심히 노력하면 이 사람들처럼 될 수 있다'는 자본주의의 정언명령 앞에서 이상한 것으로 인식되지 않는다.'라는 진술을 참고하면 알 수 있다.
④ '마찬가지로 자본주의 체제가 만들어 내는 여러 가지 사회적 문제들은 '그럼에도 불구하고 승리한' 영웅의 존재 때문에 능력과 노력이라는 지극히 개인적 차원으로 환원된다.'라는 진술을 통해 알 수 있다.

ANSWER 3.①

4 글쓴이의 견해에 부합하지 않는 것은?

2020. 7. 11. 인사혁신처

> 사물 인터넷(IoT, Internet of Things)의 정의로 '수십 억 개의 사물이 서로 연결되는 것'이라고 설명하는 것은 그리 유용하지 않다. 사물 인터넷이 무엇인지 이해하기 위해서는 '사물'에서 출발하기보다는 '인터넷'에서 출발하는 것이 좋다. 인터넷이 전 세계의 컴퓨터를 서로 소통하도록 만든다는 생각이 실현된 것이라면, 사물 인터넷은 이제 전 세계의 사물들을 '컴퓨터로 만들어' 서로 소통하도록 만든다는 생각을 실현하는 것이다. 컴퓨터는 본래 전원이 있고 칩이 있고, 이것이 통신 장치와 프로토콜을 갖게 되어 연결된 것이다. 그렇다면 이제는 전원이 있었던 전자 기기나 기계 등은 그 자체로, 전원이 없었던 일반 사물들은 새롭게 센서와 배터리, 통신 모듈이 부착되면서 컴퓨터가 되고 이렇게 컴퓨터가 된 사물들이 그들 간에 또는 인간의 스마트 기기와 네트워크로 연결되는 것이다.
>
> 현재의 인터넷과 사물 인터넷의 차이를, 혹자는 사람이 개입되는 것은 사물 인터넷이 아니라고 이야기하면서 엄격한 M2M(Machine to Machine)이라는 개념에 근거해 설명한다. 또 혹자는 사물 인터넷이 실현되려면 사람만큼 사물이 판단할 수 있어야 한다고 주장하면서 사물의 지능성을 중요시하는 경우도 있는데, 두 가지 모두 그릇된 것이다. 사물 인터넷을 제대로 이해하려면 기존 인터넷과의 차이점에 주목하기보다는 오히려 공통점을 인식하는 것이 더 중요하다. 컴퓨터를 서로 연결하는 수준에서 출발한 것이 기존의 인터넷이라면, 이제는 사물 각각이 컴퓨터가 되고, 그 사물들이 사람과 손쉽게 닿는 스마트폰, 스마트 워치 등과 서로 소통하는 것이다.

① 사물 인터넷의 개념을 파악하기 위해서는 기존 인터넷과의 공통점을 이해하는 것이 필요하다.

② 센서와 배터리, 통신 모듈 등을 갖춘 사물들이 네트워크로 연결되어 사물 인터넷으로 기능한다.

③ 사물 인터넷은 사람 수준의 지능을 가진 사물들이 네트워크상에서 인간의 개입 없이 서로 소통하는 것으로 정의된다.

④ 사물 인터넷은 컴퓨터가 아니었던 사물도 네트워크로 연결될 수 있다는 점에서 기존의 인터넷과 다르다.

TIP ③ 두 번째 문단 첫 번째 문장에서, "사람이 개입되는 것은 사물 인터넷이 아니라고 이야기하면서~ 사물의 지능을 중요시하는 경향이 있는데, 두 가지 모두 그릇된 것이다."라고 했으므로 사물 인터넷이 인간의 개입 없이 서로 소통하는 것으로 정의한 것은 글쓴이의 견해에 부합하지 않는다.

ANSWER 4.③

5 다음 글의 주장으로 가장 적절한 것은?

> 예술 작품의 복제 기술이 좋아지고 있음에도 불구하고 원본을 보러 가는 이유는 무엇인가? 예술 작품의 특성상 원본 고유의 예술적 속성을 복제본에서는 느낄 수 없다고 생각하는 경향이 강하기 때문이다. 사진은 원본인지 복제본인지 중요하지 않지만, 회화는 붓 자국 하나하나가 중요하기 때문에 복제본이 원본을 대체할 수 없다고 생각하는 사람들이 많다.
> 그러나 이러한 생각은 잘못이다. 회화와 달리 사진의 경우, 보통 '그 작품'이라고 지칭되는 사례들이 여러 개 있을 수 있다. 20세기 위대한 사진작가 빌 브란트가 마음만 먹었다면, 런던에 전시한 인화본의 조도를 더 낮추는 방식으로 다른 곳에 전시한 것과 다른 예술적 속성을 갖게 할 수 있었을 것이다. 이것은 사진의 경우, 작가가 재현적 특질을 선택하고 변형할 수 있는 방법이 다양함을 의미한다.

① 복제본의 예술적 가치는 원본을 뛰어넘을 수 없다.
② 복제 기술 덕분에 예술의 매체적 특성이 비슷해졌다.
③ 복제본의 재현적 특질을 변형하는 방법은 제한적이다.
④ 복제본도 원본과는 다른 별개의 예술적 특성을 담보할 수 있다.

> **TIP** 이 글은 예술작품의 복제본이 원본과는 다른 예술적 속성을 가질 수 있다는 것을 사진작가 빌 브란트의 예를 통해 드러내고 있다.

6 다음 글에 대한 이해로 가장 적절한 것은?

> 민주주의 정치제도를 실시하다 보면, 때로는 선하고 훌륭한 인물이 권력을 잡기도 하고 때로는 위선적이고 사악한 인물이 권력을 잡기도 한다. 그러나 민주주의 정치제도는 주권재민 사상과 법치주의에 토대를 두고 있기에 이를 잘 가꾸기만 한다면, 위선적이고 사악한 인물과 정치 세력을 국민이 언제든 합법적으로 징계하거나 해고할 수 있다. 중요한 것은 민주주의가 인간이 발명한 정치제도 중 가장 부작용이 적은 정치제도라는 점, 그리고 이 점을 알고 주권자로서 참여하여 그것을 발전시켜 나가는 일이다.
> 그러나 러셀이 지적한 바와 같이 국가의 힘은 때로 헌법과 법률의 제한을 넘어서기도 한다. 민주주의 사회에서조차 국가는 때로 시민의 자유와 권리를 부당하게 억압하고 이를 은폐하기도 한다. 아무리 철저하게 권력을 분산하고 강력한 견제 장치를 만들어 놓아도 제도를 운영하는 것은 결국 사람이기 때문이다. 사람이 만든 어떤 것도 천의무봉(天衣無縫)의 경지에 이르지는 못하기에 주권자의 정치 참여는 필수적이다.

① 민주주의는 주권재민과 법치주의를 바탕으로 하기 때문에 국민은 정치 참여를 통해 제도적 모순을 해결할 수 있다.
② 민주주의 사회에서도 때로는 독재가 가능하기 때문에 이를 방지하기 위해서는 공권력이 국민을 감시해야 한다.
③ 민주주의는 철저한 권력 분산과 강력한 견제 장치의 마련을 통해 부패를 원천적으로 방지할 수 있다.
④ 민주주의는 부작용이 가장 적은 정치제도이기 때문에 국가가 국민을 기만하는 일은 발생하지 않는다.

> **TIP** 제시된 지문에서 '민주주의는 주권재민 사상과 법치주의에 토대를 두고 있는 정치제도로 인간이 발명한 정치제도 중 가장 부작용이 적은 정치제도'라고 말한다. 하지만 이 역시도 맹점이 존재하며 이를 극복하기 위해서는 주권자의 정치 참여가 필수적이라고 주장한다.

ANSWER 5.④ 6.①

7 다음 글을 바탕으로 추론한 생각 중 적절하지 않은 것은?

2018. 8. 18. 지역인재

> 15세기 중반까지 일반적 독서법은 소리 내 읽는 음독(音讀)이 아니라 눈으로만 읽는 묵독(黙讀)이었다. 책의 양 자체가 많지 않았기 때문에 책을 정독(精讀)하는 집중형 독서가 보편적이었기 때문이다. 그러다가 구텐베르크가 금속활자를 발명하고 인쇄술이 점차 산업화하면서 사정이 달라졌다. 18세기 중반, 책 생산량이 이전의 3, 4배로 증가하면서 집중형 독서는 다독(多讀)하는 분산형 독서로 바뀌었다. 20세기 후반 인류는 또 한 번의 독서 혁명을 겪게 된다. 인터넷 혁명을 통해 검색형 독서가 극대화된 것이다. 검색형 독서에서 독자(reader)는 사용자(user)가 되었다. 이제 독자는 필요한 텍스트만 고를 수 있을 뿐 아니라 언제라도 텍스트를 수정하고 그것에 개입해 새로운 텍스트를 만들어 낼 수 있게 되었다. 또한 소리를 의식한 텍스트, 구어를 활용한 문장, 음성을 글자에 담은 이모티콘 등도 사용할 수 있게 되었다.

① 집중형 독서는 다독보다는 정독에 어울리는 독서 방식이겠군.
② 검색형 독서 방식에서는 독자가 생산자의 역할도 할 수 있겠군.
③ 분산형 독서 방식으로의 변화가 구어를 활용한 글쓰기를 가능하게 했겠군.
④ 책의 양적 증가와 독서 방식의 변화 사이에는 어느 정도 상관관계가 있겠군.

> **TIP** ③ 구어를 활용한 글쓰기를 가능하게 한 것은 검색형 독서 방식으로의 변화이다.

8 다음 글의 제목으로 가장 적절한 것은?

2018. 8. 18. 지역인재

> 판소리는 전체적인 통일성이 유지되지 않더라도 한 장면의 의도를 온전히 구현하기 위해서 해당 부분의 충실한 형상화를 가능하게 하는 '장면 극대화의 원리'가 적용되곤 한다. 이로 인해 서사적 요소인 사설의 형식적 논리가 파괴되는 것처럼 보이기도 하지만 판소리의 관례로 본다면 그렇게 볼 수만은 없다. 판소리는 삶의 다양한 국면들을 생생한 현장의 목소리로 전하고자 하는데 삶은 논리만으로는 해명될 수 없는 면이 있다. 딸을 판 아버지라면 남은 생을 고뇌와 비탄 속에서 살아가는 것이 논리적이겠지만, 이것이 삶의 전면적 진실은 아니다. 극도의 슬픔에 빠진 인간에게도 다시 웃을 일은 생기는 것이고, 그러면 웃는 것이 우리의 삶이다. 시간이 흐른 뒤 심 봉사처럼 딸을 판 대가로 받은 많은 돈을 자랑하며 마을을 어슬렁거릴 수도 있는 것이다. 삶과 관련지어 본다면 심 봉사의 골계적인 모습은 비탄으로 시종하는 것보다 더 현실적인 것이며 이에 대한 풍자가 판소리 특유의 재미를 낳는다. 판소리는 이처럼 삶의 진실성을 예술적으로 승화한다.

① 판소리, 기원과 역사를 찾아서
② 판소리, 전통 계승의 길을 찾아서
③ 판소리, 삶의 전면적 진실을 찾아서
④ 판소리, 다양한 관객의 비밀을 찾아서

> **TIP** 제시된 글의 주제는 마지막 문장에서 집약되고 있다. 따라서 이 글의 제목으로 ③이 가장 적절하다.

ANSWER 7.③ 8.③

1 소설 「동백꽃」를 읽고 한 활동 중, 밑줄 친 ㉠부분과 관계있는 것은?

> 보편적인 독서 방법은 글을 다음과 같이 다섯 단계로 나누어 읽는 것이다. 먼저 글의 제목, 소제목, 첫 부분, 마지막 부분 등 글의 주요 부분만을 보고 그 내용을 짐작하는 훑어보기 단계. 훑어본 내용을 근거로 하여 글의 중심 내용이 무엇인지를 마음속으로 묻는 질문하기 단계, 글을 차분히 읽으며 그 내용을 하나하나 확인하고 파악하는 자세히 읽기 단계, 읽은 글의 내용을 떠올리며 마음속으로 정리하는 ㉠되새기기 단계, 지금까지 읽은 모든 내용들을 살펴보고 전체 내용을 정리하는 다시 보기 단계가 그것이다.

① 동백꽃이란 제목을 보면서 글의 내용을 파악한다.
② 소설에서 동백꽃의 의미는 무엇인지 스스로 질문해본다.
③ 이 소설이 전하고자 하는 주제가 무엇인지 곰곰이 생각해 본다.
④ 점순이와 나의 순박한 모습을 떠올리며 감상문을 썼다.

TIP ① 훑어보기 단계
② 질문하기 단계
④ 정리하기 단계

2 다음 글의 중심 내용으로 가장 적절한 것은?

> 한 번에 두 가지 이상의 일을 할 때 당신은 마음에게 흩어지라고 지시하는 것입니다. 그것은 모든 분야에서 좋은 성과를 내는 데 필수적인 요소가 되는 집중과는 정반대입니다. 당신은 자신의 마음이 분열되는 상황에 처하도록 하는 경우도 많습니다. 마음이 흔들리도록, 과거나 미래에 사로잡히도록, 문제들을 안고 낑낑거리도록, 강박이나 충동에 따라 행동하는 때가 그런 경우입니다. 예를 들어, 읽으면서 동시에 먹을 때 마음의 일부는 읽는 데 가 있고, 일부는 먹는 데 가 있습니다. 이런 때는 어느 활동에서도 최상의 것을 얻지 못합니다. 다음과 같은 부처의 가르침을 명심하세요. '걷고 있을 때는 걸어라. 앉아 있을 때는 앉아 있어라. 갈팡질팡하지 마라.' 당신이 하는 모든 일은 당신의 온전한 주의를 받을 가치가 있는 것이어야 합니다. 단지 부분적인 주의를 받을 가치밖에 없다고 생각하면, 그것이 진정으로 할 가치가 있는지 자문하세요. 어떤 활동이 사소해 보이더라도, 당신은 마음을 훈련하고 있다는 사실을 명심하세요.

① 일을 시작하기 전에 먼저 사소한 일과 중요한 일을 구분하는 습관을 기르라.
② 한 번에 두 가지 이상의 일을 성공적으로 수행할 수 있도록 훈련하라.
③ 자신이 하는 일에 전적으로 주의를 집중하라.
④ 과거나 미래가 주는 교훈에 귀를 기울이라.

TIP 화자는 문두에서 한 번에 두 가지 이상의 일을 하는 것은 마음에게 흩어지라고 지시하는 것이라고 언급한다. 또한 글의 중후반부에서 당신이 하는 모든 일은 당신의 온전한 주의를 받을 가치가 있는 것이어야 한다고 강조한다. 따라서 이 글의 중심 내용은 ③이 적절하다.

ANSWER 1.③ 2.③

3 다음 글에서 언급한 스마트 팩토리의 특징으로 옳지 않은 것은?

최근 스포츠 브랜드인 아디다스에서 소비자가 원하는 디자인, 깔창, 굽 모양 등의 옵션을 적용하여 다품종 소량생산 할 수 있는 스피드 팩토리를 선보였고, 그밖에도 제조업을 비롯해 다양한 산업에서 스마트 팩토리를 도입하면서 미래형 제조 시스템인 스마트 팩토리에 대한 관심이 커지고 있다. 과연 스마트 팩토리 무엇이며 어떤 기술로 구현되고 이점은 무엇일까?

스마트 팩토리란 ICT기술을 기반으로 제품의 기획, 설계, 생산, 유통, 판매의 전 과정을 자동화, 지능화하여 최소 비용과 최소 시간으로 다품종 대량생산이 가능한 미래형 공장을 의미한다. 스마트 팩토리가 구현되기 위해서는 다양한 기술이 적용되는데, 먼저 클라우드 기술은 인터넷에 연결되어 축적된 데이터를 저장하고 IoT 기술은 각종 사물에 컴퓨터 칩과 통신 기능을 내장해 인터넷에 연결한다. 또한 데이터를 분석하는 빅데이터 기술, AI를 기반으로 스스로 학습하고 의사결정을 할 수 있는 차세대 로봇기술과 기계가 자가 학습하는 인공지능 기술을 비롯해 수많은 첨단 기술을 필요로 한다.

스마트 팩토리의 핵심 구현 요소는 디지털화, 연결화, 스마트화이다. 디지털화는 공장 내 사물들 간에 소통이 가능하도록 물리적 아날로그 신호를 디지털 신호로 변환하는 것으로 디지털화를 하면 무한대로 데이터를 복사할 수 있어 데이터 편집이 쉬워지고 데이터 통신이 자유롭게 이루어진다. 연결화는 사람을 포함한 모든 사물, 즉 공장 안에 존재하는 부품, 완제품, 설비, 공장, 건물, 기기를 연결하는 것으로, 이더넷이나 유무선 통신으로 설비를 연결해 생산 현황과 이상 유무를 관리한다. 작업자가 제조 라인에 서면 공정은 작업자의 역량, 경험 같은 것을 참고하여 합당한 공정을 수행하도록 지도해 주는 것이 연결화의 예라고 할 수 있다. 스마트화는 사물이 사람과 같이 스스로 판단하고 행동하는 것을 말하는 것으로 지능화, 자율화와 같은 의미이다. 수집된 데이터를 분석하여 스스로 판단하는 스마트화는 스마트 팩토리의 필수 전제조건이다.

① 스마트 팩토리는 최소 비용과 최소 시간으로 다품종 대량생산을 추구한다.
② 스마트 팩토리가 구현되기 위해서는 클라우드 기술, IoT기술, 인공지능 기술 등이 요구된다.
③ 디지털화는 공장 내 사물들 간에 소통이 가능하도록 디지털 신호를 물리적 아날로그 신호로 변환하는 것이다.
④ 스마트화는 사물이 사람과 같이 스스로 판단하고 행동하는 것으로 스마트 팩토리의 필수 전제조건이다.

TIP ③ 디지털화는 공장 내 사물들 간에 소통이 가능하도록 물리적 아날로그 신호를 디지털 신호로 변환하는 것이다.
①② 두 번째 문단에서 언급하고 있다.
④ 세 번째 문단에서 언급하고 있다.

4 다음 글의 주제문으로 가장 적절한 것은?

문학에서 다루는 체험(體驗)은 가치 있는 것이라야 한다. 일상 생활 속에서 누구나 겪는 것들이 모두 중요하고 의미 있는 것이 아니듯 모든 체험이 문학이 되지는 않는다. 일상적으로 경험하기 어려운 희귀한 경험이나, 그 경험이 독특한 의미를 띨 경우라야 문학의 제재가 될 수 있다. 작가들이 일상적인 경험을 소재(素材)로 작품을 쓰는 경우가 없지는 않다. 그럴 경우는 작가의 체험을 독특한 안목(眼目)으로 해석하여 새로운 의미를 찾아냄으로써 가치를 부여한 것이다.

① 문학은 언어로 표현된 예술이다.
② 문학은 항구성을 가진 기록이다.
③ 문학은 개성의 보편적 표현이다.
④ 문학은 가치 있는 체험의 표현이다.

TIP ④ 문학은 작가의 체험 가운데에서 재해석을 통해 가치를 부여한 것을 표현한다.

ANSWER 3.③ 4.④

5 다음 기사에 나타난 통계를 통해 추론할 수 없는 것은?

> 일본에서 나이가 들어서도 부모 곁을 떠나지 않고 붙어사는 '캥거루족'이 증가하고 있는 것으로 나타났다. 일본 국립 사회보장인구문제연구소가 2004년 전국 1만 711가구를 대상으로 조사해 21일 발표한 가구 동태 조사를 보면, 가구당 인구수는 평균 2.8명으로 최저치를 기록했다. 2인 가구는 28.7%로 5년 전 조사 때보다 조금 증가한 반면, 4인 가구는 18.1%로 조금 줄었다.
>
> 부모와 함께 사는 자녀의 비율은 크게 증가했다. 30~34살 남성의 45.4%가 부모와 동거하는 것으로 나타났다. 같은 연령층 여성의 부모 동거 비율은 33.1%였다. 5년 전에 비해 남성은 6.4%, 여성은 10.2% 증가한 수치다. 25~29살 남성의 부모 동거 비율은 64%, 여성은 56.1%로 조사됐다. 부모를 모시고 사는 기혼자들도 있지만, 상당수는 독신으로 부모로부터 주거와 가사 지원을 받는 캥거루족으로 추정된다.

① 25~34살의 남성 중 대략 반 정도가 부모와 동거한다.
② 현대사회에서 남녀를 막론하고 만혼 현상이 널리 퍼져 있다.
③ 30~34살의 경우 부모 동거비율은 5년 전에도 여성이 남성보다 높지 않았다.
④ '캥거루족'이 늘어난 것은 젊은이들이 직장을 구하기가 점점 어려워지고 있기 때문이다.

TIP ④ 제시된 지문에서는 캥거루족이 증가하고 있는 사실에 대해서만 서술하고 있을 뿐 그 원인이 실업 때문이라는 언급은 없다.

6 다음 글을 통해 알 수 있는 내용으로 적절하지 않은 것은?

> 재판이란 법원이 소송 사건에 대해 원고·피고의 주장을 듣고 그에 대한 법적 판단을 내리는 소송 절차를 말한다. 오늘날과 마찬가지로 조선 시대에도 재판 제도가 있었다. 당시의 재판은 크게 송사(訟事)와 옥사(獄事)로 나뉘었다. 송사는 개인 간의 생활 관계에서 발생하는 분쟁의 해결을 위해 관청에 판결을 호소하는 것을 말하며, 옥사는 강도, 살인, 반역 등의 중대 범죄를 다스리는 일로서 적발, 수색하여 처벌하는 것을 말한다.
>
> 송사는 다시 옥송과 사송으로 나뉜다. 옥송은 상해 및 인격적 침해 등을 이유로 하여 원(元 : 원고), 척(隻 : 피고) 간에 형벌을 요구하는 송사를 말한다. 이에 반해 사송은 원, 척 간에 재화의 소유권에 대한 확인, 양도, 변상을 위한 민사 관련 송사를 말한다.
>
> 그렇다면 당시에 이러한 송사나 옥사를 맡아 처리하는 기관은 어느 곳이었을까? 조선 시대는 입법, 사법, 행정의 권력 분립이 제도화되어 있지 않았기에 재판관과 행정관의 구별이 없었다. 즉 독립된 사법 기관이 존재하지 않았으므로 재판은 중앙의 몇몇 기관과 지방 수령인 목사, 부사, 군수, 현령, 현감 등과 관찰사가 담당하였다.

① 일반적인 재판의 정의
② 조선 시대 송사의 종류
③ 조선 시대 송사와 옥사의 차이점
④ 조선 시대 재판관과 행정관의 역할

TIP ④ 조선시대는 입법, 사법, 행정의 권력 분립이 제도화 되어 있지 않아 재판관과 행정관의 구별이 없었다고만 설명하여 재판관과 행정관의 역할을 알 수 없다.

ANSWER 5.④ 6.④

7 다음 글에 대한 이해로 적절하지 않은 것은?

> 한국 건축은 '사이'의 개념을 중요시한다. 그리고 '사이'의 크기는 기능과 사회적 위계에 영향을 받는다. 또한 공간, 시간, 인간 모두를 '사이'의 한 동류로 보기도 한다. 서양의 과학적 사고가 물체를 부분들로 구성되었다고 보고 불변하는 요소들을 분석함으로써 본질 파악을 추구하였다면, 동양은 사이 즉, 요소들 간의 관련성에 초점을 두고, 거기에서 가치와 의미의 원천을 찾았던 것이다. 서양의 건축이 내적 구성, 폐쇄적 조직을 강조한 객체의 형태를 추구했다면, 동양의 건축은 그보다 객체의 형태와 그것이 놓이는 상황 및 자연환경과의 어울림을 통해 미를 추구하였던 것이다.
> 동양의 목재 가구법(낱낱의 재료를 조립하여 구조물을 만드는 법)에 의한 건축 구성 양식에서 '사이'의 중요성을 알 수 있다. 이 양식은 조적식(돌·벽돌 따위를 쌓아 올리는 건축 방식)보다 환경에 개방적이고, 우기에도 환기를 좋게 할 뿐 아니라 내·외부 공간의 차단을 거부하고 자연과의 대화를 늘 강조한다. 그로 인해 건축이 무대나 액자를 설정하고 자연이 끝을 내 주는 기분을 느끼게 한다.

① 동양과 서양 건축의 차이를 요소들 간의 관련성으로 설명하고 있다.
② 동양의 건축 재료로 석재보다 목재가 많이 쓰인 이유를 알 수 있다.
③ 한국 건축에서 '사이'의 개념은 공간, 시간, 인간 모두를 포함하고 있다.
④ 동양의 건축은 자연환경에 개방적이지만 인공 조형물에 대해서는 폐쇄적이다.

TIP ④ 위 글에서는 인공조형물에 대한 설명이 없으므로 보기 ④가 적절하지 않은 것이다.

현대 문법

언어와 국어

1 ·· 언어의 본질

(1) 언어의 일반적 특성

① **기호성(記號性)** : 언어는 일정한 내용(의미)을 일정한 형식(음성)으로 나타내는 기호이다.

② **분절성(分節性)** : 언어는 연속적인 자연의 세계를 불연속적으로 끊어서 사용한다. 단어와 단어 사이가 분절된다는 것이나 자음과 모음이 나누어진다는 것이 그 예이다.

③ **자의성(恣意性)** : 형식(음성)과 내용(의미) 사이에는 아무런 필연성이 없다. 집단 언중(言衆)들이 임의적으로 결합시킨 것으로, 언어 사회(나라)마다 다르다.

④ **사회성(社會性)** : 언어는 사회적 약속이므로 개인이 임의로 고칠 수 없다[불역성(不易性)].

⑤ **역사성(歷史性)** : 언어는 시대 흐름에 따라 형태·의미가 신생·성장·사멸한다[가역성(可易性)].

⑥ **창조성(創造性)** : 한정된 음운이나 어휘를 가지고 무한한 단어와 문장을 만들어 낼 수 있다.

⑦ **법칙성(法則性)** : 모든 언어에는 일정한 규칙(문법)이 있다.

(2) 언어의 기능

① **표현적 기능** : 말하는 사람의 감정이나 태도를 나타내는 기능이다. 언어의 개념적 의미보다는 감정적인 의미가 중시된다.

> **예** 느낌, 놀람 등 감탄의 말이나 욕설, 희로애락의 감정 표현, 폭언 등

② **정보 전달 기능** : 말하는 사람이 알고 있는 사실이나 지식, 정보를 상대방에게 알려 주기 위해 사용하는 기능이다.

> **예** 설명, 신문 기사, 광고 등

③ **사교적 기능**(친교적 기능) : 상대방과 친교를 확보하거나 확인하여 서로 의사 소통의 통로를 열어 놓아주는 기능이다.

> **예** 인사말, 취임사, 고별사 등

④ **미적 기능** : 언어 예술 작품에 사용되는 것으로 언어를 통해 미적인 가치를 추구하는 기능이다. 이 경우에는 감정적 의미만이 아니라 개념적 의미도 아주 중시된다.

> **예** 문학 작품, 특히 시에 사용되는 언어

⑤ **지령적 기능**(감화적 기능) : 말하는 사람이 상대방에게 지시를 하여 특정 행위를 하게 하거나, 하지 않도록 함으로써 자신의 목적을 달성하려는 기능이다.

> **예** 법률, 각종 규칙, 단체 협약, 명령, 요청, 광고문 등의 언어

❷ ·· 국어의 이해

(1) 국어의 특징

① **국어의 문장**

　㉠ 정상적인 문장은 '주어 + 목적어 + 서술어'의 어순을 가진다.

　㉡ 수식어는 수식을 받는 말 앞에 놓인다.

　㉢ 주어의 생략이 많으며 단수, 복수, 시제의 표시가 불분명하다.

　㉣ 남녀의 성(性)의 구별이 없으며, 관사 및 관계 대명사가 없다.

② **국어의 단어**

　㉠ 문법적 관계를 나타내는 말(조사, 어미 등)이 풍부하다.

　㉡ 조어 과정에서 배의성(配意性)에 의지하는 경향이 짙다.

　㉢ 상징어, 존경어가 발달되어 있다.

　㉣ 논리적인 어휘가 부족하고 감각어가 풍부하다.

③ **국어의 소리**

　㉠ 음절 구성은 '자음 + 모음 + 자음'의 유형이다.

　㉡ 자음 중 파열음과 파찰음은 예사소리, 된소리, 거센소리로 대립되어 3중 체계로 되어 있다.

　㉢ 알타이 어의 공통 특질인 두음 법칙, 모음 조화 현상이 있다.

　㉣ 음절의 끝소리에 'ㄱ, ㄴ, ㄷ, ㄹ, ㅁ, ㅂ, ㅇ'의 일곱 자음 밖의 것을 꺼리는 끝소리 규칙이 있다.

　㉤ 구개음화와 자음 동화 현상이 있다.

(2) 국어의 순화

① **국어 순화의 뜻** : 외래어, 외국어 등을 가능한 한 토박이말로 재정리하고, 비속한 말과 틀린 말을 고운말과 표준어로 바르게 쓰는 것이다(우리말을 다듬는 일).

② **국어 순화의 이유**

　㉠ 개인이나 사회에 악영향을 주는 말의 반작용을 막기 위해서 국어를 순화해야 한다.

　㉡ 말은 겨레 얼의 상징이며 민족 결합의 원동력이므로 겨레의 참된 삶과 정신이 투영된 말로 순화해야 한다.

　㉢ 국어의 오염 현상을 인식시키는 '체'로서의 우리말 기능을 회복시키기 위해 국어는 순화되어야 한다.

［기출문제］

다음 중 국어의 '형태적' 특징은?

2015. 6. 15. 서울특별시

① 수식어는 반드시 피수식어 앞에 온다.

② 동사와 형용사의 활용이 유사하다.

③ 문장 성분의 순서를 비교적 자유롭게 바꿀 수 있다.

④ 언어 유형 중 '주어 - 목적어 - 동사'의 어순을 갖는 SOV형 언어이다.

☞ ②

［기출문제］

국어 순화가 옳지 않은 것은?

2020. 7. 18. 일반군무원

① 핸드레일(handrail) → 안전손잡이

② 스크린 도어(screen door) → 차단문

③ 프로필(profile) → 인물 소개, 약력

④ 팝업창(pop-up 窓) → 알림창

☞ ②

1 다음 중 괄호 안에 들어갈 말로 가장 적절한 것은?

2017. 3. 18. 서울특별시

> 'ㆍ'가 현대 국어에서 더 이상 사용되지 않고, '믈[水]'이 현대 국어에 와서 '물'로 형태가 바뀌었으며, '어리다'가 '어리석다[愚]'로 쓰이다가 현대 국어에 와서 '나이가 어리다[幼]'의 뜻으로 바뀌어 쓰이는 것 등과 같은 예에서 알 수 있는 언어의 특성을 언어의 (　　　)이라고 한다.

① 사회성
② 역사성
③ 자의성
④ 분절성

> **TIP** 시간의 흐름에 따라 언어가 사라지기도 하고, 형태나 의미가 변화하는 예를 보여주고 있다. 따라서 괄호 안에 들어갈 언어의 특성은 역사성이다.

2 다음에서 알 수 있는 언어 기호의 특성으로 적절한 것은?

2013. 7. 27. 안전행정부

> • 언어는 문장, 단어, 형태소, 음운으로 쪼개어 나눌 수 있다. 특히 한정된 음운을 결합하여서 수많은 형태소, 단어를 만들고 무한한 문장을 만들 수 있다.
> • 언어는 외부 세계를 반영할 때 있는 그대로 반영하지 않고 연속적으로 이루어져 있는 세계를 불연속적인 것으로 끊어서 표현한다. 실제로 무지개 색깔 사이의 경계를 찾아볼 수 없는데도 우리는 무지개 색깔이 일곱 가지라고 말한다.

① 추상성
② 자의성
③ 분절성
④ 역사성

> **TIP** 언어의 분절성 … 언어는 연속적인 자연의 세계를 불연속적으로 끊어서 사용한다. 단어와 단어 사이가 분절된다는 것이나 자음과 모음이 나누어진다는 것이 그 예이다. 예로 연속된 무지개를 일곱 개의 색으로 나누어 표현하는 것과, 1분 1초처럼 연속된 시간을 분절하여 나타내는 것이 있다.
> ① 추상성 : 언어는 개념을 단위로 하는데 개념은 추상화 과정을 거쳐 만들어진다.
> ② 자의성 : 형식(음성)과 내용(의미) 사이에는 아무런 필연성이 없다. 집단 언중들이 임의적으로 결합시킨 것으로, 언어는 사회마다 다르다.
> ④ 역사성 : 언어는 시대의 흐름에 따라 형태와 의미가 신생·성장·사멸한다.

ANSWER 1.②　2.③

1 다음 중 밑줄 친 외래어의 순화가 바르게 이루어지지 않은 것은?

① 대한민국 선수단의 골드러시가 계속 이어졌다. → 금메달 행진
② 그대로 진행하기에는 리스크가 너무 크다. → 위험
③ 그 영화는 3주간 박스오피스 정상을 차지하고 있다. → 흥행수익
④ 남산타워는 서울시의 랜드마크이다. → 자랑거리

TIP ④ 랜드마크는 표지물, 표시로 순화할 수 있다.

2 국어 연구 및 활동에 대한 다음 설명 중 옳지 않은 것은?

① 조선어 학회에서 한글날을 제정하였다.
② 최현배는 처음으로 '한글' 명칭을 사용하였다.
③ 주시경은 평생을 국어 문법의 연구와 보급에 힘쓴 한글학자이다.
④ 유길준의 「대한문전」은 서구적인 규범문법서로 최초의 근대적 국문법책이다.

TIP ② '한글' 명칭을 처음으로 사용한 사람은 주시경이다.

3 다음 글이 설명하는 언어의 성격이 가장 약하게 반영된 것은?

> 말소리와 그것이 싣고 있는 뜻 사이의 관계는 자의적(혹은 임의적)이다. 밤하늘에 떠서 세상을 비춰주는 물체를 반드시 [달]이라고 불러야 할 필연적인 이유가 있는 것은 아니다. 만약 필연적인 이유가 있다면 어떤 언어에서나 [달]이라고 해야 할 텐데 그렇지 않기 때문이다. 영어에서는 [문]이라 하고 스페인어에서는 [루나], 헝가리어에서는 [홀드], 일본어에서는 [쓰키]라고 한다. 그것은 마치 붉은 교통신호등이 정지를 표시하는 것과 같다. 붉은 색이 정지를 뜻해야 할 필연적인 이유는 없다. 푸른색을 정지, 붉은 색을 진행 표시로 정해도 상관없다. 그것은 약속으로 통용되기만 하면 된다. 교통신호는 색깔로 진행이나 정지를 표시하지만, 언어는 말소리로 어떤 뜻을 전달하는 것이다. 말소리는 그릇과 같은 것이요, 뜻은 거기에 담긴 내용이다. 그래서 언어는 자의적인 음성기호의 체계라고 한다. 청각장애들의 수화(手話)는 손짓으로 뜻을 전하며 밤중에 항해하는 배들은 불빛으로 의사소통을 한다. 그러나 언어는 말소리로 뜻을 전달하며, 말소리와 뜻 사이의 관계는 필연적이 아니고 자의적이다.

① '호랑이'와 '범'이라는 동의어가 존재한다.
② '까닭'을 뜻하는 중세어 '젼ᄎ'가 후대에 와서 사라졌다.
③ 한국 사람들은 수탉의 울음소리를 '꼬끼오'라고 한다.
④ '부추'를 어떤 방언에서는 '솔'이라고 한다.

TIP ①②④ 언어에 있어서 소리와 의미의 관계가 사회적 약속에 의하여 임의적으로 이루어지는 특성을 언어의 자의성이라 하며, 언어의 자의성은 언어의 내용과 표현 사이에 절대적인 관련성이 없다.
③ 음성과 의미의 결합이 각 언어와 사회마다 비슷비슷하게 결합하는 성질(의성어와 의태어)을 언어의 유연성이라 하며, 자의적인 언어의 성질과 다소 상반되나 언어의 본질에는 영향을 미치지 않는다.

ANSWER 1.④ 2.② 3.③

4 다음의 내용을 뒷받침하는 근거로 볼 수 없는 것은?

> 의성어나 의태어의 경우에는 의미와 소리 사이에 어떤 필연적인 관계가 있는 것이 아닌가 하는 이의 (異議)가 제기되기도 하였지만, 역시 필연성은 없다는 결론이 나왔다. 언어의 이러한 특성을 이른바 자의성(恣意性)이라고 한다.

① 같은 뜻을 지닌 의성어라도 각 나라마다 그 음성이 모두 다르다.
② 동물의 울음소리에서 동물의 명칭을 따온 예가 많다.
③ 의성어나 의태어는 어느 나라든지 그 수효가 많지 않다.
④ 사물의 소리나 모양을 완벽하게 모방할 수는 없다.

> **TIP** 의성어 역시 자의성을 띤다는 내용을 뒷받침하기 위해서는 의성어에도 필연성은 존재하지 않는다는 근거를 제시하면 된다. 의성어가 시대와 나라마다 다르다는 것은 필연성이 없다는 근거이며, 사물의 소리나 모양을 완벽하게 모방할 수 없다는 것과 의성어, 의태어의 수가 많지 않다는 것 역시 필연성을 부여하기 어려운 조건에 해당된다. 즉 사물의 소리를 그대로 모방할 수 없다는 것은 필연적인 어떤 고정된 의성어의 존재를 불가능하게 만드는 것이기 때문이다. 반면에 동물의 울음소리에서 동물의 명칭을 따온 예가 많다는 것은 의성어와 사물과의 필연성을 강화시키는 진술에 해당된다.

5 다음 중 한국어에 대한 설명으로 옳지 않은 것은?

① 조사, 어미가 발달되어 있다.
② 형태상으로 굴절어에 속한다.
③ 높임 표현이 발달한 언어이다.
④ 자음 동화, 두음 법칙 현상이 있다.

> **TIP** ② 한국어는 계통상으로 알타이 어족, 형태상으로 교착어에 해당한다. 교착어는 실질 형태소에 형식 형태소(조사, 어미, 접사)가 붙음으로써 문법적 관계를 나타내는 언어로 첨가어, 부착어라고도 한다.

6 다음 중 국어의 특징과 관계없는 것은?

① 관사 및 관계대명사가 없다.
② 형태상 첨가어, 계통상 알타이어에 속한다.
③ 문법 기능은 조사와 어미에 의해서 나타난다.
④ 서술어 중심의 문장으로 어순의 제약이 엄격하다.

> **TIP** ④ '주어 + 목적어 + 서술어'의 어순은 있으나, 제약이 엄격하지는 않다.

ANSWER 4.② 5.② 6.④

7 다음에 해당하는 언어의 기능은?

> 이 기능은 우리가 세계를 이해하는 정도에 비례하여 수행된다. 그러면 세계를 이해한다는 것은 무엇인가? 그것은 이 세상에 존재하는 사물에 대하여 이름을 부여함으로써 발생하는 것이다. 여기 한 그루의 나무가 있다고 하자. 그런데 그것을 나무라는 이름으로 부르지 않는 한 그것은 나무로서의 행세를 못한다. 인류의 지식이라는 것은 인류가 깨달아 알게 되는 모든 대상에 대하여 이름을 붙이는 작업에서 형성되는 것이라고 말해도 좋다. 어떤 사물이건 거기에 이름이 붙으면 그 사물의 개념이 형성된다. 다시 말하면, 그 사물의 의미가 확정된다. 그러므로 우리가 쓰고 있는 언어는 모두가 사물을 대상화하여 그것에 의미를 부여하는 이름이라고 할 수 있다.

① 정보적 기능
② 친교적 기능
③ 명령적 기능
④ 관어적 기능

TIP 언어의 기능

㉠ **표현적 기능** : 말하는 사람의 감정이나 태도를 나타내는 기능이다. 언어의 개념적 의미보다는 감정적인 의미가 중시된다.

㉡ **정보전달기능** : 말하는 사람이 알고 있는 사실이나 지식, 정보를 상대방에게 알려 주기 위해 사용하는 기능이다.

㉢ **사교적 기능(친교적 기능)** : 상대방과 친교를 확보하거나 확인하여 서로 의사소통의 통로를 열어놓아 주는 기능이다.

㉣ **미적 기능** : 언어예술작품에 사용되는 것으로 언어를 통해 미적인 가치를 추구하는 기능이다. 이 경우에는 감정적 의미만이 아니라 개념적 의미도 아주 중시된다.

㉤ **지령적 기능(감화적 기능)** : 말하는 사람이 상대방에게 지시를 하여 특정 행위를 하게 하거나, 하지 않도록 함으로써 자신의 목적을 달성하려는 기능이다.

※ 다음 글을 읽고 물음에 답하시오. 【8~10】

(가) 상징어의 발달을 들 수 있다. 주로 소리, 동작, 형태를 모사(模寫)하는 것으로서, 구체적이고 감각적인 표현 수단 가운데의 하나이다. 상징어는 국어에 특히 발달되어 있고, 음상의 차이에 의해 다양하게 분화될 수 있다. 그뿐만 아니라, 이 ㉠음성 상징어는 음성 상징으로 끝나지 아니하고, 이에 접미사가 붙어 그 소리를 내는 사물이나 동물의 명칭을 나타내기도 하여 국어의 어휘를 더욱 풍성하게 한다.

(나) 우리말에는 감각어가 많이 발달되어 있다. 우리 민족은 본래 풍류를 즐기는 낙천적인 민족으로, 정서적이고, 감각적인 편이었다. 이러한 특징이 언어에 반영되어 우리말에 감각적인 어휘가 풍부하게 발달하게 되었다고 생각할 수 있다.

(다) 다량의 한자어들이 유입된 사실을 들 수 있다. 한자는 대략 기원전 3세기경에 이 땅에 전래되어, 신라가 삼국을 통일한 7세기경에는 이미 널리 사용되었던 것으로 보인다. 그리하여 신라 제22대 지증왕(智證王) 때와 제35대 경덕왕(景德王) 때에 각각 인명과 지명 등이 한자어로 바꾸었다. 이러한 ㉡한자어 사용의 확대는 그 후 고려 시대에 불교, 조선 시대에 유학이 융성함에 따라 더욱 많이 사용되었다. 그 뒤, 갑오경장 이후에는 근대화의 물결과 더불어 새로운 개념어를 많이 도입하였는데, 그 역시 대부분이 한자어였다.

(라) 국어에는 문법적 관계를 나타내는 조사와 어미가 다양하게 발달되어 있다. 이러한 조사와 어미는, 단순한 문법적 관계뿐만 아니라 미묘한 문체적 효과까지 드러낸다. 이런 점에서 국어는 교착어(膠着語)에 속하는 언어로 분류된다.

8 (가)~(라) 중 다음의 예와 관계 있는 것은?

> 노랗다, 노르께하다, 노르끄레하다, 노르무레하다, 노르스름하다, 노릇하다, 노릇노릇하다, 노르톡톡하다, 노리께하다, 노리끄레하다, 노리무레하다, 노릿하다

① (가)   ② (나)
③ (다)   ④ (라)

TIP 제시된 말들은 노란색을 나타내는 표현이다. 이처럼 색채어(色彩語)의 풍부한 예를 통해 감각어 발달의 일면을 볼 수 있다.
　　※ 국어의 특질
　　　㉠ 갈래 : 설명문
　　　㉡ 주제 : 음운·어휘·구문면에서 살펴본 국어의 특질
　　　㉢ 성격 : 객관적, 논리적, 교육적
　　　㉣ 문체 : 건조체

9 ㉠이 들어 있는 표현은?

① 파랗게 고인 물이 만지면 출렁일 듯
② 삼베 무명 옷 입고 손마다 괭이 잡고
③ 슬픈 모가지를 하고 먼 데 산을 바라본다.
④ 두 볼에 흐르는 빛이 정작으로 고와서 서러워라.

TIP ① '출렁'이 음성 상징어에 해당한다.

10 ㉡이 국어에 끼친 영향을 바르게 말한 것은?

① 상징어가 발달하였다.
② 국어 어순을 고정시켰다.
③ 고유어가 활발하게 사용되었다.
④ 낱말의 이중 구조가 형성되었다.

TIP 한자의 확대로 고유어와 한자어의 이중 구조를 형성하여 우리말의 어휘를 풍부하게 하였다.

ANSWER 9.① 10.④

02 음운

❶ ·· 음성과 음운

(1) 음성

① 개념 : 사람의 발음 기관을 통하여 나는 구체적이고 물리적인 소리이며, 말의 뜻을 구별해 주지 못한다.

② 특징
- ㉠ 분절적 성질 : 자음과 모음으로 구분된다.
- ㉡ 비변별적 기능 : 개인마다 발음은 달라도 그 의미는 같다.
- ㉢ 개별적·구체적인 말소리이다.

(2) 음운

① 개념 : 말의 뜻을 구별해 주는 가장 작은 소리의 단위로 추상적이고 관념적이다.

② 특징
- ㉠ 추상적·관념적·심리적 말소리이다.
- ㉡ 변별적 기능 : 한 형태소나 단어 안에서 의미를 분화시킨다.
- ㉢ 변이음 : 같은 음운이라도 환경에 따라 달리 발음된다.

③ 종류
- ㉠ 분절 음운 : 자음이나 모음과 같은 음절을 구성하는 부분이 되는 음운이다[음소(音素)].
- ㉡ 비분절 음운
  - 자음·모음이 아니면서 의미 분화 기능이 있는 음운[운소(韻素)]으로 소리의 길이, 높낮이, 세기 등이 분절 음운에 덧붙어서 실현된다.
  - 우리말의 비분절 음운은 소리의 길이(장단)에 의존한다.

❷ ·· 국어의 음운

(1) 자음(19개)

말할 때 허파에서 나오는 공기의 흐름이 목 안 또는 입 안의 어떤 자리에서 장애를 받고 나오는 소리로 'ㄱ, ㄲ, ㄴ, ㄷ, ㄸ, ㄹ, ㅁ, ㅂ, ㅃ, ㅅ, ㅆ, ㅇ, ㅈ, ㅉ, ㅊ, ㅋ, ㅌ, ㅍ, ㅎ'로 19개이다.

① 소리내는 위치에 따라 : 입술소리(순음), 혀끝소리(설단음), 센입천장소리(경구개음), 여린입천장소리(연구개음), 목청소리(후음)로 나뉜다.

② 소리내는 방법에 따라
- ㉠ 파열음 : 공기를 일단 막았다가 터뜨려서 내는 소리이다.
- ㉡ 마찰음 : 입 안이나 목청 사이의 통로를 아주 좁혀서 날숨이 그 사이를 간신히 비집고 나오면서 마찰하여 나는 소리이다.
- ㉢ 파찰음 : 처음에는 파열음, 나중에는 마찰음의 순서로 두 가지 성질을 다 가지는 소리이다.
- ㉣ 비음 : 입 안의 통로를 막고 날숨을 코로 내보내면서 내는 소리이다.
- ㉤ 유음 : 혀끝을 잇몸에 가볍게 대었다가 떼거나, 혀끝을 잇몸에 댄 채 공기를 그 양 옆으로 흘려 내보내면서 내는 소리이다.

③ 소리의 울림에 따라
　　㉠ 울림소리 : 발음할 때 목청의 울림이 일어나는 소리이다.
　　㉡ 안울림소리 : 발음할 때 목청의 울림이 일어나지 않는 소리이다.
④ 소리의 세기에 따라 : 예사소리, 된소리, 거센소리로 나뉜다.

▶ 자음 체계표

소리내는 방법 \ 소리나는 위치			두 입술 입술소리	윗잇몸 혀끝 혀끝소리	경구개 혓바닥 구개음	연구개 혀뒤 연구개음	목청사이 목청소리
안울림소리	파열음	예사소리	ㅂ	ㄷ		ㄱ	
		된소리	ㅃ	ㄸ		ㄲ	
		거센소리	ㅍ	ㅌ		ㅋ	
	파찰음	예사소리			ㅈ		
		된소리			ㅉ		
		거센소리			ㅊ		
	마찰음	예사소리		ㅅ			
		된소리		ㅆ			ㅎ
울림소리	콧소리(비음)		ㅁ	ㄴ		ㅇ	
	흐름소리(유음)			ㄹ			

(2) 모음(21개)

모음이란 말할 때 공기의 흐름이 장애를 받지 않고 순조롭게 나오는 소리이다.
① 단모음 : 발음할 때 입술이나 혀가 고정되어 움직이지 않는 모음으로 'ㅏ, ㅐ, ㅓ, ㅔ, ㅗ, ㅚ, ㅜ, ㅟ, ㅡ, ㅣ'로 10개이다.
　　㉠ 혀의 앞뒤 위치에 따라 : 전설 모음, 후설 모음
　　㉡ 혀의 높이에 따라 : 고모음, 중모음, 저모음
　　㉢ 입술의 모양에 따라 : 원순 모음, 평순 모음
② 이중 모음 : 발음할 때 입술이나 혀가 움직이는 모음으로 'ㅑ, ㅒ, ㅕ, ㅖ, ㅘ, ㅙ, ㅛ, ㅝ, ㅞ, ㅠ, ㅢ'로 11개이다.

▶ 모음 체계표

혀의 높이 \ 혀의 앞뒤	전설 모음		후설 모음	
	평순 모음	원순 모음	평순 모음	원순 모음
고모음	ㅣ	ㅟ	ㅡ	ㅜ
중모음	ㅔ	ㅚ	ㅓ	ㅗ
저모음	ㅐ		ㅏ	

(3) 소리의 길이

낱말의 뜻을 구별해 준다(비분절 음운).
① 긴소리는 일반적으로 단어의 첫째 음절에 나타난다.
　　에 밤(夜) – 밤:(栗), 발(足) – 발:(簾), 굴(貝類) – 굴:(窟)
　　　　솔(松) – 솔:(옷솔), 눈(目) – 눈:(雪), 벌(罰) – 벌:(蜂)
　　　　배(梨, 腹, 梨) – 배:(倍), 거리(街) – 거:리(距離)
　　　　말다(卷) – 말:다(勿), 업다(包) – 없:다

보충학습

사전에 등재할 때는 초성>중성>종성 순으로 등재한다. 사전에 올릴 때 자음의 순서는 'ㄱ, ㄲ, ㄴ, ㄷ, ㄸ, ㄹ, ㅁ, ㅂ, ㅃ, ㅅ, ㅆ, ㅇ, ㅈ, ㅉ, ㅊ, ㅋ, ㅌ, ㅍ, ㅎ'이고 모음의 순서는 'ㅏ, ㅐ, ㅑ, ㅒ, ㅓ, ㅔ, ㅕ, ㅖ, ㅗ, ㅘ, ㅙ, ㅚ, ㅛ, ㅜ, ㅝ, ㅞ, ㅟ, ㅠ, ㅡ, ㅢ, ㅣ'이다.

기출문제

〈보기〉의 조건에 따라서 국어의 단모음을 나눈다면 가장 맞지 않는 것은?
　　　　　　　　　　2020. 5. 30. 경찰공무원

〈보기〉
국어의 단모음은 '혀의 앞뒤(앞, 뒤)'와 '혀의 높낮이(높음, 중간, 낮음)', '입술의 둥긂(둥긂, 안 둥긂)'에 따라 나눈다.

① ㅣ : 앞, 높음, 안 둥긂
② ㅓ : 뒤, 중간, 둥긂
③ ㅜ : 뒤, 높음, 둥긂
④ ㅚ : 앞, 중간, 둥긂

☞ ②

② 본래 길게 나던 단어도, 둘째 음절 이하에 오면 짧게 발음되는 경향이 있다.

> 예 밤: → 알밤, 말: → 한국말, 솔: → 옷솔

③ 두 음절 이상이나 혹은 소리의 일부분이 축약된 준말, 단음절어는 긴소리를 낸다.

> 예 고을→ 골:, 배암→ 뱀:

③ ·· 음운의 변동

음운과 음운이 서로 영향을 주고받아 소리가 변화하는 현상을 말한다.

(1) 음절의 끝소리 규칙

국어에서는 'ㄱ, ㄴ, ㄷ, ㄹ, ㅁ, ㅂ, ㅇ'의 일곱 자음만이 음절의 끝소리로 발음된다.

① 음절의 끝자리의 'ㄲ, ㅋ'은 'ㄱ'으로 바뀐다.

> 예 밖[박], 부엌[부억]

② 음절의 끝자리 'ㅅ, ㅆ, ㅈ, ㅊ, ㅌ, ㅎ'은 'ㄷ'으로 바뀐다.

> 예 옷[온], 젖[젇], 히읗[히읃]

③ 음절의 끝자리 'ㅍ'은 'ㅂ'으로 바뀐다.

> 예 숲[숩], 잎[입]

④ 음절 끝에 겹받침이 올 때에는 하나의 자음만 발음한다.

> ⊙ 첫째 자음만 발음 : ㄳ, ㄵ, ㄼ, ㄽ, ㄾ, ㅄ
>
> > 예 삯[삭], 앉다[안따], 여덟[여덜], 외곬[외골], 핥다[할따]
>
> ⊙ 첫째 자음만 발음되는 경우의 예외
>
> > 예 자음 앞에서 '밟-'은 [밥], '넓-'은 '넓죽하다[넙쭈카다]', '넓둥글다[넙뚱글다]'의 경우에만 [넙]으로 발음한다.
>
> ⊙ 둘째 자음만 발음 : ㄺ, ㄻ, ㄿ
>
> > 예 닭[닥], 맑다[막따], 삶[삼], 젊다[점따], 읊다[읖따 → 읍따]
>
> ⊙ 둘째 자음만 발음되는 경우의 예외 : 용언의 어간의 끝소리 'ㄺ'은 'ㄱ'으로 시작되는 어미 앞에서 [ㄹ]로 발음한다.
>
> > 예 맑게[말께], 읽고[일꼬], 묽고[물꼬]

⑤ 다음에 모음으로 시작하는 음절이 올 경우

> ⊙ 조사나 어미, 접미사와 같은 형식 형태소가 올 경우 : 다음 음절의 첫소리로 옮겨 발음한다.
>
> > 예 옷이[오시], 옷을[오슬], 같이[가치], 삶이[살미]
>
> ⊙ 실질 형태소가 올 경우 : 일곱 자음 중 하나로 바꾼 후 다음 음절의 첫소리로 옮겨 발음한다.
>
> > 예 옷 안[온안→ 오단], 값없다[갑업다→ 가법따]

(2) 자음 동화

자음과 자음이 만나면 서로 영향을 주고받아 한쪽이나 양쪽 모두 비슷한 소리로 바뀌는 현상을 말한다.

> 예 밥물[밤물], 급류[금뉴], 몇 리[면니], 남루[남누], 난로[날로]

(3) 구개음화

끝소리가 'ㄷ, ㅌ'인 형태소가 'ㅣ' 모음을 만나 구개음(센입천장소리)인 'ㅈ, ㅊ'으로 바뀌는 현상을 말한다.

예 해돋이[해도지], 붙이다[부치다], 굳히다[구치다]

(4) 모음 동화

앞 음절의 'ㅏ, ㅓ, ㅗ, ㅜ' 등의 모음이 뒤 음절의 'ㅣ'와 만나면 전설 모음인 'ㅐ, ㅔ, ㅚ, ㅟ'로 변하는 현상을 말한다.

예 어미[에미], 고기[괴기], 손잡이[손재비]

(5) 모음 조화

양성 모음(ㅏ, ㅗ)은 양성 모음끼리, 음성 모음(ㅓ, ㅜ)은 음성 모음끼리 어울리는 현상을 말한다.

① 용언의 어미 활용 : -아 / -어, -아서 / -어서, -았- / -었-

예 앉아, 앉아서 / 베어, 베어서

② 의성 부사, 의태 부사에서 뚜렷이 나타난다.

예 찰찰 / 철철, 졸졸 / 줄줄, 살랑살랑 / 설렁설렁

③ 알타이 어족의 공통 특질이며 국어의 중요한 특징이다.

(6) 음운의 축약과 탈락

① 축약 : 두 음운이 합쳐져서 하나의 음운으로 줄어 소리나는 현상을 말한다.

㉠ 자음의 축약 : ㅎ + ㄱ, ㄷ, ㅂ, ㅈ → ㅋ, ㅌ, ㅍ, ㅊ

예 낳고[나코], 좋다[조타], 잡히다[자피다], 맞히다[마치다]

㉡ 모음의 축약 : 두 모음이 만나 한 모음으로 줄어든다.

예 보 + 아 → 봐, 가지어 → 가져, 사이 → 새, 되었다 → 됐다

② 탈락 : 두 음운이 만나면서 한 음운이 사라져 소리나지 않는 현상을 말한다.

㉠ 자음의 탈락

예 아들 + 님 → 아드님, 올 + 니 → 우니

㉡ 모음의 탈락

예 쓰 + 어 → 써, 가 + 았다 → 갔다

(7) 된소리되기

두 개의 안울림소리가 서로 만나면 뒤의 소리가 된소리로 발음되는 현상(경음화)을 말한다.

예 먹고[먹꼬], 밥과[밥꽈], 앞길[압낄]

 기출문제

〈보기〉에서 밑줄 친 부분의 발음으로 가장 옳지 않은 것은?

2018. 6. 23. 서울특별시

〈보기〉

손   자 : 할아버지. 여기 있는 ㉠밭을 우리가 다 매야 해요?

할아버지 : 응. 이 ㉡밭만 매면 돼.

손   자 : 이 ㉢밭 모두요?

할아버지 : 왜? ㉣밭이 너무 넓으니?

① ㉠ : [바슬]　　　② ㉡ : [반만]
③ ㉢ : [받]　　　　④ ㉣ : [바치]

☞ ①

기출문제

㉠ ～ ㉣에 대한 예로 가장 적절한 것은?

2020. 6. 20. 소방공무원

특정 음운 환경에서 'ㄱ, ㄷ, ㅂ, ㅅ, ㅈ' 같은 예사소리가 'ㄲ, ㄸ, ㅃ, ㅆ, ㅉ' 같은 된소리로 바뀌는 현상이 일어나는데, 이를 된소리되기 또는 경음화라고 한다. 된소리되기의 종류로는 ㉠'ㄱ, ㄷ, ㅂ' 뒤에서 일어나는 된소리되기, ㉡어간 받침 'ㄴ, ㅁ' 뒤에서 일어나는 된소리되기, ㉢'ㄹ'로 끝나는 한자와 'ㄷ, ㅅ, ㅈ'으로 시작하는 한자가 결합할 때 일어나는 된소리되기, ㉣관형사형 어미 '-(으)ㄹ' 뒤에 있는 체언에서 일어나는 된소리되기 등이 있다.

---

① ㉠ : 잡고 → [잡꼬]
② ㉡ : 손재주 → [손째주]
③ ㉢ : 먹을 것 → [머글껃]
④ ㉣ : 갈등 → [갈뜽]

☞ ①

(8) 사잇소리 현상

두 개의 형태소 또는 단어가 합성 명사를 이룰 때, 앞말의 끝소리가 울림소리이고, 뒷말의 첫소리가 안울림예사소리이면 뒤의 예사소리가 된소리로 변하는 현상을 말한다.

예 밤길[밤낄], 길가[길까], 봄비[봄삐]

① 모음 + 안울림예사소리 → 사이시옷을 적고 된소리로 발음한다.

  예 뱃사공[배싸공], 촛불[초뿔], 시냇가[시내까]

② 모음 + ㅁ, ㄴ → 'ㄴ' 소리가 덧난다.

  예 이 + 몸(잇몸)[인몸], 코 + 날(콧날)[콘날]

③ 뒷말이 'ㅣ'나 반모음 'ㅣ'로 시작될 때 → 'ㄴ' 소리가 덧난다.

  예 논일[논닐], 물약[물냑→물략], 아래 + 이(아랫니)[아랜니]

④ 한자가 모여서 단어를 이룰 때

  예 物價(물가)[물까], 庫間(곳간)[고깐], 貰房(셋방)[세빵]

⑤ 사잇소리 현상의 특징

  ㉠ 사잇소리 현상이 일어나지 않는 예외가 많다.

   예 콩밥, 고래기름, 기와집, 밤송이, 말방울

  ㉡ 사잇소리 현상의 유무에 따라 뜻이 달라진다.

   예 나무집 : [나무집] – 나무로 만든 집 / [나무찝] – 나무를 파는 집

  ㉢ 사잇소리 현상이 일어나지 않는 한자어가 많다.

   예 方法(방법), 效果(효과), 高架(고가), 簡單(간단), 敎科書(교과서)

1 밑줄 친 부분의 표준발음이 올바른 것은?

2021. 9. 11. 지역인재

① 작년까지만 해도 <u>빚이</u>[비시] 있었는데 지금은 다 갚았다.
② 이 이야기의 <u>끝을</u>[끄츨] 지금은 누구도 예상할 수가 없다.
③ 당연한 일을 했을 뿐인데 <u>뜻있는</u>[뜨딘는] 상을 받게 되었다.
④ 큰누나가 요리를 하는지 <u>부엌에서</u>[부어게서] 소리가 들렸다.

TIP 뜻있는 : 음절의 끝소리 규칙 적용[뜯인는] → 비음화(자음동화) 적용하여 [뜨딘는]으로 발음한다.
①②④는 모두 연음현상에 의해 앞말 받침이 그대로 뒤에 오는 모음으로 시작하는 형식형태소로, 연음하여 발음한다.
① 빚이[비지]
② 끝을[끄틀]
④ 부엌에서[부어케서]

2 ㉠ ～ ㉣을 사전에 올릴 때 '한글 맞춤법 규정'에 따른 순서로 적절한 것은?

2020. 7. 11. 인사혁신처

㉠ 곬	㉡ 규탄
㉢ 곳간	㉣ 광명

① ㉠→㉢→㉡→㉣ ② ㉠→㉢→㉣→㉡
③ ㉢→㉠→㉡→㉣ ④ ㉢→㉠→㉣→㉡

TIP 'ㅗ' 다음에 'ㅠ'가 와야 하므로 ㉡은 가장 나중에 나와야 한다. 그러면 ②번과 ④번이 정답이 되는데, 'ㄹ'이 'ㅅ'보다 먼저이므로, '곬'이 '곳'보다 먼저 사전에 실린다. 그러므로 ②번이 정답이 된다.

3 〈보기〉 중 「표준발음법」에 가장 맞지 않는 것은 모두 몇 개인가?

2020. 5. 30. 경찰공무원

〈보기〉		
그믐달 [그믐딸]	늑막염 [능망념]	맑게 [말께]
서울역 [서울력]	식용유 [시굥뉴]	숙맥 [쑥맥]
젖먹이 [점머기]	직행열차 [지캥렬차]	

① 2개 ② 3개
③ 4개 ④ 5개

TIP • 숙맥 : [숭맥](비음화)
• 젖먹이 : [젇먹이](음절의 끝소리 규칙) → [전먹이](비음화) → [전머기](연음)
• 직행열차 : [지캥열차](연음 후 축약) → [지캥녈차](ㄴ첨가)
※ **표준발음법 제29항** … 합성어 및 파생어에서, 앞 단어나 접두사의 끝이 자음이고 뒤 단어나 접미사의 첫 음절이 '이, 야, 여, 요, 유'인 경우에는, 'ㄴ'소리를 첨가하여 [니, 냐, 녀, 뇨, 뉴]로 발음한다.

ANSWER 1.③ 2.② 3.②

4 표준 발음을 기준으로 할 때, 단모음으로 이루어진 단어로만 묶은 것은?

2018. 8. 18. 지역인재

① 공책, 에움길
② 서예, 뒤웅박
③ 팔괘, 외골목
④ 자료, 늦가을

TIP 단모음은 모음 중 소리를 내는 도중에 입술이나 혀가 움직이지 않아 소리의 처음과 끝이 같은 모음을 말한다.
① 공책[공책], 에움길[에움낄] → 모두 단모음으로 이루어진 단어이다.
② 서예[서예], 뒤웅박[뒤웅박]
③ 팔괘[팔괘], 외골목[외골목/웨골목]
④ 자료[자료], 늦가을[늗까을]

5 다음을 바탕으로 음운 변동의 사례를 설명할 때 적절한 것은?

2018. 8. 18. 지역인재

- 대치 : 한 음운이 다른 음운으로 바뀌는 현상
- 탈락 : 한 음운이 없어지는 현상
- 첨가 : 없던 음운이 생기는 현상
- 축약 : 두 음운이 합쳐져서 제3의 음운으로 바뀌는 현상

① '팥하고[파타고]'를 발음할 때, 탈락 현상이 일어난다.
② '떡잎[떵닙]'을 발음할 때, 첨가 현상과 대치 현상이 일어난다.
③ '밝고[발꼬]'를 발음할 때, 축약 현상과 탈락 현상이 일어난다.
④ '부엌도[부억또]'를 발음할 때, 대치 현상과 첨가 현상이 일어난다.

TIP ② '떡잎'은 [떡닙](ㄴ 첨가, 대치 : 음절의 끝소리 규칙) → [떵닙](대치 : 비음화)의 과정을 거친다.
① '팥하고'는 [팓하고](대치 : 음절의 끝소리 규칙) → [파타고](축약 : ㄷ + ㅎ → ㅌ)의 과정을 거친다.
③ '밝고'는 [발고](탈락 : 자음군 단순화) → [발꼬](대치 : 된소리되기)의 과정을 거친다.
④ '부엌도'는 [부억도](대치 : 음절의 끝소리 규칙) → [부억또](대치 : 된소리되기)의 과정을 거친다.

6 '입술소리(양순음)'로만 묶인 것은?

2016. 8. 27. 지역인재

① ㄱ, ㄲ, ㅋ, ㅇ
② ㄷ, ㄸ, ㅌ, ㄴ
③ ㅁ, ㅂ, ㅃ, ㅍ
④ ㅅ, ㅆ, ㅈ, ㅉ

TIP ① 'ㄱ, ㄲ, ㅋ, ㅇ'은 여린입천장소리(연구개음)이다.
② 'ㄷ, ㄸ, ㅌ, ㄴ'은 잇몸소리(치조음)이다.
④ 'ㅅ, ㅆ'은 잇몸소리(치조음), 'ㅈ, ㅉ'은 센입천장소리(경구개음)이다.

ANSWER 4.① 5.② 6.③

1 다음의 음운 규칙이 모두 나타나는 것은?

> • 음절의 끝소리 규칙 : 우리말의 음절의 끝에서는 7개의 자음만이 발음됨.
> • 비음화 : 끝소리가 파열음인 음절 뒤에 첫소리가 비음인 음절이 연결될 때, 앞 음절의 파열음이 비음으로 바뀌는 현상.

① 덮개[덥깨] ② 문고리[문꼬리]
③ 꽃망울[꼰망울] ④ 광한루[광:할루]

> **TIP** ③ 꽃망울이 [꼰망울]로 발음되는 현상에서는 음절의 끝소리 규칙([꼰망울]의 '꼰'이 'ㄴ'받침으로 발음됨)과 비음화(원래 꽃망울은 [꼳망울]로 발음이 되나 첫음절 끝의 예사소리 'ㄷ'과 둘째 음절 '망'의 비음인 'ㅁ'이 만나 예사소리 'ㄷ'이 비음인 'ㄴ'으로 바뀌게 됨)규칙이 모두 나타난다.

2 다음에서 설명하는 국어의 음운상 특질과 가장 관련이 있는 것은?

> 국어에는 다른 언어에서도 사용되는 음운이 있는가 하면 국어에서만 독특하게 사용되는 음운이 있기도 하다. / ㄱ, ㄲ, ㅋ /, / ㄷ, ㄸ, ㅌ /, / ㅂ, ㅃ, ㅍ /, / ㅈ, ㅉ, ㅊ /처럼 예사소리, 된소리, 거센소리가 셋씩 짝을 이루어 분화되어 있는 것은 국어 자음의 주요한 특징이다.

① 외국인 친구가 '공'과 '콩'을 잘 구분해서 발음하지 못한다.
② 음절끝소리법칙에 관한 설명이다.
③ 영수가 일기장에 '연세(年歲)'를 '년세(年歲)'로 잘못 적었다.
④ 오늘 국어 시간에 '밤길'이 '밤낄'로 발음되는 것이 사잇소리 현상이라고 배웠다.

> **TIP** ① 국어는 파열음이 예사소리, 된소리, 거센소리의 삼중체계를 이루고 있어 울림소리와 안울림소리의 차이를 느끼지 못하고, 인도 – 유럽 계통의 언어는 이중체계이므로 'ㄱ, ㄲ, ㅋ'의 차이를 알아듣지 못하는 것이 일반적이다.

3 '꽂다'의 기본형과 활용형에 적용된 음운 변동에 대한 설명으로 옳은 것은?

> • 교체 : 한 음운이 다른 음운으로 바뀌는 현상
> • 탈락 : 한 음운이 없어지는 현상
> • 첨가 : 없던 음운이 생기는 현상
> • 축약 : 두 음운이 합쳐져서 또 다른 음 하나로 바뀌는 현상
> • 도치 : 두 음운의 위치가 서로 바뀌는 현상

① '꽂는'은 교체 현상에 의해 [꼰는]으로 발음된다.
② '꽂고'는 탈락 현상에 의해 [꼬꼬]로 발음된다.
③ '꽂아'는 탈락 현상에 의해 [꼬자]로 발음된다.
④ '꽂다'는 첨가 현상에 의해 [꼳따]로 발음된다.

> **TIP** ① 꽂는→[꼳는](음절의 끝소리 규칙 : 교체)→[꼰는](비음화 : 교체)
> ② 꽂고→[꼳고](음절의 끝소리 규칙 : 교체)→[꼳꼬](된소리되기 : 교체)
> ③ 꽂아→[꼬자](연음)
> ④ 꽂다→[꼳다](음절의 끝소리 규칙 : 교체)→[꼳따](된소리되기 : 교체)

ANSWER 1.③ 2.① 3.①

4 〈보기〉와 같이 발음할 때 적용되는 음운 변동 규칙이 아닌 것은?

> ───── 〈보기〉 ─────
>
> 밭이랑 → [반니랑]

① ㄴ 첨가　　　　　　　　　② 두음법칙
③ 음절의 끝소리 규칙　　　　④ 비음화

> **TIP** 밭이랑 → [받이랑](음절의 끝소리 규칙) → [받니랑](ㄴ 첨가) → [반니랑](비음화)

5 표준 발음으로 바르지 않은 것은?

① 난치병[난치뼝]
② 면허증[면ː허쯩]
③ 사기죄[사기쬐]
④ 유리잔[유리짠]

> **TIP** ④ [유리짠] → [유리잔]

6 밑줄 친 부분이 표준 발음법에 맞는 것은?

① 이 책을 좀 읽게[익께]
② 이 밭을[바츨] 다 갈아야 돼.
③ 협의[혀비]할 사항이 아직도 남아 있습니까?
④ 하늘은 맑지만[말찌만] 내 마음은 안 그래요.

> **TIP** ① 읽게[일께]
> ② 밭을[바틀]
> ④ 맑지만[막찌만]

7 다음은 국어의 음운 특질에 대해 설명한 글의 일부이다. 국어에 능숙하지 못한 외국인이 '공'과 '콩'을 잘 구별해서 발음하지 못하는 것은 ㉠∼㉣ 중 어떤 음운 특질과 관련되는가?

> ㉠국어에는 다른 언어에서도 사용되는 음운이 있는가 하면 국어에서만 독특하게 사용되는 음운이 있기도 하다. / ㄱ, ㄲ, ㅋ /, / ㄷ, ㄸ, ㅌ /, / ㅂ, ㅃ, ㅍ /, / ㅈ, ㅉ, ㅊ /처럼 예사소리, 된소리, 거센소리가 셋씩 짝을 이루어 분화되어 있는 것은 국어 자음의 주요한 특징이다. ㉡아울러 음절끝 위치에서 자음들이 모두 파열되지 않는 것도 국어 자음의 특징이라고 할 수 있다. ㉢또한 다른 언어에서는 쓰이지만 국어에서는 쓰이지 않는 음운도 있다. 예를 들어, 국어에는 국제 음성기호(f, v)로 표시하는 순치마찰음과 같은 자음은 없으며 유성음과 무성음이 변별되지 않는다. ㉣국어의 음운에는 자음이나 모음뿐만 아니라 말소리의 길이나 높이도 있다.

① ㉠   ② ㉡

③ ㉢   ④ ㉣

> **TIP** 국어는 파열음이 예사소리, 된소리, 거센소리의 삼중체계를 이루고 있어 울림소리와 안울림소리의 차이를 느끼지 못하고, 인도 - 유럽 계통의 언어는 이중체계이므로 'ㄱ, ㄲ, ㅋ'의 차이를 알아듣지 못하는 것이 일반적이다.

8 밑줄 친 부분이 표준 발음법에 맞지 않는 것은?

① <u>색연필[생년필]</u> 사러 문방구에 갔다 올게요.

② <u>불볕더위[불볃더위]</u>가 연일 기승을 부리고 있다.

③ 너도 그렇게 차려입으니 <u>옷맵시[온맵씨]</u>가 난다.

④ 서점 가는 길에 <u>식용유[시굥뉴]</u>도 좀 사 오너라.

> **TIP** ② 불볕[불볃(음절의 끝소리 규칙)] + 더위 = [불볃떠위(된소리되기)]
> • 음절의 끝소리 규칙 : 음절의 끝에 받침으로는 'ㄱ, ㄴ, ㄷ, ㄹ, ㅁ, ㅂ, ㅇ'의 일곱 가지만 올 수 있다는 규칙
> • 된소리되기 : 두 개의 안울림소리가 서로 만나면 뒤의 소리가 된소리로 발음되는 현상

9 밑줄 친 표현의 발음이 옳지 않은 것은?

① 하늘이 <u>맑게[말께]</u> 개었다.

② <u>끝을[끄츨]</u> 맞추어서 접어야 종이가 반듯하지.

③ <u>주의[주이]</u>사항을 꼭 읽어 보시기 바랍니다.

④ 아이가 내 발을 꼭 <u>밟고[밥 : 꼬]</u> 있다.

> **TIP** 홑받침이나 쌍받침이 모음으로 시작된 조사나 어미, 접미사와 결합되는 경우에는 제 음가대로 뒤 음절 첫소리로 옮겨 발음해야 하므로 '끝을'은 [끄틀]로 발음해야 옳다.

ANSWER 7.① 8.② 9.②

10 밑줄 친 부분과 같은 발음 현상이 생기지 않는 것은?

> 날씨가 추워지면 <u>솜이불</u>이 생각난다.

① 송별연   ② 꽃잎
③ 한여름   ④ 막일

TIP 솜이불 → [솜:니불]
① [송:벼련]
② [꼰닙]
③ [한녀름]
④ [망닐]

11 다음 낱말에 공통적으로 일어나는 음운의 변동은?

> 정성껏, 왔다, 바깥

① 구개음화   ② 자음 동화
③ 음운의 탈락   ④ 음절의 끝소리 규칙

TIP 정성껏[정성껃], 왔다[완따], 바깥[바깓]은 음절 끝에 오는 자음이 'ㅅ, ㅆ, ㅌ'으로 모두 끝소리가 대표음인 [ㄷ]으로 소리난다.

12 다음 중 두 자음이 만나 양쪽 자음의 소리가 모두 바뀐 것은?

① 섭리   ② 찰나
③ 먹는   ④ 한라산

TIP ① 서로 영향을 주어 앞뒤 모두 다른 자음으로 바뀌는 상호 동화의 경우로 [섬니]로 발음된다.
② [찰라]
③ [멍는]
④ [할:라산]

13 다음 중 구개음화와 관계없는 것은?

① 겉이   ② 잔디
③ 미닫이   ④ 가을걷이

TIP 구개음화란 끝소리가 'ㄷ, ㅌ'인 형태소가 'ㅣ' 모음을 만나 구개음(센입천장소리)인 'ㅈ, ㅊ'으로 바뀌는 현상을 말한다.
①③④는 구개음화에 의해 [거치], [미:다지], [가을거지]로 발음된다.
② 한 형태소 안에서는 구개음화가 일어나지 않기 때문에 '잔디'는 [잔디]로 소리난다.

ANSWER 10.① 11.④ 12.① 13.②

14 다음 중에서 음운이 탈락되지 않은 것은?

① 부삽 　　　　　　　　　　　② 가져
③ 따님 　　　　　　　　　　　④ 소나무

TIP ① 불 + 삽　③ 딸 + 님　④ 솔 + 나무
② '가져'는 '가지- + -어'의 형태로 음운 축약이 이루어진 경우이다.

※ 음운의 축약과 탈락
　㉠ 음운의 축약 : 두 음운이 합쳐져서 하나의 음운으로 줄어 소리나는 현상을 말한다.
　㉡ 음운의 탈락 : 형태소와 형태소가 만나면서 한 음운이 아예 발음되지 않는 현상으로 용언이 활용할 때 또는 단어와 단어가 합쳐질 때 주로 나타난다.

15 다음 중 사잇소리 현상과 관련이 없는 것은?

① 길가 　　　　　　　　　　　② 봄비
③ 밤길 　　　　　　　　　　　④ 젖소

TIP ④ 젖소[젇소 → 젇쏘]는 된소리되기 현상이다.

※ 된소리되기와 사잇소리 현상
　㉠ 된소리되기 : 두 개의 안울림소리가 서로 만나면 뒤의 소리가 된소리로 발음되는 현상
　㉡ 사잇소리 현상 : 두 개의 형태소 또는 단어가 합성 명사를 이룰 때, 앞 말의 끝소리가 울림소리이고, 뒷말의 첫소리가 안울림예사소리이면 뒤의 예사소리가 된소리로 변하는 현상

단어

1 ·· 음절과 어절

(1) 음절

한 번에 소리낼 수 있는 소리마디를 가리킨다.

예 구름이 흘러간다. → 구∨르∨미∨흘∨러∨간∨다(7음절).

(2) 어절

끊어 읽는 대로 나누어진 도막도막의 마디로 띄어쓰기나 끊어 읽기의 단위가 된다.

예 학생은∨공부하는∨사람이다(3어절).

2 ·· 단어와 형태소

(1) 단어

자립하여 쓰일 수 있는 말의 단위로, 낱말이라고도 한다. 자립하여 쓰일 수 없는 말 중 '는', '이다' 등도 단어로 인정한다.

예 철호가 이야기책을 읽었다. → 철호 / 가 / 이야기책 / 을 / 읽었다(5단어).

(2) 형태소

뜻을 가진 가장 작은 말의 단위로 최소(最小)의 유의적(有意的) 단위이다.

예 철호가 이야기책을 읽었다. → 철호 / 가 / 이야기 / 책 / 을 / 읽 / 었 / 다(8형태소).

① 자립성의 유무에 따라

   ㉠ 자립 형태소 : 홀로 쓰일 수 있는 형태소로 체언, 수식언, 감탄사가 해당된다.

      예 철호가 이야기책을 읽었다. → 철호, 이야기, 책

   ㉡ 의존 형태소 : 홀로 쓰일 수 없는 형태소로 어간, 어미, 접사, 조사가 해당된다.

      예 철호가 이야기책을 읽었다. → 가, 을, 읽-, -었-, -다

② 의미 · 기능에 따라

   ㉠ 실질 형태소 : 실질적인 뜻을 지닌 형태소로 체언, 수식언, 감탄사, 용언의 어근이 해당된다.

      예 철호가 이야기책을 읽었다. → 철호, 이야기, 책, 읽-

   ㉡ 형식 형태소 : 실질 형태소에 붙어서 문법적인 뜻을 나타내는 형태소로 조사, 어미, 접사가 해당된다.

      예 철호가 이야기책을 읽었다. → 가, 을, -었-, -다

❸ ·· 품사

(1) 품사의 분류 체계

형태에 따라	기능에 따라	의미에 따라
불변어	체언	명사, 대명사, 수사
	수식언	관형사, 부사
	독립언	감탄사
	관계언	조사
가변어	용언	동사, 형용사, 서술격 조사(-이다)

(2) 체언

주어, 목적어, 보어 등으로 쓰이며, 그 형태가 변하지 않는다.

① 명사 : 사람이나 사물의 이름을 표시하는 단어를 말한다.

   ㉠ 보통 명사 : 사물에 두루 쓰이는 명사

      예 책상, 하늘

   ㉡ 고유 명사 : 특정한 사람이나 사물을 가리키는 명사

      예 철수, 동대문

   ㉢ 자립 명사 : 다른 말의 도움을 받지 않고 쓰이는 명사

      예 집, 꽃, 동대문, 지하철

   ㉣ 의존 명사 : 다른 말에 기대어 쓰이는 명사

      예 것, 줄, 수, 바, 데, 척, 채, 대로, 만큼, 나위

② 대명사 : 사람, 사물, 장소의 이름을 대신하여 가리키는 단어를 말한다.

   ㉠ 인칭 대명사 : 사람을 가리키는 대명사

      예 나, 너, 우리, 그, 그녀

   ㉡ 지시 대명사 : 사물이나 장소를 가리키는 대명사

      예 이것, 여기

③ 수사 : 수량이나 순서를 가리키는 단어를 말한다.

      예 하나, 일, 첫째, 제일

(3) 용언

문장에서 주로 서술어로 쓰이고 그 형태가 변한다.

① 동사 : 사람이나 사물의 움직임을 나타내는 단어를 말한다.

      예 뛰다, 걷다, 먹다, 날다

② 형용사 : 사람이나 사물의 상태나 성질을 나타내는 단어를 말한다.

      예 맑다, 예쁘다, 이러하다

③ 본용언과 보조 용언

   ㉠ 본용언 : 실질적인 의미를 나타내며 단독으로 서술 능력을 가지는 용언

      예 철수가 놀고 있다.

   ㉡ 보조 용언 : 자립성이 없거나 약하여 본용언에 기대어 그 말의 뜻을 도와주는 용언

      예 철수가 놀고 있다.

📚 보충학습

대명사와 관형사의 구분(이, 그, 저)

㉠ 조사가 붙으면 대명사 : 이가, 저를, 그는

㉡ 조사 없이 뒤에 오는 체언을 수식하면 관형사 : 이 학생, 저 사람, 그 나무

📝 기출문제

밑줄 친 명사형 표기가 잘못된 것은?

2012. 9. 22 하반기 지방직

① 추운 날씨로 계곡에 얼음이 얾

② 불우 이웃에게 온정을 베품

③ 빠른 걸음으로 걸음

④ 고기를 맛있게 구움

☞ ②

📝 기출문제

밑줄 친 단어의 품사가 나머지와 다른 것은?

2017. 8. 26. 지역인재

① 하늘이 파랗다.

② 꽃이 예쁘다.

③ 아기가 웃다.

④ 건물이 높다.

☞ ③

④ 활용 : 동사나 형용사의 어간에 여러 다른 어미가 붙어서 단어의 형태가 변하는 것을 가리켜 활용이라 한다.

　예 먹다 – 먹고, 먹어서, 먹을, 먹는 등

　⊙ 규칙 용언 : 용언이 활용할 때에 어간과 어미의 모습이 일정한 대부분의 용언

　ⓒ 불규칙 용언 : 국어의 일반적인 음운 규칙으로는 설명이 불가능하게 어간이나 어미의 모습이 달라지는 용언

　　예 ㅅ 불규칙, ㄷ 불규칙, ㅂ 불규칙, ㅎ 불규칙, 우 불규칙, 러 불규칙, 르 불규칙, 여 불규칙, 거라 불규칙, 너라 불규칙

⑤ 어미

　⊙ 선어말 어미 : 어간과 어말 어미 사이에 오는 어미

　　• 높임 선어말 어미 : −시−(주체 높임)

　　　예 하시다

　　• 공손 선어말 어미 : −옵−, −오−

　　　예 바라옵건대

　　• 시제 선어말 어미 : −았− / −었−(과거), −는− / −ㄴ−(현재), −겠−(미래), −더−(회상)

　　　예 잡았다, 잡는다, 잡겠다, 잡더라

　ⓒ 어말 어미 : 단어의 끝에 오는, 단어를 끝맺는 어미

　　• 종결 어미 : 평서형, 감탄형, 의문형, 명령형, 청유형

　　• 연결 어미 : 대등적, 종속적, 보조적 연결 어미

　　• 전성 어미 : 명사형, 관형사형 전성 어미

(4) 수식언

① 관형사 : 체언을 꾸며 주는 구실을 하는 단어를 말한다.

　예 새 책, 헌 옷

② 부사 : 주로 용언을 꾸며 주는 구실을 하는 단어를 말한다.

　예 빨리, 졸졸, 그러나

(5) 관계언(조사)

① 격조사 : 체언 뒤에 붙어 그 체언으로 하여금 일정한 문법적 자격을 가지게 하는 조사이다.

　예 이 / 가(주격), 이다(서술격), 을 / 를(목적격), 의(관형격), 이 / 가(보격), 에(부사격), 아 / 야(호격)

② 보조사 : 앞에 오는 체언에 특별한 의미를 더해 주는 조사이다.

　예 도, 만, 뿐, 조차, 부터, 까지

③ 접속 조사 : 두 단어를 같은 자격으로 이어 주는 조사이다.

　예 와 / 과, (이)며, 하고, (이)랑

(6) 독립언(감탄사)

문장에서 독립적으로 쓰인다. 감정을 넣어 말하는 이의 놀람, 느낌, 부름, 대답을 나타내는 단어를 말한다.

예 어머나, 아이쿠, 예

📝 기출문제

다음의 밑줄 친 동사와 어미 활용의 양상이 같은 것은?

2013. 9. 7. 제1회 지방직

우리는 어머니를 <u>도와서</u> 집안을 청소했다.

① 나는 그녀의 손목을 <u>잡고</u> 놓지를 않았다.
② 집에 가니 어머니는 저녁 반찬으로 생선을 <u>굽고</u> 계셨다.
③ 그녀가 배신자를 누구라고 <u>집지</u>는 않았지만 누구를 얘기 하는지 모두 알고 있었다.
④ 삼촌은 종이를 <u>접어</u> 비행기를 만들어 주셨다.
⑤ 나이가 드니 허리가 <u>굽고</u> 근력이 떨어진다.

☞ ②

📝 기출문제

다음 밑줄 친 '−의' 중에서 '기쁨의 열매'와 쓰임이 같은 것은?

2020. 7. 18. 일반군무원

① 조선<u>의</u> 독립국임
② 천(天)<u>의</u> 명명(明命)
③ 인도(人道)<u>의</u> 간과(干戈)
④ 대의(大義)<u>의</u> 극명(克明)

☞ ③

❹ ·· 단어의 형성

(1) 짜임새에 따른 단어의 종류

① 단일어 : 하나의 실질 형태소로 이루어진 말이다.

   예 땅, 하늘, 메아리

② 복합어 : 둘 이상의 형태소로 이루어진 말이다(파생어, 합성어).

   예 밤나무, 알밤

(2) 파생어

실질 형태소(어근) + 형식 형태소(접사)로 이루어진 말이다.

① 어근 : 형태소가 결합하여 단어를 형성할 때, 실질적인 의미를 나타내는 부분이다.

② 접사 : 어근에 붙어 그 뜻을 제한하는 부분이다.

   ㉠ 접두사 : 어근 앞에 붙어 그 어근에 뜻을 더해 주는 접사

      예 덧(접두사) + 버선(어근), 풋(접두사) + 고추(어근), 맏(접두사) + 아들(어근)

   ㉡ 접미사 : 어근 뒤에 붙는 접사로 그 어근에 뜻을 더하기도 하고 때로는 품사를 바꾸기도 하는 접사

      예 사냥(어근) + 꾼(접미사), 일(어근) + 하(접미사) + 다

(3) 합성어

실질 형태소(어근) + 실질 형태소(어근)로 이루어진 말이다.

① 합성법의 유형

   ㉠ 통사적 합성법 : 우리말의 일반적인 단어 배열법과 일치하는 것으로 대부분의 합성어가 이에 해당된다.

      예 작은형(관형사형 + 명사)

   ㉡ 비통사적 합성법 : 우리말의 일반적인 단어 배열법에서 벗어나는 합성법이다.

      예 늦더위('용언의 어간 + 명사로 이러한 문장 구성은 없음)

② 통사적 합성어와 구(句)

   ㉠ 통사적 합성어는 구를 이룰 때의 방식과 일치하므로 구별이 어려울 때가 있다.

   ㉡ 통사적 합성어는 분리성이 없어 다른 말이 끼어들 수 없다.

      예 • 구 : 작은 아버지 → 작은 나의 아버지

          • 통사적 합성어 : 작은아버지 → 작은나의아버지(×)

   ㉢ 통사적 합성어는 합성 과정에서 소리와 의미가 변화되기도 한다.

       • 의미 변화

        예 밤 + 낮 → 밤낮(늘)

       • 소리 변화

        예 배 + 사공 → 뱃사공

③ 통사적 합성어와 비통사적 합성어의 구별

   ㉠ 조사가 생략되면 통사적 합성어이다.

      예 손에 쉽다 → 손쉽다, 낮이 설다 → 낯설다, 길의 바닥 → 길바닥

   ㉡ 어미가 생략되면 비통사적 합성어이다.

      예 늦은 더위 → 늦더위, 굶고 주리다 → 굶주리다, 굳고 세다 → 굳세다

기출문제

다음 중 단어의 짜임이 〈보기〉와 같은 것은?

2016. 6. 25. 서울특별시

〈보기〉

놀리- + -ㅁ

↓ (파생)

손 + 놀림

↓(합성)

손놀림

① 책꽂이   ② 헛소리

③ 가리개   ④ 흔들림

☞ ①

보충학습

합성어의 파생(합성어 + 접사)

㉠ 합성어 + 접사의 구조로 이루어진 말

   예 빛나가다

㉡ 통사적 합성어 어근 + 접미사

   예 해돋이, 재떨이

㉢ 비통사적 합성어 어근 + 접미사

   예 나들이

㉣ 반복 합성어 + 접미사

   예 골골이, 다달이

기출문제

비통사적 합성어로만 묶인 것은?

2016. 6. 18. 제1회 지방직

① 열쇠, 새빨갛다

② 덮밥, 짙푸르다

③ 감발, 돌아가다

④ 젊은이, 가로막다

☞ ②

1 밑줄 친 단어에 대한 설명으로 적절하지 않은 것은?

2021. 9. 11. 지역인재

> 형성 방식에 따라 우리말 단어는 단일어와 복합어로 나눌 수 있다. 후자는 다시 합성어와 파생어로 나눌 수 있다. 또한, 합성어는 통사적 합성어와 비통사적 합성어로, 파생어는 접두 파생어와 접미 파생어로 나눌 수 있다.

① '아이가 <u>예쁘다</u>.'의 '예쁘다'는 어근이 하나인 단일어이다.
② '아기를 <u>재우다</u>.'의 '재우다'는 파생 접미사가 포함된 파생어이다.
③ '꽃이 <u>피었다</u>.'의 '피었다'는 둘 이상의 형태소로 구성된 복합어이다.
④ '색깔이 <u>검붉다</u>.'의 '검붉다'는 연결 어미가 없는 비통사적 합성어이다.

> **TIP** 피(어간) + 었(과거시제 선어말어미) + 다(어말어미) : 세 개의 형태소로 구성된 단일어
> ① 예쁘(어간) + 다(어말어미)
> ② 자(어간) + 이(파생접미사) + 우(파생접미사) + 다(선어말어미)
> ④ 검(다) + 붉다 : 용언의 어간이 연결어미 없이 바로 결합하였으므로 비통사적 합성어이다.

2 밑줄 친 부분의 활용형이 옳지 않은 것은?

2020. 6. 13. 제1회 지방직

① 집에 오면 그는 항상 사랑채에 <u>머물었다</u>.
② 나는 고향 집에 한 사나흘 <u>머무르면서</u> 쉴 생각이다.
③ 일에 <u>서툰</u> 것은 연습이 부족한 까닭이다.
④ 그는 외국어가 <u>서투르므로</u> 해외 출장을 꺼린다.

> **TIP** '머무르다'는 어간 '머무르–'에 모음 어미가 오면 '르'가 모음 어미 앞에서 'ㄹㄹ'로 바뀌는 '르'불규칙 활용을 하므로 '머물렀다'로 적는 것이 옳다.

3 〈보기〉의 밑줄 친 부분과 같은 품사인 것은?

2020. 5. 30. 경찰공무원

> ─────〈보기〉─────
> 나에게 <u>놀라운</u> 일이 벌어졌다.

① 내가 <u>만난</u> 사람은 키가 컸다.
② <u>너무</u> 매운 음식은 건강에 안 좋다.
③ 그는 신이 <u>닳도록</u> 열심히 뛰어다녔다.
④ 이 집은 <u>맛있기로</u> 유명한 순댓국을 판다.

> **TIP** 〈보기〉에서 '놀라운'은 형용사 '놀랍다'의 활용형이다.
> ④ 형용사
> ①③ 동사
> ② 부사

ANSWER 1.③ 2.① 3.④

4 다음 중 〈보기〉의 설명에 해당되지 않는 단어는?

2015. 6. 13. 서울특별시

─── 〈보기〉 ───

접미사는 품사를 바꾸거나 자동사를 타동사로 바꾸는 기능을 한다.

① 보기   ② 낯섦

③ 낮추다   ④ 꽃답다

TIP ② 낯섦 : 형용사 '낯설다'의 어간 '낯설–'에 명사형 전성어미 '–ㅁ'이 붙은 것으로 어미는 품사를 바꾸지는 않는다.
        ① 보기 : 동사 '보다'의 어간 '보–'에 접미사 '–기'가 붙어 명사가 되었다.
        ③ 낮추다 : 형용사 '낮다'의 어간 '낮–'에 접미사 '–추–'가 붙어 동사가 되었다.
        ④ 꽃답다 : 명사 '꽃'에 접미사 '–답다'가 붙어 형용사가 되었다.

5 밑줄 친 말의 품사를 잘못 밝힌 것은?

2014. 4. 19. 안전행정부

① 그는 하루에 책 다섯 권을 읽었다. [수사]

② 나도 좋은 시를 많이 읽고 싶다. [형용사]

③ 학교에서 재미있는 노래를 배웠어요. [조사]

④ 정치, 경제 및 문화 [부사]

TIP ① '수 관형사'는 관형사의 일종으로 단위성 의존 명사 앞에서 조사가 붙지 않고 띄어 쓰며 '수사'는 체언의 일종으로 뒤에 조사가 붙는다.
        ② 싶다(보조형용사)
        ③ 요(보조사)
        ④ 및(부사)

6 밑줄 친 단어 중 명사를 모두 고른 것은?

2014. 6. 21 제1회 지방직

• 십 년 만에 그 친구를 만남으로써 갈등이 다소 해결되었다.
• 가능한 한 깨끗하게 청소하여라.
• 그녀는 웃을 뿐 말이 없었다.
• 나를 보기 위해 왔니?

① 만남, 한, 뿐   ② 한, 뿐

③ 한, 뿐, 보기   ④ 만남, 보기

TIP • 십 년 만에 그 친구를 만남으로써 갈등이 다소 해결되었다.
        →'만남으로써'는 만나다 + 그럼으로써의 형태로, '만남'은 '만나 + ㅁ(명사형 어미)'의 형태이다. (동사)
        • 가능한 한 깨끗하게 청소하여라.
        →'가능한'은 형용사 '가능하다'의 관형사형으로 뒤에 명사나 의존 명사가 온다는 특징이 있다. '한'은 주로 '–는 한'의 형태로 쓰여 조건의 뜻을 나타낸다. (의존명사)
        • 그녀는 웃을 뿐 말이 없었다.
        →'뿐'은 어미 '–을' 뒤에 쓰여 다만 어떠하거나 어찌할 따름이라는 뜻을 나타낸다. (의존명사)
        • 나를 보기 위해 왔니?
        →'보기 위해'는 보다 + 그러기 위해의 형태로, '보기'는 '보 + 기(명사형 어미)'의 형태이다. (동사)

ANSWER 4.②   5.①   6.②

1 다음 중 밑줄 친 부분의 품사가 다른 하나는?

① <u>과연</u> 이 일은 앞으로 어떻게 될 것인가?
② 전에는 그를 <u>더러</u> 보았지만 요새는 전혀 보이지 않는다.
③ 세월이 물과 <u>같이</u> 흐른다.
④ 원하는 <u>대로</u> 이루어졌다.

> **TIP** '대로'는 '어떤 모양이나 상태와 같이'의 의미를 가지는 의존명사이다.
> ① 부사 : 결과에 있어서도 참으로
> ② 부사 : 전체 가운데 얼마쯤
> ③ 부사 : 둘 이상의 사람이나 사물이 함께, 어떤 상황이나 행동 따위와 다름이 없이

2 밑줄 친 부분이 다음과 같은 성격을 가지는 품사에 속하지 않는 것은?

> • 체언 앞에 놓여서 체언, 주로 명사를 꾸며준다.
> • 조사와 결합할 수 없으며 형태가 변하지 않는다.
> • 체언 중 수사와는 결합할 수 없다.

① <u>새</u> 옷   ② <u>외딴</u> 오두막집
③ <u>매우</u> 빠른   ④ <u>순</u> 우리말

> **TIP** ①②④ 관형사 ③ 부사

3 다음 국어사전의 정보를 참고할 때, 접두사 '군-'의 의미가 다른 것은?

> 군 - 접사 (일부 명사 앞에 붙어)
> ① '쓸데없는'의 뜻을 더하는 접두사
> ② '가외로 더한', '덧붙은'의 뜻을 더하는 접두사

① 그녀는 신혼살림에 <u>군식구</u>가 끼는 것을 원치 않았다.
② 이번에 지면 깨끗이 <u>군말</u>하지 않기로 합시다.
③ 건강을 유지하려면 운동을 해서 <u>군살</u>을 빼야 한다.
④ 그는 꺼림칙한지 <u>군기침</u>을 두어 번 해 댔다.

> **TIP** ① '가외로 더한', '덧붙은'의 의미를 가짐
> ②③④ '쓸데없는'의 의미를 가짐

4 다음은 국어의 동사와 형용사에 대한 설명이다. 잘못된 것은?

① 둘 다 활용 어미를 취하여 서술어를 만든다.
② 동사는 현재형 종결 어미로 '–는다'나 '–ㄴ다'를 취한다.
③ 형용사는 현재형 관형사형 어미로 '–은'이나 '–ㄴ'을 취한다.
④ 형용사는 현재형 종결 어미로 '–ㄴ다'만을 취한다.

> **TIP** ④ '빨갛다(ㅎ불규칙 활용)', '(~보다) 낫다(ㅅ불규칙 활용)' 등의 불규칙 활용이 존재하므로, 잘못된 설명임을 알 수 있다.

5 다음 밑줄 친 부분에 해당하는 것은?

> 합성어는 형성 방식에 있어서 앞의 어근과 뒤의 어근이 의미상 결합 방식이 어떠하냐에 따라 나눌 수 있다. 예를 들어 '앞뒤'는 두 어근의 결합 방식이 대등하므로 대등 합성어, '<u>돌다리</u>'는 앞 어근이 뒤 어근에 의미상 종속되어 있으므로 종속 합성어, '춘추'는 두 어근과는 완전히 다른 제삼의 의미가 도출되므로 융합 합성어라 할 수 있다.

① 손발   ② 논밭
③ 책가방   ④ 연세

> **TIP** 종속합성어는 어근이 다른 어근을 수식하는 합성어를 말한다. ③ '책가방'은 '책'이 '가방'을 수식하며 '책을 넣어 다니는 가방'으로 의미를 제한하고 있는 종속합성어이다.
> ①② 대등합성어
> ④ 융합합성어

6 다음 중 밑줄 친 낱말이 보조 용언으로 쓰인 것은?

① 아이들은 청소를 끝내고 <u>갔다</u>.
② 내가 먼저 그 옷을 입어 <u>보았다</u>.
③ 그들은 어려운 이웃을 잘 <u>돕는다</u>.
④ 전철에서 아이들이 소리치며 <u>웃었다</u>.

> **TIP** 보조 용언은 본용언의 뒤에서 그 말의 뜻을 도와주는 용언으로 자립성이 희박하거나 결여되어 있으며 생략해도 문장의 의미가 변하지 않는다.
> ② '보았다'를 생략해도 문장의 의미가 변하지 않으므로 보조 용언이며 본용언은 '입어'이다.

7 다음 중 불규칙 활용을 하는 용언이 아닌 것은?

① 씻다   ② 돕다
③ 흐르다   ④ 노랗다

> **TIP** ① '씻다'는 규칙 활용을 하는 용언이다.
>
> ※ 불규칙 활용 … 보편적인 음은 규칙으로 설명되지 않는 활용이다.
>   ㉠ 어간이 바뀌는 불규칙 : ㅅ · ㄷ · ㅂ · 르 불규칙
>   ㉡ 어미가 바뀌는 불규칙 : 여 · 러 · 거라 · 너라 불규칙
>   ㉢ 어간과 어미가 바뀌는 불규칙 : ㅎ 불규칙

ANSWER 4.④ 5.③ 6.② 7.①

8 통사적 합성어인 것은?

① 큰집   ② 덮밥
③ 늦더위   ④ 검붉다

> **TIP** 통사적 합성어는 우리말의 정상적인 배열순서와 일치하는 합성어를 말한다. '관형어+명사', '용언의 관형형+명사', '주어+서술어', '용언 어간+연결어미+용언' 등의 형태로 실현된다.
> ②③④는 우리말 배열법에 어긋나는 비통사적 합성어이다.

9 "꽃이 예쁘게 피었다."라는 문장에 대한 설명으로 옳지 않은 것은?

① 단어의 수는 4개이다.
② 8개의 음절로 되어 있다.
③ 실질 형태소는 4개이다.
④ 3개의 어절로 되어 있다.

> **TIP** ① '꽃 / 이 / 예쁘게 / 피었다'로 단어의 수는 4개이다.
> ② '꼬 / 치 / 예 / 쁘 / 게 / 피 / 어 / 따'로 8개의 음절로 되어 있다.
> ③ '꽃, 예쁘-, 피-'로 실질 형태소는 3개이다.
> ④ '꽃이 / 예쁘게 / 피었다'로 3개의 어절로 되어 있다.

10 다음 중 파생어끼리 짝지어진 것은?

① 주검 – 검붉다
② 덧버선 – 모가지
③ 밥물 – 선생님
④ 시나브로 – 풋과일

> **TIP** ① 주검(파생어), 검붉다(합성어)
> ② '덧버선'은 '덧(접사) + 버선(어근)', '모가지'는 '목(어근) + 아지(접사)'의 형태로 이루어진 파생어이다.
> ③ 밥물(합성어), 선생님(파생어)
> ④ 시나브로(단일어), 풋과일(파생어)

04 문장

1 ·· 문장의 성분

(1) 주성분

① **주어** : 문장에서 설명하고자 하는 대상으로서 '누가', '무엇이'에 해당한다.
　　예 <u>하늘이</u> 아름답다.

② **서술어**

　　㉠ 대상에 대한 설명으로서 '무엇이다', '어떠하다', '어찌하다'에 해당한다.
　　　예 물이 <u>흐른다</u>.
　　㉡ 환경에 따라 서술어는 자릿수가 달라진다.
　　　예 아이들이 즐겁게 <u>논다</u>. (한 자리 서술어)
　　　　아이들이 윷을 <u>논다</u>. (두 자리 서술어)

③ **목적어** : 서술어가 나타내는 동작이나 행위의 대상이 되는 말로서 '누구를', '무엇을'에 해당한다.
　　예 철수가 <u>사과를</u> 먹는다.

④ **보어** : 서술어 '되다', '아니다'가 주어 이외에 꼭 필요로 하는 성분으로서 '누가', '무엇이'에 해당한다. 보어는 서술어의 의미를 보충해 주는 구실을 한다.
　　예 철수가 <u>회장이</u> 되었다.

(2) 부속 성분

① **관형어** : 주로 사물, 사람과 같이 대상을 나타내는 말 앞에서 이를 꾸며 주는 역할을 한다.
　　예 <u>새</u> 구두가 예쁘다.

② **부사어** : 일반적으로 서술어를 꾸며 그 의미를 자세히 설명해 주는 성분으로서, 다른 부사어나 관형어, 또는 문장 전체를 꾸며 주기도 한다.
　　예 철수가 꽃을 <u>영희에게</u> 주었다.

③ **독립 성분(독립어)** : 다른 성분들과 직접적인 관계를 맺지 않고 독립적으로 쓰이는 성분으로서 부름, 감탄, 응답 등이 이에 속한다.
　　예 <u>예</u>, 제가 하겠습니다.

2 ·· 문법 요소

(1) 사동 표현

① **사동사** : 주어가 남에게 어떤 동작을 하도록 시키는 것을 나타내는 동사이다.
　　예 선생님이 영호에게 책을 <u>읽히셨다</u>.

② **주동사** : 주어가 직접 행하는 동작을 나타내는 동사이다.
　　예 영호가 책을 <u>읽었다</u>.

③ **사동 표현의 방법**

　　㉠ 용언 어근 + 사동 접미사(-이-, -히-, -리-, -기-, -우-, -구-, -추-)→사동사
　　　예 죽다 → 죽이다, 익다 → 익히다, 날다 → 날리다
　　㉡ 동사 어간 + '-게 하다'
　　　예 선생님께서 영희를 <u>가게 했다</u>.

보충학습

문장의 기본 구조

㉠ 명사문 : 누가(무엇이) + 무엇이다
　예 나는 학생이다.
㉡ 형용사문 : 누가(무엇이) + 어떠하다
　예 꽃이 예쁘다.
㉢ 동사문 : 누가(무엇이) + 어찌하다
　예 새가 난다.

보충학습

서술어의 자릿수

㉠ 한 자리 서술어 : 주어 + 서술어
　예 새가 운다.
㉡ 두 자리 서술어 : 주어 + 목적어 · 보어 · 부사어 + 서술어
　예 나는 물을 마셨다. 물이 얼음이 된다. 그는 지리에 밝다.
㉢ 세 자리 서술어 : 주어 + 목적어(부사어) + 부사어(목적어) + 서술어
　예 누나가 나를 시골에 보냈다. 진희가 나에게 선물을 주었다.

기출문제

사동사와 피동사를 만드는 형태와 방식이 다른 것은?

2020. 7. 18. 일반군무원

· 사동사(使動詞) : 문장의 주체가 자기 스스로 행하지 않고 남에게 그 행동이나 동작을 하게 함을 나타내는 동사
· 피동사(被動詞) : 남의 행동을 입어서 행하여지는 동작을 나타내는 동사

① 보다　　　② 잡다
③ 밀다　　　④ 안다

☞ ③

(2) 피동 표현

① 피동사 : 주어가 남의 행동을 입어서 행하게 되는 동작을 나타내는 동사이다.

> **예** 토끼가 사냥꾼에게 <u>잡히었다</u>.

② 능동사 : 주어가 제 힘으로 행하는 동작을 나타내는 동사이다.

> **예** 사냥꾼이 토끼를 <u>잡았다</u>.

③ 피동 표현의 방법

　㉠ 동사 어간 + 피동 접미사(-이-, -히-, -리-, -기-) → 피동사

> **예** 꺾다 → 꺾<u>이</u>다, 잡다 → 잡<u>히</u>다, 풀다 → 풀<u>리</u>다

　㉡ 동사 어간 + '-어 지다'

> **예** 그의 오해가 철수에 의해 <u>풀어졌다</u>.

(3) 높임 표현

① 주체 높임법 : 용언 어간 + 선어말 어미 '-시-'의 형태로 이루어져 서술어가 나타내는 행위의 주체를 높여 표현하는 문법 기능을 말한다.

> **예** 선생님께서 그 책을 <u>읽으셨(시었)</u>다.

② 객체 높임법 : 말하는 이가 서술의 객체를 높여 표현하는 문법 기능을 말한다(드리다, 여쭙다, 뵙다, 모시다 등).

> **예** 나는 그 책을 선생님께 <u>드렸다</u>.

③ 상대 높임법 : 말하는 이가 말을 듣는 상대를 높여 표현하는 문법 기능을 말한다.

　㉠ 격식체

등급	높임 정도	종결 어미	예
해라체	아주 낮춤	-아라	여기에 앉아라.
하게체	예사 낮춤	-게	여기에 앉게.
하오체	예사 높임	-시오	여기에 앉으시오.
합쇼체	아주 높임	-ㅂ시오	여기에 앉으십시오.

　㉡ 비격식체

등급	높임 정도	종결 어미	예
해체	두루 낮춤	-아	여기에 앉아.
해요체	두루 높임	-아요	여기에 앉아요.

(4) 시간 표현

① 시제 : 말하는 이의 발화시를 기준으로 사건시의 앞뒤를 제한하는 것으로 과거 · 현재 · 미래 시제가 있다.

② 현재 시제 : 발화시와 사건시가 일치하는 시제를 말한다.

　㉠ 선어말 어미 '-는-'에 의해 실현된다.

> **예** 그는 지금 밥을 먹는다.

　㉡ 관형사형 어미 '-는'에 의해 실현된다.

> **예** 도서관은 책을 읽는 학생들로 붐빈다.

③ 과거 시제 : 사건시가 발화시보다 앞설 때의 시제를 말한다.

　㉠ 선어말 어미 '-었-'에 의해 실현된다.

> **예** 나는 사과를 먹었다.

　㉡ 관형사형 어미 '-ㄴ', '-은'에 의해 실현된다.

> **예** 그 책을 읽은 사람들은 모두 감탄하였다.

[기출문제]

높임 표현으로 가장 적절한 것은?

2020. 9. 26. 지역인재

① (거실에서) 애야, 아버지께서는 안방에 계신다.

② (전화상에서) 아버지, 할아버지께서 저보고 오시래요.

③ (사무실에서) 김 대리가 맡았던 업무는 부장님께 물어봐요.

④ (교무실에서) 선생님, 저희 학교가 어제 뉴스에 나왔습니까?

☞ ①

[보충학습]

발화시(發話時)와 사건시(事件時)

㉠ 발화시 : 말하는 이가 말을 하는 때

㉡ 사건시 : 동작이나 상태가 일어난 시점

④ **미래 시제** : 사건시가 모두 발화시 이후일 때의 시제를 말한다.

　ㄱ 선어말 어미 '-겠-'에 의해 실현된다.

　　예 내일은 비가 오겠다.

　ㄴ 관형사형 어미 '-ㄹ'에 의해 실현된다.

　　예 야영갈 사람은 미리 신청해라.

　ㄷ '-겠-'은 추측과 의지, 가능성을 나타내기도 한다.

　　예 내일도 비가 오겠다. (추측)
　　　　내가 먼저 가겠다. (의지)
　　　　나도 그 정도의 문제는 풀겠다. (가능성)

(5) 부정 표현

① **'안' 부정문** : '아니(안)', '아니다', '-지 아니하다(않다)'에 의한 부정문으로, 단순 부정이나 주체의 의지에 의한 부정을 나타낸다.

　ㄱ 짧은 부정문 : '아니(안)' + 용언

　　예 철수는 영희를 안 만났다.

　ㄴ 긴 부정문 : '용언 어간 + -지(보조적 연결 어미)' + 아니하다

　　예 철수는 영희를 만나지 않았다.

　ㄷ 제약

　　• 음절이 긴 형용사는 짧은 부정문이 될 수 없다.

　　　예 할미꽃은 안 아름답다(×). → 할미꽃은 아름답지 않다(○).

　　• 깨닫다, 견디다, 알다 등의 동사는 '안' 부정문이 될 수 없다('안' 부정문은 주어의 의지와 관계된 말이며, 예로 든 동사는 의지의 방향이 긍정적으로만 작용할 수 있기 때문).

　　　예 안 깨닫다(×), 깨닫지 않았다(×), 깨닫지 못했다(○)

　　• 부정의 초점에 따라 부정의 대상이 달라진다(중의성).

　　　예 나는 철수를 때리지 않았다. 나는 철수를 안 때렸다.

　　• 해석 1 : 내가 철수를 때리지 않았다. 영수가 때렸다(주어 부정).

　　• 해석 2 : 내가 철수를 때리지 않았다. 영수를 때렸다(목적어 부정).

　　• 해석 3 : 내가 철수를 때리지 않았다. 떠밀기만 했다(서술어 부정).

　　• 중의성 제거 방법 : 긴 부정문의 어미 '-지' + 보조사(서술어만 부정)

　　　예 • 나는 철수를 때리지 않았다.
　　　　　• 나는 철수를 때리지는 않았다(밀기만 했다).
　　　　　• 나는 철수를 때린 것은 아니다.

② **'못' 부정문** : '못', '-지 아니하다'에 의한 부정문으로, 주체의 능력 부족이나 외부의 원인에 한 불가능을 나타낸다.

　ㄱ 짧은 부정문 : '못' + 용언

　　예 철수는 영희를 못 만났다.

　ㄴ 긴 부정문 : '용언 어간 + -지(보조적 연결 어미) + 못하다'

　　예 철수는 영희를 만나지 못했다.

　ㄷ 제약

　　• 형용사가 서술어로 쓰일 때는 '못'을 안 쓰는 것이 원칙이다.

　　　예 운동장이 넓다. → 운동장이 못 넓다(×).

　　• 기대에 미치지 못함을 아쉬워할 때는 형용사를 긴 부정문으로 쓸 수 있다.

　　　예 운동장이 넓지 못하다.

　　• '고민하다, 걱정하다, 후회하다, 잃다, 당하다' 등의 동사는 '못' 부정문이 성립될 수 없다(의미의 충돌이 발생).

　　• '안' 부정문처럼 의미의 중의성을 가지고, 긴 부정문의 경우 어미 '-지'에 보조사를 결합하면 중의성이 제거된다.

기출문제

〈보기〉는 국어의 시제에 대한 설명이다. 밑줄 친 부분의 예로 가장 적절한 것은?

2020. 5. 30. 경찰공무원

〈보기〉
절대 시제란 발화시를 기준으로 한 시제이고, 상대 시제란 발화시가 아닌 다른 시점을 기준으로 한 시제이다.

① 공원에는 운동하는 사람들이 많이 보였다.
② 철수는 다음 달에 유학을 간다.
③ 넌 이제 큰일 났다.
④ 내일은 비가 오겠다.

☞ ①

③ '말다' 부정문 : 명령형이나 청유형에서 사용되어 금지를 나타낸다. 서술어가 동사인
경우에만 가능하나 일부 형용사에서 사용될 경우에는 '기원'의 의미를 지닌다.

> **예** 영희를 만나지 <u>마라</u>. (금지)
> 집이 너무 작지만 <u>마라</u>. (기원)

❸ ·· 문장의 짜임

(1) 홑문장

주어와 서술어의 관계가 한 번만 맺어지는 문장을 말한다.

> **예** 첫눈이 내린다.

(2) 겹문장

주어와 서술어의 관계가 두 번 이상 맺어지는 문장으로, 안은 문장과 이어진 문장이 있다.

① 안은 문장 : 독립된 문장이 다른 문장의 성분으로 안기어 이루어진 겹문장을 말한다.

ㄱ 명사절로 안김 : 한 문장이 다른 문장으로 들어가 명사 구실을 한다.

> **예** 영미가 <u>그림에 소질이 있음</u>이 밝혀졌다.

ㄴ 서술절로 안김 : 한 문장이 다른 문장으로 들어가 서술어 기능을 한다.

> **예** 곤충은 <u>다리가 여섯 개</u>다.

ㄷ 관형절로 안김 : 한 문장이 다른 문장으로 들어가 관형어 구실을 한다.

> **예** <u>그가 노벨 문학상을 받게 되었다</u>는 소문이 있다.

ㄹ 부사절로 안김 : 파생 부사 '없이 달리, 같이' 등이 서술어 기능을 하여 부사절을 이룬다.

> **예** 산 그림자가 <u>소리도 없이</u> 다가온다.

ㅁ 인용절로 안김 : 인용문이 다른 문장으로 들어가 안긴다.

> **예** 나폴레옹은 <u>자기의 사전에 불가능은 없다</u>고 말했다.

② 이어진 문장 : 둘 이상의 독립된 문장이 연결 어미에 의해 이어져 이루어진 겹문장을
말한다.

ㄱ 대등하게 이어진 문장 : 대등적 연결 어미인 '-고, -(으)며, (으)나, -지만, -든지,
-거나'에 의해 이어진다.

> **예** 낮말은 새가 듣고 밤말은 쥐가 듣는다.

ㄴ 종속적으로 이어진 문장 : 종속적 연결 어미인 '-어(서), -(으)니까, -(으)면, -거
든, (으)ㄹ수록'에 의해 이어진다.

> **예** 너희는 무엇을 배우려고 학교에 다니니?

ㄷ 대등하게 이어진 문장과 종속적으로 이어진 문장의 구별 : 연결 어미에 이끌리는 앞의
절이 뒤의 절 속으로 자리를 옮길 수 있으면 종속적인 연결로 본다.

> **예** • 봄이 오니 날씨가 따뜻하다.
> → 날씨가 봄이 오니 따뜻하다(○). (종속적으로 이어진 문장)
> • 인생은 짧고 예술은 길다.
> → 예술은 인생은 짧고 길다(×). (대등하게 이어진 문장)

🏛 기출문제

문장의 구조에 대한 분석으로 옳지 않은 것은?

2019. 8. 17. 지역인재

① 사람들은 그의 행위가 정당했음을 깨달았다.
→ 명사절을 안은문장
② 네가 이번에 꼭 합격하기를 간절히 기도
한다.
→ 명사절을 안은문장
③ 밤이 꼬박 새도록 내 과거를 모두 이야기
했다.
→ 부사절을 안은문장
④ 나는 그녀가 그처럼 행복해하는 모습을
본 적이 없었다.
→ 부사절을 안은문장

☞ ④

1 ㈎와 ㈏가 모두 포함된 문장은?

2021. 9. 11. 지역인재

> ㈎ 명사가 관형어로 쓰인 경우
> ㈏ 형용사가 부사어로 쓰인 경우

① 두려운 마음을 버리고 새 시대를 맞이하자.
② 나는 호수 주변을 산책하며 깊은 상념에 잠겼다.
③ 아이들조차 학교 운동장에 무심코 쓰레기를 버린다.
④ 그는 시험 날짜가 다가올수록 차분하게 행동하였다.

> **TIP** ㈎ 시험 : 품사는 명사이면서 문장 성분상 뒤에 오는 '날짜'를 수식하는 관형어로 쓰임
> ㈏ 차분하게 : 품사는 형용사로 문장성분상 뒤에 오는 '행동하였다'를 수식하는 부사어로 쓰임

2 밑줄 친 부분이 〈보기〉의 ㉠에 해당하는 것으로 가장 적절하지 않은 것은?

2020. 9. 19. 경찰공무원

> ───── 〈보기〉 ─────
>
> 생각이나 감정을 완결된 내용으로 표현하는 최소의 언어 형식을 문장이라 한다. 그런데 문장을 구성하는 ㉠필수적 문장 성분이 제대로 갖추어지지 않으면 전달하려는 의미를 정확하게 표현하기 어렵다. 이때 필수적 문장 성분을 생략하면 문장이 성립되지 않는다.

① 형은 <u>아빠와</u> 많이 닮았다.
② 누나는 <u>동생에게</u> 선물을 주었다.
③ 나는 종일 집에서 <u>동생과</u> 놀았다.
④ 그녀는 자신의 행운을 <u>당연하게</u> 여겼다.

> **TIP** 부사어는 문장의 필수 성분은 아니지만 서술어에 따라서는 필수적인 성분이 되기도 한다. 동사 '주다, 삼다, 넣다, 두다' 등과 형용사 '같다, 비슷하다, 닮다, 다르다' 등은 반드시 부사어를 필요로 한다.
> ③ '동생과'는 생략해도 무방하므로 수의적 부사어로 필수적 문장 성분에 해당하지 않는다.
> ①②④ 부사어를 생략하면 문장이 성립하지 않으므로 필수적 부사어로 필수적 문장 성분에 해당한다.

ANSWER 1.④ 2.③

3 ㉠, ㉡에 해당하는 문장으로 바르게 연결한 것은?

2020. 6. 20. 소방공무원

> 문장 속에 안겨 하나의 성분처럼 기능하는 절을 안긴 문장이라고 하며 이러한 절을 포함한 문장을 안은 문장이라고 한다. 안은 문장에는 ㉠<u>명사절을 안은 문장</u>, ㉡<u>관형절을 안은 문장</u>, 부사절을 안은 문장, 서술절을 안은 문장, 인용절을 안은 문장이 있다.

① ㉠ 나는 봄이 오기를 기다린다.
　㉡ 그는 열심히 공부하는 그녀를 떠올린다.
② ㉠ 오늘은 밖에 나가기가 싫다.
　㉡ 누나는 마음이 넓다.
③ ㉠ 그것은 내가 입을 옷이다.
　㉡ 꽃이 활짝 핀 봄을 기다린다.
④ ㉠ 그가 범인임이 밝혀졌다.
　㉡ 그녀의 얼굴이 예쁘게 생겼다.

TIP ① ㉠은 '나는 기다린다 + 봄이 오다'라는 두 개의 문장이 결합한 겹문장으로 안은 문장인 '기다린다'의 목적어로 '봄이 오기'가 목적어로 사용되었으므로 명사절을 안은 문장이다. 명사절의 표지로 '-기, -음, -ㅁ'이 있다. ㉡은 '그는 그녀를 떠올린다 + 그녀가 열심히 공부한다'의 두 개의 문장이 결합한 겹문장으로 '열심히 공부하는'이 '그녀를' 수식하는 관형절을 안은 문장이다.
② ㉠ 명사절을 안은 문장, ㉡ 서술절을 안은 문장
③ ㉠ 관형절을 안은 문장, ㉡ 관형절을 안은 문장
④ ㉠ 명사절을 안은 문장, ㉡ 부사절을 안은 문장

4 높임법의 쓰임이 다른 것은?

2020. 6. 20. 소방공무원

① 내일은 잊지 않고 어머니께 편지를 보내 드려야겠다.
② 오늘도 할머니께서는 경로당에서 시간을 보내셨다.
③ 선생님께서 누나와 함께 와도 좋다고 하셨다.
④ 큰아버지께서는 나를 무척 아끼셨다.

TIP 나머지는 모두 문장의 주어를 높이는 주체 높임법이 사용되었으나 ①은 객체인 '어머니'를 높이는 객체 높임법이 사용되었다.
② 주어인 할머니를 높이고 있다. (주체 높임법)
③ 주어인 선생님을 높이고 있다. (주체 높임법)
④ 주어인 큰아버지를 높이고 있다. (주체 높임법)

ANSWER 3.① 4.①

5 사동법의 특징을 고려할 때 밑줄 친 단어의 쓰임이 옳은 것은?

2018. 5. 18. 제1회 지방직

① 그는 김 교수에게 박 군을 <u>소개시켰다</u>.
② 돌아오는 길에 병원에 들러 아이를 <u>입원시켰다</u>.
③ 생각이 다른 타인을 <u>설득시킨다</u>는 건 참 힘든 일이다.
④ 우리는 토론을 거쳐 다양한 사회적 갈등을 <u>해소시킨다</u>.

> **TIP** 사동법은 문장의 주체가 자기 스스로 행하는 것이 아니라 남으로 하여금 어떤 동작이나 행동을 하게 하는 방법이다.
> '-시키다'는 사동의 뜻을 더하고 동사를 만드는 접미사이다.
> ② 문장에서 생략된 주어가 '아이'로 하여금 '입원'을 하게 한 문장이므로 사동법이 바르게 쓰였다.
> ① 소개시켰다→소개했다
> ③ 설득시킨다→설득한다
> ④ 해소시킨다→해소한다

6 다음 글의 괄호 안에 들어갈 문장으로 적절한 것은?

2019. 4. 6. 인사혁신처

> 국어의 높임법에는 말하는 이가 듣는 이에 대하여 높이거나 낮추어 말하는 상대 높임법, 서술어의 주체를 높이는 주체 높임법, 서술어의 객체를 높이는 객체 높임법 등이 있다. 이러한 높임 표현은 한 문장에서 복합적으로 실현되기도 하는데, (　　　　　　　　)의 경우 대화의 상대, 서술어의 주체, 서술어의 객체를 모두 높인 표현이다.

① 아버지께서 할머니를 모시고 댁에 들어가셨다.
② 제가 어머니께 그렇게 말씀을 드리면 될까요?
③ 어머니께서 아주머니께 이 김치를 드리라고 하셨습니다.
④ 주민 여러분께서는 잠시만 제 이야기에 귀를 기울여 주시기 바랍니다.

> **TIP** ③ 어머니<u>께서</u>(주체 높임법) 아주머니<u>께</u>(객체 높임법) 이 김치를 <u>드리라고</u>(객체 높임법) <u>하셨습니다</u>(주체+상대 높임법).

1 다음 중 목적어가 들어 있지 않은 문장은?

① 시간을 아껴 써라.

② 사람은 빵으로만 살 수 없다.

③ 영철이는 노래도 잘 부른다.

④ 콩 심은 데 콩 나고 팥 심은 데 팥 난다.

> **TIP** ① 시간을
> ③ 노래도
> ④ 콩(을), 팥(을)

2 ㉠~㉢의 밑줄 친 부분이 높이고 있는 인물은?

> ㉠ 할아버지께서는 아버지의 사업을 <u>도우신다</u>.
> ㉡ 형님이 선생님을 <u>모시고</u> 집으로 왔다.
> ㉢ 할머니, 아버지가 고모에게 전화하는 것을 <u>들었어요</u>.

	㉠	㉡	㉢
①	아버지	선생님	할머니
②	아버지	형님	아버지
③	할아버지	형님	아버지
④	할아버지	선생님	할머니

> **TIP** ㉠ 주체높임선어말어미 '-시-'는 문장의 주체인 '할아버지'를 높이기 위한 것이다.
> ㉡ 문장의 객체높임 동사인 '모시다'는 객체인 '선생님'을 높이기 위해 쓰인 것이다.
> ㉢ 문장의 명사절 '아버지가 고모에게 전화하는 것'에 '-시-'가 없는 것으로 보아, 화자가 압존법을 쓰고 있다는 것을 알 수 있다. 즉 화자는 명사절의 주체인 '아버지'는 높이지 않고 있다. 또한 서술어 행위를 하는 주체와 화자가 동일하기 때문에 서술어 '듣다'에 '-시-'를 붙여 높이지 않았다. 끝으로 화자가 서술어에서 상대높임 보조사 '요'를 쓴 이유는 청자인 할머니를 높이기 위해서이다. 따라서 ㉢ 문장의 밑줄 친 부분이 높이고 있는 인물은 할머니가 된다.

3 다음 중 홑문장인 것은?

① 커다란 달이 떠오른다.

② 코끼리는 코가 길다.

③ 영수는 야구와 농구를 좋아한다.

④ 그가 드디어 얼굴에 미소를 띠었다.

> **TIP** 홑문장 … '주어 + 서술어'의 관계가 한 번 이루어져 있는 문장
> ① 관형절을 안은문장(겹문장)이다.
> ② 서술절을 안은문장(겹문장)이다.
> ③ 2개의 문장으로 분리가 가능하다(겹문장).
> ④ 주어 + 서술어의 관계가 한 번 나타난다(홑문장).

ANSWER 1.② 2.④ 3.④

4 다음 중 밑줄 친 어구에 포함된 어미의 문법적 혹은 의미적 기능이 다른 것은?

① 산이 <u>높고</u> 물이 맑다.
② 철수는 <u>큰데</u> 영희는 작다.
③ 산은 <u>높지만</u> 물은 흐리다.
④ 라디오를 <u>틀고</u> 뉴스를 들었다.

　TIP　④ 종속적으로 이어진 문장
　　　　①②③ 대등하게 이어진 문장

5 ㉠～㉣을 어법에 맞게 고친 것으로 적절하지 않은 것은?

> 　선생님, 그동안 안녕하셨어요? 선생님과 함께 생활했던 시간이 엊그제 같은데 벌써 졸업한 지 반 년
> 이 지났습니다. 전 아직도 선생님과 함께했던 소중한 시간들을 잊지 못하고 있습니다. 선생님과 함께
> ㉠<u>운동도, 도시락도 먹던</u> 기억이 고스란히 남아 있습니다. 그리고 종례 시간마다 해 주셨던 말씀은 제
> 인생에서 중요한 지침이 되고 있습니다. 특히 선생님께서 고3 때 아무리 어려운 상황에서도 ㉡<u>희망을</u>
> <u>잃지 않았다는 말</u>은 당시 저에게 큰 도움이 되었습니다. 제가 대학에 들어 온 이후 취미를 갖게 되었는
> 데, ㉢<u>기악부 동아리에서 악기를 연주하고 있다는 것입니다.</u> 고등학교 시절에는 공부에 쫓겨 엄두도 못
> 냈었는데 지금은 여유롭게 음악에 몰두할 수 있어서 좋습니다. 조만간 꼭 찾아뵐게요. ㉣<u>항상 건강 조</u>
> <u>심하십시오.</u>

① ㉠ '운동도 하고, 도시락도 먹던'으로 바꾸어 필요한 성분을 모두 갖춘다.
② ㉡ '희망을 잃지 않으셨다는 말씀은'으로 바꾸어 높임 표현을 바르게 한다.
③ ㉢ '그것은 기악부 동아리에서 악기를 연주하는 일입니다.'로 바꾸어 주어와 서술어가 호응을 이루도록
한다.
④ ㉣ '조심하다'는 명령형으로 쓰일 수 없으므로 해요체 '조심하세요'를 사용한다.

　TIP　④ '조심하다'는 동사이므로 명령형으로 쓰일 수 있다. 따라서 고칠 필요가 없다.

6 어법상 가장 자연스러운 것은?

① 전항의 규정에 위반한 행위는 취소할 수 있다.
② 이사의 대표권에 대한 제한은 이를 정관에 기재하지 아니하면 그 효력이 없다.
③ 미성년자는 법정대리인으로부터 허락을 얻은 영업에 한하여 성년자와 동일한 행위능력을 갖는다.
④ 직무대행자는 가처분명령에 다른 정함이 있는 경우 외에는 법인의 통상 사무에 속하지 아니한 행위
를 하지 못한다.

　TIP　① 전항의 <u>규정을</u> 위반한 행위는 취소할 수 있다.
　　② '이를 정관에 기재하지 아니하면'이 부사절로 안긴문장으로 이러한 경우 '<u>이를</u>'을 삭제해야 한다.
　　④ '아니한'은 '아니하다'의 준말인 '않다'의 어간 '않–'에 어미 '–은'이 결합된 것으로, 이러한 경우 전체 문장(현재)과 관
　　　 형절의 시제(과거)가 호응하지 않는다. 따라서 '직무대행자는 가처분명령에 다른 정함이 있는 경우 외에는 법인의 통
　　　 상 사무에 속하지 <u>않는</u> 행위를 하지 못한다.'로 수정해야 한다.

ANSWER 4.④ 5.④ 6.③

7 다음은 문장 성분상 결함이 있는 문장들이다. 그 성격이 나머지 셋과 다른 하나는?

① 외국에 나가면 말은 저절로 배운다는 이유만으로 훌쩍 떠났다가는 낭패를 당하기 쉽다.
② 나자프의 질서 회복을 위해 특수부대 병력을 파견했으며, 밤 11시 이후 통금령을 내렸다.
③ 결국 의존할 수 있는 것은 그야말로 원활한 시스템 운영일 것이다.
④ 회사는 방송 판매를 통해 얻은 수익금 일부를 활용할 방침이다.

> **TIP** ① '나가면', '배운다', '떠났다가는', '당하기 쉽다'의 주어가 생략되었다.
> ② '파견했으며', '내렸다'의 주어가 생략되었다.
> ③ '의존할'의 주어가 생략되었다.
> ④ '활용할'의 부사어가 생략되었다.

8 다음 중 주어와 서술어가 두 번 이상 나타나는 문장은?

① 나는 그만 울어 버렸다.
② 세상은 아주 빨리 변하고 있다.
③ 저 사람이 그 도둑을 잡았다.
④ 수소가 중력에 의해 응축되어 별이 탄생한다.

> **TIP** ④ 수소가(주어) + 중력에(부사어) + 의해(서술어) + 응축되어(서술어) + 별이(주어) + 탄생한다(서술어)

9 밑줄 친 단어의 쓰임이 바르지 않은 것은?

① 퀴즈의 답을 정확하게 <u>맞추면</u> 상품을 드립니다.
② 얼굴을 보니 <u>심술깨나</u> 부리겠더구나.
③ 정작 죄지은 놈들은 도망친 다음이라 <u>애먼</u> 사람들이 얻어맞았다.
④ 시력이 나빠져서 안경의 도수를 <u>돋구었다</u>.

> **TIP** ① '문제에 대한 답이 틀리지 아니하다'의 의미를 가지는 '맞다'의 사동사는 '맞히다'이다. 따라서 '맞추면'을 '맞히면'으로 고쳐야 한다.

10 관형어에 대한 다음 설명 중 옳지 않은 것은?

① 체언 앞에 온다.
② '어떠한', '무엇의'에 해당하는 말이다.
③ 체언의 의미를 분명하게 해 준다.
④ 관형어가 될 수 있는 말은 관형사뿐이다.

> **TIP** ④ 관형어가 될 수 있는 말에는 관형사 외에도 체언 + 관형격 조사, 용언의 어간 + 관형사형 어미 등이 있다.

11 다음 중 높임 표현이 어색한 것은?

① 할머니는 귀가 밝으십니다.
② 아버지께서 출장을 가셨습니다.
③ 철수야, 할아버지께서 오시래.
④ 할아버지께서 진지를 잡수십니다.

> **TIP** 높임 표현은 말하는 이, 듣는 이, 문장 속에 등장하는 사람 사이의 관계를 고려하여 표현해야 한다.
> ③ '오다'의 동작의 주체는 할아버지가 아니라 철수이므로 "철수야, 할아버지께서 오라셔."가 적합하다.

ANSWER 7.④ 8.④ 9.① 10.④ 11.③

12 밑줄 친 말의 쓰임이 바르지 않은 것은?

① 그와 나는 전부터 <u>알음</u>이 있는 사이이다.
② 된장찌개가 입맛을 <u>돋운다</u>.
③ 약속 날짜를 너무 <u>바투</u> 잡았다.
④ 그는 <u>설레이는</u> 가슴을 가라앉히지 못하였다.

TIP ④ '설레이다'는 기본형 '설레다'의 잘못된 표현으로 '설레이는' 역시 '설레는'이 옳은 표현이다.

13 밑줄 친 단어의 사용이 어법에 맞지 않는 것은?

① 큰일을 <u>치루었더니</u> 몸살이 났다.
② 라면이 <u>불으면</u> 맛이 없다.
③ 솥에 쌀을 <u>안치러</u> 부엌으로 갔다.
④ 네가 여기에는 <u>웬일이니</u>?

TIP 기본형인 '치르다'에 과거 시제 선어말어미 '-았'이 결합될 경우 '치렀다'로 활용된다. 따라서 '치루었더니'를 '치렀더니'로 고쳐야 한다.

14 다음 중 피동 표현이 쓰이지 않은 것은?

① 창호지 문이 찢어졌다.
② 개그맨이 관객을 웃기고 있다.
③ 운동장의 잔디가 밟혀서 엉망이 되었다.
④ 많은 사람들에게 읽힌다고 좋은 소설은 아니다.

TIP 피동 표현이란 주어가 남의 행동의 영향을 받아서 행하게 되는 움직임을 나타내는 것이다.
① 찢어졌다 : 동사 어간 + '-어 지다'
② 웃기다 : '웃다'에 사동 접미사 '-기-'를 더해 이루어진 사동 표현이다.
③ 밟힌다 : 동사 어간 + 피동 접미사 '-히-'
④ 읽힌다 : 동사 어간 + 피동 접미사 '-히-'

15 다음 중 높임의 방법이 다른 하나는?

① 도시락을 선생님께 드려라.
② 선생님께서 축구를 하십니다.
③ 아버지께서 점심을 드십니다.
④ 그 분은 환경 운동을 하십니까?

TIP ① 객체 높임 ②③④ 주체 높임
※ 높임법
ㄱ 주체 높임법 : 서술어가 나타내는 행위의 주체를 높여 표현하는 문법 기능을 말한다.
ㄴ 객체 높임법 : 말하는 이가 서술의 객체를 높여 표현하는 문법 기능을 말한다.

ANSWER 12.④ 13.① 14.② 15.①

의미

① ·· 언어의 의미

(1) 청각 영상

실제 대상을 말소리로 나타낼 때 누구에게나 공통적으로 머리 속에 기억된 말소리로, 구체적인 말소리를 통해 실제 사물을 가리킬 때 그 지시 대상이 언어의 의미가 된다.

(2) 개념

어떤 단어의 공통된 특질만을 추려서 기억한 것을 말한다.

(3) 의미의 뜻

청각 영상과 개념이 결합되어 실제 대상을 가리키는 것을 의미라고 한다.

② ·· 의미의 종류와 사용

(1) 의미의 종류

① 중심 의미 : 단어가 가진 여러 의미 중, 가장 기본적이고 핵심적인 의미이다.
② 주변 의미 : 중심 의미가 문맥이나 상황에 따라 그 쓰임이 확장되어 다른 의미로 바뀐 의미이다.

> **예** 입다 ┌ 중심 의미 : 옷을 입다.
>   └ 주변 의미 : 피해를 입다, 은혜를 입다, 모친상을 입다 등

(2) 의미의 사용

① **중의적 표현** : 어느 한 단어나 문장이 두 가지 이상의 의미로 해석될 수 있는 표현을 말한다.
  ㉠ 어휘적 중의성 : 어느 한 단어의 의미가 중의적이어서 그 해석이 모호한 것을 말한다.
  ㉡ 구조적 중의성 : 한 문장이 두 가지 이상의 의미로 해석될 수 있는 것을 말한다.
  ㉢ 비유적 중의성 : 비유적 표현이 두 가지 이상의 의미로 해석되는 것을 말한다.
② **관용적 표현** : 두 개 이상의 단어가 그 단어들의 의미만으로는 전체의 의미를 알 수 없는, 특수한 하나의 의미로 굳어져서 쓰이는 경우를 말한다.
  ㉠ 숙어 : 하나의 의미를 나타내는 굳어진 단어의 결합이나 문장을 말한다.

> **예** 신혼 살림에 깨가 쏟아진다 : 행복하거나 만족하다.

  ㉡ 속담 : 사람들의 오랜 생활 체험에서 얻어진 생각과 교훈을 간결하게 나타낸 구나 문장을 말한다.

> **예** 백지장도 맞들면 낫다 : 아무리 쉬운 일이라도 혼자 하는 것보다 서로 힘을 합쳐서 하면 더 쉽다.

❸·· 단어들의 의미 관계

(1) 동의(同義) 관계

둘 이상의 단어가 소리는 다르나 의미가 같다(이음동의어).

예 책방 : 서점, 속옷 : 내의

(2) 이의(異義) 관계

둘 이상의 단어가 소리는 같으나 의미가 다르다(동음이의어).

예 눈(眼) : 눈(雪), 배(과일) : 배(복부), 배(선박)

(3) 유의(類義) 관계

둘 이상의 단어가 소리는 다르면서 뜻이 비슷하다.

예 어머니 : 엄마, 어머님

(4) 반의(反義) 관계

한 쌍의 단어가 서로 반대되는 의미를 갖는다.

① **상보반의어** : 반의 관계에 있는 개념적 영역을 상호 배타적인 두 구역으로 철저히 양분하는 단어쌍

예 남성 : 여성, 미혼 : 기혼, 죽다 : 살다

② **등급(정도)반의어** : 정도나 등급에 있어서 서로 대립되는 단어쌍

예 춥다 : 덥다, 밝다 : 어둡다, 쉽다 : 어렵다

③ **방향(상관)반의어** : 서로 상대적인 관계를 갖는 속에서 의미상 대립을 이루고 있는 단어쌍

예 오른쪽 : 왼쪽, 주다 : 받다, 스승 : 제자

(5) 하의(下義) 관계

의미 관계로 보아 어떤 단어가 다른 단어에 포함되는 경우를 말한다.

① 상의어 : 다른 단어의 의미를 포함하는 단어를 말한다.

② 하의어 : 다른 단어의 의미에 포함되는 단어를 말한다.

예 • 상의어 : 꽃
    • 하의어 : 장미, 국화, 맨드라미, 수선화, 개나리 등

보충학습

유의어와 동의어

유의어는 의미가 비슷하지만 지시 대상과 용법에 따라 쓰임이 다르다. 그래서 유의어와 동의어의 구별은 쉽지 않지만 쓰임의 선택 제약이 없는 것은 동의어이고, 선택 제약이 있는 것은 유의어이다.

예 • 꼬리 : 길짐승에만 쓰인다[닭꼬리(×)].
    • 꽁지 : 깃을 가진 짐승에만 쓰인다[개꽁지(×)].

기출문제

다음에 해당하는 사례로 적절한 것은?

2020. 9. 26. 지역인재

'길다 : 짧다'는 정도나 등급의 측면에서 반의 관계를 보인다.

① 남자 : 여자
② 스승 : 제자
③ 밝다 : 어둡다
④ 가르치다 : 배우다

☞ ③

❹ ‥ 의미의 변화

(1) 의미의 확장

어떤 사물이나 관념을 가리키는 단어의 의미 영역이 넓어짐으로써, 그 단어의 의미가 변화하는 것을 말한다.

예 겨레 ┌ 뜻 : 종친(宗親)
　　　 └ 확장 : 동포 민족

(2) 의미의 축소

어떤 대상이나 관념을 나타내는 단어의 의미 영역이 좁아짐으로써, 그 단어의 의미가 변화하는 것을 말한다.

예 계집 ┌ 뜻 : 여성을 가리키는 일반적인 말
　　　 └ 확장 : 여성의 낮춤말로만 쓰임

(3) 의미의 이동

어떤 대상이나 관념을 나타내는 단어의 의미 영역이 확대되거나 축소되는 일이 없이, 그 단어의 의미가 변화하는 것을 말한다.

예 주책 ┌ 뜻 : 일정한 생각
　　　 └ 확장 : 일정한 생각이나 줏대가 없이 되는 대로 하는 행동

1 밑줄 친 부분의 의미가 ㉠의 '에'와 가장 가까운 것은?

2021. 9. 11. 지역인재

> 우리는 더운 여름날이면 시냇가에서 미역을 감고 젖은 옷을 ㉠햇볕에 말리고는 했다.

① 매일 화분에 물을 주는 일은 동생의 몫이었다.
② 나는 요란한 소리에 잠을 깨서 한동안 뒤척였다.
③ 예전에는 등잔불에 책을 읽는 일이 흔했다고 한다.
④ 어머니께서 끓여 주신 차는 특히 감기에 잘 듣는다.

> **TIP** 햇볕에: '수단'의 의미를 지니며, '~을 이용하여'라는 의미를 갖는 조사
> ③ 등잔불에: '수단'의 의미, '등잔불을 이용하여'라는 의미
> ① 처소(장소)
> ② 원인
> ④ 목적

2 밑줄 친 '성김'과 '빽빽함'의 의미 관계와 같지 않은 것은?

2020. 7. 18. 일반군무원

> 구도의 필요에 따라 좌우와 상하의 거리 조정, 허와 실의 보완, 성김과 빽빽함의 변화 표현 등이 자유로워졌다.

① 곱다 : 거칠다
② 무르다 : 야무지다
③ 넉넉하다 : 푼푼하다
④ 느슨하다 : 팽팽하다

> **TIP** '성기다'로 '물건의 사이가 뜨다'의 의미이다. 따라서 '성김'과 '빽빽함'은 반의 관계에 있다.
> ③ '푼푼하다'는 '모자람이 없이 넉넉하다'는 뜻으로 '넉넉하다'와 유의 관계에 있다.

3 다음을 참고할 때 밑줄 친 단어의 반의어로 적절하지 않은 것은?

2018. 8. 18. 지역인재

> 단어는 문맥에 따라 여러 가지 뜻을 가질 수 있으므로 반의어도 여럿이 될 수 있다. 예를 들어, '벗다'의 반의어가 '옷을 벗었다.'의 경우에 '입다'이지만 '모자를 벗었다.'의 경우에는 '쓰다'이다.

① 산 그림자가 깊다. – 옅다
② 그녀는 생각이 깊다. – 가볍다
③ 선생님의 병환이 깊다. – 가깝다
④ 우리나라는 역사가 깊다. – 짧다

> **TIP** ③ 여기서 '깊다'는 '수준이 높거나 정도가 심하다'의 뜻으로 쓰였다. 반의어로 '수준이 낮거나 정도가 약하다'의 뜻을 가진 '얕다'가 있지만, 대개 '병환이 깊지 않다'로 표현한다.

ANSWER 1.③ 2.③ 3.③

4 반의 관계 어휘에 대한 설명으로 옳지 않은 것은?

2018. 4. 7. 인사혁신처

① '크다/작다'의 경우, 두 단어를 동시에 긍정하거나 부정하면 모순이 발생한다.
② '출발/도착'의 경우, 한 단어의 부정이 다른 쪽 단어의 부정과 모순되지 않는다.
③ '참/거짓'의 경우, 한 단어의 부정은 다른 쪽 단어의 긍정을 함의한다.
④ '넓다/좁다'의 경우, 한 단어의 의미가 다른 쪽 단어의 부정을 함의한다.

TIP ① '크다/작다'는 크지도 작지도 않은 중간항이 존재하는 정도 반의어이다.

5 밑줄 친 말의 의미는?

2017. 6. 17. 제1회 지방직

> 몇 달 만에야 <u>말길이 되어</u> 겨우 상대편을 만나 보았다.

① 남의 말이 끝나자마자 이어 말하다.
② 자신을 소개하는 길이 트이다.
③ 어떤 말이 상정되거나 토론이 되다.
④ 마음에 당겨 재미를 붙이다.

TIP '말길이 되다'는 '남에게 소개하는 의논의 길이 트이다'는 뜻의 관용구이다.
① 말꼬리를 물다
③ 말이 있다
④ 맛을 붙이다

6 밑줄 친 부분의 문맥적 의미로 적절하지 않은 것은?

2016. 8. 27. 지역인재

① 우리는 주인이 내온 저녁상에 <u>입이 벌어졌다</u>. (매우 놀라다)
② 이 가게에는 그녀의 <u>눈에 차는</u> 물건이 없는 것 같다. (마음에 들다)
③ 그녀는 <u>손이 재기</u>로 유명해서 잔치마다 불려 다닌다. (일 처리가 빠르다)
④ 나는 동생이 혼자 그 많은 일을 다 해서 <u>혀를 내둘렀다</u>. (안쓰러워하다)

TIP 신체와 관련된 관용구의 의미에 대해 묻는 문제이다.
④ 혀를 내두르다 : 몹시 놀라거나 어이없어서 말을 못하다.
① 입이 (딱) 벌어지다 : 매우 놀라거나 좋아하다.
② 눈에 차다 : 흡족하게 마음에 들다.
③ 손이 재다(= 손이 빠르다) : 일 처리가 빠르다.

ANSWER 4.① 5.② 6.④

1 밑줄 친 말과 문맥적 의미가 같은 것은?

> 책상 위에 책을 어지럽게 <u>벌여</u> 두고 공부를 한다.

① 장기판을 <u>벌이다</u>.
② 읍내에 음식점을 <u>벌이다</u>.
③ 친구와 논쟁을 <u>벌이다</u>.
④ 생선 장수가 좌판을 <u>벌이다</u>.

> **TIP** ④ 여러 가지 물건을 늘어놓다.
> ① 놀이판이나 노름판 따위를 차려 놓다.
> ② 가게를 차리다.
> ③ 전쟁이나 말다툼 따위를 하다.

2 다음 중 제시된 문장의 밑줄 친 부분과 같은 의미로 쓰인 것은?

> 연꽃이 물 위에 <u>떠</u> 있다.

① 새로운 즐거움에 눈을 <u>떴다</u>.　　　② 이미 해가 중천에 <u>떠</u> 있다.
③ 메주 <u>뜨는</u> 냄새가 고약하다.　　　④ 그 사람은 세상을 <u>뜬</u> 지 오래이다.

> **TIP** '물 위나 공중에 있거나 위쪽으로 솟아오르다'의 의미이다.

3 다음 중 제시된 문장의 밑줄 친 부분과 다른 의미로 쓰인 것은?

> 반죽을 공기 중에 장시간 노출하면 <u>굳어버린다</u>.

① 밥이 딱딱하게 <u>굳어서</u> 못 먹겠다.
② 시멘트가 <u>굳지</u> 않았으니 밟지 마시오.
③ 오늘 점심값은 <u>굳었다</u>.
④ 비 온 뒤에 땅이 <u>굳어진다</u>.

> **TIP** 제시된 문장에서 '굳다'는 '무른 것이 단단해진다'는 의미이다.
> ③ '돈 따위가 헤프게 없어지지 아니하고 계속 남는다'의 의미이다.

ANSWER 1.④　2.②　3.③

4 다음 중 관용적인 표현이 아닌 것은?

① 영수는 발이 넓다. ② 당신은 나의 태양입니다.
③ 낫 놓고 기역자도 모른다. ④ 신혼 살림에 깨가 쏟아진다.

TIP 관용적인 표현은 두 개 이상의 단어가 그 단어들의 의미만으로는 전체의 의미를 알 수 없는, 특수한 하나의 의미로 굳어져서 쓰이는 경우로 숙어와 속담이 있다.
① 사교적이어서 아는 사람이 많다.
③ 아주 무식하다.
④ 행복하거나 만족하다.

5 다음 중 중의성을 띠지 않은 문장은?

① 키가 큰 형의 친구가 왔다. ② 나는 형과 아우를 찾아 나섰다.
③ 아름다운 고향의 하늘을 생각한다. ④ 철수는 노란 옷을 입은 여자를 불렀다.

TIP ① 키가 큰 사람이 '형'인지 '형의 친구'인지 알기 어렵다.
② '형'과 함께 아우를 찾아 나섰는지 '나' 혼자 형과 아우를 찾아 나섰는지 알 수 없다.
③ '아름다운'이 꾸며 주는 말이 '고향'인지 '고향의 하늘'인지 불분명하다.

6 밑줄 친 어휘의 뜻풀이로 바르지 않은 것은?

① 그는 속이 매우 <u>슬겁다</u>.
　　– 슬겁다 : 마음씨가 너그럽고 미덥다.
② 그는 <u>해거름</u>에 가겠다고 말했다.
　　– 해거름 : 해가 서쪽으로 넘어갈 때
③ 그는 <u>길섶</u>에 핀 코스모스를 보았다.
　　– 길섶 : 시골 마을의 좁은 골목길
④ 그는 책장을 <u>데면데면</u> 넘긴다.
　　– 데면데면 : 성질이 꼼꼼하지 않아 행동이 신중하거나 조심스럽지 않은 모양

TIP 길섶…길의 가장자리로 흔히 풀이 나 있는 곳을 가리키는 말이다.

7 어휘의 의미 관계가 ㉠ : ㉡과 다른 것은?

> 아침에 볕에 시달려서 마당이 부스럭거리면 그 소리에 잠을 깨입니다. 하루라는 '짐'이 마당에 가득한 가운데 새빨간 잠자리가 병균처럼 활동합니다. 끄지 않고 잔 석유 등잔에 불이 그저 켜진 채 소실된 밤의 흔적이 낡은 조끼 단추처럼 남아 있습니다. ㉠<u>작야(昨夜)</u>를 방문할 수 있는 '요비링'입니다. ㉡<u>지난밤</u>의 체온을 방 안에 내어던진 채 마당에 나서면 마당 한 모퉁이에는 화단이 있습니다.

① 항용 : 늘 ② 미소 : 웃음
③ 간혹 : 이따금 ④ 백부 : 큰아버지

TIP ㉠과 ㉡은 유의관계이다.
② 미소는 웃음의 한 종류로, 둘은 하의관계를 이룬다.

ANSWER 4.② 5.④ 6.③ 7.②

8 다음 밑줄 친 '이상'이 '실현하고자 하는 목표'라는 뜻으로 쓰인 것은?

① 이상한 행동을 하지 마라.
② 우리는 이상을 추구해야 한다.
③ 운동을 갑자기 하면 몸에 이상이 생긴다.
④ 요즘에는 자녀가 넷 이상 있는 가정이 드물다.

> **TIP** ① 이상(異常) : 별나거나 색다름
> ② 이상(理想) : 생각할 수 있는 범위 안에서 가장 완전하다고 여겨지는 상태
> ③ 이상(異狀) : 평소와는 다른 상태
> ④ 이상(以上) : 어떤 것을 포함하여 그것보다 많거나 높음

9 다음 중 반의 관계의 성격이 다른 하나는?

① 살다 – 죽다
② 높다 – 낮다
③ 늙다 – 젊다
④ 뜨겁다 – 차갑다

> **TIP** ①은 반의 관계에서 상호 배타적인 두 구역으로 철저히 양분되는 단어 쌍으로 상보 반의 관계이며, 나머지는 정도나 등급에서 대립을 이루고 있는 단어 쌍으로 정도 반의 관계이다.

10 다음 문장들은 두 가지 이상의 의미로 해석될 수 있는 모호한 문장들이다. 모호성의 이유가 나머지 넷과 다른 것은?

① 내가 지난번에 만난 친구의 동생이 오늘 결혼을 한다고 한다.
② 그 연속극은 가정에 충실한 주부와 남편에게 불쾌감을 주었다.
③ 나는 국어 선생님과 교장 선생님을 찾아뵈었다.
④ 그 배는 보기가 아주 좋았다.

> **TIP** ④ 어휘적 중의성 ①②③ 구조적 중의성
> ④ '배'가 과일(梨), 탈 것(船), 신체의 일부(腹) 등의 다양한 의미로 해석할 수 있다.
> ① 만난 대상이 친구인지, 친구의 동생인지 모호하다.
> ② 가정에 충실한 것이 주부만인지, 주부와 남편 모두인지 모호하다.
> ③ 내가 국어 선생님과 함께 교장 선생님을 찾아뵌 것인지, 내가 국어 선생님과 교장 선생님 둘을 찾아뵌 것인지 모호하다.

맞춤법과 표준어

1 · · 한글 맞춤법

(1) 표기 원칙

한글 맞춤법은 표준어를 소리대로 적되, 어법에 맞도록 함을 원칙으로 한다.

(2) 맞춤법에 유의해야 할 말

① 한 단어 안에서 뚜렷한 까닭 없이 나는 된소리는 다음 음절의 첫소리를 된소리로 적는다.

> **예** 소쩍새, 아끼다, 어떠하다, 해쓱하다, 거꾸로, 가끔, 어찌, 이따금, 산뜻하다, 몽땅

다만, 'ㄱ, ㅂ' 받침 뒤에서는 된소리로 적지 아니한다.

> **예** 국수, 깍두기, 색시, 싹둑, 법석, 갑자기, 몹시, 딱지

② 'ㄷ' 소리로 나는 받침 중에서 'ㄷ'으로 적을 근거가 없는 것은 'ㅅ'으로 적는다.

> **예** 덧저고리, 돗자리, 엇셈, 웃어른, 핫옷, 무릇, 사뭇, 얼핏, 자칫하면

③ '계, 례, 몌, 폐, 혜'의 'ㅖ'는 'ㅔ'로 소리나는 경우가 있더라도 'ㅖ'로 적는다.

> **예** 계수(桂樹), 혜택(惠澤), 사례(謝禮), 연몌(連袂), 계집, 핑계

다만, 다음 말은 본음대로 적는다.

> **예** 게송(偈頌), 게시판(揭示板), 휴게실(休憩室)

④ '의'나, 자음을 첫소리로 가지고 있는 음절의 'ㅢ'는 'ㅣ'로 소리나는 경우가 있더라도 'ㅢ'로 적는다.

> **예** 무늬(紋), 보늬, 늴리리, 닁큼, 오늬, 하늬바람

⑤ 한자음 '녀, 뇨, 뉴, 니'가 단어 첫머리에 올 적에는 두음 법칙에 따라 '여, 요, 유, 이'로 적는다.

> **예** 여자(女子), 요소(尿素), 유대(紐帶), 익명(匿名)

다만, 다음과 같은 의존 명사에서는 '냐, 녀' 음을 인정한다.

> **예** 냥(兩), 냥쭝(兩-), 년(年)(몇 년)

ⓐ 단어의 첫머리 이외의 경우에는 본음대로 적는다.

> **예** 남녀(男女), 당뇨(糖尿), 결뉴(結紐), 은닉(隱匿)

ⓑ 접두사처럼 쓰이는 한자가 붙어서 된 말이나 합성어에서, 뒷말의 첫소리가 'ㄴ' 소리로 나더라도 두음 법칙에 따라 적는다.

> **예** 신여성(新女性), 공염불(空念佛), 남존여비(男尊女卑)

⑥ 한자음 '랴, 려, 례, 료, 류, 리'가 단어의 첫머리에 올 적에는 두음 법칙에 따라 '야, 여, 예, 요, 유, 이'로 적는다

> **예** 양심(良心), 용궁(龍宮), 역사(歷史), 유행(流行), 예의(禮儀), 이발(理髮)

다만, 다음과 같은 의존 명사는 본음대로 적는다.

> **예** 리(里) : 몇 리냐? / 리(理) : 그럴 리가 없다.

ⓐ 단어의 첫머리 이외의 경우에는 본음대로 적는다.

> **예** 개량(改良), 선량(善良), 협력(協力), 혼례(婚禮), 와룡(臥龍), 쌍룡(雙龍), 낙뢰(落雷), 광한루(廣寒樓), 동구릉(東九陵), 가정란(家庭欄)

다만, 모음이나 'ㄴ' 받침 뒤에 이어지는 '렬, 률'은 '열, 율'로 적는다.

> **예** 나열(羅列), 진열(陳列), 선율(旋律), 비율(比率), 규율(規律), 분열(分裂), 선열(先烈), 백분율(百分率)

기출문제

다음 〈보기〉의 한글 맞춤법 규정이 적용된 단어가 아닌 것은?

2020. 9. 19. 경찰공무원

〈보기〉
제7항 'ㄷ' 소리 나는 받침 중에서 'ㄷ'으로 적을 근거가 없는 것은 'ㅅ'으로 적는다.

> **예** 덧저고   자칫하면   돗자리

① 무릇   ② 엇셈
③ 웃어른   ④ 훗일

☞ ④

ⓛ 준말에서 본음으로 소리나는 것은 본음대로 적는다.

　예 국련(국제연합), 대한교련(대한교육연합회)

ⓒ 접두사처럼 쓰이는 한자가 붙어서 된 말이나 합성어에서 뒷말의 첫소리가 'ㄴ' 또는 'ㄹ' 소리로 나더라도 두음 법칙에 따라 적는다.

　예 역이용(逆利用), 연이율(年利率), 열역학(熱力學), 해외여행(海外旅行)

⑦ 한 단어 안에서 같은 음절이나 비슷한 음절이 겹쳐 나는 부분은 같은 글자로 적는다.

　예 똑딱똑딱, 쓱싹쓱싹, 씁쓸하다, 유유상종(類類相從)

⑧ 용언의 어간과 어미는 구별하여 적는다.

　예 먹다, 먹고, 먹어, 먹으니

ⓐ 두 개의 용언이 어울려 한 개의 용언이 될 적에, 앞말의 본뜻이 유지되고 있는 것은 그 원형을 밝히어 적고, 그 본뜻에서 멀어진 것은 밝히어 적지 아니한다.

　• 앞말의 본뜻이 유지되고 있는 것

　　예 넘어지다, 늘어나다, 돌아가다, 되짚어가다, 엎어지다, 흩어지다

　• 본뜻에서 멀어진 것

　　예 드러나다, 사라지다, 쓰러지다

ⓑ 종결형에서 사용되는 어미 '-오'는 '요'로 소리나는 경우가 있더라도 그 원형을 밝혀 '오'로 적는다.

　　예 이것은 책이오.

ⓒ 연결형에서 사용되는 '이요'는 '이요'로 적는다.

　　예 이것은 책이요, 저것은 붓이요, 또 저것은 먹이다.

⑨ 어미 뒤에 덧붙는 조사 '요'는 '요'로 적는다.

　예 읽어요, 참으리요, 좋지요

⑩ 어간에 '-이'나 '-음／-ㅁ'이 붙어서 명사로 된 것과 '-이'나 '-히'가 붙어서 부사로 된 것은 그 어간의 원형을 밝히어 적는다.

　예 얼음, 굳이, 더욱이, 일찍이, 익히, 앎, 만듦, 짓궂이, 밝히

ⓐ 어간에 '-이'나 '-음'이 붙어서 명사로 바뀐 것이라도 그 어간의 뜻과 멀어진 것은 원형을 밝히어 적지 아니한다.

　　예 굽도리, 다리(髢), 목거리(목병), 무녀리, 거름(비료), 고름(膿), 노름(도박)

ⓑ 어간에 '-이'나 '-음' 이외의 모음으로 시작된 접미사가 붙어서 다른 품사로 바뀐 것은 그 어간의 원형을 밝히어 적지 아니한다.

　　예 귀머거리, 까마귀, 너머, 마개, 비렁뱅이, 쓰레기, 올가미, 주검, 도로, 뜨덤뜨덤, 바투, 비로소

⑪ 명사 뒤에 '-이'가 붙어서 된 말은 그 명사의 원형을 밝히어 적는다.

　예 곳곳이, 낱낱이, 몫몫이, 샅샅이, 집집이, 곰배팔이, 바둑이, 삼발이, 애꾸눈이, 육손이, 절뚝발이 / 절름발이, 딸깍발이

　붙임 '-이' 이외의 모음으로 시작된 접미사가 붙어서 된 말은 그 명사의 원형을 밝히어 적지 아니한다.

　　예 꼬락서니, 끄트머리, 모가치, 바가지, 사타구니, 싸라기, 이파리, 지붕, 지푸라기, 짜개

⑫ '-하다'나 '-거리다'가 붙는 어근에 '-이'가 붙어서 명사가 된 것은 그 원형을 밝히어 적는다.

　예 깔쭉이, 살살이, 꿀꿀이, 눈깜짝이, 오뚝이, 더펄이, 코납작이, 배불뚝이, 푸석이, 홀쭉이

　붙임 '-하다'나 '-거리다'가 붙을 수 없는 어근에 '-이'나 또는 다른 모음으로 시작되는 접미사가 붙어서 명사가 된 것은 그 원형을 밝히어 적지 아니한다.

　　예 개구리, 귀뚜라미, 깍두기, 꽹과리, 날라리, 두드러기, 딱따구리, 부스러기, 뻐꾸기, 얼루기, 칼싹두기

기출문제

어문 규정에 맞지 않는 문장은?

2020. 6. 20. 소방공무원

① 이 건물은 학교의 체육관이요, 그 옆 건물은 본관이다.

② 저 두 사람은 부부가 아니오, 친구이다.

③ 늦지 않게 빨리 오시오.

④ 이것은 책이 아니오.

☞ ②

⑬ '-하다'가 붙는 어근에 '-히'나 '-이'가 붙어 부사가 되거나, 부사에 '-이'가 붙어서 뜻을 더하는 경우에는, 그 어근이나 부사의 원형을 밝히어 적는다.

> **예** 급히, 꾸준히, 도저히, 딱히, 어렴풋이, 깨끗이, 곰곰이, 더욱이, 생긋이, 오뚝이, 일찍이, 해죽이

> **붙임** '-하다'가 붙지 않는 경우에는 소리대로 적는다.

> **예** 갑자기, 반드시(꼭), 슬며시

⑭ 사이시옷은 다음과 같은 경우에 받치어 적는다.
　㉠ 순 우리말로 된 합성어로서 앞말이 모음으로 끝난 경우
　　• 뒷말의 첫소리가 된소리로 나는 것

> **예** 귓밥, 나룻배, 나뭇가지, 냇가, 댓가지, 뒷갈망, 맷돌, 머릿기름, 모깃불, 부싯돌, 선짓국, 잇자국, 쳇바퀴, 킷값, 핏대, 혓바늘

　　• 뒷말의 첫소리 'ㄴ, ㅁ' 앞에서 'ㄴ' 소리가 덧나는 것

> **예** 멧나물, 아랫니, 텃마당, 아랫마을, 뒷머리, 잇몸, 깻묵

　　• 뒷말의 첫소리 모음 앞에서 'ㄴㄴ' 소리가 덧나는 것

> **예** 도리깻열, 뒷윷, 두렛일, 뒷일, 뒷입맛, 베갯잇, 옷잇, 깻잎, 나뭇잎, 댓잎

　㉡ 순 우리말과 한자어로 된 합성어로서 앞말이 모음으로 끝난 경우
　　• 뒷말의 첫소리가 된소리로 나는 것

> **예** 귓병, 머릿방, 샛강, 아랫방, 자릿세, 전셋집, 찻잔, 콧병, 탯줄, 텃세, 햇수, 횟배

　　• 뒷말의 첫소리 'ㄴ, ㅁ' 앞에서 'ㄴ' 소리가 덧나는 것

> **예** 곗날, 제삿날, 훗날, 툇마루, 양칫물

　　• 뒷말의 첫소리 모음 앞에서 'ㄴㄴ' 소리가 덧나는 것

> **예** 가욋일, 사삿일, 예삿일, 훗일

　㉢ 두 음절로 된 다음 한자어

> **예** 곳간(庫間), 셋방(貰房), 숫자(數字), 찻간(車間), 툇간(退間), 횟수(回數)

⑮ 두 말이 어울릴 적에 'ㅂ' 소리나 'ㅎ' 소리가 덧나는 것은 소리대로 적는다.

> **예** 댑싸리, 멥쌀, 볍씨, 햅쌀, 머리카락, 살코기, 수컷, 수탉, 안팎, 암캐, 암탉

⑯ 어간의 끝음절 '하'의 'ㅏ'가 줄고 'ㅎ'이 다음 음절의 첫소리와 어울려 거센소리로 될 적에는 거센소리로 적는다.

> **예**

본말	준말	본말	준말
간편하게	간편케	다정하다	다정타
연구하도록	연구토록	정결하다	정결타
가하다	가타	흔하다	흔타

　㉠ 어간의 끝음절 '하'가 아주 줄 적에는 준 대로 적는다.

> **예**

본말	준말	본말	준말
거북하지	거북지	넉넉하지 않다	넉넉지 않다
생각하건대	생각건대	생각하다 못해	생각다 못해
섭섭하지 않다	섭섭지 않다	익숙하지 않다	익숙지 않다

　㉡ 다음과 같은 부사는 소리대로 적는다.

> **예** 결단코, 결코, 기필코, 무심코, 아무튼, 요컨대, 정녕코, 필연코, 하마터면, 하여튼, 한사코

⑰ 부사의 끝음절이 분명히 '이'로만 나는 것은 '-이'로 적고, '히'로만 나거나 '이'나 '히'로 나는 것은 '-히'로 적는다.
　㉠ '이'로만 나는 것

> **예** 가붓이, 깨끗이, 나붓이, 느긋이, 둥긋이, 따뜻이, 반듯이, 버젓이, 산뜻이, 의젓이, 가까이, 고이, 날카로이, 대수로이, 번거로이, 많이, 적이, 겹겹이, 번번이, 일일이, 틈틈이

　㉡ '히'로만 나는 것

> **예** 극히, 급히, 딱히, 속히, 작히, 족히, 특히, 엄격히, 정확히

보충학습

사이시옷을 붙이지 않는 경우
개수(個數), 전세방(傳貰房), 초점(焦點), 대구법(對句法)

기출문제

다음 중 사이시옷 표기가 옳은 것은?
2014. 3. 15. 경찰공무원

① 등굣길, 윗쪽, 촛점
② 등굣길, 위쪽, 초점
③ 등교길, 윗쪽, 촛점
④ 등교길, 위쪽, 초점

☞ ②

기출문제

밑줄 친 말 중 맞춤법에 어긋난 것은?
2016. 8. 27. 지역인재

① 집은 허름하지만 아까 본 집보다 가격이 만만찮다.
② 그는 밥을 몇 숟가락 뜨다가 밥상을 물렸다.
③ 청소한 것 치고는 그다지 깨끗지 않았다.
④ 넉넉지 못했지만 학교 다니고 생활하는 데는 별 어려움이 없었다.

☞ ①

ⓒ '이, 히'로 나는 것

> **예** 솔직히, 가만히, 소홀히, 쓸쓸히, 정결히, 꼼꼼히, 열심히, 급급히, 답답히, 섭섭히, 공평히, 분명히, 조용히, 간소히, 고요히, 도저히

⑱ 한자어에서 본음으로도 나고 속음으로도 나는 것은 각각 그 소리에 따라 적는다.

본음으로 나는 것	속음으로 나는 것
승낙(承諾)	수락(受諾), 쾌락(快諾), 허락(許諾)
만난(萬難)	곤란(困難), 논란(論難)
안녕(安寧)	의령(宜寧), 회령(會寧)
분노(忿怒)	대로(大怒), 희로애락(喜怒哀樂)
토론(討論)	의논(議論)
오륙십(五六十)	오뉴월, 유월(六月)
목재(木材)	모과(木瓜)
십일(十日)	시방정토(十方淨土), 시왕(十王), 시월(十月)
팔일(八日)	초파일(初八日)

⑲ 다음과 같은 접미사는 된소리로 적는다.

> **예** 심부름꾼, 귀때기, 익살꾼, 볼때기, 일꾼, 판자때기, 뒤꿈치, 장난꾼, 팔꿈치, 지게꾼, 이마빼기, 코빼기, 객쩍다, 성깔, 겸연쩍다

⑳ 두 가지로 구별하여 적던 다음 말들은 한 가지로 적는다.

> **예**
> • 맞추다(마추다×) : 입을 맞춘다. 양복을 맞춘다.
> • 뻗치다(뻐치다×) : 다리를 뻗친다. 멀리 뻗친다.

㉑ '-더라, -던'과 '-든지'는 다음과 같이 적는다.

> ㉠ 지난 일을 나타내는 어미는 '-더라, -던'으로 적는다.
>
> **예** 지난 겨울은 몹시 춥더라. 그 사람 말 잘하던데!
>
> ㉡ 물건이나 일의 내용을 가리지 아니하는 뜻을 나타내는 조사와 어미는 '-든지'로 적는다.
>
> **예** 배든지 사과든지 마음대로 먹어라. 가든지 오든지 마음대로 해라.

(3) 띄어쓰기

문장의 각 단어는 띄어 씀을 원칙으로 한다(다만, 조사는 붙여 씀).

① 조사는 그 앞말에 붙여 쓴다.

> **예** 너조차, 꽃마저, 꽃입니다, 꽃처럼, 어디까지나, 거기도, 멀리는, 웃고만

② 의존 명사는 띄어 쓴다.

> **예** 아는 것이 힘이다. 나도 할 수 있다. 먹을 만큼 먹어라. 아는 이를 만났다.

③ 단위를 나타내는 명사는 띄어 쓴다.

> **예** 한 개, 차 한 대, 금 서 돈, 조기 한 손, 버선 한 죽
>
> 다만, 순서를 나타내는 경우나 숫자와 어울리어 쓰이는 경우에는 붙여 쓸 수 있다.
>
> **예** 두시 삼십분 오초, 제일과, 삼학년, 1446년 10월 9일, 2대대, 16동 502호, 제1어학 실습실

④ 수를 적을 적에는 '만(萬)' 단위로 띄어 쓴다.

> **예** 십이억 삼천사백오십육만 칠천팔백구십팔, 12억 3456만 7898

⑤ 두 말을 이어 주거나 열거할 적에 쓰이는 말들은 띄어 쓴다.

> **예** 국장 겸 과장, 열 내지 스물, 청군 대 백군, 이사장 및 이사들

⑥ 단음절로 된 단어가 연이어 나타날 적에는 붙여 쓸 수 있다.

> **예** 그때 그곳, 좀더 큰것, 이말 저말, 한잎 두잎

기출문제

밑줄 친 부분의 띄어쓰기가 옳은 것은?

2019. 8. 17. 지역인재

① 고향을 떠난지 3년은 지났을 게다.
② 이 음식은 먹을만은 하지만 좀 비싸네.
③ 당장에라도 항의하러 올 듯이 고래고래 고함을 치더구나.
④ 가을 하늘은 저렇게도 공활한 데 높기도 하고 맑기도 하구나.

☞ ③

기출문제

밑줄 친 부분의 띄어쓰기가 모두 옳은 것은?

2018. 8. 18. 지역인재

① 다친데 바르는 약을 찾으려 별수를 다 썼다.
② 다친 데 바르는 약을 찾으려 별수를 다 썼다.
③ 다친데 바르는 약을 찾으려 별 수를 다 썼다.
④ 다친 데 바르는 약을 찾으려 별 수를 다 썼다.

☞ ②

⑦ 보조 용언은 띄어 씀을 원칙으로 하되, 경우에 따라 붙여 씀도 허용한다.

원칙	허용
불이 꺼져 간다.	불이 꺼져간다.
내 힘으로 막아 낸다.	내 힘으로 막아낸다.
어머니를 도와 드린다.	어머니를 도와드린다.
비가 올 성싶다.	비가 올성싶다.
잘 아는 척한다.	잘 아는척한다.

⑧ 성과 이름, 성과 호 등은 붙여 쓰고, 이에 덧붙는 호칭어, 관직명 등은 띄어 쓴다.

예 서화담(徐花潭), 채영신 씨, 최치원 선생, 박동식 박사, 충무공 이순신 장군

⑨ 성명 이외의 고유 명사는 단어별로 띄어 씀을 원칙으로 하되, 단위별로 띄어 쓸 수 있다.

예 한국 대학교 사범 대학(원칙), 한국대학교 사범대학(허용)

② ·· 표준어 규정

(1) 제정 원칙

표준어는 교양 있는 사람들이 두루 쓰는 현대 서울말로 정함을 원칙으로 한다.

① 시대적 조건 : 현대

② 지역적 조건 : 서울

③ 계층(계급)적 조건 : 교양 있는 사람들

(2) 주요 표준어

① 다음 단어들은 거센소리를 가진 형태를 표준어로 삼는다.

예 끄나풀, 빈 칸, 부엌, 살쾡이, 녘

② 어원에서 멀어진 형태로 굳어져서 널리 쓰이는 것은, 그것을 표준어로 삼는다.

예 강낭콩, 사글세, 고삿

③ 다음 단어들은 의미를 구별함이 없이, 한 가지 형태만을 표준어로 삼는다.

예 돌, 둘째, 셋째, 넷째, 열두째, 빌리다

④ 수컷을 이르는 접두사는 '수-'로 통일한다.

예 수꿩, 수소, 수나사, 수놈, 수사돈, 수은행나무

㉠ 다음 단어에서는 접두사 다음에서 나는 거센소리를 인정한다. 접두사 '암-'이 결합되는 경우에도 이에 준한다.

예 수캉아지, 수캐, 수컷, 수키와, 수탉, 수탕나귀, 수톨쩌귀, 수퇘지, 수평아리

㉡ 다음 단어의 접두사는 '숫-'으로 한다.

예 숫양, 숫쥐, 숫염소

기출문제

다음 중 표준어로만 묶인 것은?

2016. 6. 25. 서울특별시

① 끄나풀 - 새벽녘 - 삵쾡이 - 떨어먹다
② 뜯게질 - 세째 - 수평아리 - 애닲다
③ 치켜세우다 - 사글세 - 설거지 - 수캉아지
④ 보조개 - 숫양 - 광우리 - 강남콩

☞ ②

⑤ 양성 모음이 음성 모음으로 바뀌어 굳어진 다음 단어는 음성 모음 형태를 표준어로 삼는다.

　예 깡충깡충, -둥이, 발가숭이, 보퉁이, 뻗정다리, 아서, 아서라, 오뚝이, 주추

다만, 어원 의식이 강하게 작용하는 다음 단어에서는 양성 모음 형태를 그대로 표준어로 삼는다.

　예 부조(扶助), 사돈(査頓), 삼촌(三寸)

⑥ 'ㅣ' 역행 동화 현상에 의한 발음은 원칙적으로 표준 발음으로 인정하지 아니하되, 다만 다음 단어들은 그러한 동화가 적용된 형태를 표준어로 삼는다.

　예 풋내기, 냄비, 동댕이치다

　㉠ 다음 단어는 'ㅣ' 역행 동화가 일어나지 아니한 형태를 표준어로 삼는다.

　　예 아지랑이

　㉡ 기술자에게는 '-장이', 그 외에는 '-쟁이'가 붙는 형태를 표준어로 삼는다.

　　예 미장이, 유기장이, 멋쟁이, 소금쟁이, 담쟁이덩굴

⑦ 다음 단어는 모음이 단순화한 형태를 표준어로 삼는다.

　예 괴팍하다, 미루나무, 미륵, 여느, 으레, 케케묵다, 허우대

⑧ 다음 단어에서는 모음의 발음 변화를 인정하여, 발음이 바뀌어 굳어진 형태를 표준어로 삼는다.

　예 깍쟁이, 나무라다, 바라다, 상추, 주책, 지루하다, 튀기, 허드레, 호루라기, 시러베아들

⑨ '웃-' 및 '윗-'은 명사 '위'에 맞추어 '윗-'으로 통일한다.

　예 윗도리, 윗니, 윗목, 윗몸, 윗자리, 윗잇몸

　㉠ 된소리나 거센소리 앞에서는 '위-'로 한다.

　　예 위쪽, 위층, 위치마, 위턱

　㉡ '아래, 위'의 대립이 없는 단어는 '웃-'으로 발음되는 형태를 표준어로 삼는다.

　　예 웃국, 웃돈, 웃비, 웃어른, 웃옷

⑩ 한자 '구(句)'가 붙어서 이루어진 단어는 '귀'로 읽는 것을 인정하지 아니하고, '구'로 통일한다.

　예 구절(句節), 결구(結句), 경구(警句), 단구(短句), 대구(對句), 문구(文句), 어구(語句), 연구(聯句), 인용구(引用句), 절구(絕句)

다만, 다음 단어는 '귀'로 발음되는 형태를 표준어로 삼는다.

　예 글귀, 귀글

⑪ 준말이 널리 쓰이고 본말이 잘 쓰이지 않는 경우에는, 준말만을 표준어로 삼는다.

　예 귀찮다, 똬리, 무, 뱀, 빔, 샘, 생쥐, 솔개, 온갖, 장사치

⑫ 준말이 쓰이고 있더라도, 본말이 널리 쓰이고 있으면 본말을 표준어로 삼는다.

　예 경황없다, 궁상떨다, 귀이개, 낌새, 낙인찍다, 돗자리, 뒤웅박, 마구잡이, 부스럼, 살얼음판, 수두룩하다, 일구다, 퇴박맞다

⑬ 어감의 차이를 나타내는 단어 또는 발음이 비슷한 단어들이 다 같이 널리 쓰이는 경우에는, 그 모두를 표준어로 삼는다.

　예 거슴츠레하다 / 게슴츠레하다, 고린내 / 코린내, 꺼림하다 / 께름하다, 나부랭이 / 너부렁이

⑭ 사어(死語)가 되어 쓰이지 않게 된 단어는 고어로 처리하고, 현재 널리 사용되는 단어를 표준어로 삼는다.

　예 난봉, 낭떠러지, 설거지하다, 애달프다, 자두

기출문제

다음 중 표준어가 아닌 것은?

2014. 4. 19. 안전행정부

① 윗목　　② 윗돈
③ 위층　　④ 웃옷

☞ ②

기출문제

표준어끼리 묶인 것으로 가장 옳지 않은 것은?

2018. 6. 23. 서울특별시

① 둥물, 남사스럽다, 쌉싸름하다, 복숭아뼈
② 까탈스럽다, 결판지다, 주책이다, 겉울음
③ 찰지다, 잎새, 꼬리연, 푸르르다
④ 개발새발, 이쁘다, 덩쿨, 마실

☞ ④

⑮ 한 가지 의미를 나타내는 형태 몇 가지가 널리 쓰이며 표준어 규정에 맞으면, 그 모두를 표준어로 삼는다(복수 표준어).
　　예 멍게 / 우렁쉥이, 가엾다 / 가엽다, 넝쿨 / 덩굴, 눈대중 / 눈어림 / 눈짐작, -뜨리다 / -트리다, 부침개질 / 부침질 / 지짐질, 생 / 새앙 / 생강, 여쭈다 / 여쭙다, 우레 / 천둥, 엿가락 / 엿가래, 자물쇠 / 자물통

(3) 표준 발음법

표준 발음법은 표준어의 실제 발음을 따르되, 국어의 전통성과 합리성을 고려하여 정함을 원칙으로 한다.

① 겹받침 'ㄳ', 'ㄵ', 'ㄼ, ㄽ, ㄾ', 'ㅄ'은 어말 또는 자음 앞에서 각각 [ㄱ, ㄴ, ㄹ, ㅂ]으로 발음한다.
　　예 넋[넉], 넋과[넉꽈], 앉다[안따], 여덟[여덜], 넓다[널따], 외곬[외골], 핥다[할따], 값[갑], 없다[업ː따]

② '밟-'은 자음 앞에서 [밥]으로 발음하고, '넓-'은 다음과 같은 경우에 [넙]으로 발음한다.
　　예 밟다[밥ː따], 밟는[밤ː는], 넓죽하다[넙쭈카다], 넓둥글다[넙뚱글다]

③ 겹받침 'ㄺ, ㄻ, ㄿ'은 어말 또는 자음 앞에서 각각 [ㄱ, ㅁ, ㅂ]으로 발음한다.
　　예 닭[닥], 흙과[흑꽈], 맑다[막따], 늙지[늑찌], 삶[삼ː], 젊다[점ː따], 읊고[읍꼬], 읊다[읍따]

④ 용언의 어간 말음 'ㄺ'은 'ㄱ' 앞에서 [ㄹ]로 발음한다.
　　예 맑게[말께], 묽고[물꼬], 얽거나[얼꺼나]

⑤ 'ㅎ(ㄶ, ㅀ)' 뒤에 'ㄱ, ㄷ, ㅈ'이 결합되는 경우에는, 뒤 음절 첫소리와 합쳐서 [ㅋ, ㅌ, ㅊ]으로 발음한다.
　　예 놓고[노코], 좋던[조ː턴], 쌓지[싸치], 많고[만ː코], 닳지[달치]

⑥ 'ㅎ(ㄶ, ㅀ)' 뒤에 모음으로 시작된 어미나 접미사가 결합되는 경우에는, 'ㅎ'을 발음하지 않는다.
　　예 낳은[나은], 놓아[노아], 쌓이다[싸이다], 싫어도[시러도]

⑦ 받침 뒤에 모음 'ㅏ, ㅓ, ㅗ, ㅜ, ㅟ'들로 시작되는 실질 형태소가 연결되는 경우에는, 대표음으로 바꾸어서 뒤 음절 첫소리로 옮겨 발음한다.
　　예 밭 아래[바다래], 늪 앞[느밥], 젖어미[저더미], 맛없다[마덥따], 겉옷[거돋], 헛웃음[허두슴], 꽃 위[꼬뒤]
다만, '맛있다, 멋있다'는 [마싣따], [머싣따]로도 발음할 수 있다.

⑧ 한글 자모의 이름은 그 받침소리를 연음하되, 'ㄷ, ㅈ, ㅊ, ㅋ, ㅌ, ㅍ, ㅎ'의 경우에는 특별히 다음과 같이 발음한다.
　　예 디귿이[디그시], 지읒이[지으시], 치읓이[치으시], 키읔이[키으기], 티읕이[티으시], 피읖이[피으비], 히읗이[히으시]

⑨ 받침 'ㄷ, ㅌ(ㄾ)'이 조사나 접미사의 모음 'ㅣ'와 결합되는 경우에는, [ㅈ, ㅊ]으로 바꾸어서 뒤 음절 첫소리로 옮겨 발음한다.
　　예 곧이듣다[고지듣따], 굳이[구지], 미닫이[미다지], 땀받이[땀바지]

⑩ 받침 'ㄱ(ㄲ, ㅋ, ㄳ, ㄺ), ㄷ(ㅅ, ㅆ, ㅈ, ㅊ, ㅌ, ㅎ), ㅂ(ㅍ, ㄼ, ㄿ, ㅄ)'은 'ㄴ, ㅁ' 앞에서 [ㅇ, ㄴ, ㅁ]으로 발음한다.
　　예 먹는[멍는], 국물[궁물], 깎는[깡는], 키읔만[키응만], 몫몫이[몽목씨], 긁는[긍는], 흙만[흥만], 짓는[진ː는], 옷맵시[온맵씨], 맞는[만는], 젖멍울[전멍울], 쫓는[쫀는], 꽃망울[꼰망울], 놓는[논는], 잡는[잠는], 앞마당[암마당], 밟는[밤ː는], 읊는[음는], 없는[엄ː는]

🄿 기출문제

낱말의 발음이 옳지 않은 것은?
2020. 7. 18. 일반군무원

① 맑고 → [말꼬]
② 끊기다 → [끈기다]
③ 맏형 → [마텽]
④ 밟고 → [밥ː꼬]

☞ ②

⑪ 받침 'ㅁ, ㅇ' 뒤에 연결되는 'ㄹ'은 [ㄴ]으로 발음한다.

> 예 담력[담:녁], 침략[침냑], 강릉[강능], 대통령[대:통녕]

⑫ 'ㄴ'은 'ㄹ'의 앞이나 뒤에서 [ㄹ]로 발음한다.

> 예 난로[날:로], 신라[실라], 광한루[광:할루], 대관령[대:괄령], 칼날[칼랄]

다만, 다음과 같은 단어들은 'ㄹ'을 [ㄴ]으로 발음한다.

> 예 의견란[의:견난], 임진란[임:진난], 생산량[생산냥], 결단력[결딴녁], 공권력[공꿘녁], 상견례[상견녜], 횡단로[횡단노], 이원론[이:원논], 입원료[이붠뇨]

⑬ 받침 'ㄱ(ㄲ, ㅋ, ㄳ, ㄺ), ㄷ(ㅅ, ㅆ, ㅈ, ㅊ, ㅌ), ㅂ(ㅍ, ㄼ, ㄿ, ㅄ)' 뒤에 연결되는 'ㄱ, ㄷ, ㅂ, ㅅ, ㅈ'은 된소리로 발음한다.

> 예 국밥[국빱], 깎다[깍따], 삯돈[삭똔], 닭장[닥짱], 옷고름[옫꼬름], 낯설다[낟썰다], 덮개[덥깨], 넓죽하다[넙쭈카다], 읊조리다[읍쪼리다], 값지다[갑찌다]

⑭ 어간 받침 'ㄴ(ㄵ), ㅁ(ㄻ)' 뒤에 결합되는 어미의 첫소리 'ㄱ, ㄷ, ㅅ, ㅈ'은 된소리로 발음한다.

> 예 신고[신:꼬], 껴안다[껴안따], 앉고[안꼬], 닮고[담:꼬], 젊지[점:찌]

다만, 피동, 사동의 접미사 '-기-'는 된소리로 발음하지 않는다.

> 예 안기다, 감기다, 굶기다, 옮기다

⑮ 표기상으로는 사이시옷이 없더라도, 관형격 기능을 지니는 사이시옷이 있어야 할 (휴지가 성립되는) 합성어의 경우에는, 뒤 단어의 첫소리 'ㄱ, ㄷ, ㅂ, ㅅ, ㅈ'을 된소리로 발음한다.

> 예 문고리[문꼬리], 눈동자[눈똥자], 산새[산쌔], 길가[길까], 강가[강까], 초승달[초승딸], 창살[창쌀]

합성어 및 파생어에서, 앞 단어나 접두사의 끝이 자음이고 뒤 단어나 접미사의 첫 음절이 '이, 야, 여, 요, 유'인 경우에는, 'ㄴ' 소리를 첨가하여 [니, 냐, 녀, 뇨, 뉴]로 발음한다.

> 예 솜이불[솜:니불], 막일[망닐], 삯일[상닐], 내복약[내:봉냑], 남존여비[남존녀비], 늑막염[능망념], 눈요기[눈뇨기], 식용유[시굥뉴]

다만, 다음과 같은 말들은 'ㄴ' 소리를 첨가하여 발음하되, 표기대로 발음할 수 있다.

> 예 이죽이죽[이중니죽 / 이주기죽], 야금야금[야금냐금 / 야그마금], 검열[검:녈 / 거:멸], 금융[금늉 / 그뮹]

㉠ 'ㄹ' 받침 뒤에 첨가되는 'ㄴ' 음은 [ㄹ]로 발음한다.

> 예 솔잎[솔립], 설익다[설릭따], 물약[물략], 유들유들[유들류들]

㉡ 두 단어를 이어서 한 마디로 발음하는 경우에도 이에 준한다.

> 예 옷 입다[온닙따], 서른여섯[서른녀섣], 3연대[삼년대], 먹은 엿[머근녇], 스물여섯[스물려섣], 1연대[일련대], 먹을 엿[머글렫]

다만, 다음과 같은 단어에서는 'ㄴ(ㄹ)' 음을 첨가하여 발음하지 않는다.

> 예 6 · 25[유기오], 3 · 1절[사밀쩔], 송별연[송:벼련], 등용문[등용문]

⑰ 사이시옷이 붙은 단어는 다음과 같이 발음한다.

㉠ 'ㄱ, ㄷ, ㅂ, ㅅ, ㅈ'으로 시작되는 단어 앞에 사이시옷이 올 때에는 이들 자음만을 된소리로 발음하는 것을 원칙으로 하되, 사이시옷을 [ㄷ]으로 발음하는 것도 허용한다.

> 예 냇가[내:까 / 낻:까], 샛길[새:낄 / 샏:낄], 깃발[기빨 / 긷빨], 뱃전[배쩐 / 밷쩐]

㉡ 사이시옷 뒤에 'ㄴ, ㅁ'이 결합되는 경우에는 [ㄴ]으로 발음한다.

> 예 콧날[콛날→콘날], 아랫니[아랟니→아랜니], 툇마루[퇻:마루→퇸:마루], 뱃머리[밷머리→밴머리]

㉢ 사이시옷 뒤에 '이' 음이 결합되는 경우에는 [ㄴㄴ]으로 발음한다.

> 예 베갯잇[베갣닏→베갠닏], 깻잎[깯닙→깬닙], 나뭇잎[나묻닙→나문닙], 도리깻열[도리깯녈→도리깬녈], 뒷윷[뒫:눋→뒨:눋]

❸ ·· 외래어 표기법

(1) 외래어는 국어의 현용 24자모만으로 적는다.

(2) 외래어의 1음운은 원칙적으로 1기호로 적는다.

(3) 받침에는 'ㄱ, ㄴ, ㄹ, ㅁ, ㅂ, ㅅ, ㅇ'만을 쓴다.

(4) 파열음 표기에는 된소리를 쓰지 않는 것을 원칙으로 한다.

(5) 이미 굳어진 외래어는 관용을 존중하되, 그 범위와 용례는 따로 정한다.

❹ ·· 로마자 표기법

(1) 표기의 기본원칙

국어의 로마자 표기는 국어의 표준 발음법에 따라 적는 것을 원칙으로 한다.

(2) 표기상의 유의점

음운 변화가 일어날 때에는 변화의 결과에 따라 다음과 같이 적는다.

　㉠ 자음 사이에서 동화 작용이 일어나는 경우

　　예 백마[뱅마] Baengma, 신문로[신문노] Sinmunno, 종로[종노] Jongno

　㉡ 'ㄴ, ㄹ'이 덧나는 경우

　　예 학여울[항녀울], Hangnyeoul, 알약[알략] allyak

　㉢ 구개음화가 되는 경우

　　예 해돋이[해도지] haedoji, 같이[가치] gachi, 맞히다[마치다] machida

　㉣ 'ㄱ, ㄷ, ㅂ, ㅈ'이 'ㅎ'과 합하여 거센소리로 소리 나는 경우

　　예 좋고[조코] joko, 놓다[노타] nota, 잡혀[자펴] japyeo, 낳지[나치] nachi

　다만, 체언에서 'ㄱ, ㄷ, ㅂ' 뒤에 'ㅎ'이 따를 때에는 'ㅎ'을 밝혀 적는다.

　　예 묵호(Mukho), 집현전(Jiphyeonjeon)

📖 기출문제

밑줄 친 부분의 외래어 표기가 옳은 것은?

2020. 9. 26. 지역인재

① 갓 구운 바게뜨(baguette)가 참 맛이 좋다.
② 그는 폭설 때문에 타이어를 스노(snow) 타이어로 교체하였다.
③ 그분은 우리에게 미래에 대한 새로운 비젼(vision)을 제시하였다.
④ 우리는 오랜만에 모여 정원에서 바베큐(barbecue) 파티를 열었다.

☞ ②

📖 기출문제

로마자 표기법에 어긋나는 것은?

2019. 8. 17. 지역인재

① 집현전 − Jiphyeonjeon
② 종로 − Jongro
③ 독도 − Dokdo
④ 울릉 − Ulleung

☞ ②

1 밑줄 친 부분의 어법이 맞지 않는 것은?

2021. 9. 11. 지역인재

① 주전 선수들의 <u>잇딴</u> 부상으로 선수가 부족하다.
② 그녀는 얼굴에 미소를 <u>띠고</u> 우리에게 다가왔다.
③ 우리는 음식을 <u>만들려고</u> 재료를 다듬기 시작했다.
④ 오랜만에 선생님을 뵐 생각에 벌써 마음이 <u>설렌다</u>.

TIP ① 잇딴→잇단
　　　잇단: '잇달다'의 어간 '잇달' + 관형사형 어미 'ㄴ'
　② 띠다: 지니다
　　　예 미소를 띠고 있는 그녀
　　　띄다: 눈에 얼핏 보이다. 사이를 띄게 하다
　　　예 영수가 내 눈에 띄었다. 글을 쓸 때는 올바르게 띄어 써야 한다.
　③ 만들려고: '만들다'의 어간 '만들' + 려고
　④ 설렌다: '설렌다'의 어간) '설레' + 현재형 어미 '-ㄴ다'

2 밑줄 친 부분의 표기가 틀린 것은?

2021. 9. 11. 지역인재

① 그녀는 자기가 보고 들은 일을 <u>세세히</u> 기록했다.
② 그는 일을 하면서도 <u>틈틈히</u> 외국어 공부를 했다.
③ 우리는 회사에서 보내온 계약서를 <u>꼼꼼히</u> 검토했다.
④ 형은 내 친구의 태도를 <u>섭섭히</u> 여겼다고 나에게 말했다.

TIP ② 틈틈히→틈틈이
　※ 중요 맞춤법(한글맞춤법 제25항)
　　'-하다'가 붙는 어근에 '-히'나 '-이'가 붙어서 부사가 되거나, 부사에 '-이'가 붙어서 뜻을 더하는 경우에는 그 어근이나 부사의 원형을 밝히어 적는다.
　　㉠ '-하다'가 붙는 어근에 '-히'나 '-이'가 붙는 경우
　　　예 세세히, 꼼꼼히, 섭섭히, 급히, 꾸준히, 도저히, 딱히, 어렴풋이, 깨끗이
　　　단, '-하다'가 붙지 않는 경우에는 반드시 소리대로 적는다
　　　예 갑자기, 반드시(꼭), 슬며시
　　㉡ 부사에 '-이'가 붙어서 역시 부사가 되는 경우
　　　예 곰곰이, 더욱, 생긋이, 오뚝이, 일찍이, 해죽이

3 밑줄 친 부분의 띄어쓰기가 옳은 것은?

2020. 7. 11. 인사혁신처

① <u>해도해도</u> 너무한다.
② 빠른 <u>시일 내</u> 지원해 줄 것이다.
③ 이 그릇은 귀한 거라 손님 <u>대접하는데나</u> 쓴다.
④ 소비 절약을 호소하는 <u>정공법 밖에</u> 달리 도리는 없다.

TIP ① 해도해도→해도 해도
　③ 대접하는데나→대접하는 데나
　④ 정공법 밖에→정공법밖에

ANSWER 1.① 2.② 3.②

4 다음 편지글에서 고쳐 쓸 단어로 적절하지 않은 것은?

2020. 6. 20. 소방공무원

> 할머니께
> 할머니, 작년 여름에 함께 장터에 가서 <u>갈치졸임</u>을 먹었던 기억이 생생해요. 또 할머니께서 만들어 주신 <u>만두국</u>과 <u>떡볶기</u>는 너무 맛있었어요. 할머니! 항상 무리하시면 안 돼요. 저는 할머니가 정말 보고 싶어요. 이번 여름 방학 때 <u>뵈요</u>.

① 갈치졸임 → 갈치조림
② 만두국 → 만둣국
③ 떡볶기 → 떡볶이
④ 뵈요 → 뵈요

TIP ④ '뵈요'는 동사 '보다'의 높임말인 '뵈다'의 어간 '뵈'에 어미인 '-어'가 결합하여 '봬'로 축약된 것이다. 그러므로 '뵈어요'의 축약형인 '봬요'가 맞춤법에 맞는 표현이다.
　　① 졸이다 – '마음이 초조하다' 또는 '국물의 양이 줄어들다('졸다'의 사동사)'
　　　　조리다 – 양념이 배어들도록 하다
　　　　갈치에 양념을 해서 배어들도록 만든 음식이므로 '갈치조림'이 맞는 표현이다.
　　② 순우리말로 된 합성어의 경우 뒷말의 첫소리가 된소리로 나면 사이시옷을 적어야 한다. 따라서 '만둣국, 북엇국, 순댓국, 고깃국' 등으로 적는다.
　　③ '떡볶이'가 맞는 표현이다.

5 국어의 로마자 표기법에 어긋나는 것은?

2017. 8. 26. 지역인재

① 압구정 – Apgujeong
② 낙동강 – Nakdonggang
③ 독립문 – Dongnimmun
④ 신라 – Sinla

TIP ④ '신라'는 [실라]로 소리 나는 것에 따라 'Silla'로 표기한다.

6 밑줄 친 부분의 띄어쓰기가 옳은 것은?

2017. 8. 26. 지역인재

① 정수는 커피보다 녹차를 더 좋아한다.
② 호승이도 그 정도는 할수 있다.
③ 물은 높은데서 낮은데로 흐른다.
④ 하루내지 이틀만 기다려 보아라.

> **TIP** ① '보다'는 (체언 뒤에 붙어) 서로 차이가 있는 것을 비교하는 경우, 비교의 대상이 되는 말에 붙어 '～에 비해서'의 뜻
> 을 나타내는 격조사이므로 붙여 쓴다.
> ② 할수 → 할 수(의존명사)
> ③ 높은데서 낮은데로 → 높은 데서 낮은 데로(의존명사)
> ④ 하루내지 → 하루 내지(부사)

7 밑줄 친 ㉠을 고려할 때 표준 발음으로 옳지 않은 것은?

2017. 3. 18. 서울특별시

> 「표준어 규정」 제2부 표준 발음법
> 제12항 받침 'ㅎ'의 발음은 다음과 같다.
> 4. ㉠ 'ㅎ(ㄶ, ㅀ)' 뒤에 모음으로 시작된 어미나 접미사가 결합되는 경우에는, 'ㅎ'을 발음하지 않는다.
>
> > 낳은[나은], 쌓이다[싸이다], 많아[마ː나], 싫어도[시러도] ……

① 바지가 다 닳아서[다라서] 못 입게 되었다.
② 저녁 반찬으로 찌개를 끓이고[끄리고] 있다.
③ 가지고 온 책은 책상 위에 놓아[노아] 두렴.
④ 기회를 놓치지 않은[안은] 사람이 결국에는 성공하더라.

> **TIP** ④ 않는 → [안는] → [아는]으로 발음한다.

1 밑줄 친 부분의 표기가 바르지 않은 것은?

① 그는 우표 수집에 있어서는 <u>마니아</u> 수준이다.
② 어머니께서 <u>마늘쫑</u>으로 담그신 장아찌를 먹고 싶다.
③ 그녀는 <u>새침데기</u>처럼 나에게 한 마디 말도 하지 않았다.
④ 그 제품에 대한 <u>라이선스</u>를 획득한 일은 우리에겐 행운이었다.

TIP ② 마늘쫑 → 마늘종

2 다음 밑줄 친 말 중 표준어인 것은?

① 어머니께서 시원한 <u>미싯가루</u>를 타 주셨다.
② 내가 의사가 되는 것이 아버지의 <u>바램</u>이다.
③ 그렇게 <u>게을러</u> 빠져서 장차 무슨 일을 하겠니?
④ 철수는 합격자 발표 날이 다가올수록 <u>안절부절했다</u>.

TIP ① 미싯가루 → 미숫가루
② 바램 → 바람
④ 안절부절했다 → 안절부절못했다
• 모음의 발음 변화를 인정하여, 발음이 바뀌어 굳어진 형태를 표준어로 삼는다〈표준어 규정 제11항〉.
예 나무라다(나무래다×), 상추(상치×), 지루하다(지리하다×), 바람(바램×), 미숫가루(미싯가루×), 허드레(허드래×)
• 의미가 똑같은 형태가 몇 가지 있을 경우, 그 중 어느 하나가 압도적으로 널리 쓰이면, 그 단어만을 표준어로 삼는다〈표준어 규정 제25항〉.
예 새앙손이, 쌍동밤, 주책없다, 안절부절못하다, 칡범

3 다음 중 복수 표준어가 아닌 것은?

① 서럽다 – 섧다   ② 엿가락 – 엿가래
③ 철딱서니 – 철때기   ④ 나부랭이 – 너부렁이

TIP ③ '철때기'는 비표준어이다. '철따구니 / 철딱서니 / 철딱지'는 모두 표준어이다.
※ **복수 표준어** … 한 가지 의미를 나타내는 여러 형태의 단어가 표준어로 인정되는 것을 말한다〈표준어 규정 제26항〉.
예 넝쿨 / 덩굴, 고린내 / 코린내, 거슴츠레하다 / 게슴츠레하다, 가락엿 / 가래엿, 꼬까옷 / 때때옷 / 고까옷, 눈대중 / 눈어림 / 눈짐작, 닭의장 / 닭장, 벌레 / 버러지, 부침개질 / 부침질 / 지짐질, 생 / 새앙 / 생강, 아무튼 / 어떻든 / 어쨌든 / 하여튼 / 여하튼, 여쭈다 / 여쭙다, 우레 / 천둥, 자물쇠 / 자물통, 중신 / 중매, 한턱내다 / 한턱하다

4 다음 중 국어의 로마자 표기법에 따라 바르게 표기하지 않은 것은?

① 대관령 Daegwallyeong   ② 세종로 Sejong-ro
③ 샛별 saetbyeol   ④ 오죽헌 Ojukeon

TIP ④ 오죽헌의 바른 표기는 Ojukheon이다.

ANSWER 1.② 2.③ 3.③ 4.④

5 다음 중 외래어 표기가 바르게 된 것으로만 짝지어진 것은?

① cyber - 싸이버, contents - 콘텐츠
② family - 훼밀리, original - 오리지널
③ aircon - 에어컨, chocolate - 초콜렛
④ shop - 숍, remocon - 리모컨

TIP 외래어 표기
① 싸이버→사이버, 외래어는 된소리 표기를 하지 않는다.
② 훼밀리→패밀리, 'f'는 모음 앞에서 'ㅍ'으로 표기한다.
③ 초콜렛→초콜릿, 두 번째 음절 이하에서 '이'로 쓸 것을 '에'로 잘못 표기했다.

6 밑줄 친 부분의 띄어쓰기가 바르지 않은 것은?

① <u>집에서만이라도</u> 제발 편히 쉬어라.
② 요즘 <u>세대간</u> 갈등이 심화되었다.
③ 이번 출장은 현지 시장 조사를 <u>위해서입니다</u>.
④ 열심히 공부를 <u>했는데도</u> 성적이 떨어졌다.

TIP ② 한글맞춤법 제5장 제2절 제42항에 보면 '의존명사는 띄어 쓴다'라고 규정되어 있다. 여기서 쓰인 '간(間)'은 대상 사이의 거리나 관계를 나타내는 의존명사로 쓰였으므로 띄어 써야 한다.

7 띄어쓰기가 바르게 된 것은?

① 그가 고향을 떠난지도 벌써 10년이 되었다.
② 이 건물을 짓는 데 몇 년이나 걸렸습니까?
③ 옆집에서 잔치를 하는 지 아주 시끄럽네요.
④ 빠른 시일내에 원상태로 복구하겠습니다.

TIP ① 그가 고향을 <u>떠난 지도</u> 벌써 10년이 되었다.
③ 옆집에서 잔치를 <u>하는지</u> 아주 시끄럽네요.
④ 빠른 <u>시일 내에</u> 원상태로 복구하겠습니다.

8 맞춤법 표기가 옳은 것으로만 묶인 것은?

① 솔직히, 넝쿨, 우레, 삼가하다
② 오뚝이, 육개장, 널빤지, 강소주
③ 늘그막, 딱따구리, 오뚝이, 넓다랗다
④ 일찍이, 멋쟁이, 곱배기, 깡충깡충

TIP ① '몸가짐이나 언행을 조심하다.'는 '삼가다'로 표기한다.
③ 넓다랗다 → 널따랗다
④ 곱배기 → 곱빼기

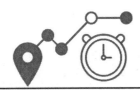

9 다음은 우리가 즐겨 먹는 음식이나 반찬들이다. 이들 중 표기가 옳은 것은?

① 아구찜
② 이면수구이
③ 쭈꾸미볶음
④ 창난젓

TIP ① 아구찜 → 아귀찜
② 이면수구이 → 임연수어구이
③ 쭈꾸미볶음 → 주꾸미볶음

10 외래어 표기법과 로마자 표기법이 맞는 것으로만 묶인 것은?

① gas – 가스, 전주(지명) – Jeonjoo
② center – 센터, 서산(지명) – Seosan
③ frypan – 후라이팬, 원주(지명) – Wonju
④ jumper – 점퍼, 청계천(지명) – Chonggyechon

TIP ① Jeonjoo → Jeonju
③ 후라이팬 → 프라이팬
④ Chonggyechon → Cheonggyecheon

11 다음 중 로마자 표기법이 옳지 않은 것은?

① 삼죽면 : Samjuk-myeon
② 촉석루 : Chokseongnu
③ 홍길동 : Hong Gil-Dong
④ 광희문 : Gwanghuimun

TIP 사람 이름은 성과 이름 순으로 적고, 음운 변동은 적용하지 않으며 성과 이름의 첫 자만을 대문자로 적어야 한다.

12 다음 중 맞춤법이 옳은 것은?

① 깍뚝이
② 곰곰히
③ 늙수그레하다
④ 삼질날

TIP ① 깍뚝이 → 깍두기
② 곰곰히 → 곰곰이
④ 삼질날 → 삼짇날

13 밑줄 친 말 중 표준어인 것은?

① 담쟁이덩쿨은 가을에 아름답다.
② 벌러지를 함부로 죽이면 안 돼.
③ 쇠고기는 푸줏관에서 팔고 있다.
④ 아이가 고까옷을 입고 뽐내고 있다.

> **TIP** ① 담쟁이덩쿨 → 담쟁이덩굴, 담쟁이넝쿨
> ② 벌러지 → 벌레
> ③ 푸줏관 → 푸줏간
> ※ 기타 주의해야할 표준어규정

바른 표기	잘못된 표기	바른 표기	잘못된 표기
강낭콩	강남콩	웃어른	윗어른
깡충깡충	깡총깡총	위층	웃층
끄나풀	끄나플	윗도리	웃도리
녘	녁	풋내기	풋나기
돌	돐	셋째	세째

14 다음 중 띄어쓰기가 옳은 것은?

① 쓰레기를∨길에∨버리면∨안된다.
② 이∨일을∨하는∨데에∨사흘이∨걸렸다.
③ 부모∨자식간에는∨정이∨있어야∨한다.
④ 그가∨집을∨떠난지∨일∨년이∨지났다.

> **TIP** ① 쓰레기를∨길에∨버리면∨안∨된다.
> ③ 부모∨자식∨간에는∨정이∨있어야∨한다.
> ④ 그가∨집을∨떠난∨지∨일∨년이∨지났다.

15 다음 중 표준어가 아닌 것은?

① 으레   ② 쌍둥이
③ 사글세   ④ 아지랭이

> **TIP** ④ 아지랭이 → 아지랑이, '아지랑이'는 'ㅣ' 역행 동화가 일어나지 아니한 형태를 표준어로 삼는다.

16 다음 중 단어의 쓰임이 옳은 것은?

① 일이 이상하게 돌아가더니 결국 사달이 났다.
② 염치 불구하고 신세 좀 지겠습니다.
③ 이 반에는 주위가 산만한 학생들이 많다.
④ 내가 어릴 때 할머니는 정안수를 떠 놓고 손자들의 안녕을 빌곤 하셨다.

> **TIP** ① 사달: 사고나 탈
> ② 염치 불구 → 염치 불고(不顧)
> ③ 주위 → 주의
> ④ 정안수 → 정화수

17 다음 중 맞춤법에 맞게 쓰인 말은?

① 회수(回數)
② 갯수(個數)
③ 셋방(貰房)
④ 전셋방(傳貰房)

> **TIP** 한자어에는 사이시옷을 붙이지 않는 것을 원칙으로 하되, '곳간(庫間), 셋방(貰房), 숫자(數字), 찻간(車間), 툇간(退間), 횟수(回數)'는 사이시옷을 받치어 적는다〈한글 맞춤법 제30항〉.
> ① 회수 → 횟수(回數)
> ② 갯수 → 개수(個數)
> ④ 전셋방 → 전세방(傳貰房)

18 밑줄 친 단어 중 표준어인 것은?

① 살다 보면 별 <u>희안한</u> 일이 다 생기지요.
② 고향에서 온 편지를 뜯어본 그의 심정은 <u>착찹하기</u> 이를 데 없었다.
③ 이렇게 심하게 아픈 줄 알았더라면 <u>진즉</u> 병원에 가 볼 것을 그랬다.
④ 그가 그처럼 <u>흉칙스러운</u> 생각을 가지고 있었다는 게 믿어지지 않았다.

> **TIP** ① 희안한 → 희한한
> ② 착찹하기 → 착잡하기
> ④ 흉칙스러운 → 흉측스러운

19 다음 중 띄어쓰기가 바르게 된 것은?

① 연필 한자루를 샀다.
② 두시 삼십분에 만납시다.
③ 교실에 책상, 걸상등이 많이 있다.
④ 이사장및 이사들이 회의에 참석했다.

> **TIP** ① 한자루를 → 한 자루를
> ③ 책상, 걸상등이 → 책상, 걸상 등이
> ④ 이사장및 이사들이 → 이사장 및 이사들이
> ※ 띄어쓰기
> ㉠ 단위를 나타내는 명사는 띄어 쓴다. 다만, 순서를 나타내는 경우나 숫자와 어울리어 쓰이는 경우에는 붙여 쓸 수 있다〈한글 맞춤법 제43 항〉.
> **예** 한 개, 차 한 대, 금 서 돈, 소 한 마리, 옷 한 벌, 열 살, 제일과, 삼학년, 육층, 1446년 10월 9일, 2대대, 16동 502호
> ㉡ 두 말을 이어 주거나 열거할 적에 쓰이는 말들은 띄어 쓴다〈한글 맞춤법 제45 항〉.
> **예** 국장 겸 과장, 열 내지 스물, 청군 대 백군, 이사장 및 이사들, 사과, 배, 귤 등등

20 다음 중 외래어 표기가 바른 것은?

① color − 칼라
② service − 서비스
③ power − 파우어
④ skate − 스캐이트

> **TIP** ① 칼라 → 컬러
> ② [s] 소리를 'ㅆ'이 아닌 'ㅅ'으로 표기해야 한다.
> ③ 파우어 → 파워
> ④ 스캐이트 → 스케이트, skate[skeit]의 [ei]는 '에이'로 적는다.

고전 문법

음운

❶ ‥ 훈민정음(訓民正音)의 음운 체계

(1) 훈민정음의 제자 원리

① 초성(자음) : 발음 기관 상형 및 가획(加劃)

명칭	기본자	가획자	이체자
아음(牙音)	ㄱ	ㅋ	ㅇ
설음(舌音)	ㄴ	ㄷ, ㅌ	ㄹ(반설)
순음(脣音)	ㅁ	ㅂ, ㅍ	
치음(齒音)	ㅅ	ㅈ, ㅊ	ㅿ(반치)
후음(喉音)	ㅇ	ㆆ, ㅎ	

② 중성(모음) : 삼재(三才 : 天, 地, 人)의 상형 및 기본자의 합성

구분	기본자	초출자	재출자
양성 모음	·	ㅗ, ㅏ	ㅛ, ㅑ
음성 모음	ㅡ	ㅜ, ㅓ	ㅠ, ㅕ
중성 모음	ㅣ		

③ 종성(자음) : 따로 만들지 않고 초성을 다시 쓴다[종성부용초성(終聲復用初聲)].

(2) 훈민정음 문자 체계

① 초성(자음) 체계

명칭 \ 소리의 성질	전청(全淸)(예사소리)	차청(次淸)(거센소리)	불청불탁(不淸不濁)(울림소리)
어금닛소리(牙音)	ㄱ	ㅋ	ㅇ
혓소리(舌音)	ㄷ	ㅌ	ㄴ
입술소리(脣音)	ㅂ	ㅍ	ㅁ
잇소리(齒音)	ㅅ, ㅈ	ㅊ	
목구멍소리(喉音)	ㆆ	ㅎ	ㅇ
반혓소리(半舌音)			ㄹ
반잇소리(半齒音)			ㅿ

㉠ 전탁음은 훈민정음 28자(초성 17자 체계)에 속하지 않는다.

㉡ 순경음은 훈민정음 28자(초성 17자 체계)에 속하지 않는다(ㅸ, ㆄ, ㅃ, ㅱ).

㉢ 'ㆆ, ㅇ'은 실질적 음가가 없는 형식적 자음이나 초성 체계에 속한다.

② 중성(모음) 체계

명칭 \ 소리의 성질	양성 모음	중성 모음	음성 모음
단모음	·, ㅏ, ㅗ	ㅣ	ㅡ, ㅓ, ㅜ
이중 모음	ㅑ, ㅛ		ㅕ, ㅠ

📞 보충학습

훈민정음
㉠ 창제자 : 세종 대왕
㉡ 창제 연대
• 창제 : 세종 25년(1443), 음력 12월
• 반포 : 세종 28년(1446), 음력 9월 상한
㉢ 글자의 수 : 28자
• 초성(첫소리 글자) : 17자
• 중성(가운뎃소리 글자) : 11자

📞 보충학습

훈민정음 창제 당시의 초·중성 배열 순서
㉠ 초성 : ㄱ, ㅋ, ㆁ / ㄷ, ㅌ, ㄴ / ㅂ, ㅍ, ㅁ / ㅈ, ㅊ, ㅅ / ㆆ, ㅎ, ㅇ / ㄹ / ㅿ
㉡ 중성 : ·, ㅡ, ㅣ / ㅗ, ㅏ, ㅜ, ㅓ / ㅛ, ㅑ, ㅠ, ㅕ

🖳 기출문제

훈민정음의 28 자모(字母) 체계에 들지 않는 것은?

2017. 4. 8. 인사혁신처

① ㆆ　　　　② ㅿ
③ ㅠ　　　　④ ㅸ

☞ ④

(3) 훈민정음의 글자 운용

① 연서법(니서쓰기, 이어쓰기)
- ㉠ 순음 'ㅂ, ㅍ, ㅎ, ㅃ' 아래에 'ㅇ'을 이어 쓰면 각각 순경음 'ㅸ, ㆄ, ㅱ, ㅹ'이 된다.
- ㉡ 'ㆄ, ㅱ, ㅹ'은 한자음 표기에 쓰였다.
- ㉢ 우리말에 쓰이던 'ㅸ'이 15세기에 소멸되었으므로 현대 국어에서 연서법은 적용되지 않는 규정이다.

② 병서법(글바쓰기, 나란히쓰기)
- ㉠ 초성(첫소리, 자음)을 합하여 사용할 때는 나란히 쓴다. 종성도 같다.
- ㉡ 각자 병서(各自竝書) : ㄲ, ㄸ, ㅃ, ㅉ, ㅆ, ㆅ(주로 한자음에 사용)
- ㉢ 합용 병서(合用竝書) : ㅺ, ㅼ, ㅽ, ㅳ, ㅲ, ㅄ, ㅴ, ㅵ, ㅮ, ㅯ, ㄺ, ㅀ, ㄽ, ㅶ, ㅷ

③ 부서법(브텨쓰기, 붙여쓰기)
- ㉠ 자음에 모음을 붙여 쓴다. 즉 초성과 중성이 합쳐서 글자를 이룰 때, 자음과 모음이 모여서 음절을 이룰 때, 모음이 놓이는 위치를 규정한 것이다.
- ㉡ 종류
  - 하부서(下附書) : ·, ㅡ, ㅗ, ㅜ, ㅛ, ㅠ는 첫소리 아래 붙여 쓴다.
  - 우부서(右附書) : ㅣ, ㅏ, ㅓ, ㅑ, ㅕ는 오른쪽에 붙여 쓴다.

④ 성음법(음절 이루기) : 모든 글자는 반드시 어울려야 음절이 된다. 우리말에서 음절이 성립되기 위해서는 자음과 모음이 반드시 어울려야 한다는 규정이다.

② ·· 표기법계

(1) 표음적 표기법

① 8종성법 : 종성에서는 'ㄱ, ㆁ, ㄷ, ㄴ, ㅂ, ㅁ, ㅅ, ㄹ'의 8자만 허용되는 것이 원칙인데, 이는 체언과 용언의 기본 형태를 밝히지 않고 소리나는 대로 적는 것으로 표음적 표기라 할 수 있다.
- 예) 밭[밭], 높고[놉고], 곶[곳], 놓습고[노씁고]

② 이어적기(연철) : 받침 있는 체언이나 용언의 어간에 모음으로 시작되는 조사나 어미가 붙을 때는 그 받침을 조사나 어미의 초성으로 이어 적었다.
- 예) ᄇᆞᄅᆞ매(ᄇᆞᄅᆞᆷ + 애), 식미(심 + 이), 기픈(깊 + 은), 그츨씨(긏 + 을씨)

(2) 표의적 표기법

① 8종성법의 예외(종성부용초성)
- ㉠ 용비어천가와 월인천강지곡에 주로 나타나는데, 체언과 용언의 기본 형태를 밝혀 적은 일이 있다.
  - 예) 곶, 됴코, 딮동
- ㉡ 반치음과 겹받침이 종성으로 적히는 일이 있었다.
  - 예) ㅿ 업스시니, 흙 구들, ᄶ 넓듯

② 끊어적기(분철) : 월인천강지곡에 나타나는 예로서 'ㄴ, ㄹ, ㅁ, ㆁ' 등의 받침소리에 한해 끊어 적는 일이 있었다.
- 예) 눈에, 일울, 쑴을, 좋올, 안아, 담아

(3) 사잇소리(관형격 촉음)

① 명사와 명사가 연결될 때 그 사이에 들어가는 소리이다.

② 관형격 조사와 같은 구실을 한다(-의).

③ 울림소리(유성음) 뒤에서만 사용한다.

> **예** 엄쏘리(엄 + ㅅ + 소리)

④ 15세기(세종, 세조) 때는 그 용법이 매우 복잡하였다.

⑤ 성종 때(두시언해 초간본)부터는 'ㅅ'으로 통일되었다.

⑥ 형태

ㄱ 고유어 뒤에서

앞 체언의 끝	사잇소리	뒤 체언의 처음
울림소리	ㅅ	안울림소리
울림소리	ㅿ	울림소리

ㄴ 한자어 뒤에서

앞 말의 끝		사잇소리	뒤 말의 처음
불청불탁 (不淸不濁)	ㆁ	전청(全淸)	ㄱ
	ㄴ		ㄷ
	ㅁ		ㅂ
	ㅱ		ㅸ
	ㅇ		ㆆ
울림소리		ㅿ	울림소리

안울림소리

> **예** 君군ㄷ字쫑, 侵침ㅂ字쫑, 斗둫ㅸ字쫑, 兄형ㄱ뜯, 先考션공ㆆ뜯, 天子쳔ᄌᆞㅿ 무숨

(4) 동국정운식(東國正韻式) 한자음(漢字音)

① 동국정운

ㄱ 세종 29년(1447)에 완성되었다(전 6 권).

ㄴ 중국의 운서인 홍무정운(洪武正韻) 체계를 모방하였다.

② 한자음 표기의 방법

ㄱ 반드시 '초성 + 중성 + 종성'의 3성 체계를 갖추었다. 현대 한자음에 받침이 없는 글자는 종성으로 'ㅇ'나 'ㅱ'이 쓰였다.

> **예** 虛헝, 那낭, 步뽕, 斗둫, 漂푱

ㄴ 초성에 'ㆆ, ㅿ'이 쓰였는데, 이들은 현대 한자음에서 발음되지 않는다.

> **예** 揖흡, 日ᅀᅵᆯ

ㄷ 이영보래(以影補來) : 동국정운의 서문에 나오는 설명으로 'ㆆ'로써 'ㄹ'을 보완한다는 뜻인데, 당시 한자음에서(지금도 마찬가지) 'ㄹ' 종성을 지닌 한자의 중국음은 'ㄷ'에 가까운 입성(入聲)이었던 것이라 본토 발음에서 멀어진 'ㄹ' 종성을 교정하여 입성임을 표시하기 위해 'ㆆ'을 보탠 것이다.

> **예** 月웛, 戌슗, 佛뿛, 八밣

ㄹ 세조 때까지 주로 쓰였다.

ㅁ 한자음은 한자 오른쪽에 작게 적었다.

> **예** 中듕國귁

ㅂ 용비어천가와 두시언해에서는 한자음을 달지 않았다.

> **예** 海東 六龍이 ᄂᆞᄅᆞ샤

> **☎ 보충학습**
>
> **유일한 용례**
> '하놇 ᄠᅳᆮ'의 특수한 예에서는 'ㆆ'이 쓰였다.

(5) 사성법(四聲法)

음의 높낮이를 표시하기 위해 글자의 왼쪽에 점을 찍는다.

성조	방점	성질(해례본)	훈민정음 언해본
평성(平聲)	없음	안이화(安而和)	뭇 눗가본 소리
상성(上聲)	2점	화이거(和而擧)	처서미 눗갑고 乃終(내종) 노픈 소리
거성(去聲)	1점	거이장(擧而壯)	뭇 노픈 소리
입성(入聲)	없음, 1·2점	촉이색(促而塞)	샐리 긋 돋는 소리

① 의미 분화의 기능이 있으며, 중세 국어의 상성은 오늘날 장음이다. 따라서 오늘날 장음은 중세 국어에서는 상성이었다.

② 상성은 평성과 거성이 합쳐진 복합 성조라 할 수 있다.

③ 입성은 촉급한 소리로 무성음에 해당한다.

④ 유희는 언문지에서 '사성무용론'을 주장하였다.

⑤ 임진왜란 이전의 문헌에만 쓰였다(임란 이후 소멸).

(6) 소실 문자

소실 문자	명칭	발음	소멸 시기	변천 과정
ㆆ	여린 히읗	[ʔ] 성대 파열음	세조 이후 (15C 중엽)	없어짐
ㅸ	ㅂ 순경음	[β] 양순마찰울림소리	세조 이후 (15C 중엽)	ㅂ > ㅸ > 오 / 우 또는 ㅇ
ㆅ	쌍히읗	[h?] ㅎ과 ㅋ의 중간음	세조 이후 (15C 중엽)	ㆅ > ㅋ, ㅆ ㆅ > ㅎ
ㆀ	쌍이응	성문음	세조 이후 (15C 중엽)	ㆀ > ㅇ
ㅿ	반치음	[z] 치조 마찰음	임진란 이후 (16C 중엽)	ㅅ > ㅿ > ㅇ (표준어에서)
ㆁ	옛이응	[ŋ] 연구개음	임진란 이후 (16C 말엽)	ㆁ > ㅇ
·	아래 아	[ʌ] ㅏ와 ㅗ의 중간음	폐기 : 1933년 음가 : 18C	· > ㅡ, ㅏ, ㅗ, ㅓ, ㅜ

 보충학습

사성의 계승

㉠ 상성→장음 : 밤(栗), 솔(刷), 발(簾), 말(言), 배(培), 눈(雪)

㉡ 거성·평성→단음 : 밤(夜), 솔(松), 발(足), 말(馬), 배(梨·舟·復), 눈(眼)

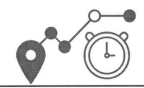

③ ·· 음운 현상

(1) 원순 모음화(圓脣母音化)

순음 'ㅁ, ㅂ, ㅍ'아래 평순 모음 'ㅡ'가 오면 순음을 닮아 원순 모음 'ㅜ'로 변화하는 음운 현상이다.

① 18세기(영 · 정조)에 대폭적으로 일어났다.

② 일종의 순행 동화이다.

> **예** 블 > 불, 믈 > 물, 븥는 > 붇는(붙는), 블근 > 불근(붉은), 허믈 > 허물

(2) 전설 모음화(前舌母音化)

치음 'ㅅ, ㅈ, ㅊ' 뒤에서 후설 모음 'ㅡ'가 'ㅅ, ㅈ, ㅊ'을 닮아 전설 모음인 'ㅣ'로 변화하는 음운 현상이다.

① 18세기(영 · 정조)에 일어났다.

② 일종의 순행 동화이다.

> **예** 즛 > 짓(모습), 슳다 > 싫다, 어즈러이 > 어지러이, 거츨다 > 거칠다, 츩 > 칡, 슴겁다 > 심겁다, 즈레 > 지레(미리), 아츰 > 아츰 > 아침, 즁싱 > 즘싱(이화) > 즘승(유추) > 짐승(전설모음화)

(3) 강화(強化)

청각 인상을 강하게 하려는 목적으로 불분명한 음운을 강하게 발음하던 현상을 말한다.

① **된소리되기** : 불휘 > 뿌리, 곶 > 꽃, 싯다 > 씻다, 사호다 > 싸호다

② **거센소리되기** : 고 > 코, 갈 > 칼, 불 > 팔, 시기다 > 시키다

③ **모음 강화** : 펴어 > 펴아

　ㄱ 'ㅂ-ㅂ' : 같은 음운을 'ㅂ-ㄱ'으로 바꾸는 면에서는 이화 작용

　ㄴ '거붑'보다는 '거북'이라는 발음이 분명히 나므로 바뀌었다고 보면 강화 작용

(4) 단모음화(單母音化)

치음 'ㅅ, ㅈ, ㅊ' 뒤에 'ㅑ, ㅕ, ㅛ, ㅠ'가 올 때 치음의 영향으로 'ㅏ, ㅓ, ㅗ, ㅜ'의 단모음으로 변화하는 음운 현상이다.

① 18세기 말에 일어났다.

② Umlaut 현상이 그 증거이다.

> **예** 지팡이 > 지팡이, 쇡기 > 삿기, 메기다(食) > 머기다

(5) 구개음화(口蓋音化)

치조음 'ㄷ, ㅌ'이 'ㅣ' 또는 'ㅣ' 선행 모음 앞에서 구개음인 'ㅈ, ㅊ'으로 변화하는 음운 현상이다.

> **예** 디다(落) > 지다(負), 둏다 > 좋다 > 좋다(好), 부텨 > 부쳐 > 부처(佛), 뎔 > 졀 > 절(寺院), 스뭇디 > 스뭇지, 댱샹 > 쟝샹 > 장상(長常), 뎌긔 > 져긔 > 저기, 힘힘하다 > 심심하다, 혤믈 > 썰물

(6) 유음화(流音化)

모음 사이에서 'ㄷ'이 유음 'ㄹ'로 바뀌는 현상이다.

① 체언에서 : 츠뎨(次第) → 츠례, 도댱(道場) → 도량(절), 낟악 → 나락

② 'ㅣ' 모음 아래에서 'ㄷ'이 모음을 닮아 유음인 'ㄹ'로 변화한다.

> **예** 우레더니 → 우레러니, ᄒᆞ리도소니 → ᄒᆞ리로소니, 소리도다 → 소리로다, 뉘더시니잇가 → 뉘러시니잇가

(7) 울림소리되기

안울림소리인 'ㅂ'과 'ㅅ'이 울림소리 사이에 놓이면 울림소리가 되어 'ㅸ'과 'ㅿ'으로 변화한다. 용언의 경우는 불규칙 용언일 때만 적용된다.

① 다른 형태소 뒤에 합성될 때

> **예** 범 : 대 + 범 = 대범(大虎), 밤 : 알 + 밤 = 알밤, 비 : ᄀᆞᄅ + 비 = ᄀᆞᄅᄫᅵ(細雨)

② ㅂ 불규칙 용언의 경우

> **예** • 쉽다 : 쉽 + 이 = 쉬ᄫᅵ > 수ᄫᅵ > 수이 > 쉬
> • 곱다(나란히 하다) : 곱 + 아 = 골ᄫᅡ > 골와
> • 가ᄇᆡ얍다 : 가ᄇᆡ얍 + 은 = 가ᄇᆡ야ᄫᆞᆯ > 가ᄇᆡ야온
> • 엷다 : 엷 + 은 = 열ᄫᆞᆫ > 열운

③ ㅅ 불규칙 용언의 경우

> **예** • 낫다(進) : 낫 + 아 = 나ᅀᅡ > 나아
> • 짓다(作) : 짓 + 어 = 지ᅀᅥ > 지어
> • 붓다(注) : 붓 + 어 = 브ᅀᅥ > 브어

(8) 모음 충돌(hiatus) 회피 현상

① **탈락** : 모음끼리 충돌하면 그 중 약한 모음이 탈락한다.

> **예** 트 + 아 = 타, 쓰 + 어 = 써

② **축약** : 단모음과 단모음이 충돌하면 이를 회피하기 위하여 이중 모음이 된다.

> **예** 가히 > 가이 > 개, 버히다 > 버이다 > 베다, 자히다 > 자이다 > 재다, ᄇᆞ리 + 옴 > ᄇᆞ롬

③ **매개 자음의 삽입**

> **예** 쇼아지 > 송아지, 됴희 > 됴이 > 죠이 > 조이 > 종이

(9) 부정 회귀(不正回歸)

옳지 않다고 생각되는 어형을 올바르다고 생각되는 어형으로 돌려 놓았는데, 알고보니 바른 어형을 잘못된 형태로 바꾼 셈이 되었지만 이미 굳어버린 현상을 말한다.

> **예** 질쌈 > 길쌈, 짗 > 깃(羽), 딤ᄎᆡ(沈菜) > 짐치 > 김치

1 다음 자료를 토대로 중세 국어의 특징을 설명한 것으로 가장 적절한 것은?

2020. 9. 19. 경찰공무원

중세 국어의 자료	중세 국어의 특징
됴흔(좋은), 기프니(깊으니), 나랏 말ᄊᆞ미(나라의 말이)	㉠ 기본 형태를 밝혀 적지 않고 소리 나는 대로 적는 표기가 쓰였다.
수비 니겨 날로 ᄡᅮ메(쉽게 익혀 날마다 사용함에)	㉡ 명사형 어미 '–음'이 쓰였다.
세존(世尊)ㅅ 말ᄋᆞᆯ 듣ᄌᆞᆸ고(세존의 말을 듣고)	㉢ 주체높임 선어말 어미 '–ᄌᆞᆸ–'이 쓰였다.
내히 이러 바ᄅᆞ래 가ᄂᆞ니(내가 일어 바다에 가니)	㉣ 주격 조사 '–히'가 쓰였다.

① ㉠   ② ㉡

③ ㉢   ④ ㉣

> **TIP** ① '됴흔', '기프니', '말ᄊᆞ미'는 기본 형태를 밝혀 적지 않고 소리 나는 대로 적는 연철 표기로, 기본 형태를 밝혀 적는다면 '둏은', '깊으니', '말ᄊᆞᆷ이'로 적어야 한다.
> ② 'ᄡᅮ메'는 'ᄡᅳ(어간) + –움(명사형 어미) + –에(조사)'의 구성으로, 명사형 어미 '–움'이 쓰였다. 중세국어에서 명사형 어미는 양성 모음 뒤에서 '–옴', 음성 모음 뒤에서 '–움'의 형태로 쓰였다.
> ③ '듣ᄌᆞᆸ고'는 목적어 '세존ㅅ 말'을 높이고 있다. 따라서 객체높임에 해당하며 '–ᄌᆞᆸ–'은 객체높임 선어말 어미이다.
> ④ '내히'는 '냏 + 이(주격 조사)'로, 주격 조사 '–이'가 쓰였다.

2 다음 글에서 알 수 있는 중세 국어의 특징으로 적절하지 않은 것은?

2020. 6. 20. 소방공무원

> [중세 국어 문헌]
> 불ㆍ휘기ㆍ픈남ㆍᄀᆞᆫ보ㆍ래ㆍ매아ㆍ니ː뮐ㆍ씨
> 곶ː됴ㆍ코여ㆍ름ㆍ하ᄂᆞㆍ니
> ː시ㆍ미기ㆍ픈ㆍ므ㆍ른ㆍᄀᆞ무ㆍ래아ㆍ니그ㆍ츨ㆍ씨
> ː내ㆍ히이ㆍ러바ㆍᄅᆞㆍ래ㆍ가ᄂᆞㆍ니
>
> [현대 국어 풀이]
> 뿌리 깊은 나무는 바람에 움직이지 아니하므로,
> 꽃 좋고 열매 많습니다.
> 샘이 깊은 물은 가뭄에 그치지 아니하므로,
> 내[川]가 이루어져 바다에 갑니다.

① 이어 적기가 적용되었다.   ② 모음조화가 잘 지켜지지 않았다.

③ 주격 조사 '가'는 사용되지 않았다.   ④ 소리의 높낮이를 나타내는 방점이 쓰였다.

> **TIP** 중세국어 시기에는 모음조화가 엄격하게 지켜졌다. 지문에 나타난 어휘 중 'ᄇᆞᄅᆞ매, ᄀᆞᄆᆞ래, 바ᄅᆞ래'등이 양성모음 'ᆞ' 뒤에 부사격 조사 '애'가 사용되었음을 통해 알 수 있다.
> ① 이어 적기(발음대로 표기) : '기픈(깊은)', 므른(믈은)
> ③ 중세 국어 시기에는 주격조사 '이'만 사용되었다(시미). 단 'ㅣ' 모음 뒤에서는 생략된다(불휘).
> ④ 글자 왼쪽에 방점을 찍어 소리의 높낮이(평성, 거성, 상성, 입성)를 나타내었다.

ANSWER 1.① 2.②

3 다음 자료가 간행된 시기에 나타난 국어의 특징으로 가장 옳지 않은 것은?

2017. 3. 18. 서울특별시

> 太子ㅣ 道理 일우샤 주개 慈悲호라 ᄒ시ᄂ니
>
> 「석보상절」

① '괴'와 '귀'가 단모음화된 시기이다.
② 합용 병서와 각자 병서가 쓰였던 시기이다.
③ 주격 조사 '가'가 나타나지 않았던 시기이다.
④ 모음조화가 현대 국어보다 뚜렷하게 나타났던 시기이다.

TIP 「석보상절」은 중세국어 시기에 간행된 자료이다.
① '괴'와 '귀'가 단모음화된 것은 현대국어에서이다.

Chapter 01 핵심예상문제

1 **다음 중 ㉠에 대한 설명으로 옳지 않은 것은?**

> 나·랏:말ᄊᆞ·미 中듕國·귁·에 달·아, 文문字·ᄍᆞᆼ·와·로 서르 ᄉᆞᄆᆞᆺ·디 아·니ᄒᆞᆯ·ᄊᆡ·이런 젼·ᄎᆞ·로 어·린 百·ᄇᆡᆨ姓·셩·이 니르·고·져·ᄒᆞᇙ·배 이·셔·도, ᄆᆞ·ᄎᆞᆷ:내 제·ᄠᅳ·들 시·러펴·디:몯ᄒᆞᇙ·노·미 하·니·라·내·이·ᄅᆞᆯ 爲·윙·ᄒᆞ·야:어엿·비 너·겨·새·로㉠·스·믈여·듧字·ᄍᆞᆼ·ᄅᆞᆯ 밍·ᄀᆞ노·니, :사ᄅᆞᆷ:마·다:ᄒᆡ·ᅇᅧ:수·ᄫᅵ 니·겨·날·로·ᄡᅮ·메 便뼌安ᅙᅡᆫ·킈ᄒᆞ·고·져 ᄒᆞᇙᄯᆞᄅᆞ·미니·라.

① 초성은 발음기관을 상형하여 'ㄱ, ㄴ, ㅁ, ㅅ, ㅇ'을 기본자로 했다.
② 초성은 'ㆁ, ㅿ, ㆆ, ㅸ'을 포함하여 모두 17자이다.
③ 중성은 'ㆍ, ㅡ, ㅣ, ㅗ, ㅏ, ㅜ, ㅓ, ㅛ, ㅑ, ㅠ, ㅕ'의 11자이다.
④ 현대 국어에서 쓰이지 않는 문자는 'ㆁ, ㅿ, ㆆ, ㆍ'의 4가지이다.

TIP ② 순경음 'ㅸ'은 초성에 포함되지 않는다.

2 **다음은 자음을 분류한 것이다. 이 중 옳지 않은 것은?**

① 치음 – ㆆ, ㆅ, ㅇ
② 이음 – ㄱ, ㅋ, ㄲ, ㆁ
③ 설음 – ㄷ, ㅌ, ㄸ, ㄴ
④ 순음 – ㅂ, ㅍ, ㅃ, ㅁ

TIP ① 'ㆆ, ㆅ, ㅇ'은 목구멍 소리인 '후음'에 해당한다.

3 **다음 중 훈민정음 창제 당시의 기본 28자가 아닌 것은?**

① ㅸ
② ㆁ
③ ㅿ
④ ㆆ

TIP ① 순경음은 훈민정음 28자(초성 17자 체계)에 속하지 않는다(ㅸ, ㆄ, ㅹ, ㅱ).

4 **다음 중 '서르 → 서로'로 변한 것과 관계없는 음운 현상은?**

① 믈 → 물
② 불휘 → 뿌리
③ 거붑 → 거북
④ 즁싱 → 즘싱 → 즘승 → 짐승

TIP '서르'가 '서로'로 변한 것은 이화 · 유추 · 강화 현상과 관계 있다.
① 원순모음화
② 강화
③ 이화, 강화
④ 즁싱 > 즘싱(이화) > 즘승(유추) > 짐승(전설모음화)

ANSWER 1.② 2.① 3.① 4.①

5 다음 글의 (　　) 안에 들어갈 문헌은?

> 세종 당시에 한글의 창제와 사용은 한자와 한문의 지위에 별다른 영향을 끼치지 않았다. 세종 또한 한 번도 한자와 한문의 권위를 부정한 적이 없었다. 세종은 도리어 중국 운서의 체계에 맞지 않는 조선 한자음을 바로잡으려는 의도 아래 (　　)을(를) 편찬하도록 명하였다.

① 東國正韻　　　　　　　　　　② 洪武正韻
③ 訓蒙字會　　　　　　　　　　④ 四聲通解

TIP 동국정운(東國正韻) … 1448년 신숙주·최항·박팽년 등이 세종의 명을 받고 편찬 간행한 한국 최초의 운서, 6권 6책 전질로 되어 있다. 1972년 3월 2일 국보 제142호로 지정되었으며, 현재 건국대학교박물관에 소장되어 있다. '동국정운'은 우리나라의 바른 음이라는 뜻으로, 중국의 운서인 홍무정운(洪武正韻)을 참고하여 만든 것이다. 본문의 큰 글자는 목활자, 작은 글자는 1434년(세종 16)에 만든 구리활자인 갑인자, 서문은 갑인자 대자로 기록되어 있다. 구성은 서문 7장, 목록 4장, 권1은 46장, 권2는 47장, 권3은 46장, 권4는 40장, 권5는 43장, 권6은 44장으로 구성되어 있다.

6 훈민정음에 대한 설명으로 옳지 않은 것은?

① 초성자는 훈민정음 해례본의 설명에 따르면 발음기관의 모양을 본떠 만들었다.
② 중성자는 훈민정음 해례본의 설명에 따르면 천지인(天地人) 삼재(三才)를 기본으로 만들었다.
③ 현대 한글맞춤법에 제시된 한글 자모의 순서는 '훈몽자회(訓蒙字會)'의 자모 순서와 같다.
④ 훈민정음이 처음 만들어졌을 때는 'ㄱ'을 '기역'이라 부르지 않았던 것으로 보인다.

TIP ③ 현대 국어의 자모 순서는 1933년 '한글맞춤법 통일안'에서 제시된 것을 따르고 있다.
※ 훈몽자회 … 조선 중종 22년(1527)에 최세진이 지은 한자 학습서로 자모의 순서는 'ㄱ, ㄴ, ㄷ, ㄹ, ㅁ, ㅂ, ㅅ, ㅇ, ㅋ, ㅌ, ㅍ, ㅈ, ㅊ, ㅿ, ㆁ, ㅎ'이다.

7 다음 중 언어의 변천의 예로 옳지 않은 것은?

① 옛날에는 '거붑(龜)'으로 사용되던 것이 오늘날 '거북'으로 변화된 것은 자음이화의 대표적인 예이다.
② '믈 > 물(水)'에서 'ㅁ' 아래 'ㅡ'가 'ㅜ'로 바뀐 것은 순행동화이다.
③ '어미 > 에미(母)'는 '어'와 '미'의 모음이 비슷하여 '어'의 모음을 바꾼 것이므로 모음이화에 속한다.
④ 근대 국어의 '잡히다 > 잽히다'에서 '잡'의 'ㅏ'가 'ㅐ'로 바뀐 것은 '히'의 'ㅣ'때문이므로 역행동화에 속한다.

TIP ③ '어미 > 에미(母)'로 변하는 것은 'ㅣ모음 역행동화'에 속한다.

8 다음 중 휴대 전화의 문자 입력 방식 중, 훈민정음 창제에 나타난 '가획(加劃)의 원리'에 해당하는 것은?

① 'ㄱ'을 두 번 누르면 'ㄲ'이 되고, 'ㄷ'을 두 번 누르면 'ㄸ'이 된다.
② 'ㄱ' 다음에 '＊'를 누르면 'ㅋ'이 되고, 'ㄴ' 다음에 '＊'를 누르면 'ㄷ'이 된다.
③ 'ㅣ' 다음에 'ㆍ'를 누르면 'ㅏ'가 되고, 'ㆍ' 다음에 'ㅡ'를 누르면 'ㅗ'가 된다.
④ 'ㅏ' 다음에 'ㅣ'를 누르면 'ㅐ'가 되고, 'ㅗ' 다음에 'ㅏ'를 누르면 'ㅘ'가 된다.

TIP 가획(加劃)의 원리란 훈민정음 자음의 창제 원리로, 발음기관을 본 딴 기본자에 획을 더하여 새로운 글자를 만드는 방식이다.

ANSWER 5.① 6.③ 7.③ 8.②

형태

❶ ·· 체언과 조사

(1) 체언의 형태 바꿈

① 'ㅎ' 받침 체언 : 단독으로 쓰이거나 실질 형태소 앞에서는 'ㅎ'이 나타나지 않으나 조사와 결합될 때는 'ㅎ'이 나타난다.

> 예 • 하눓 + 이 → 하늘히(하느리×)
> • 하눓 + 과 → 하늘콰(하늘화×)
> • 하눓 + 은 → 하늘흔(하늘은×)

② 'ㄱ'의 덧생김 : 명사의 끝음절 모음이 탈락하고 'ㄱ'이 덧생긴다. 단 공동, 비교, 접속의 조사 '와'하고 결합할 때는 단독형으로 쓰인다('ㄱ' 곡용어라고도 함).

> 예 • 나모(木) : 남기, 남글, 남기라, 남기, 남곤, 나모와
> • 구무(穴) : 굼기, 굼글, 굼기라, 굼긔, 굼근, 구무와
> • 녀느(他) : 년기, 년글, 녀느와
> • 불무(冶) : 붊글

③ 8종성 표기 : 'ㅌ, ㅍ, ㅈ, ㅊ' 받침이 자음 앞에 오면 8종성 대표음 'ㄱ, ㄴ, ㄷ, ㄹ, ㅁ, ㅂ, ㅅ, ㅇ'으로 변화되는 현상이다.

> 예 곳 + 과 > 곳과, 곳 + 이 > 고지(모음이 연음됨), 빛 + 과 > 빗과

④ 모음 탈락에 의한 형태 바꿈

> ㉠ 'ᄅᆞ/르→ㄹㅇ'의 바뀜 : 'ᆞ/ㅡ'가 탈락하고 'ㄹ'이 앞 음절의 종성으로 가며, 조사의 초성은 후두 유성 마찰음 'ㅇ'으로 된다.
> > 예 • 노ᄅᆞ(獐) : 놀이, 놀을, 놀이라, 노ᄅᆞ와
> > • ᄀᆞᄅᆞ(粉) : 글이, 글을, 글이라
>
> ㉡ 'ᄅᆞ/르→ㄹㄹ'의 바뀜 : 'ᆞ/ㅡ'가 탈락하고 'ㄹ'이 앞 음절의 종성으로 가며 'ㄹ'이 조사의 초성으로 덧들어간다.
> > 예 • ᄒᆞᄅᆞ(一日) : ᄒᆞ리, ᄒᆞ리라, ᄒᆞ론, ᄒᆞᄅᆞ와
> > • ᄆᆞᄅᆞ(宗) : ᄆᆞ리, ᄆᆞ를, ᄆᆞᄅᆞ와
>
> ㉢ 'ᄉᆞ/스→ᅀᆞㅇ'의 바뀜 : 'ᆞ/ㅡ'가 탈락하고 'ㄹ'이 앞 음절의 종성으로 가며, 조사의 초성은 후두 유성 마찰음 'ㅇ'으로 된다.
> > 예 • 아ᄉᆞ(弟) : 앗이, 앗을, 앗익, 아ᄉᆞ와
> > • 여스(狐) : 엿이, 엿을, 엿의, 여스와

(2) 조사

① 주격 조사 : '가'는 쓰이지 않았다. '가'가 쓰인 것은 17세기 이후이다.

> ㉠ 자음 아래 : 이
> > 예 식미 기픈
> ㉡ 모음 아래 : ㅣ
> > 예 始祖ㅣ
> ㉢ 'ㅣ' 아래 : zero
> > 예 드리 업건마ᄂᆞᆫ

② 서술격 조사 : 어간의 형태는 주격 조사와 동일하게 쓰였는데 평서형 종결 어미가 현대어와 달리 '-라'였다.

> 예 樓는 다라기라. 여슷찻 힛 乙酉ㅣ라. 齒는 니라.

📝 기출문제

다음 중 밑줄 친 부분에 쓰인 조사의 격이 다른 것은?

2000. 1. 16 행정자치부(세무·검찰)

① 몯홇 노미 하니라
② 내 이롤 爲윙ᄒᆞ야
③ 제 ᄠᅳ들 시러 펴디
④ 어린 빅셩이 니르고져

☞ ③

③ 목적격 조사

환경	앞 음절의 모음	
	양성 모음	음성 모음
자음 뒤	올(사ᄅᆞᆷ을)	을(ᄯᅳᆮ을)
모음 뒤	ᄅᆞᆯ(ᄌᆞᅀᆞᄅᆞᆯ)	를(거우루를)

④ 관형격 조사

환경	형태	예
양성 모음 뒤	ᄋᆡ	도ᄌᆞ기
음성 모음 뒤	의	大衆의
'ㅣ' 모음 뒤	체언의 'ㅣ' 모음 탈락	가히, 그려긔

⑤ 처소 부사격 조사

환경	형태	예
양성 모음 뒤	애	ᄯᅡ해
음성 모음 뒤	에	굴허에
'ㅣ' 모음 뒤	예	비예

⑥ 모음과 'ㄹ' 아래에서 'ㄱ'이 탈락하는 조사
　㉠ 과 / 와 : 동반, 비교, 접속의 조사
　　예 입과 눈과 / 히와 ᄃᆞᆯ와
　㉡ 곳 / 옷 : 단독의 보조사
　　예 威神곳, 비옷, 일옷
　㉢ 가 / 아 : 판정 의문의 보조사
　　예 賞가 罰아
　㉣ 고 / 오 : 설명 의문의 보조사
　　예 엇던 사ᄅᆞᆷ고, 므슷 罪오, 므슴 얼굴오

⑦ 특이한 조사들
　㉠ 관형격의 사이시옷 : 높임의 유정 체언이나 무정 체언 아래에 쓰였다.
　　예 부텻 모미 여러가짓 相이 ᄀᆞᄌᆞ샤
　㉡ 처소의 부사격 : ᄋᆡ / 의가 특정 명사 아래에서 부사격으로 쓰였다.
　　• ᄋᆡ : 앒, 낮, 봄, 밤, 곳, 나모, 아ᄎᆞᆷ, 나좋, ᄀᆞᄇᆞᆶ, ᄀᆞᅀᆞᆶ, 자, 밭, 돓
　　• 의 : 집, 곁, 녁, 적, 밧, 밑, ᄀᆞ무
　㉢ 높임의 호격 조사
　　• 하 : 높임 명사 뒤
　　　예 님금하, 아ᄅᆞ쇼셔
　　• 아 / 야 : 일반 명사 뒤
　　　예 이바, 니옷드라

2 ·· 용언과 활용

(1) 자동사 · 타동사의 구별
① 목적어를 취하면 타동사, 취하지 않으면 자동사이다.
② 타동사 표시 : 현대 국어에서 '-거든, -거늘' 등에 들어있는 '-거-'가 중세 국어에서는, 타동사와 결합하면 '어 / 야'로 쓰이고 자동사 형용사와 결합하면 '거 / 가'로 쓰인다.
> 예
> • 艱難ᄒᆞᆫ 사ᄅᆞᆷ 보아든(타동사)
> • 석 ᄃᆞᆯ 사ᄅᆞ시고 나아 가거시ᄂᆞᆯ(자동사)

(2) 어간, 어미의 형태 바꿈
① 'ㄹㅇ' 활용 : 'ᄅᆞ / 르'로 끝나는 어간이 모음 어미 앞에서 'ᄋᆞ / 으'가 탈락하며 'ㄹ'이 앞 모음의 종성에 가서 끊어적기가 된다. 규칙 활용에 속한다.
> 예 다ᄅᆞ다(異), 오ᄅᆞ다(登), 니르다(謂), ᄆᆞᄅᆞ다(裁), 비브르다(飽)
> 다ᄅᆞ + 아→달아(○), 다라(×)

② 'ㄹㄹ' 활용 : 'ᄅᆞ / 르'로 끝나는 어간이 모음 어미 앞에서 'ᄋᆞ / 으'가 탈락하고 'ㄹ'이 끊어적기가 될 뿐 아니라, 'ㄹ'이 덧생긴다.
> 예 ᄲᆞ르다(速), ᄆᆞ르다(乾), 모ᄅᆞ다(不知)
> ᄲᆞ르 + 아→ᄲᆞᆯ라(○), ᄲᆞᆯ아(×)

③ '그ᅀᅳ다(引)'의 활용 : 어간 'ᅀᅳ'의 모음 '으'가 탈락하고 'ᅀ'이 어간의 종성이 되어 모음 어미와 끊어적는다.
> 예 그ᅀᅳ + 어→궁어, 그ᅀᅳ + 움→궁움

④ 어간 'ㄹ'의 탈락 : 어간이 'ㄹ'로 끝나는 용언의 'ㄹ' 탈락 조건의 현대어와 약간 달라서 'ㄴ'뿐만 아니라, 'ㄷ, ᅀ' 앞에서도 탈락하고 '-시-' 앞에서는 매개 모음을 취하고 'ㄹ'이 탈락하지 않는다.
> 예 알 + 디→아디, 딩굴 + ᄂᆞ니→딩ᄀᆞᄂᆞ니, 알 + ᅀᆞ + 고→아ᅀᆞ고, 날 + ᄋᆞ시 + 아→ᄂᆞ르샤(○), ᄂᆞ샤(×)

⑤ 'ㅅ' 불규칙 활용 : 현대어의 'ㅅ' 불규칙 용언의 소급형인데, 어간의 'ㅅ'이 'ᅀ'으로 바뀐다(16세기 말에 'ᅀ'이 소멸되어 현대에는 'ㅅ'이 탈락하는 경우가 됨).
> 예 짓 + 어→지ᅀᅥ

⑥ 'ㅂ' 불규칙 활용 : 현대어의 'ㅂ' 불규칙 용언의 소급형인데, 어간의 'ㅂ'이 'ㅸ'으로 바뀐다. 성종 때부터는 'ㅸ'이 소멸되었으므로 'ㅂ'이 '오 / 우'로 바뀐다.
> 예 덥 + 어→더ᄫᅥ > 더워(성종 때)

⑦ 'ㄷ' 불규칙 활용 : 어간의 끝소리 'ㄷ'이 모음 앞에서 'ㄹ'로 바뀐다. 현대어와 같다.
> 예 듣 + 어→들어

🎓 보충학습
'ㅅ' 불규칙 활용의 예외
벗 + 어→버서

🎓 보충학습
'ㅂ' 불규칙 활용의 예외
잡 + 아→자바

3 ·· 선어말 어미

(1) 높임의 선어말 어미
① 주체 높임의 선어말 어미
㉠ 자음 앞에서 : -시-
> 예 가시고
ㄴ 모음 앞에서 : -샤-
> 예 놀 + (ᄋᆞ)샤 + 아→ᄂᆞ르샤('아' 탈락), 가 + 샤 + 오ᄃᆡ→가샤ᄃᆡ('오' 탈락)

② 상대 높임의 선어말 어미
　㉠ 평서형에서 : -이-
　　예 줍 + 으니 + 이 + 다 → 주ᅟᅵᆷ니이다
　㉡ 의문형에서 : -잇-
　　예 믿 + 으니 + 잇 + 가 → 미드니잇가
③ 객체 높임의 선어말 어미
　㉠ 숩 : 'ㄱ, ㅂ, ㅅ, ㅎ' 아래
　　예 막숩거늘, 빗숩더니
　㉡ 줍 : 'ㄷ, ㅈ, ㅊ' 아래
　　예 듣줍고, 맞줍더니
　㉢ 숩 : 울림소리 아래
　　예 보숩게, 안숩고

(2) 시간 표현의 선어말 어미

① 현재 시제
　㉠ 동사 어간 + -ᄂᆞ-
　　예 묻ᄂᆞ다(묻는다)
　㉡ 형용사에는 특별한 형태소가 붙지 않는다.
　　예 제 ᄠᅳ들 시러 펴디 몯ᄒᆞᆯ 노미 하니라(많다).
② 미래 시제 : -리-
　예 더욱 구드시리이다
③ 과거 시제 : 선어말 어미가 없이 과거가 표시된다.
　예 네 아비 ᄒᆞ마 주그니라(죽었다).
④ 회상
　㉠ 1인칭 주어인 경우 : -다- / -라-
　　예 내 농담ᄒᆞ다라(하였다)
　㉡ 2 · 3인칭 주어인 경우 : -더- / -러-
　　예 如來 ᄂᆞ려오시더라

(3) 선어말 어미 '-오-'

① 형태
　㉠ 양성모음 아래 : -오-
　㉡ 음성모음 아래 : -우-
　㉢ 서술격 조사 아래 : -로-
② 기능
　㉠ 제 1 인칭 주어와 호응한다(1인칭 활용).
　　예 나 : ᄒᆞ올로 대(臺)예 올오라
　㉡ 드물지만 제 2 인칭 주어와 호응하는 일도 있다(의도법).
　　예 네 : 다시 보ᄃᆡ 안조ᄃᆡ 端正히 ᄒᆞ오라
　㉢ 관형사형 어미 앞에 쓰일 때는 꾸밈을 받는 명사가 관형사형의 의미상의 목적어가 된다(대상법, 목적격 활용).
　　예 ᄯᆞ리 나혼 아들(딸이 낳은 아들)

 보충학습

'-어 / -아, 잇- > -엣- / -앳-'
15세기의 '-어 / -아'와 보조용언 '잇'의 통합구성 형태로 완료상(完了相)을 나타냈다. 16세기에 과거의 선어말 어미로 되었고 현대의 '-었- / -았-'으로 발전하였다.

(4) 믿음과 느낌의 선어말 어미

① 주관적 믿음 표시 : -거-, -어 / 아-

🔵예 衆生이 福이 다ᄋ거다(중생의 복이 틀림없이 다하였다).

② 객관적 믿음 표시 : -니-

🔵예 金人 비췻 고지 프면 부톄 나시ᄂ니라

③ 느낌의 선어말 어미 : -돗-

🔵예 ᄒ + 돗 + ᄋ이 + 다 → ᄒ도소이다, ᄒ + 돗 + 다 → ᄒ도다

④ ·· 어말 어미

(1) 종결 어미

구분	평서형	의문형	명령형	청유형
ᄒ라체	ᄒ다	ᄒ녀(1인칭) ᄒ다(2인칭) ᄒ가(간접)	ᄒ라	ᄒ져
ᄒ쇼셔체	ᄒ이다	ᄒ니잇가	ᄒ쇼셔	ᄒ사이다

① 의구형 어미 : '-ㄹ셰라'(~할까 두렵다)

② 의문형 어미 : '-잇가 / -잇고'

  ㉠ 상대 높임 의문형 어미이다.

  ㉡ '-잇가'는 의문사가 없을 때(판정 의문문) 쓰고, '-잇고'는 의문사(설명 의문문)와 호응된다.

🔵예 ᄂ미 오르리잇가, 내 엇디 ᄒ리잇고

(2) 연결 어미

① -ㄹ씨 : 원인을 나타낸다.

🔵예 불휘 기픈 남ᄀᆫ ᄇᆞᄅᆞ매 아니 뮐씨

② -관ᄃᆡ : 원인과 조건을 나타내며, 앞에는 의문사를 동반한다.

🔵예 엇던 功德을 닷관ᄃᆡ 能히 이 大神通力이 이시며

③ -ㄴ마ᄅᆞᆫ : '-ㄴ마는'의 뜻이다.

🔵예 믈 깊고 ᄇᆡ 업건마ᄅᆞᆫ

④ -ㄷᄫᅵ : 앞 긍정, 뒤 부정(-ㄹ지언정)을 나타낸다.

🔵예 이에 든 사ᄅᆞᄆᆫ 죽ᄃᄫᅵ 나디 몯ᄒᄂ니라

⑤ -과뎌 : '희망'을 나타낸다.

🔵예 親友ㅣ ᄃᆞ외와뎌 願ᄒ시니라

⑥ -ㄷᄉᆞᆺ : '-ㄹ수록'의 뜻이다.

🔵예 이 하ᄂᆞᆯ들히 놉ᄃᆞᆺ 목수미 오라ᄂ니

⑦ -오ᄃᆡ : 설명, 인용을 나타낸다.

🔵예 산이 이쇼ᄃᆡ 일후미 鐵圍니

(3) 전성 어미

① 명사형 어미 : –음 / –움, –기, –디

㉠ –옴 / –움 : 현대 국어의 '(–으)ㅁ'과 같은 것으로, '–오 / –우'를 따로 분석하지 않는다.

예 막 + 옴→마곰, 먹 + 움→머굼

㉡ –디 : '어렵다, 슬흐다, 둏다' 앞에서만 쓰였다. 쓰임은 '–기'와 비슷하다.

예 내 겨지비라 가져가디 어려블씨

② 관형사형 어미 : –ㄴ, –ㅭ

㉠ 현재 : '–ᄂᆞ–' + '–ㄴ'→'ᄂᆞᆫ'('–ᄂᆞ–'가 선어말 어미이므로 '는'은 있을 수 없음)

㉡ 미래형은 세조 때까지만 '–ㅭ'으로 쓰였고, 그 후에는 '–ㄹ'만 쓰였다.

예 가다가 도라옳 軍士

㉢ 관형사형의 명사적 쓰임

예 다ᄋᆞᆷ 업슨 긴 ᄀᆞᄅᆞᆷ 니섬니서 오ᄂᆞᆺ다(다함이 없는 긴 강은 잇달아 흘러오는구나).

5 ·· 단어의 형성

(1) 파생법

① –(ㅇ / 으)ㅁ : 명사화 접미사

예 그리(다) + ㅁ→그림, 살(다) + 음 →사름, 열(다) + 음→여름(實)

② –이 / 의 : 형용사 어근에 붙어 명사화가 된다.

예 높(다) + 이→노픿, 굽(다) + 의→구븨

③ –이 : 동사 어근에 붙어 명사화, 형용사 어근에 붙어 부사화가 된다.

예 글짓(다) + 이→글지싀(명사), 높(다) + 이→노피(부사)

④ ∅(영)접사 : 명사가 특별한 접사 없이 동사로 파생된다.

예 ᄀᆞ물→ᄀᆞ물다, 깃→깃다(깃들이다), 비→비다, 신→신다, 안→안다

⑤ 어간형 부사 : 형용사 어간이 그대로 부사가 된다.

예 그르(誤), 바ᄅᆞ(正), ᄀᆞᆮ(如), 브르(飽), 비브ᄅᆞ(飽)

⑥ –ㅇ– / –으– : 매개 모음과 형태가 같으나 사동 접미사로 쓰이는 일이 많다.

예 살(다) + ㅇ→사ᄅᆞ다(살리라), 길(다) + 으→기르다

⑦ –받– > –완– : 강세 접미사

예 니르받다 > 니르완다(일으키다), 믈리받다 > 믈리완다(물리치다)

(2) 합성법

용언 어간끼리 합성하는 비통사적 합성법이 현대보다 생산적이었다.

① 동사 어간 + 동사 어간

예 듣보다, 긁빗다, 빌먹다, 죽살다

② 형용사 어간 + 형용사 어간

예 됴쿶다('둏–'+'궂–'), 횩뎍다('횩–'+'뎍–')

1 국어의 역사적인 변화에 대한 설명으로 옳은 것은?

2011. 5. 14 상반기 지방직

① 15세기 국어의 모음 'ㅐ, ㅔ, ㅚ, ㅟ' 등은 현대 국어로 오면서 소리값(음가)이 바뀌었다.

② 15세기 국어의 주격 조사에는 '가'와 '이'가 있었지만, 점차 '이'가 더 많이 쓰이게 되었다.

③ '어리다'라는 단어의 뜻은 '나이가 적다'에서 현대 국어로 오면서 '현명하지 못하다'로 바뀌었다.

④ 15세기 국어는 방점으로 소리의 장단을 표시하였으나, 그 장단은 점차 소리의 높낮이로 바뀌었다.

TIP ② 15세기에는 주격조사 '-가'가 쓰이지 않았다.

③ '어리다'라는 단어의 뜻은 '현명하지 못하다'에서 '나이가 적다'로 바뀌었다.

④ 방점은 소리의 높낮이를 표시했던 것으로 현대 국어로 오면서 소멸되었다.

2 '거리츄믄'의 형태소 분석으로 옳은 것은?

2001. 6. 17 경상남도

① 거리 + 츄 + 믄

② 거리치 + 우 + 믄

③ 거리치 + 우 + ㅁ + 은

④ 거리치 + 무 + 믄

⑤ 거리치 + 움 + 은

TIP '거리츄믄'의 기본형은 '거리치다(구제하다)'이다. 단어형성과정을 보면 '거리치(어간) + 움(명사형 어미) + 은(주격조사)'의 결합된 형태로 볼 수 있다.

⊹ANSWER 1.① 2.⑤

1 다음에서 중세 국어의 문법상 특징을 모두 고른 것은?

> ㉠ 주격 조사는 '이'만 사용되었다.
> ㉡ 명사형 어미는 주로 '-기'가 사용되었다.
> ㉢ 높임의 선어말 어미가 현대 국어보다 다양하게 발달되어 있었다.
> ㉣ 객체 높임의 선어말 어미가 차츰 쓰이지 않게 되었다.

① ㉠, ㉡   ② ㉠, ㉢

③ ㉠, ㉣   ④ ㉡, ㉢

TIP 중세 국어 시기에는 주격 조사는 '이'만 사용되었고(㉠), 높임의 선어말 어미가 주체 높임의 선어말 어미 '-시-/-샤-', 객체 높임의 선어말 어미 (-ᅀᆞᆸ-/-ᄌᆞᆸ-/-ᅀᆞᆸ-), 상대 높임의 선어말 어미 '-이-/-잇-' 등 현대 국어보다 다양하게 발달되어 있었다(㉢). 그러나 명사형 어미는 주로 '-옴/-움'이 사용되었고(㉡), 객체 높임의 선어말 어미 '-ᅀᆞᆸ- / -ᄌᆞᆸ- / -ᅀᆞᆸ/--'이 차츰 쓰이지 않게 된 때는 근대 국어 시기이다(㉣).

2 다음 중 ㉠은 무슨 조사인가?

> 孔·공子·ᄌㆍ㉠ㅣ 曾증子·ᄌᄃᆞ·려 닐·러 ᄀᆞᆯ·ㅇ·샤·ᄃᆡ, ·몸·이며 얼굴·이며 머·리털·이·며 ·ᄉᆞᆯ·흔 父·부母:모ㆍ씌 받ᄌᆞ·온 거·시·라·

① 주격 조사

② 서술격 조사

③ 관형격 조사

④ 부사격 조사

TIP ㉠은 주격 조사이다. 자음 아래에서는 '이'가 쓰였으며, 모음 아래에서는 'ㅣ'가 쓰였다.

3 다음 중 어의 전성이 잘못된 것은?

① 어리다 : 幼→愚

② 얼굴 : 體→容顔

③ 어엿브다 : 憫→艶

④ 놈(者) : 예사말→낮춤말

TIP ① 愚→幼

4 다음 중 'ㅎ'이 덧생기는 체언이 아닌 것은?

① 갈(刀)   ② 우(上)
③ 뫼(山)   ④ 녀느(他)

> **TIP** 'ㅎ'이 덧생기는 체언 … 뫼(山), 미(野), 내(川), 나라(國), 드르(野), 나조(夕), 갈(刀), 암(雌), 수(雄), 안(內), 뒤(後), 조(栗), 바다(海), ᄀ술(秋), 자(尺), 술(膚), 긴, 돌(石), 나(齡), 우(上), 하늘(天), ᄯᅡ(地), 길(道), ᄒᆞ나(一), 둘(二), 세(三), 네(四), 열(十), 스물(二十) 등

5 다음 중 중세 국어에서 불규칙 활용을 하는 용언은?

① 엷다   ② 밟다
③ 하다   ④ 없다

> **TIP** ② '밟다'는 15세기에는 ㅂ 불규칙, 현재는 규칙 활용을 한다.

6 다음 중 체언과 조사의 결합 형태가 바르지 않은 것은?

① 아ᅀᆞ + 주격 조사→앙이
② 하늘 + 접속 조사→하늘콰
③ ᄒᆞᄅᆞ + 대조 보조사→홀은
④ 서리 + 처소격 조사→서리예

> **TIP** ③ ᄒᆞᄅᆞ + 대조 보조사(은) → 홀른

7 다음 중 파생 명사가 아닌 것은?

① 여름   ② 사름
③ 기릐   ④ 노피

> **TIP** ④ '노피'는 형용사 어간에 부사 파생 접사 '-이'가 붙어 부사화가 된 파생 부사이다.

8 다음 중 형태소 분석이 옳지 않은 것은?

① 살 + 음   ② ᄒᆞ + 오 + ㅭ
③ 그츠 + ㄹ씨   ④ ᄉᆞ랑ᄒᆞ + 오ᄃᆡ

> **TIP** ③ 기본형은 '긏다' : 긏 + 을씨

9 다음 중 명사형이 잘못 만들어진 것은?

① 보다→봄   ② 뛰다→뛰움

③ 다르다→달옴   ④ 밍굴다→밍ㄱ롬

     TIP ② 뛰다→뛰움

10 다음 고어 중 그 뜻의 연결이 옳은 것은?

① 말:馬   ② 믈:믈(水)

③ 홋다:많다   ④ 마히:장마

     TIP ① 믈:말(馬), 말:말씀(言)
              ② 믈:물(水), 물:무리(衆)
              ③ 홋다:하다(爲), 하다:많다(多)

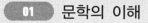

현대 문학

문학의 이해

❶ ‥ 문학의 본질과 특성

(1) 문학의 정의

작가의 체험을 통해 얻은 진실을 언어를 통해 표현하는 언어 예술이다.

(2) 문학의 기원

① 모방 본능설 : 인간은 모방 본능을 가지고 있어, 이 본능 때문에 문학이 생겼다는 설이다(아리스토텔레스).

② 유희 본능설 : 인간은 유희 본능을 가지고 있는데 여기서 문학이 발생했다는 설이다(칸트, 스펜서).

③ 흡인 본능설 : 인간이나 동물에게는 보편적으로 남의 관심을 끌고 싶어하는 흡인 본능이 있고, 이 때문에 문학이 발생했다는 설이다(다윈 등 진화론자).

④ 자기 표현 본능설 : 자기를 표현하고 싶어하는 인간의 본능에서 문학이 발생했다는 설이다(허드슨).

⑤ 발생학적 기원설 : 문학이나 예술은 심미성보다는 실용성 때문에 발생했다는 설이다(그로세).

⑥ 발라드 댄스설 : 문학은 음악, 무용, 문학이 미분화된 원시 종합 예술에서 분화, 발생하였다는 설이다(몰톤). 현재는 '발라드 댄스설'이 가장 설득력 있게 받아들여지고 있다.

(3) 문학의 본질

① 언어 예술 : 문학은 언어를 표현 매체로 하며 동시에 그것을 예술적으로 가다듬은 것이어야 한다.
　㉠ 문학의 표현 수단은 언어이다.
　㉡ 문학이 언어로 된 것이라는 것은 문학을 다른 예술과 구분해 주는 본질적 요소이다.
　㉢ 구비 문학과 기록 문학이 모두 문학에 포함된다.

② 개인 체험의 표현 : 개인의 특수한 체험이면서, 인류의 보편적 삶과 합일하는 체험이어야 한다.

③ 사상과 정서의 표현 : 미적으로 정화되고 정서화된 사상의 표현만이 문학이 될 수 있다.

④ 상상의 세계 : 작가의 상상에 의해 허구화된 세계의 표현이다.

⑤ 통합된 구조 : 모든 요소들이 유기적으로 결합되어 하나의 작품이 이루어진다.

(4) 문학의 기능

① 문학의 기능에 대한 두 입장
　㉠ 쾌락설 : 문학은 아름다움과 재미를 통해서 독자에게 흥미와 즐거움을 준다.
　㉡ 교훈설 : 문학의 효용은 독자나 사회에 대한 교훈과 영향력을 끼치는 데 있다.

② 문학의 기능
　㉠ 교시적(敎示的) 기능 : 문학은 독자들에게 교훈을 주고 인생의 진실을 보여 주어 삶의 의미를 깨닫게 한다는 입장이다.
　㉡ 쾌락적(快樂的) 기능 : 문학은 독자에게 고차원적인 정신적 즐거움이나 미적 쾌감을 준다는 입장이다.

🎓 **보충학습**

문학의 3대 특성
㉠ 항구성(역사성) : 문학은 시대를 초월한 인간의 정서를 표현하므로 영원한 생명력을 갖는다.
㉡ 보편성(일반성) : 문학은 인간의 보편적 정서를 표현하기 때문에 시간과 공간을 초월하여 보편적 감동을 준다.
㉢ 개성(특수성) : 문학은 특수하고 주관적인 체험의 표현으로 개성적이고 독창적이다.

ⓒ 종합적(綜合的) 기능 : 참다운 문학의 기원은 교훈설과 쾌락설, 어느 하나에 치우치지 않은 종합적인 것으로 이해되어야 한다는 입장이다.

(5) 문학의 갈래

① 언어 형태에 따른 갈래
  ㉠ 운문 문학 : 언어에 리듬감을 부여하여 정서적 · 감성적인 효과를 가져오는 문학이다.
  ㉡ 산문 문학 : 언어에 리듬감이 없는 산문으로 된 문학이다.

② 언어의 전달 방식에 따른 갈래
  ㉠ 구비 문학 : 문자라는 기록 수단이 발명되기 이전에 입에서 입으로 전해진 문학이다.
  ㉡ 기록 문학 : 구비 문학을 기록하는 것에서 출발하여 본격적인 개인의 창의가 반영되는 문학이다.

③ 표현 양식에 따른 갈래
  ㉠ 3분법
    • 서정(抒情) 양식 : 객관적 세계와 작가의 체험이 자아에 의해 흡수되고 정서화된 표현으로, '시'가 대표적 장르이다.
    • 서사(敍事) 양식 : 일련의 사건을 객관적으로 서술하여 간접적으로 전달하는 것으로, '소설'이 대표적 장르이다.
    • 극(劇) 양식 : 인간의 행위와 사건의 전개를 눈앞에서 직접 연출해 보이는 것으로, '희곡'이 대표적 장르이다.
  ㉡ 4분법 : 시, 소설, 수필, 희곡

❷ ·· 문학 작품의 해석

(1) 문학 이해의 여러 관점

① 문학 자체를 중시하는 관점 : 문학 작품을 이루는 여러 가지 외적 요소를 가급적으로 배제하고, 문학 작품 자체의 예술성을 밝히는 데 관심을 둔다(형식주의, 구조주의, 신비평).

② 주체를 중시하는 관점 : 문학 행위의 적극적 · 소극적 주체로서의 작가와 독자에 주안점을 둔다(표현주의, 심리학적 비평, 수용미학 등).

③ 현실을 중시하는 관점 : 문학의 표현 대상인 현실에 주안점을 두는 문학 이해의 방법으로, 문학은 현실의 반영물이라는 것이 기본 전제를 이룬다(역사주의 비평, 현실주의 비평, 문학 사회학 등).

(2) 문학 작품 이해의 실제 방법

① 생산론적 관점(표현론) : 작품의 생산자인 작가의 체험과 밀접하게 관련시켜 해석하는 관점을 말한다.
  예 1920년대 초기 시들과 모더니즘 시에 애수와 비애가 나타나는 것은 작가들이 겪은 식민지 시대의 역사적 경험에서 비롯된다.

② 수용론적 관점(효용론) : 작가가 제시한 예술적 체험과 수용자의 일상적 경험이 맺고 있는 관계를 중심으로 작품을 해석하고, 작품을 대하는 독자의 수용 양상을 중시하는 관점을 말한다.
  예 박지원의 허생전을 읽고 허생의 진취적이고 진보적인 세계관에 대해 긍정적인 동의를 하는 반면, 허생이 축재를 하는 과정에서 보여 주었던 건전하지 못한 상행위를 현재의 관점에서 비판할 것이다. 이러한 과정을 통해 독자는 삶에 대한 새로운, 혹은 더욱 명확한 자신의 인식을 획득하게 된다.

기출문제

〈보기〉에 나타난 작품 감상의 관점으로 가장 옳은 것은?

2018. 6. 23. 서울특별시

〈보기〉
나는 지금도 이광수의 『무정』 작품을 읽으면 가슴이 뜨거워지는 것을 느껴. 특히 결말 부분에서 주인공 이형식이 "옳습니다. 우리가 해야지요! 우리가 공부하러 가는 뜻이 여기 있습니다. 우리가 지금 차를 타고 가는 돈이며 가서 공부할 학비를 누가 주나요? 조선이 주는 것입니다. 왜? 가서 힘을 얻어오라고, 지식을 얻어 오라고, 문명을 얻어 오라고 …… 그리해서 새로운 문명 위에 튼튼한 생활의 기초를 세워 달라고 …… 이러한 뜻이 아닙니까?"라고 부르짖는 부분에 가면 금방 내 가슴도 울렁거려 나도 모르게 "네, 네, 네"라고 대답하고 싶단 말이야. 이 작품은 이 소설이 나왔던 1910년대 독자들의 가슴만이 아니라 아직 강대국에 싸여 있는 21세기 우리 시대 독자들에게도 조국을 생각하는 마음에 큰 감동을 주고 있다고 생각해.

① 반영론적 관점   ② 효용론적 관점
③ 표현론적 관점   ④ 객관론적 관점

☞ ②

③ **반영론적 관점(모방론)** : 작품에 나타난 현실과 실제의 현실이 맺고 있는 관련성에 초점을 맞추는 해석 방법을 말한다.

> 📖 윤동주의 시에는 식민지 시대의 고통이 뚜렷이 반영되어 있으므로 1940년 전후의 역사적 상황과 관련시켜 이해하여야 한다.

④ **구조론적 관점(절대주의론)** : 작품을 구성하는 부분들의 상호 관계를 통해 전체의 의미를 해석하는 방법으로, 그 상호 관계는 언어의 결합 방식인 구조적 특성을 중요시한다.

> 📖 '고향'이라는 단어는 대개 어린 시절을 보낸 지역이며, 그리움의 대상으로 받아들여진다. 그러나 현진건의 고향에서는 고향의 개념이 식민지 지배로 인해 철저하게 파괴된 세계로 인식되고 평가되고 있다.

⑤ **종합주의적 관점** : 인간의 모든 면을 다루고 있는 문학의 세계는 어느 하나의 관점으로 설명될 수 없을 만큼 깊고 복잡한 것이기 때문에 다각도에서 총체적으로 접근하려는 관점이다.

1 **⑺의 관점에서 ⑻를 감상할 때 가장 적절한 것은?**

2019. 6. 15. 제1회 지방직

> ⑺ 반영론은 문학 작품이 사회를 반영하여 현실의 문제를 비판적으로 성찰할 수 있게 하는 매개체라는 관점을 취한 비평적 입장이다.
>
> ⑻ 강나루 건너서/ 밀밭 길을//
>   구름에 달 가듯이/ 가는 나그네//
>   길은 외줄기/ 남도 삼백리//
>   술 익는 마을마다/ 타는 저녁 놀//
>   구름에 달 가듯이/ 가는 나그네//

① 전통적 민요의 율격을 바탕으로 한 정형적 형식을 통해 정제된 시상이 효과적으로 드러났군.
② 삶의 고통스러운 단면을 외면한 채 유유자적한 삶만을 그린 것은 아닌지 비판할 여지가 있군.
③ 낭만적 감성을 불러일으키는 시적 분위기가 시조에서 보이는 선경후정과 비슷한 양상을 띠는군.
④ 해질 무렵 강가를 거닐며 조망한 풍경의 이미지가 한 폭의 그림을 보는 듯한 감각을 자아내는군.

TIP ⑺의 반영론의 핵심은 문학 작품이 인간의 삶의 현실을 드러내고 있다고 보는 것이다.
①③④ 내재적 관점(절대론)

2 다음 작품에 대한 감상 중 작품 자체의 내재적 의미만을 주목한 것은?

2014. 3. 8. 법원사무처

> 매운 계절의 채찍에 갈겨
> 마침내 북방으로 휩쓸려 오다.
>
> 하늘도 그만 지쳐 끝난 고원
> 서릿발 칼날진 그 위에 서다.
>
> 어데다 무릎을 꿇어야 하나
> 한 발 재겨 디딜 곳조차 없다.
>
> 이러매 눈 감아 생각해 볼 밖에
> 겨울은 강철로 된 무지갠가 보다.

① 이 시를 쓴 시인은 의지력이 대단한 것 같아. 겨울과 같은 상황을 무지개로 바꾸어 생각한다는 것이 보통 사람들에 게서는 거의 불가능한 일이 아니겠어?
② 시인의 현실적 상황에 대한 인식이 놀라워. "서릿발 칼날진 그 위"는 일제 치하의 극한적 상황을 정말 실감 있게 표현한 구절이야.
③ 이 시는 우리에게 어떻게 살아야 할 것인지를 가르쳐 주는 것 같아. 어떠한 상황 속에서도 희망을 잃지 않는 삶의 자세를 가지라는 교훈이 담겨 있잖아.
④ 겨울과 강철, 그리고 무지개의 연결은 그 발상이 놀라워. 겨울에 무지개를 본다면 얼마나 황홀할까? 그리고 강철로 된 무지개라면 사라지지도 않을 거야.

> **TIP** 내재적 관점은 화자, 청자, 구조, 표현 방법, 이미지 등 시 자체만을 대상으로 분석하는 감상 방법이다.
> ①②③은 표현론, 반영론, 효용론적 관점으로 외재적 관점이다.

ANSWER 2.④

1 ⑺의 관점에서 ⑷를 감상할 때 가장 적절한 것은?

> ⑺ 반영론은 문학 작품이 사회를 반영하여 현실의 문제를 비판적으로 성찰할 수 있게 하는 매개체라는 관점을 취한 비평적 입장이다.
>
> ⑷ 남으로 창을 내겠소.
>   밭이 한참갈이
>   괭이로 파고
>   호미론 김을 매지요.
>
>   구름이 꼬인다 갈 리 있소.
>   새 노래는 공으로 들으랴오.
>   강냉이가 익걸랑
>   함께 와 자셔도 좋소.
>
>   왜 사냐건
>   웃지요.

① 전통적 민요의 율격을 바탕으로 한 정형적 형식을 통해 정제된 시상이 효과적으로 드러났군.
② 삶의 고통스러운 단면을 외면한 채 유유자적한 삶만을 그린 것은 아닌지 비판할 여지가 있군.
③ 낭만적 감성을 불러일으키는 시적 분위기가 시조에서 보이는 선경후정과 비슷한 양상을 띠는군.
④ 해질 무렵 강가를 거닐며 조망한 풍경의 이미지가 한 폭의 그림을 보는 듯한 감각을 자아내는군.

> **TIP** ⑺의 반영론의 핵심은 문학 작품이 인간의 삶의 현실을 드러내고 있다고 보는 것이다.
> ①③④ 내재적 관점(절대론)

2 다음 시에 영향을 미친 서구의 문예 사조는?

> 아무도 그에게 수심(水深)을 일러 준 일이 없기에
> 흰 나비는 도무지 바다가 무섭지 않다.
>
> 청(靑)무우밭인가 해서 내려 갔다가는
> 어린 날개가 물결에 절어서
> 공주처럼 지쳐서 돌아온다.
>
> 삼월달 바다가 꽃이 피지 않아서 서글픈
> 나비 허리에 새파란 초생달이 시리다.

① 사실주의   ② 모더니즘
③ 실존주의   ④ 낭만주의

> **TIP** 제시된 시는 김기림의 「바다와 나비」로 1930년대 모더니즘 문학의 대표작이다.

ANSWER 1.② 2.②

3 다음에 나타난 작품 해석의 관점은?

> 이 작품은 그 부제가 말하고 있듯이 춘향의 독백으로, 춘향전을 배경으로 하고 있다. 그러나 이 작품을 이해하는 데 춘향전의 이야기 전체를 자세히 알아야 할 필요는 없다. 다만 춘향의 괴로움과 인간적인 운명을 이해하는 것으로 충분하며, 그것은 이 작품의 문맥 가운데서 충분히 나타나 있다. 그리하여 이 작품을 끝까지 읽고 나면 여기 나오는 그네가 단순히 놀이를 위한 것이 아니라, 춘향이 자기 자신의 괴로움과 운명을 벗어나려는 수단으로서의 그네임을 알게 된다. 작품 전체에서 네 번이나 되풀이되고 있는 "밀어라", 또는 "밀어 올려 다오"라는 간절한 부탁은 바로 그 괴로움의 정도와 그것으로부터 벗어나려는 몸부림을 나타내는 것이다.

① 표현주의
② 효용주의
③ 절대주의
④ 반영주의

TIP 제시된 글은 서정주의 추천사에 대한 비평이다. 서정적 자아(춘향)의 운명과 고뇌, 그네의 상징적 의미 등을 중심으로 초월세계에의 갈망이라는 주제 파악에 초점을 두고 있다. 외재적 요소를 배제하고 작품 자체 분석을 중시하는 것은 구조적 방법, 절대주의적 관점이라고 한다.

4 관점에 따른 문학 장르의 구분으로 옳은 것은?

① 소재에 의하여 정형시, 자유시, 산문시 등으로 나뉜다.
② 내용 또는 미적 성격에 따라 연애시, 자연시, 사회시 등으로 나뉜다.
③ 대상과 그의 파악 및 표현방식에 따라 서사시, 극시, 서정시 등으로 나뉜다.
④ 작품의 형식에 의해 희극, 비극, 희비극 등으로 나뉜다.

TIP ① 작품의 형식에 의한 분류
② 소재의 성격에 따른 분류
④ 작품의 주제에 의한 분류

※ 이밖에 독자와의 관계상황에 따라 순수문학, 대중문학, 통속문학으로 구분하고 창작목적에 따라 참여문학, 계몽문학, 오락문학으로 구분하기도 한다.

ANSWER 3.③ 4.③

5 다음의 작품을 이별의 상황에서 썼다고 볼 때와 이별을 가정하면서 썼다고 볼 때, 작품 이해가 어떻게 달라지는지 토론해 보자. 다음 중 토론 방법으로 적절하지 않은 것은?

> 나보기가 역겨워
> 가실 때에는
> 말없이 고이 보내 드리우리다.
>
> 영변(寧邊)에 약산(藥山)
> 진달래꽃
> 아름따다 가실 길에 뿌리우리다.
>
> 가시는 걸음 걸음
> 놓인 그 꽃을
> 사뿐히 즈려밟고 가시옵소서.
>
> 나 보기가 역겨워
> 가실 때에는
> 죽어도 아니 눈물 흘리우리다.

① 어느 한 쪽의 입장을 옹호하거나 반대하기 위한 토론이 아님을 분명히 한다.
② 작품을 보는 다양한 관점이 있을 수 있음을 인정한다.
③ 작품의 총체적 상황과 그것을 표현한 구체적 근거로 생각을 정리해 본다.
④ 작품에 대한 올바른 해석의 길을 못 찾을 때 심각한 오독으로 인해 작품의 의미를 훼손할 수 있음을 주지시킨다.

TIP ④ 시적 상황에 따라 작품에 대한 이해가 다양하게 나타날 수 있다. 해석의 길을 한 가지로 제한한 것은 시적 상황에 따라 다양하게 나타날 수 있는 작품 이해의 다양성이 무시되는 점을 간과한 토론 방법이다.

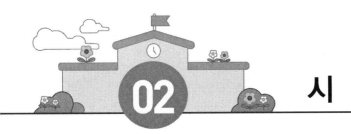

02 시

1 ·· 시의 본질과 갈래

(1) 시의 본질

① 시의 정의 : 인간의 사상(생각)이나 감정(느낌, 정서)을 운율이 있는 언어로 압축하여 표현한 운문 문학이다.

② 시의 특징
  ㉠ 시는 대표적인 언어 예술이다.
  ㉡ 시에는 운율이 있다(언어의 음악성 활용).
  ㉢ 시는 사상과 정서를 표현한 창작 문학이다.
  ㉣ 시는 압축된 형식미를 갖추고 있다.
  ㉤ 시는 심상, 비유, 상징 등에 형상화된다.
  ㉥ 시는 시인의 은밀한 독백으로 '엿듣는 문학'이다.
  ㉦ 시는 작품의 문맥에 의해 그 의미가 파악되는, 언어의 내포적 기능에 의존한다.

(2) 시의 갈래

① 형식상 갈래 : 정형시, 자유시, 산문시

② 내용상 갈래 : 서정시, 서사시, 극시

③ 성격상 갈래 : 순수시, 사회시(참여시)

④ 주제에 따른 갈래 : 주정시, 주지시, 주의시

2 ·· 시의 운율

(1) 운율의 뜻

시에서 음악성을 나타나게 해 주는 것으로 자음과 모음을 규칙적으로 반복하는 운(韻)과 소리의 고저 · 장단 · 강약을 주기적으로 반복하는 율격(律格)으로 나뉜다.

(2) 운율의 갈래

① 외형률 : 시어의 일정한 규칙에 따라 생기는 운율로 시의 겉모습에 드러난다.
  ㉠ 음수율 : 시어의 글자 수나 행의 수가 일정한 규칙을 가지는 데에서 오는 운율(3 · 4조, 4 · 4조, 7 · 5조 등)이다.
  ㉡ 음위율 : 시의 일정한 위치에 일정한 음을 규칙적으로 배치하여 만드는 운율(두운, 요운, 각운)이다.
  ㉢ 음성률 : 음의 길고 짧음이나, 높고 낮음, 또는 강하고 약함 등을 규칙적으로 배치하여 만드는 운율이다.
  ㉣ 음보율 : 우리 나라의 전통시에서 발음 시간의 길이가 같은 말의 단위가 반복됨으로써 생기는 음의 질서(평시조 4음보격, 민요시 3음보격)이다.

② 내재율 : 일정한 규칙이 없이 각각의 시에 따라 자유롭게 생기는 운율로, 시의 내면에 흐르므로 겉으로는 드러나지 않는다.

(3) 운율을 이루는 요소

① 동음 반복 : 특정한 음운을 반복하여 사용한다.

② 음수 반복 : 일정한 음절 수를 반복하여 사용한다.

③ 의성어, 의태어 사용 : 감각적 반응을 일으킨다.

④ 통사적 구조 : 같거나 비슷한 문장의 짜임을 반복하여 사용한다.

3 ·· 시의 표현

(1) 비유(比喩, metaphor)

말하고자 하는 사물이나 의미를 다른 사물에 빗대어 표현하는 방법이다.

① **직유법** : 연결어(~처럼, ~같이, ~양 등)를 써서 두 사물의 유사성을 비겨서 표현한다.

　예 순정은 물결같이 바람에 나부끼고

② **은유법** : 비교되는 두 사물을 동일 관계로 표현한다.

　예 내 마음은 호수요.

③ **의인법** : 사람이 아닌 생물이나 무생물을 사람처럼 표현하는 방법이다.

　예 고향 집 마당귀 바람은 잠은 자리.

④ **풍유법** : 속담, 격언 등과 같이 원관념은 나타내지 않고 보조 관념만 드러내어 본래의 뜻을 미루어 짐작하게 하는 표현 방법이다.

　예 까마귀 싸우는 골에 백로야 가지 마라.

⑤ **대유법** : 어떤 대상의 부분, 속성, 특징 등으로 전체를 대신하는 표현 방법(환유, 제유)이다.

　예 칼보다 펜이 강하다.

(2) 상징(象徵, Symbol)

어떤 사물이 그 자체의 뜻을 유지하면서, 더 포괄적이고 내포적인 다른 의미까지 나타내는 표현 방법이다.

① 상징은 간결한 시어를 통해 깊고 풍부한 의미와 정서를 드러낸다.

② 상징은 일상 언어의 상징보다 더 함축적이고 암시적이다.

　예 태극기가 우리 나라를 상징함

③ 비유에서는 원관념 : 보조 관념은 1 : 1의 유추적 관계를 보이지만 상징에서는 1 : 다수의 다의적 관계이다.

④ 상징의 갈래

　㉠ **관습적 상징**(고정적·사회적·제도적 상징) : 일정한 세월을 두고 사회적 관습에 의해 공인되고 널리 보편화된 상징을 말한다.

　　예 십자가 → 기독교, 비둘기 → 평화

　㉡ **개인적 상징**(창조적·문화적 상징) : 관습적 상징을 시인의 독창적 의미로 변용시켜 문화적 효과를 얻는 상징을 말한다.

　　예 윤동주의 십자가에서 십자가의 의미 → 윤동주 자신의 희생 정신

 **기출문제**

다음 시의 표현상 특징으로 가장 적절한 것은?

2019. 8. 17. 지역인재

1
내 그대를 생각함은 항상 그대가 앉아 있는 배경에서 해가 지고 바람이 부는 일처럼 사소한 일일 것이나 언젠가 그대가 한없이 괴로움 속을 헤매일 때에 오랫동안 전해오던 그 사소함으로 불러 보리라.

2
진실로 진실로 내가 그대를 사랑하는 까닭은 내 나의 사랑을 한없이 잇닿은 그 기다림으로 바꾸어 버린 데 있었다. 밤이 들면서 골짜기엔 눈이 퍼붓기 시작했다. 내 사랑도 어디쯤에선 반드시 그칠 것을 믿는다. 다만 그때 내 기다림의 자세를 생각하는 것뿐이다. 그동안에 눈이 그치고 꽃이 피어나고 낙엽이 떨어지고 또 눈이 퍼붓고 할 것을 믿는다.

① 설의적 표현을 반복하여 시적 화자의 정서를 강조하고 있다.

② 화자의 정서를 자연현상과 연결하여 산문체로 진술하고 있다.

③ 시간의 흐름에 따른 시적 대상의 외양 변화를 표현하고 있다.

④ 비장한 어조를 반복적으로 사용하여 시적 긴장감을 높이고 있다.

☞ ②

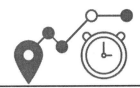

(3) 시의 심상(心象)

① 심상(이미지, image)의 뜻 : 심상은 시어에 의해 마음 속에 그려지는 감각적인 모습이나 느낌을 말한다.

② 심상의 갈래

ㄱ. 시각적 심상 : 색깔, 모양, 명암, 동작 등의 눈을 통한 감각적 표현을 말한다.

> 예 치마 밑으로 하얀 외씨버선이 고와라.

ㄴ. 청각적 심상 : 귀를 통한 소리의 감각적 표현을 말한다.

> 예 뒷문 밖에는 갈잎의 노래

ㄷ. 후각적 심상 : 코를 통한 냄새의 감각적 표현을 말한다.

> 예 꽃 피는 사월이면 진달래 향기

ㄹ. 촉각적 심상 : 살갗을 통한 감촉의 감각적 표현을 말한다.

> 예 아름다운 영원을 내 주름 잡힌 손으로 어루만지며

ㅁ. 미각적 심상 : 혀를 통한 맛의 감각적 표현을 말한다.

> 예 모밀묵이 먹고 싶다. 그 싱겁고도 구수하고

ㅂ. 공감각적 심상 : 두 개 이상의 감각이 결합되어 표현되는 심상을 말한다.

> 예 옳거니! 새벽까지 시린 귀뚜라미 울음소리 들으며 여물었나니(촉각 + 청각 → 청각을 촉각화하여 표현).

④ ‥ 주요 작품의 이해

(1) 진달래꽃

① 작자 : 김소월(1902 ~ 1934) – 시인. 본명은 정식(廷湜). 김억의 영향으로 문단에 등단하여 전통적 정서와 민중적 정감을 여성적 어조, 민요적 율조로 표현하였다. 1922년 ‘개벽'에 대표작 진달래꽃을 발표하였으며, 작품에 초혼, 산유화, 진달래꽃, 접동새, 먼 후일, 길 등이 있고, 시집에 진달래꽃, 소월 시집 등이 있다.

② 갈래 : 자유시, 서정시, 민요시, 낭만시

③ 주제 : 이별의 정한(情恨)과 그 승화

④ 성격 : 낭만적, 향토적, 여성적

⑤ 특징 : 이별의 슬픔을 인종(忍從)을 통해 극복해 내는 여인을 시적 화자로 설정하여 전통적인 정한(情恨)을 노래한 작품이다. 전통적 율격과 정서를 계승하고, 향토적 소재를 구사하는 등 민요시의 대표작이라 할 만하다. 중심 소재인 ‘진달래꽃'은 시적 화자의 아름답고 희생적인 사랑의 표상이요, 떠나는 임에 대한 원망과 슬픔, 정성과 사랑의 상징이다.

(2) 님의 침묵

① 작자 : 한용운(1879 ~ 1944) – 시인. 승려. 독립 운동가. 법호는 만해(卍海). 3 · 1 운동 때 민족 대표 33인의 하나로 독립 선언서에 서명했고 옥고를 치르면서 투사로 활약하였다. 서정성이 짙으며 철학적 · 종교적이면서도 연가풍의 특징을 지닌 시를 많이 지었으며, 작품에 님의 침묵, 나룻배와 행인, 알 수 없어요, 복종 등이 있고, 시집에 님의 침묵 등이 있다.

② 갈래 : 자유시, 서정시

③ 주제 : 임에 대한 영원한 사랑

기출문제

밑줄 친 부분에 사용한 표현 방법과 가장 거리가 먼 것은?

2017. 3. 18. 서울특별시

넓은 벌 동쪽 끝으로
옛이야기 지줄대는 실개천이 회돌아 나가고,
얼룩백이 황소가
해설피 금빛 게으른 울음을 우는 곳,
— 그 곳이 참하 꿈엔들 잊힐리야.

① 어느 집 담장을 넘어 달겨드는/ 이것은,/ 치명적인 냄새

② 멍석 위에 나란히 잠든 반들거리는 몸 위로 살짝살짝 늦가을 햇볕 발 디디는 소리

③ 나는 한 마리 어린 짐승,/ 젊은 아버지의 서느런 옷자락에/ 열(熱)로 상기한 볼을 말없이 부비는 것이었다.

④ 피아노에 앉은/ 여자의 두 손에서는/ 끊임없이/ 열 마리씩 스무 마리씩 신선한 물고기가/ 튀는 빛의 꼬리를 물고/ 쏟아진다.

☞ ③

기출문제

다음에 인용된 시와 관계없는 것은?

2010. 6. 12. 서울특별시

영변에 약산 진달래꽃
아름 따다 가실 길에
뿌리오리다.

① 민요형식

② 〈군말〉

③ 〈산유화〉

④ 김억

⑤ 〈바라건대는 우리에게 우리의 보습대일 땅이 있었다면〉

☞ ②

---

④ 성격 : 낭만적, 상징적, 의지적

⑤ 특징 : 불교적 비유와 고도의 상징적 수법, 독특한 언어 표현과 기법으로 일제에 대한 저항 의식, 민족에 대한 불사조와 같은 애정이 혼연 일체가 되어 나타난 작품이다.

(3) 남(南)으로 창(窓)을 내겠소

① 작자 : 김상용(1902 ~ 1951) – 시인. 호는 월파(月坡). 1930년 〈동아일보〉에 무상, 그러나 거문고의 줄은 없고나를 발표하여 문단에 등단하였다. 작품에 굴뚝 노래, 눈 오는 아침, 괭이, 기도 등이 있고, 시집에 망향이 있다.

② 갈래 : 자유시, 서정시, 전원시

③ 주제 : 전원 생활을 통한 달관의 삶

④ 성격 : 낭만적, 전원적, 자연 친화적, 관조적

⑤ 특징 : 전원으로 돌아가 자연과 더불어 소박하게 살고자 하는 삶의 자세가 잘 형상화된 우리 나라 전원시의 대표작이라 할 수 있다. 안분지족(安分知足)의 삶의 태도와 남(南)이 주는 밝고 건강한 이미지가 돋보인다.

(4) 유리창(琉璃窓) 1

① 작자 : 정지용(1902 ~1590) – 시인. 〈시문학〉 동인이며 섬세한 이미지와 잘 짜여진 시어로 1930년대를 대표한 시인이다. 초기에는 이미지즘의 작품을 썼고, 후기에는 동양적 관조의 세계를 주로 형상화하였다. 작품에 고향, 바다, 유리창 등이 있고, 시집에 정지용 시집, 백록담 등이 있다.

② 갈래 : 자유시, 서정시

③ 주제 : 죽은 아이에 대한 그리움과 슬픔(자식을 잃은 아버지의 비애)

④ 성격 : 서정적, 상징적, 회화적, 감각적

⑤ 특징 : 자식을 잃은 슬픔과 죽은 자식에 대한 그리움을 선명한 이미지를 통해 감각적으로 형상화하고 있다. 선명하고 참신한 이미지, 감각적이고 세련된 시어 등이 두드러진다.

(5) 모란이 피기까지는

① 작자 : 김영랑(1903 ~ 1950) – 시인. 본명은 윤식(允植). 박용철과 더불어 순수 서정시 운동을 주도하였으며, 언어의 섬세한 조탁에 의한 국어의 심미적 가치 개발에 주력하였다. 작품에 내 마음을 아실 이, 독(毒)을 차고, 돌담에 속삭이는 햇발, 북 등이 있고, 시집에 영랑 시집, 영랑 시선 등이 있다.

② 갈래 : 서정시, 자유시

③ 주제 : 소망이 이루어지기를 기다림. 아름다움에 대한 추구

④ 성격 : 유미적, 낭만적

⑤ 특징 : '모란'에 대한 집착과 애정이 아름다운 시어와 여성적인 섬세함과 부드러움을 통하여 표현된 유미주의적 작품이다.

(6) 여승

① **작자** : 백석(1912 ~ 1995) - 시인. 본명은 백기행. 평북 정주 출생. 초기 시는 정주 지방의 사투리를 구사하거나 토속적인 소재들을 시어로 채택하여 파괴되지 않은 농촌 공동체의 정서를 드러내거나, 동화적 세계관을 표현하고 있으며 이후에는 여행 중에 접한 풍물을 표현하는 기행시나 모더니즘 계열의 시를 창작하였다. 작품에 「여우난곬족」, 「통영」, 「고향」, 「적막강산」, 「북방에서」 등이 있고, 시집에 「사슴」 등이 있다.

② **갈래** : 자유시, 서정시

③ **주제** : 여승의 비극적인 삶

④ **성격** : 서사적, 애상적, 회상적, 감각적, 사실적

⑤ **특징** : 일제 강점기에 살았던 한 여인의 불우한 삶을 통해, 당시 우리 민족의 비참한 생활상을 간접적으로 고발하고 있는 작품이다.

(7) 광야(曠野)

① **작자** : 이육사(1904 ~ 1944) - 시인. 본명은 원록(源祿). 1937년 신석초, 윤곤강, 김광균 등과 〈자오선〉을 발간하였고 독립 투쟁에 헌신하다 결국 북경 감옥에서 옥사하였다. 작품에 절정, 황혼, 자야곡, 교목 등이 있고, 시집에 육사 시집이 있다.

② **갈래** : 자유시, 서정시

③ **주제** : 조국 광복에의 신념과 의지

④ **성격** : 의지적, 저항적, 상징적, 지사적

⑤ **특징** : 남성적 어조로 강인한 의지와 태도를 잘 나타내고 있으며 의인법, 비유법 등을 사용하여 심상을 역동적으로 제시하고 있다. 조국의 밝은 미래를 위해 기꺼이 자신을 희생하겠다는 각오가 엿보인다.

(8) 새들도 세상을 뜨는구나

① **작자** : 황지우(1952 ~) - 시인, 전 대학총장. 이제까지의 전통적인 시와는 전혀 다른 형식과 내용으로 풍자시의 새로운 지평을 열었다. 기호, 만화, 사진, 다양한 서체 등을 사용하여 시 형태를 파괴하는 기법을 쓰기도 한다. 작품으로는 「연혁」, 「대답 없는 날들을 위하여」, 「게눈 속의 연꽃」, 「뼈아픈 후회」 등이 있다.

② **갈래** : 자유시, 서정시

③ **주제** : 자유를 억압하는 암울한 현실에 대한 풍자

④ **성격** : 현실 비판적, 참여적

⑤ **특징** : 억압적인 시대 현실에서 비롯된 시인의 갈등을 보여 주는 작품으로, 시간적 구성, 대립적 이미지를 사용하여 주제를 효과적으로 구현하였다.

📝 **기출문제**

다음 시에 대한 해석으로 적절하지 않은 것은?

2013. 9. 7. 서울특별시

죽는 날까지 하늘을 우러러
한 점 부끄럼이 없기를,
잎새에 이는 바람에도
나는 괴로워했다.
별을 노래하는 마음으로
모든 죽어가는 것들을 사랑해야지
그리고 나한테 주어진 길을 걸어가야겠다.

오늘 밤에도 별이 바람에 스치운다.

---

① 1~4행은 지금까지 살아온 생활의 고백이다.
② 5~8행은 미래의 삶에 대한 신념의 표명이다.
③ 1~8행과 9행 사이에는 '주관 : 객관'의 대립이 드러난다.
④ '잎새에 이는 바람'은 아주 작은 잘못조차 허락하지 않는 결벽증을 부각시킨다.
⑤ 9행은 어두운 시대 상황과 극복할 수 없는 시련을 비관적으로 표현하고 있다.

☞ ⑤

(9) 참회록(懺悔錄)

① **작자** : 윤동주(1917~1945) - 시인. 항일 운동을 하다 체포되어 후쿠오카 형무소에서 옥사하였다. 일제 강점기에 식민지의 슬픔 및 자아 의식을 표현하였으며, 작품에 서시, 자화상, 십자가, 쉽게 쓰여진 시 등이 있고, 유고 시집에 하늘과 바람과 별과 시가 있다.

② **갈래** : 자유시, 서정시

③ **주제** : 역사에 대한 책임감과 자아 성찰

④ **성격** : 자기 고백적, 반성적, 상징적, 의지적

⑤ **특징** : 식민지하의 백성으로서 욕된 삶에 대한 자책과 참회, 조국 광복에의 희구를 표현하면서 자아 성찰적 자세와 미래 지향적 의지를 드러낸다.

(10) 그 날이 오면

① **작자** : 심훈(1901~1936) - 시인. 소설가. 영화인. 언론인. 본명은 대섭(大燮). 충남 당진에서 '상록학원'을 설립하여 농촌 계몽에 힘썼다. 시에 「오오 조선의 날이여!」 등이 있고, 소설에 「상록수」, 「영원의 미소」, 「직녀성」 등이 있다.

② **갈래** : 자유시, 서정시

③ **주제** : 조국 광복에의 간절한 염원

④ **성격** : 저항적, 희생적, 의지적, 역동적

⑤ **특징** : 일제 강점기에 나온 저항시로 주제가 선명하게 드러나면서, 시인의 일제에 대한 저항 정신과 조국 광복에 대한 의지가 굳건하게 드러나고 있다.

 **기출문제**

다음 중 〈보기〉의 시에 대한 감상으로 가장 적절한 것은?

2017. 6. 24. 서울특별시

〈보기〉

계절이 지나가는 하늘에는/ 가을로 가득 차 있습니다.
나는 아무 걱정도 없이/ 가을 속의 별들을 다 헤일 듯합니다.
가슴 속에 하나 둘 새겨지는 별을/ 이제 다 못 헤는 것은
쉬이 아침이 오는 까닭이요,
내일 밤이 남은 까닭이요,
아직 나의 청춘이 다하지 않은 까닭입니다.
별 하나에 추억과/ 별 하나에 사랑과/ 별 하나에 쓸쓸함과
별 하나에 동경과/ 별 하나에 시와/ 별 하나에 어머니, 어머니

① 화자는 어린 시절 친구들을 청자로 설정하여 내면을 고백하고 있다.

② 화자의 내면과 갈등관계에 있는 현실에 비판적 시각을 드러내고 있다.

③ 별은 시적 화자가 지향하는 내적 세계를 나타낸다.

④ 별은 현실 상황의 변화를 바라는 화자의 현실적 욕망을 상징한다.

☞ ③

1 다음 시에 대한 설명으로 적절하지 않은 것은?

2021. 9. 11. 지역인재

> 여승은 합장하고 절을 했다
> 가지취의 내음새가 났다
> 쓸쓸한 낯이 옛날같이 늙었다
> 나는 불경(佛經)처럼 서러워졌다
>
> 평안도의 어늬 산 깊은 금점판
> 나는 파리한 여인에게서 옥수수를 샀다
> 여인은 나어린 딸아이를 때리며 가을밤같이 차게 울었다
>
> 섶벌같이 나아간 지아비 기다려 십년이 갔다
> 지아비는 돌아오지 않고
> 어린 딸은 도라지꽃이 좋아 돌무덤으로 갔다
>
> 산꿩도 설게 울은 슬픈 날이 있었다
> 산절의 마당귀에 여인의 머리오리가 눈물방울과 같이 떨어진 날이 있었다

① 작품 내적 사건들을 역순행적으로 구성하여 제시하고 있다.
② 감정을 드러내는 시어들을 통해 비애의 정서를 나타내고 있다.
③ 공감각적 심상이 드러나는 시구를 통해 시적 대상의 심리를 표현하고 있다.
④ 가족과의 이별로 인해 속세를 등진 시적 화자의 심리적 고통을 표현하고 있다.

> **TIP** 시적화자가 여승을 관찰하는 관찰자의 입장에서 서술하고 있는 작품으로, 가족과의 이별로 속세를 등진 것은 시적 화자
> 가 아니라 '여승'이다.
> ※ 백석 「여승」
> ㉠ 감상의 길잡이
> • 이 시는 일제 강점기에 비극적 삶을 살아가는 한 여인의 모습을 형상화하고 있다.
> • 가난 때문에 가족을 잃고 여승이 되기까지의 일생을 서사적으로 잘 그려 내고 있다.
> • 이 시는 역순행적 구성 방법으로 시상을 전개시키고 있는데, 1연은 여승의 현재 모습이며, 2~4연은 여승이 되기
>   까지의 여인의 비극적인 삶의 모습을 보여 주고 있다
> ㉡ 핵심정리
> • 갈래 : 자유시, 서정시
> • 성격 : 서사적, 애상적
> • 제재 : 여인의 일생
> • 주제 : 한 여인의 비극적인 삶(일제 강점기 우리 민족의 비극적인 삶)
> • 특징
> -역순행적 구성으로 여승의 삶의 과정을 압축적으로 제시함
> -화자(나)를 관찰자로 설정해 여승의 삶을 사실적으로 전달
> -감각적 어휘 구사와 적절한 비유를 통해 비극적 여인의 삶을 형상화
> • 출전 : 「사슴」(1936)

ANSWER 1.④

2 다음 작품에 대한 설명으로 가장 적절하지 않은 것은?

2020. 9. 19. 경찰공무원

> 나의 지식이 독한 회의(懷疑)를 구하지 못하고
> 내 또한 삶의 애증을 다 짐지지 못하여
> 병든 나무처럼 생명이 부대낄 때
> 저 머나먼 아라비아의 사막으로 나는 가자.
>
> 거기는 한 번 뜬 백일이 불사신처럼 작열하고
> 일체가 모래 속에 사멸한 영겁(永劫)의 허적(虛寂)에
> 오직 알라의 신만이
> 밤마다 고민하고 방황하는 열사(熱沙)의 끝.

① 1인칭의 고백적 어조를 사용하고 있다.
② 역설적인 시적 논리로 시상을 전개하고 있다.
③ 현실에서 삶의 본질로 인하여 괴로워하는 화자가 등장한다.
④ 대조적인 의미의 시어를 반복하여 시적 대상을 형상화한다.

TIP ④ 대조적인 의미의 시어를 반복하여 시적 대상을 형상화하는 것은 나타나지 않는다.
　① '나'라는 화자가 등장하여 1인칭의 고백적 어조를 사용하고 있다.
　② 화자는 '생명이 부대낄 때' 그것을 구하러 '열사의 끝'인 '아라비아 사막'으로 간다. 즉, 생명이 없는 곳에서 생명을 구하는 설정이 역설적인 논리라고 볼 수 있다.
　③ 1연의 '병든 나무'는 '독한 회의를 구하지 못하고 삶의 애증을 다 짐지지 못해' 괴로워하는 화자를 비유한 표현이다.
　※ 유치환, 「생명의 서」
　　㉠ 갈래 : 자유시, 서정시
　　㉡ 성격 : 의지적, 관념적, 상징적
　　㉢ 특징
　　　• 남성적인 강한 어조
　　　• 역설적인 논리를 통해 생명의 본질을 추구
　　㉣ 주제 : 생명의 본질에 대한 추구

3 ㉠과 같은 표현 방법에 해당하지 않는 것은?

2020. 6. 20. 소방공무원

> 매운 계절(季節)의 채찍에 갈겨
> 마침내 북방(北方)으로 휩쓸려 오다.
>
> 하늘도 그만 지쳐 끝난 고원(高原)
> 서릿발 칼날진 그 위에 서다
>
> 어데다 무릎을 꿇어야 하나?
> 한 발 재겨 디딜 곳조차 없다.
>
> 이러매 눈 감아 생각해 볼밖에
> ㉠ 겨울은 강철로 된 무지갠가 보다.

① 두 볼에 흐르는 빛이 / 정작으로 고와서 서러워라
② 아아 님은 갔지만 나는 님을 보내지 아니하였습니다
③ 나는 아직 기다리고 있을 테요 찬란한 슬픔의 봄을
④ 나 보기가 역겨워 / 가실 때에는 / 죽어도 아니 눈물 흘리우리다

TIP ㉠은 표현법상 일제 강점하의 현실을 뜻하는 '겨울'과 희망을 상징하는 '무지개'가 서로 모순되는 역설법이 사용된 구절이다. ④에서는 화자의 진심과 반대되는 진술인 반어법이 사용되었다.

※ 이육사 〈절정〉 … 암담한 식민지 시대의 절망적 상황 속에서 그것을 초극하려는 의지를 표현한 작품이다. 수난의 현실을 극복하려는 의지와 일제에 대한 저항 의식을 담은 저항시의 백미(白眉)이다.
  ㉠ 갈래 : 자유시, 서정시
  ㉡ 제재 : 겨울, 북방, 고원
  ㉢ 성격 : 상징적, 의지적
  ㉣ 주제 : 극한 상황을 초극하려는 강렬한 정신

ANSWER 3.④

4 다음 시에 대한 설명으로 가장 적절한 것은?

2018. 8. 18. 지역인재

> 피아노에 앉은 / 여자의 두 손에서는
> 끊임없이 / 열 마리씩 / 스무 마리씩
> 신선한 물고기가 / 튀는 빛의 꼬리를 물고 / 쏟아진다.
>
> 나는 바다로 가서
> 가장 신나게 시퍼런 / 파도의 칼날 하나를 / 집어 들었다.

① 의인화된 시적 대상에 대한 화자의 부정적 태도를 표출하고 있다.
② 인간과 다른 대상의 면모를 들추어 자연의 가치를 예찬하고 있다.
③ 이미지의 연상을 통해 제재에 대한 화자의 느낌을 드러내고 있다.
④ 상반된 계절적 배경의 대치를 통해 현실의 의미를 부각하고 있다.

TIP 1연에서 화자는 피아노 선율을 듣고 '물고기가 빛의 꼬리를 물고 쏟아지는' 생동감 있는 이미지를 연상한다. 2연에서는
그런 피아노 선율을 즐기고, 감동하는 화자의 감정을 드러내고 있다.
※ 전봉건 「피아노」
㉠ 갈래 : 자유시, 서정시
㉡ 성격 : 주지적, 감각적
㉢ 특징
  • 참신한 비유와 자유로운 연상에 의해 시상을 전개
  • 공감각적 이미지(청각의 시각화)를 통해 생동감 형성
㉣ 주제 : 생동감 있는 피아노 선율이 주는 감동

ANSWER 4.③

1 다음 시에 대한 설명으로 옳지 않은 것은?

> 모란이 피기까지는
> 나는 아직 나의 봄을 기둘리고 있을 테요
> 모란이 뚝뚝 떨어져 버린 날
> 나는 비로소 봄을 여읜 설움에 잠길 테요
> 오월 어느 날 그 하루 무덥던 날
> 떨어져 누운 꽃잎마저 시들어 버리고는
> 천지에 모란은 자취도 없어지고
> 뻗쳐오르던 내 보람 서운케 무너졌으니
> 모란이 지고 말면 그뿐 내 한 해는 다 가고 말아
> 삼백예순 날 하냥 섭섭해 우옵네다
> 모란이 피기까지는
> 나는 아직 기둘리고 있을 테요
> 찬란한 슬픔의 봄을

① 수미상관의 구조를 통해 기다림의 정서를 강조하고 있다.
② 모란이 낙화하는 모습을 감각적으로 묘사하여 지는 모습마저 아름다운 모란을 찬양하고 있다.
③ 과장법을 사용하고 있다.
④ 화자는 모란에 대한 복합적인 감정을 역설법을 사용하여 표현하고 있다.

> **TIP** ② '뚝뚝'이라는 부사어를 사용하여 모란이 지는 모습을 감각적으로 묘사하면서 모란이 지는 큰 절망감과 상실감을 강조하고 있다.
> ① 수미상관의 구조를 통해 봄을 기다리는 화자의 정서를 강조하고 있다.
> ③ '모란이 지고 말면 그뿐 내 한 해는 다 가고 말아'에서 모란이 지는 것을 인생을 잃는 것으로 과장하여 표현하고 있다.
> ④ '찬란한 슬픔의 봄을'이라는 역설적인 표현을 통해 모란이 피는 기쁨과 모란이 지는 슬픔이 공존하는 복합적인 감정을 표현하고 있다.
> ※ 김영랑 「모란이 피기까지는」
> ㉠ 갈래 : 자유시, 서정시, 순수시
> ㉡ 성격 : 낭만적, 상징적
> ㉢ 제재 : '모란'의 개화와 낙화
> ㉣ 주제 : 소망에 대한 바람과 기다림

ANSWER 1.②

※ 다음 시를 읽고 물음에 답하시오. 【2~4】

> 죽는 날까지 하늘을 우러러
> 한 점 부끄럼이 없기를
> 잎새에 이는 ㉠바람에도
> 나는 괴로워했다.
> ⓐ별을 노래하는 마음으로
> 모든 죽어 가는 것을 사랑해야지.
> 그리고 나한테 주어진 길을
> 걸어가야겠다.
>
> 오늘 밤에도 별이 ㉡바람에 스치운다.

2 이 시에 드러난 화자의 태도와 거리가 먼 것은?

① 소명의식을 가지고 있다.
② 순수한 삶을 지향하고 있다.
③ 미래에 대한 희망을 잃지 않고 있다.
④ 현실에 대한 원망과 강렬한 저항의식을 가지고 있다.

TIP 이 시는 윤동주의 「서시」로 식민지 상황에 처해 있는 젊은 지식인의 고뇌와 그것을 극복하려는 의지를 고백적으로 표현하고 있다.

3 ⓐ의 내포적 의미와 관계없는 것은?

① 희망 ② 꿈과 이상
③ 순수한 자아 ④ 식민지 현실

TIP 별은 외로운 양심의 표상이자 구원의 지표로 희망과 이상 세계를 상징하고 있다.

4 ㉠과 ㉡의 차이로 가장 바른 것은?

① ㉠ : 내면적 갈등 ㉡ : 현실의 시련
② ㉠ : 현실의 괴로움 ㉡ : 미래에 대한 희망
③ ㉠ : 현실적 한계 ㉡ : 이상적 가치
④ ㉠ : 내면적 성찰 ㉡ : 문제 극복 의지

TIP ㉠의 '바람'이 잎새처럼 나약한 내면을 흔드는 갈등이라면 ㉡의 '바람'은 나에게 괴로움을 안겨주는, 현실적인 시련, 시대상을 의미한다.

5 다음 글의 밑줄 친 부분에 나타난 정서와 가장 유사한 것은?

> 육첩방은 남의 나라
> 창 밖에 밤비가 속살거리는데
>
> 등불을 밝혀 어둠을 조금 내몰고
> 시대처럼 올 아침을 기다리는 최후의 나
> <u>나는 나에게 작은 손을 내밀어</u>
> <u>눈물과 위안으로 잡는 최초의 악수</u>

① 진종일 / 나룻가에 서성거리다 / 행인의 손을 쥐면 따뜻하리라.
② 나의 사랑, 나의 결별 / 샘터에 물 고이듯 성숙하는 / 내 영혼의 슬픈 눈
③ 내가 그의 이름을 불러주었을 때 / 그는 나에게로 와서 꽃이 되었다.
④ 그리운 그의 모습 다시 찾을 수 없어도 / 울고 간 그의 영혼 / 들에 언덕에 피어날지어이

> **TIP** 제시된 작품은 윤동주의 '쉽게 씌어진 시'로 밑줄 친 부분은 현실적 자아와 본질적 자아가 악수를 통해 화해하고 있는
> 부분으로 부정적이고 슬픈 현실을 극복하고 밝은 미래에 대한 확신을 가지는 부분이다. 이형기의 '낙화'도 마찬가지로
> 슬픔의 승화를 통해 성숙하는 화자의 모습을 보여주면서 부정적인 현실을 극복하고 있다.
> ① 오장환의 '고향 앞에서'
> ③ 김춘수의 '꽃'
> ④ 신동엽의 '산에 언덕에'

6 다음 시에 대한 설명으로 옳지 않은 것은?

> 바릿밥 남 주시고 잡숫느니 찬 것이며
> 두둑히 다 입히고 겨울이라 엷은 옷을
> 솜치마 좋다시더니 보공(補空)되고 말어라.
>
> 안방에 불 비치면 하마 님이 계시온 듯
> 닫힌 창 바삐 열고 몇 번이나 울었던고
> 산 속에 추위 이르니 님을 어이 하올고.

① 감각적인 시어를 사용하였다.
② 우리의 고유한 전통 윤리를 담고 있다.
③ 시행의 배열이 고시조의 전통을 따랐다.
④ 시조의 운율을 고려하여 시어를 다듬어 사용하였다.

> **TIP** ① 의고적인 시어를 사용하였다.
> ※ 정인보 「자모사」
> ㉠ 갈래 : 평시조, 연시조, 현대 시조, 서정시
> ㉡ 주제 : 어머니의 자애와 희생에 대한 회고와 그리움
> ㉢ 성격 : 회고적, 추모적
> ㉣ 작자 : 정인보(1892 ~ 1950) - 시조 시인. 역사학자. 자는 경업(經業). 호는 담원·미소산인(薇蘇山人). 아호 위당
> (爲堂). 저서에 조선사 연구, 담원 시조집 등이 있다.

ANSWER 5.② 6.①

※ 다음 시를 읽고 물음에 답하시오. 【7~9】

> 유리(琉璃)에 차고 슬픈 것이 어른거린다.
> 열 없이 붙어서서 입김을 흐리우니
> 길들은 양 언 날개를 파다거린다.
> 지우고 보고 지우고 보아도
> 새까만 밤이 밀려나가고 밀려와 부딪히고,
> 물 먹은 별이, 반짝, 보석처럼 박힌다.
> 밤에 홀로 유리를 닦는 것은
> ㉠ 외로운 황홀한 심사이어니,
> 고운 폐혈관(肺血管)이 찢어진 채로
> 아아, 늬는 산(山)새처럼 날아 갔구나!

7 이 시의 표현상의 특징과 거리가 먼 것은?

① 감각적 언어로 표현하였다.
② 선명한 이미지를 제시하였다.
③ 삶과 죽음을 선명하게 대비시켰다.
④ 감상적 정서를 절제하여 표현하고 있다.

> **TIP** 정지용의 유리창 1…어린 자식의 죽음에 대한 아버지의 애절한 슬픔을 노래한 작품으로 감정의 절제가 두드러진 작품이
> 다. 이 시에서는 감정의 절제가 '감정의 대위법'과 '선명하고 감각적인 이미지의 사용', 시적 정서를 대상에 투영시켜 객
> 관적 상관물(차고 슬픈 것, 언 날개, 물 먹은 별, 산새)을 통해 표현하는 시적 형상화의 방법에 의해 잘 나타나고 있다.

8 다음 중 죽은 아이의 영상과 관계 깊은 시어로 짝지어진 것은?

① 별, 산새 　　　　　　　 ② 입김, 산새
③ 날개, 밤 　　　　　　　 ④ 물, 폐혈관

> **TIP** ① 죽은 아이의 영상을 '물 먹은 별(눈에 가득 고인 눈물을 통해 바라본 별)', '산새(나뭇가지에 잠시 머물다 날아가버린
> 산새)'에 빗대어 표현하고 있다. 이외에도 죽은 아이의 영상을 나타내는 시어에는 '차고 슬픈 것', '언 날개'가 있다.

9 ㉠과 같은 표현 방법을 사용한 예가 아닌 것은?

① 찬란한 슬픔의 봄을
② 이것은 소리 없는 아우성
③ 네 이름의 외로운 눈부심 위에
④ 눈부시지 않은 갈꽃 한 송이를

> **TIP** ㉠은 자식을 잃은 외로움과 죽은 자식의 영상을 보는 황홀함이 얽힌 상태로 언어 표현의 앞뒤가 서로 모순되는 역설적
> 표현(모순 형용)이 사용되었다.
> ① 찬란한 슬픔의 봄 ② 소리 없는 아우성 ③ 외로운 눈부심

ANSWER 7.③ 8.① 9.④

10 다음 시의 '눈'에 대한 설명으로 옳지 않은 것은?

눈은 살아 있다.
떨어진 눈은 살아 있다.
마당 위에 떨어진 눈은 살아 있다.
기침을 하자
젊은 시인이여, 기침을 하자.
눈 위에 대고 기침을 하자.
눈더러 보라고 마음놓고 마음놓고
기침을 하자.

눈은 살아 있다.
죽음을 잊어버린 영혼과 육체를 위하여
눈은 새벽이 지나도록 살아 있다.

기침을 하자.
젊은 시인이여, 기침을 하자.
눈을 바라보며
밤새도록 고인 가슴의 가래라도
마음껏 뱉자.

① 순수의 상징
② 의식의 각성제
③ 시적 자아의 추구 대상
④ 불의에 대한 저항의 수단

TIP 제시된 시에서 '눈'은 순수성, 비속물성, 영원성을 의미하는 것으로 작자는 이를 통해 부정적 현실의 극복에 대한 의지를 표현하고 있다. 이는 소시민성, 불순한 일상성, 속물성을 의미하는 기침·가래와 대비를 이루고 있다.

※ 김수영의 눈
  ㉠ 갈래 : 자유시, 서정시
  ㉡ 주제 : 순수한 생명의 회복에 대한 갈망과 고뇌
  ㉢ 성격 : 의지적, 비판적, 주지적
  ㉣ 작자 : 김수영(1921~1968) – 시인. 1950년대를 대표하는 모더니스트로서 지성과 감성의 조화를 이룬 작품으로 높이 평가를 받았으며 후기에는 현실 인식에 바탕을 둔 참여시를 많이 썼다. 작품에 눈, 폭포, 사랑 등이 있고, 시집에 달나라의 장난, 거대한 뿌리 등이 있다.

ANSWER 10.④

11 다음 시의 밑줄 친 부분과 동일한 매개물이 나타나는 것은?

> 파란 녹이 낀 <u>구리 거울</u> 속에
> 내 얼굴이 남아 있는 것은
> 어느 왕조(王朝)의 유물(遺物)이기에
> 이다지도 욕될까.
>
> 나는 나의 참회(懺悔)의 글을 한 줄에 줄이자.
> — 만 이십 사 년(滿二十四年) 일 개월(一個月)을
> 무슨 기쁨을 바라 살아 왔던가.
>
> 내일이나 모레나 그 어느 즐거운 날에
> 나는 또 한 줄의 참회록(懺悔錄)을 써야 한다.
> — 그 때 그 젊은 나이에
> 왜 그런 부끄런 고백(告白)을 했던가.

① 별을 노래하는 마음으로
　 모든 죽어 가는 것을 사랑해야지.

② 코카서스 산중에서 도망해 온 토끼처럼
　 둘러리를 빙빙 돌며 간(肝)을 지키자.

③ 쫓아오던 햇빛인데,
　 지금 교회당 꼭대기
　 십자가에 걸리었습니다.

④ 산모퉁이를 돌아 논가 외딴 우물을 홀로 찾아가선
　 가만히 들여다봅니다.

> **TIP** 윤동주의 참회록 … 자기 성찰을 통해서 진실된 모습을 발견하고자 하는 시인의 정신적 깊이를 느끼게 해 주는 작품으로
> 여기에서 '구리 거울'은 자아 성찰의 매개물이다.
> ④ 윤동주의 시 자화상의 일부로, 이 시에서 '우물'은 시적 화자에게 아름다웠던 과거를 연상시키고 현재의 무기력한 자
> 신의 모습을 비춰주는 자아 성찰의 매개물이다.

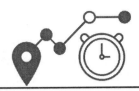

12 다음 밑줄 친 ㉠~㉣에 대한 설명으로 옳지 않은 것은?

> 내 마음 속 우리 ㉠님의 고운 ㉡눈썹을
> 즈믄 밤의 꿈으로 맑게 씻어서
> ㉢하늘에다 옮기어 심어 놨더니
> 동지 섣달 날으는 매서운 새가
> 그걸 알고 시늉하며 ㉣비끼어 가네.

① ㉠ 현실 세계의 임을 뜻한다.
② ㉡ 초승달의 이미지와 연결된다.
③ ㉢ 눈썹이 옮겨지는 공간 역할을 한다.
④ ㉣ 경외감이 행동으로 드러나는 부분으로 볼 수 있다.

TIP ㉠ 현실 세계의 임이 아닌 시인의 내적 가치로서의 의미를 지닌 임을 말한다.

※ 서정주의 동천 … 절대적 가치에 대한 외경심을 노래한 시로, 대상을 바라보는 시인의 상상력이 돋보이며 시인의 내적 가치가 고도의 상징과 압축에 의해 구체화되고 있다.

13 다음 작품이 지닌 특징으로 적절하지 않은 것은?

> 새끼오리도 헌신짝도 소똥도 갖신창도 개니빠디도 너울쪽도 짚검불도 가랑잎도 머리카락도 헝겊조각도 막대꼬치도 기왓장도 닭의 깃도 개 터럭도 타는 모닥불 //
> 재당도 초시도 문장 늙은이도 더부살이 아이도 새사위도 갖사돈도 나그네도 주인도 할아버지도 손자도 붓장수도 땜쟁이도 큰 개도 강아지도 모두 모닥불을 쪼인다 //
> 모닥불은 어려서 우리 할아버지가 어미 아비 없는 서러운 아이로 불쌍하니도 몽동발이가 된 슬픈 역사가 있다 //

① 구체적 대상을 열거하여 시상을 전개하고 있다.
② 특정한 조사를 반복하여 운율을 형성하고 있다.
③ 사물을 의인화하여 대상의 속성을 강조하고 있다.
④ 토속적 시어를 활용하여 향토색을 드러내고 있다.

TIP ③ 사물을 의인화하여 표현하고 있지는 않다.

① 1연에서는 모닥불에 타는 여러 사물들을 열거하였고 2연에서는 모닥불을 쬐는 여러 인물 및 동물들을 열거하였다.
② 1연과 2연 모두에서 조사 '도' 반복하여 나타나고 있다. '갖신창',
④ 1연의 '갖신창', '개니빠디', '너울쪽', '짚검불', '개 터럭', 2연의 '재당', '초시', '갖사돈', 3연의 '몽동발이' 등과 같은 토속적 시어를 통해 향토색을 드러내고 있다.

ANSWER 12.① 13.③

※ 다음 시를 읽고 물음에 답하시오. 【14 ~ 15】

까마득한 날에
하늘이 처음 열리고
어디 닭 우는 소리 들렸으랴.

모든 산맥(山脈)들이
바다를 연모(戀慕)해 휘달릴 때에도
차마 이 곳을 범(犯)하던 못하였으리라.

끊임없는 광음(光陰)을
부지런한 계절(季節)이 피어선 지고
큰 강물이 비로소 길을 열었다.

지금 눈 내리고
매화(梅花) 향기(香氣) 홀로 아득하니
내 여기 가난한 노래의 씨를 뿌려라.

다시 천고(千古)의 뒤에
백마(白馬) 타고 오는 초인(超人)이 있어
이 광야(曠野)에서 목놓아 부르게 하리라.

14 이 시에 대한 설명으로 옳지 않은 것은?

① 상징 기법이 두드러진다.
② 대륙적인 풍모와 기상이 드러나 있다.
③ 시간의 흐름에 따른 추보식 구조이다.
④ 일제하의 참담한 현실 상황에 절망하고 있다.

TIP ④ 식민치하의 상황을 극복하고자 하는 굳센 의지를 드러내고 있다.
※ 이육사의 광야… 광막한 공간과 아득한 시간을 배경으로 일제 강점기의 혹독한 현실에 맞서려는 선구자적 태도와 '초인'으로 표상되는 미래 지향적 역사 의식이 드러나 있는 이육사 시인의 대표적인 작품이다.

15 이 시의 시상 전개 방식을 바르게 말한 것은?

① 공간 이동의 방법을 써서 시상을 나열하고 있다.
② 감정의 흐름에 따라 시상을 점층적으로 전개하였다.
③ 과거와 미래를 대비시켜 현재의 고난을 강조하는 방법을 썼다.
④ 시간의 흐름에 따른 구성을 통해 시상을 발전적으로 전개시켰다.

TIP 1 ~ 3연은 과거, 4연은 현재, 5연은 미래의 상황을 다루고 있으므로, 과거 – 현재 – 미래의 시간적 흐름에 따라 시상이 전개되고 있다.
※ 광야의 짜임
㉠ 1연 : 광야의 원시성
㉡ 2연 : 광야의 광활함
㉢ 3연 : 역사와 문명의 태동
㉣ 4연 : 광야의 현재성과 현실 극복 의지
㉤ 5연 : 초인 정신과 미래 지향의 역사 의식

ANSWER 14.④ 15.④

03 소설

① ·· 소설의 본질과 갈래

(1) 소설의 본질

① 소설의 정의 : 현실 세계에 있음직한 일을 작가의 상상에 따라 꾸며낸 이야기로, 독자에게 감동을 주고 인생의 진리를 나타내는 산문 문학이다.

② 소설의 특징
  ㉠ 산문성 : 대표적인 산문 문학이다.
  ㉡ 허구성 : 작가의 상상력에 의해 있을 수 있는 사실을 꾸며낸 이야기(fiction)이다.
  ㉢ 예술성 : 예술미와 형식미를 지닌 창조적인 언어 예술이다.
  ㉣ 진실성 : 궁극적으로 인생의 진실을 추구하며, 인생의 진정한 의미를 깨닫게 한다.
  ㉤ 서사성 : 인물, 사건, 배경이 있는 이야기의 문학이다.
  ㉥ 모방성 : 현실에서 제재를 취하는 현실 사회의 반영이다.

(2) 소설의 갈래

① 길이상 갈래
  ㉠ 장편 소설 : 복합적 구성과 다양한 인물의 등장으로 사회의 총체적 모습을 그린다(원고지 1,000매 이상).
  ㉡ 중편 소설 : 장편과 단편의 특징을 절충한 것으로 구성은 장편 소설과 비슷하다(원고지 200～500매).
  ㉢ 단편 소설 : 단일한 구성으로 인생의 단면을 그리며 압축의 기교를 필요로 한다(원고지 50～100매).
  ㉣ 콩트(Conte) : 장편 소설(掌篇小說)이라고도 하며 구성이 극도로 압축된다(원고지 50매 안팎).

② 성격상 갈래
  ㉠ 순수 소설 : 작품의 예술성을 추구하는 본격 소설로 예술적 가치 이외의 것은 거부한다.
  ㉡ 목적 소설 : 예술적 기교보다는 작품 내용의 효용성, 정치적 목적성 등을 더 중시한다.
  ㉢ 대중(통속) 소설 : 남녀의 사랑이나 사건 중심으로 쓴 흥미 본위의 소설로 상업성을 추구하며 예술성보다는 쾌락성이나 효용성을 더 중시한다.

② ·· 소설의 구성과 시점

(1) 구성의 3요소

① 인물 : 작품 속에 등장하는 사람이나 그 사람의 성격을 말한다.
② 사건 : 인물이 작품 속에서 겪고 일으키는 일이나 행동을 말한다.
③ 배경 : 인물이 행동하거나 사건이 일어나는 시간, 장소, 상황을 말한다.

(2) 소설의 구성(plot)

① 구성의 5단계
  ㉠ 발단(exposition) : 소설의 첫머리로 인물과 배경이 소개되고 사건의 실마리가 설정되는 부분이다.
  ㉡ 전개(complication) : 발단된 사건이 차차 진전되어 이야기가 복잡하게 얽히고 갈등이 표면화되는 부분이다.

ⓒ 위기(crisis) : 극적인 발전을 가져오는 계기의 단계로서, 새로운 사태가 발생하기도 하며 위기감이 고조되고 절정을 유발하는 부분이다.

ⓔ 절정(climax) : 인물의 성격, 행동, 갈등 등이 최고조에 이르러 잘 부각되고 주제가 선명하게 드러나는 부분이다.

ⓜ 결말(conclusion) : 작품의 대단원에 해당되는 부분으로, 갈등과 위기가 해소되고 사건의 윤곽과 주인공의 운명이 분명해지는 해결의 단계이다.

② 구성의 유형

ⓐ 단순 구성 : 단일한 사건으로 구성되며, 주로 단편 소설에 쓰인다. 통일된 인상, 압축된 긴장감을 나타내는 구성 방법이다.

　　예 주요섭의 사랑 손님과 어머니, 이효석의 메밀꽃 필 무렵

ⓑ 복합 구성 : 둘 이상의 사건이 복잡하게 짜여져 구성되며, 주로 중편 소설이나 장편 소설에 쓰인다.

　　예 염상섭의 삼대, 박경리의 토지

ⓒ 액자식 구성 : 소설(外話) 속에 또 하나의 이야기(內話)가 포함되어 있는 구성이다.

　　예 황순원의 목넘이 마을의 개, 이문열의 사람의 아들

ⓓ 피카레스크식 구성 : 독립할 수 있는 여러 개의 사건이 인과 관계에 의한 종합적 구성이 아니라 산만하게 나열되어 있는 연작 형식의 구성이다.

　　예 보카치오의 데카메론, 조세희의 난장이가 쏘아올린 작은 공

(3) 소설의 시점

① 1인칭 주인공(서술자) 시점

ⓐ 주인공인 '내'가 자신의 이야기를 서술하는 시점으로 주관적이다.

ⓑ 서술자와 주인공이 일치하여 등장 인물의 내면 세계를 묘사하는 데 효과적인 시점이다.

ⓒ 독자에게 신뢰감과 친근감을 주며 이야기에 신빙성을 부여하지만, 객관성을 유지하기는 어렵다.

ⓓ 고백소설, 성장소설, 일기체소설, 심리소설 등에 나타난다.

ⓔ 작품 : 알퐁스 도데의 별, 이상의 날개

② 1인칭 관찰자 시점

ⓐ 등장 인물(부수적 인물)인 '내'가 주인공에 대해 이야기하는 시점으로 객관적인 관찰을 통해서 이루어진다.

ⓑ '나'는 관찰자일 뿐이며 작품 전편의 인물의 초점은 주인공에게 있다.

ⓒ '나'의 눈에 비친 외부 세계만을 다루어 '내'가 주인공의 모습과 행동을 묘사할 뿐 주인공의 내면은 알 수 없다.

ⓓ 작품 : 주요섭의 사랑 손님과 어머니, 김동인의 붉은 산

③ 3인칭(작가) 관찰자 시점

ⓐ 서술자의 주관을 배제하는 가장 객관적인 시점으로 서술자가 등장 인물을 외부 관찰자의 위치에서 이야기하는 시점이다.

ⓑ 사건을 객관적으로 묘사하는 데 효과적이며, 서술자와 주인공의 거리가 가장 멀다.

ⓒ 작품 : 황순원의 소나기, 이범선의 학마을 사람들

④ 전지적 작가 시점

ⓐ 서술자가 인물과 사건에 대해 전지전능한 신의 입장에서 이야기하는 시점으로, 작중 인물의 심리를 분석하여 서술한다.

ⓑ 서술자의 광범위한 참여로 독자의 상상적 참여가 제한된다.

ⓒ 작가의 사상과 인생관이 직접 드러나며, 장편 소설에 주로 쓰인다.

ⓓ 등장 인물의 운명까지 알 수 있으며, 아직 등장하지 않은 인물까지도 묘사한다.

ⓔ 작품 : 춘향전, 염상섭의 삼대

기출문제

다음 글의 서술자에 대한 설명으로 가장 적절한 것은?

2016. 4. 9. 인사혁신처

그들은 여전히 이야기를 계속하고 있다.

"그래 촌에 들어가면 위험하진 않은가요?"

조선에 처음 간다는 시골자가 또다시 입을 벌렸다.

"뭘요, 어델 가든지 조금도 염려 없쉐다. 생 번이라 하여도 요보는 온순한 데다가, 가는 곳마다 순사요 헌병인데 손 하나 꼼짝할 수 있나요. 그걸 보면 데라우치 상이 참 손아귀 힘도 세지만 인물은 인물이야!"

매우 감격한 모양이다.

"그래 촌에 들어가서 할 게 뭐예요?"

"할 것이야 많지요. 어델 가기로 굶어 죽을 염려는 없지만, 요새 돈 몰 것이 똑 하나 있지요. 자본 없이 힘 안 들고…… 하하하."

표독한 위인이 충동이는 수작이다.

　　　　… (중략) …

나는 여기까지 듣고 깜짝 놀랐다. 그 불쌍한 조선 노동자들이 속아서 지상의 지옥 같은 일본 각지의 공장과 광산으로 몸이 팔리어 가는 것이 모두 이런 도적놈 같은 협잡 부랑배의 술중(術中)에 빠져서 속아 넘어가는구나 하는 생각을 하며 나는 다시 한 번 그자의 상판대기를 치어다보지 않을 수 없었다.

① 작품 밖의 전지적 서술자가 일어난 사건의 전말을 전달하고 있다.

② 작품 속에 등장하는 인물이 다른 인물을 관찰하며 평가하고 있다.

③ 작품 밖에 있는 서술자가 관찰자가 되어 등장인물의 행동을 묘사하고 있다.

④ 작품 속의 서술자가 작품 밖의 서술자와 교차하며 사건을 입체적으로 서술하고 있다.

☞ ②

3 ·· 소설의 인물(character)

(1) 인물의 유형

① **평면적 인물** : 작품 속에서 처음부터 끝까지 성격이 일정한 인물이다.

　예 흥부전의 '흥부' – 착하기만 함, 토끼전의 '자라' – 우직하고 충성스럽기만 함

② **입체적 인물** : 한 작품 속에서 성격이 발전하고 변화하는 인물이다.

　예 김동인의 감자의 복녀, 황순원의 카인의 후예의 도섭 영감

③ **전형적 인물** : 사회의 어떤 집단이나 계층을 대표하는 인물이다.

　예 춘향전의 '춘향' – 열녀, 흥부전의 '놀부' – 악인

④ **개성적 인물** : 개인으로서 독자적 성격과 개성을 지닌 인물이다.

　예 김동인의 감자의 복녀, 이상의 날개의 나

⑤ **주동적 인물** : 작품의 주인공이자 사건의 주체로서 소설의 이야기를 이끌며 주제를 부각시키는 긍정적 성격의 인물이다.

　예 심청전의 심청, 흥부전의 흥부

⑥ **반동적 인물** : 작품 속에서 주인공의 의지, 행위에 대립하여 갈등을 일으키는 부정적 성격의 인물이다.

　예 춘향전의 변학도, 흥부전의 놀부

(2) 인물의 제시 방법

① **직접적 방법** : 작중 화자가 직접 설명하는 방법으로 해설적 방법, 또는 분석적 방법이라고도 한다. 이 방법은 작가의 견해 제시가 용이하나 추상적 설명이 되기 쉬우며, 전지적 작가 시점의 소설이나 고대 소설에서 많이 사용한다.

② **간접적 방법** : 인물의 말이나 행동 등을 보여줌으로써 묘사하는 방법으로 극적 방법이라고도 한다. 이 방법은 인물의 성격이 생생하게 드러나고 독자와의 거리가 좁혀지며, 작가 관찰자 시점의 소설이나 현대 소설에서 많이 사용된다.

(3) 인물과 갈등

① **내적 갈등** : 주인공과 환경, 상황 및 심리 의지의 대립으로 한 인물의 내면에서 일어나는 심리적 갈등을 말한다.

　예 김동인의 감자에서 복녀가 도덕적 타락을 하기 전의 갈등

② **외적 갈등**

　㉠ 주인공과 대립적 인물의 갈등(개인과 개인의 갈등)

　　예 김유정의 동백꽃의 나와 점순이의 갈등

　㉡ 주인공과 사회적 환경의 갈등(개인과 사회의 갈등)

　　예 채만식의 레디 메이드 인생의 인텔리 주인공과 식민지 사회와의 갈등

　㉢ 개인이 운명적으로 겪는 갈등(개인과 운명의 갈등)

　　예 김동리의 역마

📖 기출문제

다음 작품에 대한 설명으로 가장 적절하지 않은 것은?

2020. 9. 19. 경찰공무원

전차 안에서

구보는, 우선, 제자리를 찾지 못한다. 하나 남았던 좌석은 그보다 바로 한 걸음 먼저 차에 오른 젊은 여인에게 점령당했다. 구보는, 차장대 가까운 한구석에 가 서서, 자기는 대체 이 동대문행 차를 어디까지 타고 가야 할 것인가를, 대체 어느 곳에 행복은 자기를 기다리고 있을 것인가를 생각해 본다.

이제 이 차는 동대문을 돌아 경성 운동장 앞으로 해서……. 구보는, 차장대, 운전대로 향한, 안으로 파아란 융을 받쳐 댄 창을 본다. 전차과에서는 그곳에 뉴스를 게시한다. 그러나 사람들은 요사이 축구도 야구도 하지 않는 모양이었다.

장충단으로, 청량리로, 혹은 성북동으로……. 그러나 요사이 구보는 교외를 즐기지 않는다. 그곳에는, 하여튼 자연이 있었고, 한적(閑寂)이 있었다. 그리고 고독조차 그곳에는, 준비되어 있었다. 요사이 구보는 고독을 두려워한다.

일찍이 그는 고독을 사랑한 일이 있었다. 그러나 고독을 사랑한다는 것은 그의 심경의 바른 표현이 못 될 게다. 그는 결코 고독을 사랑하지 않았는지도 모른다. 아니 도리어 그는 그것을 그지없이 무서워하였는지도 모른다.

① 다양한 체험을 통해 인물 간의 극적 갈등이 시작된다.

② 여정을 따라 등장인물의 의식과 내면을 서술하고 있다.

③ 특정 시대의 소재를 등장시켜 시대적 배경을 짐작할 수 있다.

④ 각종 문장부호의 사용을 통해 특정 부분을 주목하게 하고 있다.

☞ ①

4 ·· 주요 작품의 이해

(1) 메밀꽃 필 무렵

① 작자 : 이효석(1907 ~ 1942) − 소설가. 호는 가산(可山). 〈구인회〉 동인으로 초기에는 동반 작가로서 현실 고발의 리얼리즘적인 성향을 보였으나, 1933년 이후부터는 시적 서정적 경지의 토착적 자연주의와 탐미적 관능주의의 경향을 보였다. 작품에 돈(豚), 산, 수탉, 화분 등이 있다.

② 갈래 : 단편 소설, 순수 소설

③ 주제 : 장돌뱅이의 삶을 통해 본 인간 본연의 애정

④ 성격 : 낭만적, 서정적, 탐미적, 묘사적

⑤ 시점 : 전지적 작가 시점

⑥ 특징 : 1936년에 발표된 이효석의 대표작으로, 달밤의 정경을 배경으로 인간과 자연의 세계가 조화를 이루는 특유의 자연적 화해가 성적 묘사와 함께 낭만적이면서 서정적으로 그려졌다.

(2) 봄봄

① 작자 : 김유정(1908 ~ 1937) − 소설가. 순 문예 단체인 〈구인회(九人會)〉에 가입하여 활동하기도 하였으며, 작품에 소낙비, 산골 나그네, 노다지, 금 따는 콩밭, 동백꽃, 만무방 등이 있다.

② 갈래 : 단편 소설, 농촌 소설

③ 주제 : 교활한 장인과 어리숙한 데릴사위 사이의 해학적 갈등상

④ 성격 : 해학적, 토속적

⑤ 시점 : 1인칭 주인공 시점

⑥ 특징 : 일제 강점기의 궁핍한 농촌 현실을 배경으로, 혼인 문제를 둘러싼 '나'와 장인과의 갈등을 해학과 풍자를 통해 향토성 짙게 표현한 작품이다.

(3) 태평 천하

① 작자 : 채만식(1902 ~ 1950) − 소설가. 호는 백릉(白菱). 초기에는 동반자적 경향을 보였고 후기에는 사회와 개인에 대한 풍자적 내용의 소설을 주로 썼다. 작품에 탁류, 레디 메이드 인생, 치숙, 역로, 논 이야기 등이 있다.

② 갈래 : 장편 소설, 풍자 소설, 사회 소설, 가족사 소설

③ 주제 : 일제하 중산층 인물의 타락한 삶의 모습

④ 성격 : 비판적, 풍자적,

⑤ 시점 : 전지적 작가 시점

⑥ 특징 : 1938년 천하 태평춘이라는 제목으로 〈조광〉지에 연재된 소설로, 염상섭의 삼대와 마찬가지로 평민 출신 대지주 집안이 세대 간의 가치관의 차이로 인해 붕괴되어 가는 과정과 타락한 삶의 방식을 풍자와 반어를 통해 비판하고 있는 작품이다.

(4) 광장

① **작자**: 최인훈(1936 ~) - 소설가. 1950년대 문학의 한 주류를 이루고 있는 피난민 의식을 통해 민족 분단에서 오는 이데올로기 문제를 분석하고 해명하는 데 주력하 였다. 작품에 웃음소리, 소설가 구보씨의 일일, 회색인 등이 있다.

② **갈래**: 장편 소설

③ **주제**: 분단의 과정과 비극 속에서 고뇌하는 지식인의 모습

④ **성격**: 관념적, 철학적

⑤ **시점**: 전지적 작가 시점

⑥ **특징**: 분단 문제에 본격적으로 접근한 대표적인 작품으로, 민족의 분단을 이념적 갈 등으로 파악하고 그 선택의 기로에서 방황하는 인간상을 제시하고 있다. 또한 남북 의 이데올로기에 대한 객관적 반성과 그 초월의 지향, 상황의 비극성을 형상화하고 있다.

(5) 장마

① **작자**: 윤흥길(1942 ~) - 소설가. 절도 있는 문체로 주로 현실의 왜곡, 부조리, 기 괴함 등을 잘 드러내는 작품을 썼다. 작품에 아홉 켤레의 구두로 남은 사나이, 기억 속의 들꽃, 황혼의 집, 묵시의 바다, 하루는 이런 일이 등이 있다.

② **갈래**: 중편 소설

③ **주제**: 한국 전쟁 중에 빚어진 한 가정의 비극과 극복

④ **성격**: 서사적, 회상적

⑤ **시점**: 1인칭 관찰자 시점

⑥ **특징**: 6 · 25 전쟁이라는 비극적인 역사의 소용돌이 속에서 극단적으로 대립하던 두 할머니의 화해 과정을 통해 분단 극복의 한 방향을 문학적으로 형상화한 작품이다.

1 다음 글의 시점에 대한 설명으로 적절한 것은?

2021. 9. 11. 지역인재

집에 오니 어머니는 문간에서 기다리고 있다가 나를 안고 들어왔습니다.

"그 꽃은 어디서 났니? 퍽 곱구나."

하고 어머니가 말씀하셨습니다. 그러나 나는 갑자기 말문이 막혔습니다. '이걸 엄마 드릴라구 유치원서 가져왔어.' 하고 말하기가 어째 몹시 부끄러운 생각이 들었습니다. 그래 잠깐 망설이다가,

"응, 이 꽃! 저, 사랑 아저씨가 엄마 갖다주라구 줘."

하고 불쑥 말하였습니다. 그런 거짓말이 어디서 그렇게 툭 튀어나왔는지 나도 모르지요.

꽃을 들고 냄새를 맡고 있던 어머니는 내 말이 끝나기가 무섭게 무엇에 몹시 놀란 사람처럼 화닥닥 하였습니다. 그러고는 금시에 어머니 얼굴이 그 꽃보다 더 빨갛게 되었습니다. 그 꽃을 든 어머니 손가락이 파르르 떠는 것을 나는 보았습니다. 어머니는 무슨 무서운 것을 생각하는 듯이 방안을 휘 한번 둘러보시더니,

"옥희야, 그런 걸 받아 오문 안 돼."

하고 말하는 목소리는 몹시 떨렸습니다. 나는 꽃을 그렇게도 좋아하는 어머니가 이 꽃을 받고 그처럼 성을 낼 줄은 참으로 뜻밖이었습니다. 어머니가 그렇게도 성을 내는 것을 보니까 그 꽃을 내가 가져왔다고 그러지 않고 아저씨가 주더라고 거짓말을 한 것이 참 잘되었다고 나는 속으로 생각하였습니다. 어머니가 성을 내는 까닭을 나는 모르지만 하여튼 성을 낼 바에는 내게 내는 것보다 아저씨에게 내는 것이 내게는 나았기 때문입니다. 한참 있더니 어머니는 나를 방안으로 데리고 들어와서,

"옥희야, 너 이 꽃 이 얘기 아무보구두 하지 말아라, 응."

하고 타일러 주었습니다. 나는,

"응."

하고 대답하면서 고개를 여러 번 까닥까닥하였습니다.

어머니가 그 꽃을 곧 내버릴 줄로 나는 생각하였습니다마는 내버리지 않고 꽃병에 꽂아서 풍금 위에 놓아두었습니다. 아마 퍽 여러 밤 자도록 그 꽃은 거기 놓여있어서 마지막에는 시들었습니다. 꽃이 다 시들자 어머니는 가위로 그 대는 잘라내 버리고 꽃만은 찬송가 갈피에 곱게 끼워 두었습니다.

① 주인공이 자신의 이야기를 하면서 다른 인물의 심리도 함께 서술한다.

② 서술자가 작품 외부에서 사건을 서술하여 인물의 내면까지 파악하고 있다.

③ 작품 밖의 서술자가 자신의 주관을 배제하고 객관적인 사건을 서술하고 있다.

④ 이야기 속 인물이 서술자가 되어 주인공을 관찰하는 방식으로 서사가 전개되고 있다.

> **TIP** 이 작품은 작품 속 인물인 '나(옥희)'가 서술자가 되어서 주인공인 어머니와 사랑손님을 관찰하고 있는 1인칭 관찰자 시점의 소설이다. 여섯 살인 나(옥희)의 눈을 통해 본 어른들의 세계 즉 어머니와 사랑 손님과의 미묘한 사랑의 감정을 아이의 시점에서 순수하게 그려내고 있다.
>
> ※ 주요섭 「사랑 손님과 어머니」
> ㉠ 갈래 : 현대 소설, 단편 소설
> ㉡ 시점 : 1인칭 관찰자 시점
> ㉢ 배경 : 시간적 – 1930년대, 공간적 – 어느 작은 마을
> ㉣ 주제 : 어머니와 사랑 손님과의 사랑과 이별
> ㉤ 특징 : 순수한 아이의 시점에서 어른들의 사랑을 그려냄

2 다음 글의 공간에 대한 설명으로 적절하지 않은 것은?

2020. 6. 13. 제1회 지방직

시(市)를 남북으로 나누며 달리는 철도는 항만의 끝에 이르러서야 잘려졌다. 석탄을 싣고 온 화차(貨車)는 자칫 바다에 빠뜨릴 듯한 머리를 위태롭게 사리며 깜짝 놀라 멎고 그 서슬에 밑구멍으로 주르르 석탄 가루를 흘려보냈다.

집에 가 봐야 노루꼬리만큼 짧다는 겨울 해에 점심이 기다리고 있는 것도 아니어서 우리들은 학교가 파하는 대로 책가방만 던져둔 채 떼를 지어 선창을 지나 항만의 북쪽 끝에 있는 제분 공장에 갔다.

제분 공장 볕 잘 드는 마당 가득 깔린 멍석에는 늘 덜 건조된 밀이 널려 있었다. 우리는 수위가 잠깐 자리를 비운 틈을 타서 마당에 들어가 멍석의 귀퉁이를 밟으며 한 움큼씩 밀을 입 안에 털어 넣고는 다시 걸었다. 올올이 흩어져 대글대글 이빨에 부딪치던 밀알들이 달고 따뜻한 침에 의해 딱딱한 껍질을 불리고 속살을 풀어 입 안 가득 풀처럼 달라붙다가 제법 고무질의 질긴 맛을 낼 때쯤이면 철로에 닿게 마련이었다.

우리는 밀껌으로 푸우푸우 풍선을 만들거나 침목(枕木) 사이에 깔린 잔돌로 비사치기를 하거나 전날 자석을 만들기 위해 선로 위에 얹어 놓았던 못을 뒤지면서 화차가 닿기를 기다렸다.

드디어 화차가 오고 몇 번의 덜컹거림으로 완전히 숨을 놓으면 우리들은 재빨리 바퀴 사이로 기어 들어가 석탄가루를 훑고 이가 벌어진 문짝 틈에 갈퀴처럼 팔을 들이밀어 조개탄을 후벼내었다. 철도 건너 저탄장에서 밀차를 밀며 나오는 인부들이 시커멓게 모습을 나타낼 즈음이면 우리는 대개 신발주머니에, 보다 크고 몸놀림이 잽싼 아이들은 시멘트 부대에 가득 든 석탄을 팔에 안고 낮은 철조망을 깨금발로 뛰어넘었다.

선창의 간이음식점 문을 밀고 들어가 구석 자리의 테이블을 와글와글 점거하고 앉으면 그날의 노획량에 따라 가락국수, 만두, 찐빵 등이 날라져 왔다.

석탄은 때로 군고구마, 딱지, 사탕 따위가 되기도 했다. 어쨌든 석탄이 선창 주변에서는 무엇과도 바꿀 수 있는 현금과 마찬가지라는 것을 우리는 알고 있었고, 때문에 우리 동네 아이들은 사철 검정 강아지였다.

① 철길 때문에 도시가 남북으로 나뉘어 있다.
② 항만 북쪽에는 제분 공장이 있고, 철도 건너에는 저탄장이 있다.
③ 선로 주변에 아이들이 넘을 수 없는 철조망이 있다.
④ 석탄을 먹을거리와 바꿀 수 있는 간이음식점이 있다.

TIP 제시된 소설 지문의 5문단 끝에 '잽싼 아이들은 시멘트 부대에 가득 든 석탄을 팔에 안고 낮은 철조망을 깨금발로 뛰어넘었다.'라는 구절을 통해 아이들도 쉽게 넘나들 수 있었음을 알 수 있다.

ANSWER 2.③

3 다음 작품을 이해한 내용으로 가장 적절하지 않은 것은?

2020. 5. 30. 경찰공무원

> 그해에도 아주머니는 마찬가지였다. 그해에도 그녀는 5월로 접어들며 몇 번씩이나 철쭉 꿈을 꾸었고 그만큼 혼자서 개화를 기다려 왔다 하였다. 그리고 다시 집 앞을 찾아와 담 위로 흰 꽃이 흐드러진 것을 보고서야 비로소 마음이 놓였다는 것이었다. (중략) 아주머니는 그쯤에서 대강 이야기를 끝내고 우리들에 대한 치하의 말과 함께 그만 자리를 일어섰다.
>
> 우리는 이제 그 아주머니를 보고도 서로간에 잠시 할 말을 잃고 있었다. 공연히 애틋하고 무거운 기분에, 가져선 안 되는 것을 빼앗아 가진 사람처럼 아주머니에게 자꾸 송구스러워지고 있었다. (중략) 하지만 그건 물론 실현성이 없는 소리였다. 아주머니네는 이제 나무를 옮겨가 심을 집이 없었다. 그런 일을 치를 만한 힘도 없었다. 아니, 그보다 아주머니 자신이 그것을 원하지 않고 있을 일이었다. 아주머니는 차마 그녀의 본심을 말하지 못하고 있었다. 아주머니가 꿈속에서 본 것은 다만 흰 철쭉꽃만이 아니었다. 흰 철쭉꽃은 그녀의 고향의 모습이자 친정어머니의 모습이기도 하였다. 아주머니는 철쭉으로 고향을 만나고 그 어머니를 대신 만나 온 것이었다. 그리고 거기서 그리운 고향과 어머니의 소식을 기다려 온 것이었다. 친정어머니가 행여 이남으로 넘어와 어디에 살아 있다면 그 어머니는 철쭉을 기억하고 있을 것이었다. (중략)
>
> 나무는 언제까지나 거기 남아 있어야 하였다. 거기서 끝끝내 기다리고 있어야 하였다. 아내나 나는 이미 그것을 알고 있었다. 나무를 옮겨 가도 좋다는 아내의 제안은 그러니까 그저 자기 진심에 겨운 위로의 말일 뿐이었다. (하략)

① 인물들 사이의 갈등이 구체적으로 드러나 있다.
② 철쭉꽃이 의미하는 바가 직접적으로 나타나 있다.
③ 이야기가 전개되는 시대적 배경을 짐작할 수 있다.
④ 이 작품의 시점을 확인할 수 있는 표지와 내용이 있다.

TIP ① 화자인 '나'와 '아주머니'사이의 갈등은 나타나지 않는다. '나'는 실향민인 '아주머니'에게 연민을 느끼고 있다.

※ 이청준, 「흰철쭉」
 ㉠ 갈래 : 편소설, 분단소설
 ㉡ 성격 : 사실적, 상징적, 비극적
 ㉢ 배경 : 시간 - 1970년대, 공간 - 서울 청담동
 ㉣ 시점 : 1인칭 관찰자 시점
 ㉤ 주제 : 남북 분단으로 인한 실향민의 슬픔과 그에 대한 연민

4 다음 글에 대한 설명으로 옳지 않은 것은?

2019. 4. 6. 인사혁신처

동네 사람들이 방앗간의 터진 두 면을 둘러쌌다. 그리고 방앗간 속을 들여다보았다. 과연 어둠 속에 움직이는 게 있었다. 그리고 그게 어둠 속에서도 흰 짐승이라는 걸 알 수 있었다. 분명히 그놈의 신둥이개다. 동네 사람들은 한 걸음 한 걸음 죄어들었다. 점점 뒤로 움직여 쫓기는 짐승의 어느 한 부분에 불이 켜졌다. 저게 산개의 눈이다. 동네 사람들은 몽둥이 잡은 손에 힘을 주었다. 이 속에서 간난이 할아버지도 몽둥이 잡은 손에 힘을 주었다. 한 걸음 더 죄어들었다. 눈앞의 새파란 불이 빠져나갈 틈을 엿보듯이 휙 한 바퀴 돌았다. 별나게 새파란 불이었다. 문득 간난이 할아버지는 이런 새파란 불이란 눈앞에 있는 신둥이개 한 마리의 몸에서 나오는 것이 아니고 여럿의 몸에서 나오는 것이 합쳐진 것이라는 생각이 들었다. 말하자면 지금 이 신둥이개의 뱃속에 든 새끼의 몫까지 합쳐진 것이라는. 그러자 간난이 할아버지의 가슴속을 흘러 지나가는 게 있었다. 짐승이라도 새끼 밴 것을 차마?

이때에 누구의 입에선가, 때레라! 하는 고함 소리가 나왔다. 다음 순간 간난이 할아버지의 양옆 사람들이 욱 개를 향해 달려들며 몽둥이를 내리쳤다. 그와 동시에 간난이 할아버지는

푸른 불꽃이 자기 다리 곁을 빠져나가는 것을 느꼈다. 뒤이어 누구의 입에선가, 누가 빈틈을 냈어? 하는 흥분에 찬 목소리가 들렸다. 그리고 저마다, 거 누구야? 거 누구야? 하고 못마땅해 하는 말소리 속에 간난이 할아버지 턱밑으로 디미는 얼굴이 있어,

"아즈반이웨다레"

하는 것은 동장네 절가였다.

① 토속적이면서도 억센 삶의 현장을 그리고 있다.
② 신둥이의 새파란 불은 생의 욕구를 암시한다.
③ 간난이 할아버지에게서 생명에 대한 외경을 느낄 수 있다.
④ 동장네 절가는 간난이 할아버지의 행동에 동조하고 있다.

> **TIP** ④ 동장네 절가는 신둥이개가 새끼를 밴 것을 알고 멈칫하다 빠져나갈 구멍을 내 준 할아버지 턱밑으로 얼굴을 디밀고 아저씨가 그랬냐고 질책하고 있다. 따라서 간난이 할아버지의 행동에 동조하는 것으로 보기는 어렵다.

ANSWER 4.④

5 다음 글에 대한 설명으로 가장 적절한 것은?

2019. 8. 17. 지역인재

> 농사는 열심으로 하는 것 가튼데 알고 보면 남는 건 겨우 남의 빗뿐. 이러다가는 결말엔 봉변을 면치 못 할 것이다. 하루는 밤이 기퍼서 코를 골며 자는 안해를 깨웟다. 박게 나아가 우리의 세간이 몃개나 되는지 세여 보라 하엿다. 그리고 저는 벼루에 먹을 갈아 붓에 찍어들엇다. 벽을 발른 신문지는 누러케 꺼럿다. 그 우에다 안해가 불러 주는 물목대로 일일히 나려 적엇다. 독이 세개, 호미가 둘, 낫이 하나, 로부터 밥사발, 젓가락, 집이 석단까지 그담에는 제가 빗을 엇어온 데, 그 사람들의 이름을 쪽 적어 노앗다. 금액은 제각기 그 알에다 달아노코. 그엽으론 조금 사이를 떼어 역시 조선 문으로 나의 소유는 이것박게 업노라, 나는 오십 사원을 갑흘 길이 업스매 죄진 몸이라 도망하니 그대들은 아예 싸울게 아니겟고 서루 의론하야 어굴치 안토록 분배하야 가기 바라노라 하는 의미의 성명서를 벽에 남기자 안으로 문들을 걸어닷고 울타리 밋구멍으로 세식구가 빠저나왓다.
>
> 이것이 응칠이가 팔자를 고치든 첫날이엇다.

① 작중인물은 현실을 벗어나기 위해 일탈적 방식을 선택하였다.
② 농민들의 물질만능주의적 태도에 대한 비판이 엿보인다.
③ 작중인물은 미래에 대한 낙관적인 전망을 가지고 있다.
④ 작가는 농촌 궁핍의 원인을 제시하였다.

TIP 글의 처음에 언급된 '농사는 열심으로 하는 것 가튼데 알고 보면 남는 건 겨우 남의 빗뿐. 이러다가는 결말엔 봉변을 면치 못 할 것이다.'라는 부분에서 응칠이 자신의 현실을 인식하고, 결국에는 마지막에서처럼 현실을 벗어나기 위해 야반도주라는 일탈적 방식을 선택하는 것을 알 수 있다.

6 다음 글에 대한 이해로 가장 적절한 것은?

2018. 8. 18. 지역인재

> 정 주사는 요새 정거장으로부터 시작하여 새로 난 소화통이라는 큰길을 동쪽으로 한참 내려가다가 바른손 편으로 꺾이어 개복동(開福洞) 복판으로 들어섰다.
> 예서부터가 조선 사람들이 모여 사는 곳이다.
> 지금은 개복동과 연접된 구복동(九福洞)을 한데 버무려 가지고, 산상정(山上町)이니 개운정(開運町)이니 하는 하이칼라 이름을 지었지만, 예나 시방이나 동네의 모양다리는 그냥 그 대중이고 조금도 개운(開運)은 되질 않았다. 그저 복판에 포도 장치(鋪道裝置)도 안 한 십오 간짜리 토막길이 있고, 길 좌우로 연달아 평지가 있는 둥 마는 둥 하다가 그대로 사뭇 언덕 비탈이다.
> 그러나 언덕 비탈의 언덕은 눈으로는 보이지를 않는다. 급하게 경사진 언덕 비탈에 게딱지 같은 초가집이며, 낡은 생철집 오막살이들이, 손바닥만 한 빈틈도 남기지 않고 콩나물 길듯 다닥다닥 주어박혀, 언덕이거니 짐작이나 할 뿐인 것이다. 그 집들이 콩나물 길듯 주어박힌 동네 모양새에서 생긴 이름인지, 이 개복동서 그 너머 둔뱀이[屯栗里]로 넘어가는 고개를 콩나물 고개라고 하는데, 실없이 제격에 맞는 이름이다.
> 개복동, 구복동, 둔뱀이, 그리고 이편으로 뚝 떨어져 정거장 뒤에 있는 '스래[京浦里]', 이러한 몇 곳이 군산의 인구 칠만 명 가운데 육만도 넘는 조선 사람들의 거의 대부분이 어깨를 비비면서 옴닥옴닥 모여 사는 곳이다. 면적으로 치면 군산부의 몇십 분의 일도 못 되는 땅이다.
> 그뿐 아니라 정리된 시구(市區)라든지, 근대식 건물로든지, 사회 시설이나 위생 시설로든지, 제법 문화 도시의 모습을 차리고 있는 본정통이나, 전주통이나, 공원 밑 일대나, 또 넌지시 월명산(月明山) 아래로 자리를 잡고 있는 주택 지대나, 이런 데다가 빗대면 개복동이니 둔뱀이니 하는 곳은 한 세기나 뒤떨어져 보인다. 한 세기라니, 인제 한 세기가 지난 뒤라도 이 사람들이 제법 고만큼이나 문화다운 살림을 하게 되리라 싶질 않다.

① 동시에 벌어진 사건을 나란히 서술함으로써 사건의 역설적 의미가 구성된다.
② 구체적 지명을 활용한 공간적 배경을 제시함으로써 이야기의 시대적 상황이 드러난다.
③ 과거 상황과 사뭇 다른 현실 상황을 대조함으로써 변화에 민감한 세태의 면모가 극화된다.
④ 인물의 내적 갈등을 제시함으로써 시대의 변화에 적응하지 못하는 세대의 고통이 나타난다.

TIP 개복동, 구복동, 둔뱀이, 스래 등 조선 사람들이 옴닥옴닥 모여 사는 곳의 지명과, 이와 대조되는 본정통, 전주통, 공원 밑 일대, 월명산 아래 주택지대 등의 구체적 지명을 활용하여 공간적 배경을 제시함으로써 소설의 배경이 되는 일제 강점기의 시대적 상황을 드러내고 있다.

※ 채만식, 「탁류」
　ⓐ 갈래 : 장편소설, 사회소설
　ⓑ 성격 : 비판적, 세태풍자적
　ⓒ 배경 : 일제 강점기인 1930년대 군산, 서울
　ⓓ 시점 : 전지적 작가 시점
　ⓔ 소재 : 한 여인(초봉)의 기구한 수난사
　ⓕ 주제 : 일제 강점기의 혼탁한 현실 속에서 파멸해 가는 비극적인 삶의 모습

ANSWER 6.②

1 다음 글에 대한 이해로 가장 적절한 것은?

> 어느 날이었다. 아버지와 나는 앞서거니 뒤서거니 하면서 그 정부미 자루를 날라 왔다. 그런데 집에 도착해 한숨을 돌린 뒤 자루를 풀고 물건을 정리해 보니 스무 병이 와야 할 소주가 두 병이 모자란 채 열여덟 병만 온 것이었다.
>
> 아버지의 얼굴은 맞보기가 민망할 정도로 금세 하얗게 질렸다. 왜냐하면 그 덜 온 두 병을 빼고 나면 나머지 것들을 몽땅 팔아 봤자 결국 본전치기일 뿐이었기 때문이다. 아버지는 내 등을 떼밀어 물건을 받아 온 수도상회의 혹부리 영감한테 내려 보냈다. 아버지는 말주변도 말주변이었지만 중풍 후유증 때문에 약간의 언어 장애가 있어 일부러 나를 보냈던 것이다.
>
> "뭐 하러 왔네?"
>
> 가게 안에 북적거리는 손님들에게 셈을 치러 주느라 몇 번이고 주판알을 고르는 데 바쁜 혹부리 영감의 눈길을 잡아 두는 데 성공한 나는 더듬더듬 자초지종을 말했다. 그러나 귓등에 연필을 꽂은 채 심술이 덕지덕지 모여 이뤄진 듯한 왼쪽 이마빡의 눈깔사탕만 한 혹을 어루만지며 듣던 혹부리 영감은 풍기 때문에 왼쪽으로 힐끗 돌아간 두터운 입술을 떠들쳐 굵은 침방울을 내 얼굴에 마구 튀겼다. 애초 자기 눈앞에서 까 보이지 않은 것은 인정할 수 없다며 막무가내였다. 나중엔 아버지까지 함께 내려가서 하소연을 해 봤지만 돌아온 대답은 정 그렇게 우기면 거래를 끊겠다는 협박성 경고뿐이었다. 거래가 끊긴다면 아버지한테는 큰 타격이 아닐 수 없었다.
>
> 혹부리 영감은 아버지한테 무슨 큰 특혜를 내려 주듯이 거래를 터 준다고 허락을 놓았었다. 같은 함경도 동향이기 때문이라는 말을 덧붙이면서. 하긴 혹부리 영감한테는 매번 소주 열 병 안짝에다 새우깡 열 봉지, 껌 대여섯 개, 빵 예닐곱 개 등 일반 소매가격 구매자보다 더 많은 물건을 떼어 가지도 않으면서 부득부득 도맷값으로 해 달라고 통사정을 해 쌓는 아버지 같은 사람 하나쯤 거래를 끊어도 장부상 거의 표가 나지 않을 것이었다.
>
> 결국 아버지는 자신의 과오를 인정하지 않을 수 없었다. 당신의 자그마한 구멍가게로 돌아와 나머지 열여덟 병의 소주를 넋 나간 사람처럼 쓰다듬던 아버지는 기어코 아들인 내 앞에서 눈물을 보이고 말았다.

① 혹부리 영감의 위협적인 경고 때문에, 아버지는 혹부리 영감의 주장을 따를 수밖에 없었다.
② 아버지는 소주 두 병을 덜 받아 왔기 때문에 곤란했지만, '나'에게 당황한 내색을 하지 않았다.
③ 아버지는 처음부터 자신이 직접 나서 혹부리 영감과의 잘못된 거래는 바로잡으려고 했다.
④ 혹부리 영감은 가게 일로 바빴지만, '나'의 자초지종을 듣고 마지못해 '나'의 염려를 덜어주었다.

> **TIP** ② 두 번째 문단 첫 문장인 '아버지의 얼굴은 맞보기가 민망할 정도로 금세 하얗게 질렸다.'를 통해 볼 때, 당황한 내색을 하지 않았다는 것은 옳지 않다.
> ③ 아버지는 처음에는 '나'를 보내었고 나중에 함께 내려가서 하소연을 하였다.
> ④ 혹부리 영감은 나의 자초지종을 들었지만, 자기 눈앞에서 까 보이지 않은 것은 인정할 수 없다며 막무가내였다.

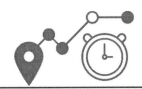

※ 다음 글을 읽고 물음에 답하시오. 【2~3】

　　그들은 나무 의자에 기대어 한 시간쯤 잤다. 깨어 보니 대합실 바깥에 다시 눈발이 흩날리고 있었다. 기차는 연착이었다. 밤차를 타려는 시골 사람들이 의자마다 가득 차 있었다. 두 사람은 말없이 담배를 나눠 피웠다. 먼 길을 걷고 나서 잠깐 눈을 붙였더니 더욱 피로해졌던 것이다. 영달이가 혼잣말로,

　　"쳇, 며칠이나 견디나……."

　　"뭐라구?"

　　"아뇨, 백화란 여자 말요. 저런 애들……. 한 사날두 시골 생활 못 배겨나요."

　　"사람 나름이지만 하긴 그럴 거요. 요즘 세상에 일이 년 안으루 인정이 휙 변해 가는 판인데……."

　　정씨 옆에 앉았던 노인이 두 사람의 행색과 무릎 위의 배낭을 눈여겨 살피더니 말을 걸어 왔다.

　　"어디 일들 가슈?"

　　"아뇨, 고향에 갑니다."

　　"고향이 어딘데……."

　　"삼포라구 아십니까?"

　　"어 알지, 우리 아들놈이 거기서 도자를 끄는데……."

　　"삼포에서요? 거 어디 공사 벌일 데나 됩니까. 고작해야 고기잡이나 하구 감자나 매는데요."

　　"어허! 몇 년 만에 가는 거요?"

　　"십 년."

　　노인은 그렇겠다며 고개를 끄덕였다.

　　"말두 말우 거긴 지금 육지야. 바다에 방둑을 쌓아 놓구, 추럭이 수십 대씩 돌을 실어 나른다구."

　　"뭣땜에요?"

　　"낸들 아나, 뭐 ㉠관광 호텔을 여러 채 짓는담서 복잡하기가 말할 수 없데."

　　"동네는 그대루 있을까요?"

　　"그대루가 뭐요. 맨 천지에 ㉡공사판 사람들에다 장까지 들어 섰는 걸."

　　"그럼 나룻배두 없어졌겠네요."

　　"바다 위로 ㉢신작로가 났는데, 나룻배는 뭐에 쓰오. 허허 사람이 많아지니 변고지, 사람이 많아지면 하늘을 잊는 법이거든."

　　작정하고 벼르다가 찾아가는 고향이었으나, 정씨에게는 풍문마저 낯설었다. 옆에서 잠자코 듣고 있던 영달이가 말했다.

　　"잘 됐군. 우리 거기서 공사판 일이나 잡읍시다."

　　그때에 ㉣기차가 도착했다. 정씨는 발걸음이 내키질 않았다. 그는 마음의 정처를 잃어버렸던 때문이었다. 어느 결에 정씨는 영달이와 똑같은 입장이 되어 버렸다.

　　기차는 눈발이 날리는 어두운 들판을 향해서 달려갔다.

2 윗글에 대한 학생들의 감상이다. 작품의 내재적 의미에만 주목하고 있는 것은?

① 우리에게 교훈을 주는 작품이야. 개발 붐에 의해 '삼포'가 과거의 흔적도 없이 변해버렸거든.

② 작가의 다른 작품도 읽어보아야겠어. 그러면 작가의 작품 세계를 이해하는데 도움이 될 거야.

③ 결말 처리 방식이 인상적이야. 여운을 통해 등장 인물의 내면 세계를 간접적으로 그리고 있거든.

④ 작가는 마음이 따뜻한 사람일 거야. 삶의 터전을 잃고 떠돌아다니는 사람들에게 관심을 보이고 있거든.

> **TIP** ①은 효용론 ②, ④는 표현론
> ③은 내재적 관점에서 작품을 감상했다고 볼 수 있다.
> ※ 황석영 「삼포가는 길」
> ㉠ 갈래 : 현대소설
> ㉡ 성격 : 현실 비판적, 사실적
> ㉢ 배경 : 1970년대 겨울, 삼포로 가는 길
> ㉣ 제재 : 산업화 과정에서 소외된 사람들의 삶
> ㉤ 주제 : 급속한 산업화 속에서 고향을 상실하고 떠돌아다니는 뜨내기들의 애환과 연대의식

3 ㉠~㉣ 중 상징적 의미가 다른 것은?

① ㉠

② ㉡

③ ㉢

④ ㉣

> **TIP** ㉠~㉢은 '삼포'라는 정씨의 고향이 개발되고 있는 것을 상징적으로 파악한 것이다. 기차는 상징적 의미보다는 정씨가 정착하지 않고 유랑하는 의미를 여운있게 처리한 장치라 할 수 있다.

4 빈칸에 들어갈 단어로 적절한 것은?

> 어떡하든 그가 그의 이십 등, 삼십 등을 우습고 불쌍하다고 느끼지 말아야지, 느끼기만 하면 그는 당장 주저앉게 돼 있었다. 그는 지금 그가 괴롭고 고독하지만 위대하다는 걸 알아야 했다.
> 나는 용감하게 인도에서 차도로 뛰어내리며, 그를 향해 열렬한 박수를 보내며 환성을 질렀다.
> 나는 그가 주저앉는 걸 보면 안 되었다. 나는 그가 주저앉는 걸 봄으로써 내가 주저앉고 말 듯한 어떤 미신적인 (   )마저 느끼며 실로 열렬하고도 우렁찬 환영을 했다.
> 내 고독한 환호에 딴 사람들도 합세를 해 주었다. 푸른 마라토너 뒤에도 또 그 뒤에도 주자는 잇따랐다. 꼴찌 주자까지를 그렇게 열렬하게 성원하고 나니 손바닥이 붉게 부풀어 올라 있었다.

① 고립감

② 연대감

③ 절망감

④ 사명감

> **TIP** ② 괄호 앞의 '나는 그가 주저앉는 걸 봄으로써 내가 주저앉고 말 듯한'의 부분으로 보아 상대방과 자신이 하나로 연결되어 있다고 느끼는 연대감이 들어가야 함을 알 수 있다.

5 다음 작품에 대한 설명으로 가장 적절한 것은?

> 그 녀석은 박 씨 앞에 삿대질을 하듯이 또 거쉰 소리를 질렀다. 검초록색 잠바에 통이 좁은 깜장색 바지 차림의 서른 남짓 되어 보이는 사내였다. 짧게 깎은 앞머리가 가지런히 일어서 있고 손에는 올이 굵은 깜장 모자를 들었다. 칼칼하게 야윈 몸매지만 서슬이 선 눈매를 지녔고, 하관이 빠르고 얼굴색도 까무잡잡하다. 앞니에 금니 두 개를 해 박았다. 구두가 인상적으로 써늘하게 생겼다. 구둣방에 진열되어 있는 구두는 구두에 불과하지만 일단 사람의 발에 신기면 구두도 그 주인의 위인과 더불어 주인을 닮아 가게 마련이다. 끝이 뾰족하고 반들반들 윤기를 내고 있다.
> 헤프고, 사근사근하고, 무르고, 게다가 병역 기피자인 박 씨는 대번에 꺼칠한 얼굴이 되었다. 처음부터 나오는 것이 예사 손님 같지는 않다.
> "글쎄, 앉으십쇼. 빨리 해 드릴 테니."
> "얼마나 빨리 되어? 몇 분에 될 수 있소?"
> "허어, 이 양반이 참 급하기도."
> "뭐? 이 양반? 얻다 대구 반말이야? 말조심해."
> 앉았던 손님 두엇이 거울 속에서 힐끗 쳐다보았다. 그리고 거울 속에서 눈길이 부딪힐 듯하자 급하게 외면을 하였다. 세발대의 두 소년도 우르르 머리들을 이편으로 내밀고 구경을 하고 손이 빈 민 씨와 김 씨도 구석 쪽 빈 이발 의자에 앉아 묵은 신문을 보다가 말고 몸체만을 엉거주춤 돌렸다.

① 개인과 사회의 갈등을 중심으로 사건이 전개되고 있다.
② 외모와 말투를 통해서 등장인물의 성격이 드러나고 있다.
③ 초점이 되는 인물의 내면 심리를 중심으로 서술되고 있다.
④ 등장인물 중의 하나인 서술자가 자신의 관점에서 상황을 서술하고 있다.

TIP ② 전체적으로 등장인물들의 외모와 대화를 통해 등장인물의 성격을 드러내고 있다.

6 다음 소설에 대한 설명으로 옳지 않은 것은?

> 눈이 함빡 쌓인 흰 둑길이다. 오! 이 둑길 ……. 몇 사람이나 이 둑길을 걸었을거냐……. 훤칠히 트인 벌판 너머로 마주선 언덕, 흰 눈이다. 가슴이 탁 트이는 것 같다. 똑바로 걸어가시오. 남쪽으로 내닫는 길이오. 그처럼 가고 싶어하던 길이니 유감은 없을 거요. 걸음마다 흰눈 위에 발자국이 따른다. 한 걸음, 두 걸음 정확히 걸어야 한다. 사수(射手) 준비! 총탄 재는 소리가 바람처럼 차갑다. 눈앞엔 흰 눈 뿐, 아무 것도 없다. 인제 모든 것은 끝난다. 끝나는 그 순간까지 정확히 끝을 맺어야 한다. 끝나는 일초 일각까지 나를, 자기를 잊어서는 안 된다.

① 피살자의 처지이면서도 일말의 공포나 불안 없이 죽음 자체를 당연한 운명으로 받아들이고 있다.
② 극한 상황에 처한 인물의 내면의식이 대지에 깔린 백설과 일치하고 있다.
③ 일인칭 독백형식을 취하고 있다.
④ 작가의 직접적인 설명을 통해 인물의 성격을 제시하고 있다.

TIP ④ 주인공의 생각을 통하여 독자가 판단하도록 하기 위해 '의식의 흐름 수법'을 사용하고 있다.

※ 오상원의 유예
  ㉠ 갈래 : 단편소설, 심리소설, 전후(戰後)소설
  ㉡ 주제 : 전쟁이라는 극한 상황 속에서의 인간의 고뇌와 죽음(전쟁의 비인간성)
  ㉢ 시점 : 3인칭 전지적 작가 시점[주인공의 자의식이 깊어질 때 1인칭 주인공 시점으로 바뀜(독백부분)]
  ㉣ 표현 : 의식의 흐름 수법(시간의 순차적 진행에서 벗어남)

7 다음에서 설명하고 있는 작품으로 알맞은 것은?

> 1977년 '창작과 비평'에 발표한 윤흥길의 중편소설로 도시 빈민의 소요 사건 주인공으로 지목되어 옥살이를 하고 나와, 지식인으로서의 자부심 하나에만 매달린 채 무능력자의 길을 걸어가는 한 소시민 '나'의 삶을 그린 작품이다.
>
> 20평 짜리 방에 세들어 사는 동안 가난한 이웃들이 이른바 '선생댁'인 자신에게 보여 준 지나친 선망과 관심이 부담스러워서 '나'는 안주처를 찾아 그들을 떠난 바 있다. 그러나 전세로 입주한 권씨와 같이 소외되고 가난한 인간에 대하여 연민 어린 관심 이외에는 보여 줄 게 없었던 '나'의 처지는, 작가가 시대의 비극적 현실을 절실하게 느끼면서 그것을 극복하려는 방안을 탐색하고 있음을 암시하는 것이다.

① 닮아지는 살들
② 뫼비우스의 띠
③ 난쟁이가 쏘아올린 작은 공
④ 아홉 켤레의 구두로 남은 사내

TIP 제시된 글은 1977년 〈창작과 비평〉 여름호에 발표된 윤흥길(尹興吉)의 중편소설 아홉 켤레의 구두로 남은 사내에 대한 설명이다.
① 이호철의 단편 소설로 1962년 〈사상계〉에 발표되었다. 월남할 때 두고 온 맏딸을 매일 기다리는 아버지를 중심으로 하여 실향민의 아픔과 고뇌를 그리고 있다.
③ 조세희의 작품으로 뫼비우스의 띠와 더불어 칼날 등 12편으로 구성되어 있다. 도시 빈민의 가난한 삶과 처참한 패배의 한을 다룬 연작 소설이다. 난쟁이 아버지와 그 자식인 영수, 영호, 영희 남매의 눈을 통해 달동네의 생활상과 노동 환경 등 당대의 문제들이 여러 가지 상징적 언어로 담겨져 있다.

8 다음 소설의 서술 시점에 대한 특징으로 옳은 것은?

> 선술집은 훈훈하고 뜨뜻하였다. 추어탕을 끓이는 솥뚜껑을 열 적마다 뭉게뭉게 떠오르는 흰 김, 석쇠에서 빠지짓 빠지짓 구워지는 너비아니구이며, 제육이며, 간이며, 콩팥이며, 북어며, 빈대떡…… 이 너저분하게 늘어놓인 안주 탁자에 김 첨지는 갑자기 속이 쓰려서 견딜 수 없었다. 마음대로 할 양이면 거기 있는 모든 먹음 먹이를 모조리 깡그리 집어삼켜도 시원치 않았다. 하되, 배고픈 이는 우선 분량 많은 빈대떡 두 개를 쪼이기로 하고 추어탕을 한 그릇 청하였다. 주린 창자는 음식맛을 보더니 더욱더욱 비어지며 자꾸자꾸 들이라들이라 하였다. 순식간에 두부와 미꾸리 든 국 한 그릇을 그냥 물같이 들이키고 말았다. 첫째 그릇을 받아들었을 제 데우던 막걸리 곱빼기 두 잔이 더 왔다. 치삼이와 같이 마시자 원원이 비었던 속이라 찌르르 하고 창자에 퍼지며 얼굴이 화끈하였다. 눌러 곱빼기 한 잔을 또 마셨다.
>
> *너비아니 : 얄팍하게 저며 갖은 양념을 하여 구운 쇠고기
> *원원이 : 본래부터

① 현대 사실주의 소설에 많이 쓰였으며, 극적·객관적 특성을 갖고 있다.
② 서술방법이 1인칭으로 되어 있으며, 주된 이야기는 관찰자의 눈에 비친 바깥 세계이다.
③ 인물과 독자와의 심리적 거리가 가까워 독자에게 친근감을 준다.
④ 서술자가 작품에 직접 개입하여 독자의 상상적 참여를 제한한다.

> **TIP** 현진건의 운수 좋은 날 … 1924년에 발표된 현진건의 대표작으로, 가난한 인력거꾼인 김 첨지라는 인물을 통해 일제 강점기 하층민의 궁핍한 생활상을 반어적 수법으로 생생하게 그리고 있다.
> ① 3인칭 작가 관찰자 시점 ② 1인칭 관찰자 시점 ③ 1인칭 주인공 시점 ④ 3인칭 전지적 작가 시점

ANSWER 8.④

※ 다음 글을 읽고 물음에 답하시오. 【9~10】

> 그러나 나는 이 발길이 아내에게로 돌아가야 옳은가 이것만은 분간하기가 좀 어려웠다. 가야하나? 그럼 어디로 가나?
>
> 이때 뚜우 하고 정오 사이렌이 울었다. 사람들은 모두 네 활개를 펴고 닭처럼 푸드덕거리는 것 같고 온갖 유리와 강철과 대리석과 지폐와 잉크가 부글부글 끓고 수선을 떨고 하는 것 같은 찰나! 그야말로 현란을 극한 정오다.
>
> 나는 불현듯 겨드랑이가 가렵다. 아하, 그것은 내 인공의 날개가 돋았던 자국이다. 오늘은 없는 이 날개. 머릿속에서는 희망과 야심이 말소된 페이지가 딕셔너리 넘어가듯 번뜩였다.
>
> 나는 걷던 걸음을 멈추고 그리고 일어나 한 번 이렇게 외쳐 보고 싶었다.
>
> 날개야 다시 돋아라.
>
> 날자. 날자. 한 번만 더 날자꾸나.
>
> 한 번만 더 날아 보자꾸나.

9 위 글은 어떤 소설의 일부이다. 이 소설에 대한 설명으로 바른 것은?

① 작가의 또 다른 작품으로는 오발탄, 종생기, 지주회시 등이 있다.
② 1인칭 주인공 시점으로 내면의식을 표현하고 있다.
③ 1930년대 발표된 풍자소설이다.
④ 개인의 일상적인 문제를 강조한다.

> **TIP** 제시된 작품은 이상의 '날개'이다
> ① 오발탄은 6.25전쟁 뒤 분단의 상처를 그린 이범선의 단편소설이다.
> ③ 1930년대에 발표되기는 했지만, 풍자적 성격의 소설로 보기는 어렵다. 의식의 흐름 기법을 통해 주인공의 심리를 보여주는 심리 소설이자 모더니즘 소설이다.
> ④ 개인의 일상을 통해, 1930년대 지식인의 고뇌를 보여주고자 하였다.

10 위 소설에서 날개의 의미로 옳은 것은?

① 생의 의지   ② 본능적 욕구
③ 미래의 몽상   ④ 과거의 기억

> **TIP** 1연에서는 푸른 이끼가 내려앉을 만큼 긴 세월 동안 오로지 '당신'의 따스한 손끝만을 기다리고 있는 돌문을 통해 화자의 지극한 사랑과 간절한 기다림을 엿볼 수 있다. 또한 4연에서는 '당신'의 손길이 자신의 몸을 어루만지는 순간에야 한 줌 티끌로 사라질 것이라는 서러운 비원을 말하는 한편, 그렇게 사라질 자신의 존재를 눈물 없는 결코 볼 수 없을 것이라며 '당신'에 대한 원망을 감추지 않고 있다. 1연에서의 돌문이 '기다림의 문'이라면, 5연에서의 돌문은 '원한의 문'으로 표현되고 있다.

11 다음은 염상섭의 삼대의 일부이다. 이 소설에 드러난 등장 인물의 사고 방식의 차이와 갈등은?

> "애비, 에미도 모르고 계집, 자식도 모르는 너 같은 놈은 고생을 좀 해 봐야 한다. 내가 돈이 있으니까 네가 한 달에 한 번이라도 들여다보는 것이지 내가 아무것도 없어 보아라. 돌아다보기는커녕 고려장이라도 족히 지낼 놈이 아니냐. 어서 나가거라. 이 자식, 조상을 꾸어 왔다는 자식은 조가가 아니다."
> 하고 노인은 별안간 벌떡 일어나서 아들을 떼밀어 내쫓으려는 듯이 덤벼든다. 젊은 사람들은 와아 달려들어서 가로막는다.
> "상훈이 어서 나가게. 흥분이 되셔서 그러시니까……."
> 창훈이는 상훈이를 끌고 마루로 나왔다.
> 부친이 망령이 나느라고 그러는지는 모르겠으나 젊은 사람들이나 자식 보는 데 창피도스러웠다. 상훈이는 안방으로 들어가는 수도 없고 아랫방에도 덕기 또래의 아이들이 모여 있으니 그리 들어갈 수도 없다. 하는 수 없이 모자를 집어 쓰고 축대로 내려오니까 덕기가 아랫방에서 나와서 뜰로 내려온다.
> "아랫방으로 들어가시지요."
> 덕기는 민망한 듯이 이렇게 부친에게 말을 걸었으나, 부친은 잠자코 나가 버렸다.

① 계층 간의 갈등
② 종교적 갈등
③ 신구(新舊)의 갈등
④ 가족 제도상의 갈등

TIP 염상섭의 삼대 … 일제하 중산층 가문의 현실 대응과 몰락, 세대 간의 갈등을 그린 사실주의 장편 소설이다.

※ 다음 글을 읽고 물음에 답하시오. 【12~13】

> "달밤이었으나 어떻게 해서 그렇게 됐는지 지금 생각해두 도무지 알 수 없어."
>
> 허 생원은 오늘밤도 또 그 이야기를 끄집어 내려는 것이다. 조 선달은 친구가 된 이래 귀에 못이 박히도록 들어 왔다. 그렇다고 싫증을 낼 수도 없었으나, 허 생원은 시침을 떼고 되풀이할 대로는 되풀이하고야 말았다.
>
> "달밤에는 그런 이야기가 격에 맞거든,"
>
> 조 선달 편을 바라는 보았으나 물론 미안해서가 아니라 달빛에 감동하여서였다. 이지러졌으나 보름을 가제 지난 달은 부드러운 빛을 흐뭇이 흘리고 있다. 대화까지는 팔십리의 밤길. 고개를 둘이나 넘고 개울을 하나 건너고 벌판과 산길을 걸어야 된다. 길은 지금 긴 산허리에 걸려 있다. 밤중을 지난 무렵인지 죽은 듯이 고요한 속에서 짐승같은 달의 숨소리가 손에 잡힐 듯이 들리며, 콩포기와 옥수수 잎새가 한층 달에 푸르게 젖었다. 산허리는 온통 메밀밭이어서 피기 시작한 꽃이 소금을 뿌린 듯이 흐뭇한 달빛에 숨이 막힐 지경이다. 붉은 대궁이 향기같이 애잔하고 나귀들의 걸음도 시원하다. 길이 좁은 까닭에 세 사람은 나귀를 타고 외줄로 늘어섰다. 방울 소리가 시원스럽게 딸랑딸랑 메밀밭께로 흘러간다.

12 이 글에 대한 설명으로 옳지 않은 것은?

① 서정적 분위기와 낭만주의적 경향을 보인다.
② 인간 심리의 순수한 자연성을 표출시키고 있다.
③ 대화보다는 배경과 분위기의 묘사로 사건을 전개시킨다.
④ 암시와 추리를 통해 주제를 간접적으로 부각시키고 있다.

TIP ③ 허생원과 동이의 대화를 통해 플롯이 진행된다.

※ **이효석의 메밀꽃 필 무렵** … 1936년에 발표된 이효석의 대표작이다. 달밤의 정경을 배경으로, 인간과 자연의 세계가 조화를 이루는 특유의 자연적 화해가 성적 묘사와 함께 낭만적이면서도 서정적으로 그려진 우리 현대 단편 문학의 백미이다.

13 주인공 허 생원의 삶을 통해 궁극적으로 나타내고자 하는 것은?

① 떠돌이의 삶의 비애
② 사회 구조적 모순과 갈등
③ 인간의 근원적 애정과 그리움
④ 일제의 수탈로 인한 비참한 농촌 현실

TIP 메밀꽃 필 무렵의 주제는 장돌뱅이의 삶을 통해 본 인간 본연의 애정이다.

ANSWER 12.③ 13.③

04 수필

1 ·· 수필의 본질과 갈래

(1) 수필의 본질

① 수필의 정의 : 인생이나 자연의 모든 사물에서 보고 듣고 느낀 것이나 경험한 것을 형식상의 제한이나 내용상의 제한을 받지 않고 붓 가는 대로 쓴 글이다.

② 수필의 특징
   ㉠ 개성적인 문학 : 작가의 심적 상태, 개성, 취미, 지식, 인생관 등이 개성 있는 문체로 드러나 보이는 글이다.
   ㉡ 무형식의 문학 : 짜임에 제약이 없고 다른 문장 형식을 자유로이 이용할 수 있다.
   ㉢ 제재의 다양성 : 인생이나 사회, 역사, 자연 등 세상의 모든 일이 제재가 될 수 있다.
   ㉣ 비전문적인 문학 : 작가와 독자가 전문적인 지식이나 훈련을 필요로 하지 않는 가장 대중적인 글이다.
   ㉤ 체험과 사색의 문학 : 글쓴이의 생활이나 체험, 생각이나 느낌을 붓 가는 대로 솔직하게 서술한 글이다.
   ㉥ 비교적 짧은 산문 : 주로 200자 원고지 5~10매 정도로, 다른 신문 양식에 비해 짧고 간결하다.
   ㉦ 자기 표현의 글 : 작가의 인생관이나 사상, 감정을 잘 드러낸다.
   ㉧ 유머, 위트, 비평 정신이 있는 글 : 유머, 위트, 비평 정신은 수필의 개성적인 특성을 부각시켜 주는 요소로 작품의 평면성 또는 건조성을 구제해 주며, 아름다운 정서에 지적 작용을 더해 준다.

(2) 수필의 갈래

① 진술 방식에 따른 갈래
   ㉠ 교훈적 수필 : 필자의 오랜 체험이나 깊은 사색을 바탕으로 하는 교훈적인 내용을 담은 수필을 말한다.
   　예 이양하의 나무, 조지훈의 지조론, 이희승의 딸깍발이
   ㉡ 희곡적 수필 : 필자 자신이나 다른 사람이 체험한 어떤 사건을 생각나는 대로 서술하되, 그 사건의 내용 자체에 극적인 요소들이 있어서, 대화나 작품의 내용 전개가 다분히 희곡적으로 이루어지는 수필을 말한다.
   　예 계용묵의 구두, 김소운의 가난한 날의 행복
   ㉢ 서정적 수필 : 일상 생활이나 자연에서 느끼고 있는 감상을 솔직하게 주정적·주관적으로 표현하는 수필을 말한다.
   　예 이효석의 화초, 이양하의 신록예찬, 김진섭의 백설부
   ㉣ 서사적 수필 : 인간 세계나 자연계의 어떤 사실에 대하여 대체로 필자의 주관을 개입시
   　예 최남선의 심춘순례, 윤오영의 방망이 깎던 노인

② 태도에 따른 갈래
   ㉠ 경수필(miscellany, 비형식적 수필, 인포멀 에세이) : 우리가 보는 보통의 수필처럼 정서적인 경향을 띠는 수필로 개성적이고 체험적이며 예술성을 내포한 예술적인 글이다.
   ㉡ 중수필(essay, 형식적 수필, 포멀 에세이) : 가벼운 논문처럼 지적이며 논리적이고 객관적인 경향을 띠는 수필을 말한다.

③ 형식에 따른 갈래 : 서술체 수필, 서간체 수필, 일기체 수필, 기행체 수필

④ 내용에 따른 갈래 : 사색적 수필, 묘사적 수필, 담화적 수필, 비평적 수필, 기술적 수필, 연단적 수필

2 ·· 주요 작품의 이해

(1) 딸깍발이

① **작자** : 이희승(1896 ~ 1990) – 국어학자. 수필가. 호는 일석(一石). 조선어 학회 간부로서 한글 운동에 헌신하다가 일본 경찰에 피검되어 투옥되었다. 국어학의 초석을 닦는 한편, 시와 수필 등을 창작하였다. 작품에 시집 박꽃, 수필집 벙어리 냉가슴·소경의 잠꼬대 등이 있다.

② **갈래** : 수필

③ **주제** : 딸깍발이 정신의 현대적 계승

④ **성격** : 교훈적, 비판적, 해학적, 사회적

⑤ **문체** : 간결체

⑥ **특징** : 조선 시대 선비의 생활관과 가치관을 새롭게 조명하여 현대인의 타산적인 태도를 경계하고 있는 글이다.

(2) 산정무한(山情無限)

① **작자** : 정비석(1911 ~ 1991) – 시인. 소설가. 수필가. 초기에는 토속적 삶의 세계를, 중반 이후에는 달라진 세태의 풍속을 형상화하여 대중적 호응을 크게 얻었다. 화려하고 유려한 문체로 대상을 사실적으로 묘사한 수필을 주로 썼다. 작품에 단편 소설 성황당, 장편 소설 자유 부인, 수필집 비석(飛石)과 금강산의 대화 등이 있다

② **갈래** : 수필, 기행문

③ **주제** : 금강산 기행에서 느낀 무한한 산정(山情)

④ **성격** : 낭만적, 감상적, 회고적

⑤ **문체** : 화려체, 만연체

⑥ **특징** : 가을철의 금강산 여행 체험을 기록한 기행 수필로서, 금강산의 절경에 대한 탁월한 묘사와 낭만적이고 회고적인 감화를 참신하면서도 화려하고 섬세한 문체로 표현함으로써 기행문의 차원을 한 단계 승화시킨 작품이다.

기출문제

밑줄 친 ㉠의 뜻풀이로 옳은 것은?

2017. 8. 26. 지역인재

"요놈, 괘씸한 추위란 놈 같으니, 네가 지금은 이렇게 ㉠기승을 부리지마는, 어디 내년 봄에 두고 보자."

하고 벼르더란 이야기가 전하지마는 이것이 옛날 남산골 '딸깍발이'의 성격을 단적으로 가장 잘 표현한 이야기다.

① 오랫동안 앓고 있어 고치기 어려운 병
② 기운이나 힘 따위가 누그러들지 않음. 또는 그 기운이나 힘
③ 괴로운 심정이나 사정
④ 몹시 어렵고 힘들게 싸우거나 일함

☞ ②

기출문제

다음 중 화자의 감정이입이 드러나지 않은 것은?

2008. 7. 20. 서울특별시

비로봉 동쪽은 아낙네의 살결보다도 흰 자작나무의 수해(樹海)였다. 설 자리를 삼가, 구중심처(九重深處)가 아니면 살지 않는 자작나무는 무슨 수중(樹中) 공주이던가! 길이 저물어, 지친 다리를 끌며 찾아든 곳이 애화(哀話) 맺혀 있는 용마석(龍馬石) – 마의 태자의 무덤이 황혼에 고독했다. 능(陵)이라기에는 너무 초라한 무덤 – 철책(鐵柵)도 상석(床石)도 없고, 풍우에 시달려 비문조차 읽을 수 없는 화강암 비석이 오히려 처량하다. 마의 태자 무덤에서 느껴지는 처량함 무덤가 비에 젖은 두어 평 잔디밭 테두리에는 잡초가 우거지고, 석양이 저무는 서녘 하늘에 화석(化石)된 태자의 애기(愛騎) 용마의 고영(孤影)이 슬프다. 무심히 떠도는 구름도 여기서는 잠시 머무르는 듯, 소복(素服)한 백화(白樺)는 한결같이 슬프게 서 있고, 눈물 머금은 초저녁 달이 중천(中天)에 서럽다.

① 자작나무   ② 무덤
③ 비석   ④ 구름
⑤ 달

☞ ①

(3) 신록예찬(新綠禮讚)

① **작자** : 이양하(1904 ~ 1963) — 수필가. 영문학자. 현대 수필의 개척자이며, 1930년대 주지주의 문학 이론을 소개하였다. 작품에 나무, 신록 예찬, 나무의 위의 등의 수필이 있고, 수필집에 이양하 수필집, 시집에 마음과 풍경 등이 있다.

② **갈래** : 수필

③ **주제** : 신록의 아름다움 예찬

④ **성격** : 주정적, 관조적, 예찬적, 사색적, 감각적

⑤ **문체** : 만연체, 우유체

⑥ **특징** : 담담한 필치의 사색적인 글로, 인간과 자연을 조감하면서 인생을 이야기한 명상적·긍정적인 삶의 태도가 드러난다. 또한, 서정성이 담긴 낭만적인 글로 비유법과 대조법을 구사하여 표현의 묘미를 살리고 있으며, 자연을 소재로 하여 자연에 몰입하는 친화적 태도를 보이고 있다.

만약 나를 알아주는 한 사람의 벗을 얻는다면, 나는 마땅히 10년 동안 뽕나무를 심고 1년 동안 누에를 길러 손수 오색실로 물을 들이리라. 열흘에 한 가지씩 빛깔을 물들인다면, 50일 만에 다섯 가지 빛깔을 물들일 수 있으리. 이를 따뜻한 봄볕에 쬐어 말린 뒤, 여린 아내에게 부탁해 백 번 단련한 금침(金針)으로 내 벗의 얼굴을 수놓게 하리라. 그런 다음 고운 비단으로 장식하고 고옥(古玉)으로 축을 만들어 아득히 높은 산과 양양(洋洋)히 흐르는 강물, 그 사이에 펼쳐놓고 말없이 마주보다가 뉘엿뉘엿 날이 저물 때면 품에 안고서 돌아오리라.

① "아기자기한 일들을 시간의 흐름에 따라 간결하게 연결하고 있군."
② "특별한 비유가 없어도 인물들의 행동에 눈에 선명하게 그려지는군."
③ "아주 절친한 친구와 재회할 날을 기다리며 그 그리움을 읊은 글이로군."
④ "약간의 과장된 표현이 절절한 소망을 드러내는 데 오히려 더 효과적이군."

☞ ③

※ 다음 글을 읽고 물음에 답하시오. 【1~2】

2020. 6. 20. 소방공무원

"호오, 호오." 어린 마음에 할머니나 어머니의 입김이 와 닿기는 비단 다쳐서 아파할 때만이 아니었다. 화롯불에 파묻어 말랑말랑 익힌 감자나 밤을 꺼내 껍질을 벗겨 주시면서도 "호오, 호오." 입김을 불어 알맞게 식혀 주셨고, 끓는 국이나 찌개도 그렇게 식혀 주셨다. 먹고 싶은 걸 참느라 침을 꼴깍 삼키며 그분들의 입을 쳐다보면서도 어린 마음속엔 그분들에 대한 신뢰감이 싹텄었다.

어찌 상처나 뜨거운 먹을 것에만 그분들의 입김이 서렸을까? 그분들의 입김은 온 집안에 서렸었다. 학교 갔다가 집에 돌아왔을 때 간혹 어머니가 집에 안 계시면 나는 그것을 대문간에 들어서자마자 알아맞힐 수가 있었다. 집안 전체가 썰렁했다. 썰렁하다는 건 실제의 기온과는 상관없는 순전히 마음의 느낌이었고, 이 마음의 느낌은 한 번도 어긋난 적이 없었다. 학교에서 먹는 도시락에도 어머니의 입김은 서려 있었고, 입고 다니는 옷에도 어머니의 입김은 서려 있었다. 나는 그때 '다꾸앙'이나 달고 끈적끈적해 보이는 멸치볶음, 콩자반 등등 반찬 가게에서 파는 도시락 찬만 가지고 다니는 아이를 속으로 무척 불쌍하게 여기고 나중엔 경멸하는 마음까지 품었던 것이 지금까지 생각난다. 어머니의 입김이 들어가지 않은 걸 허구한 날 먹는 아이가 마치 헐벗은 아이처럼 보였던 것이다.

어린 날, 내가 누렸던 평화를 생각할 때마다 어린 날의 커다란 상처로부터 일용할 양식, 필요한 물건, 입고 다니던 옷, 그리고 식구들 사이, 집안 속 가득히 고루 스며있던 어머니의 입김, 그 따스한 숨결이 어제인 듯 되살아난다. 그것을 빼놓고 평화란 상상도 할 수 없다. 싸우지 않고 다투지 않고 슬퍼하지 않은 어린 날이 어디 있으랴. 다만 그런 일이 어머니의 입김 속에서 이루어졌기 때문에 행복과 평화로 회상되는 것이 아닐까?

그러고 보니 내 자식들이나 내 손자들이 훗날 그들의 어린 날을 어떻게 기억할지 문득 궁금하고 한편 조심스러워진다. 나보다는 내 자식들이, 내 자식들보다는 내 손자들이 따뜻한 입김의 덕을 덜 보고 자라는 게 아닌가 싶다. 하지만 그것이 부모의 허물만은 아니다. 요즘에는 아이들에게 필요한 모든 것이 구태여 입김을 거칠 필요 없이 대량으로 생산되기 때문이다. 아이들을 가르치는 법까지도 매스컴이나 그 밖의 정보를 통해 대량으로 전달되기 때문에 집집마다 대대로 물려오는 입김이 서린 가풍(家風)마저 소멸해 가고 있다. 아이들은 어머니의 입김이 서리지 않은 음식을 먹고도 배부르고, 어머니의 입김이 서리지 않은 옷을 입고도 등이 따뜻하고 예쁘다.

다쳐서 피가 났을 때 입김보다는 충분한 소독과 적당한 약이 더 좋다는 것도 잘 알고 있다. 그러나 텔레비전과 냉장고 속에 먹을 것만 있다면 어머니의 입김이 서리지 않은 집에서도 허전한 걸 모르는 아이들이 많아져 가고 있다는 것은 문제가 아닐 수 없다. 그런 아이는 처음부터 입김이 주는 살아 있는 평화를 모르는 아이일지도 모르기 때문이다. 입김이란 곧 살아 있는 표시인 숨결이고 사랑이 아닐까? 싸우지 않고 미워하지 않고 심심해하지 않는 것이 평화가 아니라 그런 일이 입김 속에서, 즉 사랑 속에서 될 수 있는 대로 활발하게 일어나는 것이 평화가 아닌지.

세상이 아무리 달라져도 사랑이 없는 곳에 평화가 있다는 것은 억지밖에 안 되리라. 숨결이 없는 곳에 생명이 있다면 억지인 것처럼.

1 윗글의 서술상 특징에 대한 설명으로 가장 적절한 것은?

① 과거와 현재의 대비를 통해 주제 의식을 부각하고 있다.
② 내부의 이야기와 외부의 이야기를 반복적으로 교차하고 있다.
③ 공간적 배경을 구체적으로 묘사하여 인물의 성격 변화를 강조하고 있다.
④ 어린 시절의 경험을 바탕으로 인물 간의 갈등을 직접적으로 드러내고 있다.

> **TIP** 작가의 어린 시절과 오늘날 현대 가정의 모습을 대조적으로 제시하여 주제를 부각하고 있다. 즉 작가는 어린 시절 추억
> 을 회상하며 과거와는 달리 '입김', '숨결'의 의미가 사라진 현대 사회를 비판적으로 보고 있다.
> ※ 박완서, 「사랑의 입김」
> ㉠ 갈래 : 현대 수필, 경수필
> ㉡ 성격 : 비판적, 회상적, 비유적
> ㉢ 제재 : 입김
> ㉣ 주제 : 사랑의 가치와 중요성
> ㉤ 특징
> • 작가의 어린 시절과 오늘날 현대 가정의 모습을 대조적으로 제시
> • 설의적 표현을 통해 글쓴이 생각을 부각

2 윗글의 '입김'에 대한 이해로 적절하지 않은 것은?

① 어머니에 대한 신뢰감을 가지게 한다.
② 유년 시절의 추억 속에 따뜻하게 스며들어 있다.
③ 요즘의 아이들에게 그 가치를 더욱 인정받고 있다.
④ 물질적 풍요로 점점 그 중요성이 잊히는 데 대한 안타까움이 담겨 있다.

> **TIP** 모든 것이 대량으로 생산되고 유통되는 편리한 시대를 살아가는 아이들이 따뜻한 입김을 느끼지 못하는 현실에 대한 안
> 타까움과 비판의식을 담고 있다. 그러므로 입김은 요즘 아이들에게 그 가치를 외면당하고 있다.

ANSWER 1.① 2.③

1 다음 글의 ㉠과 ㉡의 차이가 생겨나는 원인은?

> 한 줄기 퍼부을 듯 하늘이 끄무레하면 그 하늘을 형용해서 ㉠'아침 굶은 시어머니 같다.'고 한다. 이런 하늘을 두고 ㉡'폼페이 최후의 날 같다.'고 형용하는 서구 사람들에 비겨 통찰을 요구하는 형용임을 알 수가 있겠다. 화산재에 뒤덮인 폼페이 최후의 하늘은 우중충하기에 그것은 통찰이 필요 없는 일차원적인 비유다. 그러나 아침 굶은 시어미 얼굴을 하늘색에 비기기에는 3차원적인 육감의 작용 없이 불가능하다. 은폐가 심하기에 통찰도 발달했다. 우리 한국의 가정이나, 직장이나, 사회는 이 말없는 통찰의 의사소통이 말로 하는 의사소통의 분량보다 한결 많다는 점에서 특수성을 찾아볼 수가 있다.
> 우중충한 그 하늘에서 비가 내리기 시작했다. 지금 며느리는 아이에게 젖을 물린 채 다림질을 하고 있다. 방에 있던 시어머니가 말을 건네 온다.
> "아가, 할미가 업어 줄까?"
> 이 말은 할미가 젖을 빠는 손자에게 하는 말이 아니라 비가 뿌리는 밖에 널려 있는 빨래를 빨리 거둬들이라는, 시어머니가 며느리에게 하는 분부인 것이다. 며느리는 그 말을 통찰력으로 알아듣고 빨래를 거둬들인다.

① 내면 심리가 다르다.
② 발화의 의도가 다르다.
③ 문화적인 배경이 다르다.
④ 대상과의 친밀도가 다르다.

> **TIP** 같은 현상을 두고 다르게 표현한 것은 두 집단 사이에 문화적인 배경의 차이가 존재하기 때문이다.
> ※ 이규태의 「헛기침으로 백 마디 말을 한다」
> ㉠ 갈래 : 중수필
> ㉡ 주제 : 우리말이 지닌 통찰의 의사소통의 특수성을 이해해야 한다.
> ㉢ 성격 : 예증적, 분석적
> ㉣ 특징 : 우리와 서양의 의사소통 문화가 다르다는 것을, 예를 들어 쉽고 설득력 있게 논증하고 있다.

2 다음 글의 이해로 적절하지 않은 것은?

> 나무는 덕(德)을 지녔다. 나무는 주어진 분수에 만족할 줄 안다. 나무로 태어난 것을 탓하지 아니하고, 왜 여기 놓이고 저기 놓이지 않았는가를 말하지 아니한다. 등성이에 서면 햇살이 따사로울까, 골짜기에 내려서면 물이 좋을까 하여, 새로운 자리를 엿보는 일도 없다. 물과 흙과 태양의 아들로, 물과 흙과 태양이 주는 대로 받고, 후박(厚薄)과 불만족(不滿足)을 말하지 아니한다.

① 대상에 인격을 부여하고 있다.
② 대상에서 인생의 교훈을 발견하고 있다.
③ 대상의 변화를 감각적으로 묘사하고 있다.
④ 대상을 예찬하는 태도를 취하고 있다.

> **TIP** ③ 나무가 변화하는 모습을 감각적 이미지로 묘사하고 있는 부분은 찾아볼 수 없다.

ANSWER 1.③ 2.③

3 다음 밑줄 친 부분과 어울리는 예는?

> 덕수궁 박물관에 청자 연적이 하나 있었다. 내가 본 그 연적은 연꽃 모양을 한 것으로, 똑같이 생긴 꽃잎들이 정연히 달려 있었는데, 다만 그 중에 꽃잎 하나만이 약간 옆으로 꼬부라졌었다. <u>이 균형 속에 있는 눈에 거슬리지 않는 파격(破格)</u>이 수필인가 한다. 이 마음의 여유가 없어 수필을 못 쓰는 것은 슬픈 일이다. 때로는 억지로 마음의 여유를 가지려 하다가는 그런 여유를 갖는 것이 죄스러운 것 같기도 하여 나의 마지막 십분지 일 가지고 숫제 초조와 번잡에 다 주어버리는 것이다.

① 할머니께서 쓰시던 옷장을 어머니께서 계속 쓰고 계신다.
② 영화 감독을 문화부 장관으로 임명하였다.
③ 주머니가 없어 불편한 전통 한복 치마에 작은 주머니를 만들었다.
④ 다른 차와 차별성을 두기 위해서 차를 전체적으로 개조하였다.

TIP 제시된 글은 피천득의 수필이라는 작품으로 밑줄 친 눈에 거슬리지 않는 파격이란 조화를 이루면서 그 속에서 나타나는 변화를 의미한다.

4 다음 글의 (   )에 들어갈 어구로 적절한 것은?

> 밤낮 사흘을 지키고 앉았던 어머니는 아이가 운명하는 것을 보고 애 아버지를 부르러 집에 다녀왔다. 그 동안에 죽은 애는 사망실로 옮겨가 있었다. 부모는 간호부더러 사망실을 알려 달라고 했다.
> "사망실은 쇠 다 채우고 아무도 없으니까 가보실 필요가 없어요."하고 간호부는 톡 쏘아 말한다. 퍽 싫증나는 듯한 목소리였다.
> "아니, 그 애를 혼자 두고 방에 쇠를 채워요?"하고 묻는 어머니의 목소리는 떨렸다.
> "죽은 애 혼자 두면 어때요?"하고 다시 톡 쏘는 간호부의 말소리는 얼음같이 싸늘했다.
> 이야기는 간단히 이것이다. 그러나 나는 그때 몸서리쳐짐을 금할 수가 없었다.
> "죽은 애를 혼자 둔들 뭐가 그리 잘못이겠는가!"
> 사실인즉 그렇다. 그러나 그것을 염려하는 어머니의 심정! 이 숭고한 감정에 동조할 줄 모르는 간호부가 나는 미웠다. 그렇게까지도 간호부는 기계화되었는가?
> 나는 (   ) 더 사랑한다. 과학상으로 볼 때 죽은 애를 혼자 두는 것이 조금도 틀릴 것이 없다. 그러나 어머니로서 볼 때는……. 더 써서 무엇하랴! '어머니'를 이해하고 동정할 줄 모르는 간호부! 그의 그 과학적 냉정이 나는 몹시도 미웠다.

① 문명한 기계보다 야만인 기계를
② 문명한 기계보다 문명한 인생을
③ 문명한 기계보다 야만인 인생을
④ 야만인 기계보다 문명한 기계를

TIP 제시문은 주요섭의 '미운 간호부'로 합리성이라는 명목 아래 비정화 되어가는 문명사회를 비판하며, 사라져가는 인정에 대한 안타까움을 그리고 있다.

※ 다음 글을 읽고 물음에 답하시오. 【5~6】

(가) 겨울이 오니 땔나무가 있을 리 만무하다. 동지 설상(雪上) 삼척 냉돌에 변변치도 못한 이부자리를 깔고 누웠으니, 사뭇 뼈가 저려 올라오고 다리 팔 마디에서 오도독 소리가 나도록 온몸이 곧아 오는 판에, 사지를 웅크릴 대로 웅크리고, 안간힘을 꽁꽁 쓰면서 이를 악물다 못해 박박 갈면서 하는 말이,

"요놈, 요 괘씸한 추위란 놈 같으니, 네가 지금은 이렇게 기승을 부리지마는, 어디 내년 봄에 두고 보자."

하고 벼르더란 이야기가 전하지마는, 이것이 옛날 남산골 '딸깍발이'의 성격을 단적으로 가장 잘 표현한 이야기다.

사실로 졌지마는, 마음으로 안 졌다는 앙큼한 자존심, 꼬장꼬장한 고지식, 양반은 얼어 죽어도 겻불은 쬐지 않는다는 지조, 이 몇 가지들이 그들의 생활 신조였다.

(나) 그런데, 이 남산골 샌님이 마른 날 나막신 소리를 내는 것은 그다지 얘깃거리가 될 것도 없다. 그 소리와 아울러 그 모양이 퍽 초라하고 궁상(窮狀)이 다닥다닥 달려 있는 것이 문제인 것이다.

인생으로서 한 고비가 <u>겨워서</u> 머리가 희끗희끗할 지경에 이르기까지, 변변하지 못한 벼슬이나마 한 자리 얻어 하지 못하고(그 시대에는 소위 양반으로서 벼슬 하나 얻어 하는 것이 유일한 욕망이요, 영광이요, 사업이요, 목적이었던 것이다.), 다른 일, 특히 생업에는 아주 손방이어서, 아예 손을 댈 생각조차 아니하였기 때문에, 경제적으로는 극도로 궁핍한 구렁텅이에 빠져서, 글자 그대로 삼순구식(三旬九食)의 비참한 생활을 해 가는 것이다. 그 꼬락서니라든지 차림차림이 여간 장관(壯觀)이 아니다.

5 (가)에서 두드러지게 나타나는 수필의 특성은?

① 냉철한 비판 의식
② 개성적인 자기 표현
③ 해학(諧謔)과 기지(奇智)
④ 생활에서 우러나온 산문

> **TIP** '딸깍발이'가 겨우살이를 하는 모습은 해학적이고, 그의 독백은 기지가 넘친다.
> ※ 이희승의 딸깍발이 … 강직한 의기를 신조로 하였던 '딸깍발이'의 삶을 통해 지나치게 이해 타산적인 우리 현대인들의 반성을 촉구하고, 나아가 그들의 선비 정신을 배울 것을 주장한 교훈적이고 사회적인 내용을 담고 있는 수필이다.

6 (나)의 밑줄 친 '겨워서'의 문맥적인 의미와 유사한 것은?

① 요즘엔 그나마 철이 겨워 소출이 하나도 없다.
② 세파를 헤쳐나가기에는 아직 힘에 겨운 나이다.
③ 아들의 합격 소식을 듣자, 흥에 겨워 만세를 불렀다.
④ 나는 그대의 이름을 부르노라. 설움에 겹도록 부르노라.

> **TIP** (나)의 '겨워'는 '철이나 때가 기울거나 늦다.'라는 의미로 ①의 '겨워'의 의미와 유사하다.
> ② 정도에 지나쳐 감당하기 힘들다.
> ③④ 어떤 감정이나 기분에 흠뻑 젖어 있다.

※ 다음 글을 읽고 물음에 답하시오. 【7~9】

(가) 이튿날 아침, 고단한 마련해선 일찌감치 눈이 떠진 것은 몸에 지닌 기쁨이 하도 컸던 탓이었을까. 안타깝게도 간밤에 볼 수 없던 영봉(靈峰)들을 대면하려고 새댁같이 수줍은 생각으로 밖에 나섰으나, 계곡은 여태 짙은 안개 속에서, 준봉(峻峰)은 상기 깊은 구름 속에서 용이하게 자태를 엿보일 성싶지 않았고, 다만 가까운 데의 전나무, 잣나무들만이 대장부의 기세로 활개를 쭉쭉 뻗고, 하늘을 찌를 듯이 솟아 있는 것이 눈에 뜨일 뿐이었다. 모두 근심 없이 자란 나무들이었다. ㉠청운(靑雲)의 뜻을 품고 하늘을 향하여 밋밋하게 자란 나무들이었다. 꼬질꼬질 뒤틀어지고 외틀어지고 한 야산 나무밖에 보지 못한 눈에는, 귀공자와 같이 기품이 있어 보이는 나무들이었다.

(나) 이름도 정다운 백마봉(白馬峰)은 바로 지호지간(指呼之間)에 서 있고, 내일 오르기로 예정된 비로봉(毗盧峰)은 단걸음에 건너뛸 정도로 가깝다. 그 밖에도, 유상무상(有象無象)의 허다한 봉들이 전시(戰時)에 할거(割據)하는 군웅(群雄)들처럼 여기에서도 불끈 저기에서도 불끈, 시선을 낮춰 아래로 굽어보니, 발 밑은 천인단애(千仞斷崖), 무한제(無限際)로 뚝 떨어진 황천 계곡에 단풍이 선혈(鮮血)처럼 붉다. ㉡우러러보는 단풍이 새색시 머리의 칠보 단장(七寶丹粧) 같다면, 굽어보는 단풍은 치렁치렁 늘어진, 규수의 붉은 치마폭 같다고나 할까. 수줍어 수줍어 생글 돌아서는 낯붉힌 아가씨가 어느 구석에서 금방 튀어나올 것도 같구나!

7 이 글에 대한 설명으로 옳지 않은 것은?

① 여행에서의 체험을 기록한 글이다.
② 상황을 드러내기 위해 반어적 표현을 사용하였다.
③ 구체적이고 감각적인 느낌을 주는 비유를 동원하고 있다.
④ 사물에 대한 글쓴이의 섬세한 관찰력과 진지한 태도가 잘 드러난다.

> **TIP** 정비석의 산정무한
> ㉠ 갈래 : 기행 수필, 경수필
> ㉡ 주제 : 금강산 기행에서 느낀 무한한 산정(山情)
> ㉢ 성격 : 낭만적, 서정적, 감상적, 회고적
> ㉣ 표현상의 특징
> • 금강산의 절경을 참신하면서도 감각적으로 묘사하고 있다.
> • 섬세한 표현과 탄력적인 문장으로 서경과 서정을 잘 조화시켰다.
> • 다양한 표현 기법을 사용한 화려한 필치, 참신한 비유와 독창적인 어휘 구사가 돋보인다.
> ㉤ 작자 : 정비석(1911~1991) - 시인. 소설가. 수필가. 시로 먼저 등단한 후, 단편 소설 졸곡제(卒哭祭)와 성황당(城隍堂)으로 다시 등단하였다.

8 ㉡에 대한 설명으로 옳지 않은 것은?

① 참신하고 개성 있는 표현이다.　　　　　　　② 내면 심리를 자연물에 의탁하여 표현하고 있다.
③ 비유를 사용하여 대상의 인상을 제시하고 있다.　④ 병렬적 구조를 사용하여 리듬감을 느끼게 한다.

> **TIP** ② 황천 계곡의 단풍에 대한 글쓴이의 감상이 비유와 시각적 이미지를 통해 대비적으로 제시되고 있을 뿐, 자신의 정서를 이에 기대어 표현하고 있지는 않다.

ANSWER 7.② 8.②

9 ㉠의 표현 기법과 유사한 것은?

① 그리운 얼굴들이, 흐르는 낙화(落花) 송이같이 떠돌았다.
② 정말 우리도 한 떨기 단풍에 지나지 않아 보인다. 다리는 줄기요, 팔은 가지인 채 피부는 단풍으로……
③ 설 자리를 삼가, 구중 심처가 아니면 살지 않는 자작나무는 무슨 수중(樹中) 공주이던가!
④ 단풍은 마치 이랑이랑으로 섞바꾸어가며 짜 놓은 비단결같이 봉에서 골짜기로 퍼덕이며 흘러내리는 듯하다.

> **TIP** ㉠은 사람이 아닌 사물에 인격을 부여하여 사람처럼 표현하는 의인법이 사용되었다.
> ① 직유법 ② 은유법 ③ 의인법 ④ 직유법

※ 다음 글을 읽고 물음에 답하시오. 【10 ~ 11】

> 1921. 6. 24.(금)
>   비 오다 그치다. 익채(益采)군이 찾아와 그 중형(仲兄)의 공판이 오늘이라기에 용해 군을 데리고 재판소로 갔다. 비는 쫙쫙 쏟아진다. 제8호 법정에서 공판을 열다. 벌써 만원이라고 순사가 소리를 지르며 못 들어가게 하는 것을 어거지쓰고 들어갔다. 최익한(崔益翰) 군이 나를 쳐다보며 빙긋이 웃는다. 군자금 1,600원 모집해 주었다는 것을 강도범(強盜犯), 경찰범(警察犯)으로 몰아서 징역 8년이라고 검사가 말한다. 익한 군의 말대답이며 변호사 김병로(金炳魯)의 변론이 다 바르고 분명하다. 그러나 어떻게 판결하는지 오는 7월 1일에 다시 공판을 연다니, 그 때 보자. 쓸쓸한 판사의 얼굴은 아무리 보아도 따뜻한 정이 없는 듯, 맨 뒤에 익한 군의 하고자 하는 말을 마구 바사뜨린다. 간수는 곧 대들어 손목에 수갑을 채우고 머리에 용수를 씌우고 노로 허리를 묶어 가지고 나간다.

10 이 글과 같은 글의 필수 요소가 아닌 것은?

① 사건
② 본문
③ 갈등
④ 날짜

> **TIP** 일기문의 필수 요소에 갈등은 포함되지 않는다.
> ※ 이병기의 가람일기
> ㉠ 갈래 : 수필(일기)
> ㉡ 주제 : 식민지 시대를 살아가는 지식인의 일상사
> ㉢ 성격 : 체험적, 사실적, 반성적
> ㉣ 특징 : 40년이 넘는 긴 세월 동안 쓴 일기 중 1920년대 초의 몇 편으로, 일상 생활의 간결한 기록 사이에 힘겨운 시대를 살아가는 한 지식인의 고뇌에 찬 모습을 알 수 있다.
> ㉤ 작자 : 이병기(1892 ~ 1968) – 시조 시인. 국문학자. 호는 가람(嘉藍). 시조 부흥 운동에 앞장서서 시조를 이론적으로 체계화하는 데 노력하는 한편, 창작에도 관여하여 시조의 현대화에 기여하였다. 시조집에 가람 시조집, 저서에 국문학 개론 등이 있다.

11 다음 중 시대적 배경을 알 수 있게 해주는 것끼리 묶인 것은?

① 용수, 변호사
② 공판, 재판소
③ 강도범, 법정
④ 순사, 군자금

> **TIP** 가람일기의 시대적 배경은 일제 강점기이다.

ANSWER 9.③ 10.③ 11.④

※ 다음 글을 읽고 물음에 답하시오. 【12~13】

> 수필은 청자(靑瓷) 연적(硯滴)이다. 수필은 난(蘭)이요, 학(鶴)이요, 청초(淸楚)하고 몸맵시 날렵한 여인이다. 수필은 그 여인이 걸어가는 숲 속으로 난 평탄하고 고요한 길이다. 수필은 가로수 늘어진 포도(道)가 될 수도 있다. ㉠그 길은 깨끗하고 사람이 적게 다니는 주택가에 있다.
> 수필은 청춘의 글은 아니요, 중년 고개를 넘어선 완숙한 사람의 글이며, 정열이나 심오한 지성을 내포한 문학이 아니요 그저 수필가가 쓴 단순한 글이다.
> 수필은 흥미를 주지마는 읽는 사람을 흥분시키지 아니한다. 수필은 마음의 산책(散策)이다. 그 속에는 인생의 향취와 여운이 숨어 있는 것이다.
> 수필의 빛깔은 황홀 찬란하거나 진하지 아니하며, 검거나 희지 않고, 퇴락하여 추하지 않고, 언제나 온아(溫雅)하며 우미(優美)하다. 수필의 빛은 비둘기빛이거나 진주빛이다. 수필이 비단이라면 번쩍거리지 않는 바탕에 약간의 무늬가 있는 것이다. 그 무늬는 읽는 사람의 얼굴에 미소를 띠게 한다.

12 ㉠의 의미로 가장 적절한 것은?

① 수필은 모든 것을 소재로 삼을 수 있다.
② 수필은 특별한 형식을 필요로 하지 않는 글이다.
③ 수필은 가치 있는 일상 체험을 소재로 삼는다.
④ 수필은 자기의 내면을 드러내는 고백적 성격이 강하다.

> **TIP** 수필의 소재는 일상 체험에서 얻을 수 있지만 그 체험은 특수하고 가치 있는 것이라야 한다.
> ※ 피천득의 수필
> ㉠ 갈래 : 수필
> ㉡ 주제 : 수필의 본질과 특성
> ㉢ 성격 : 주관적, 비유적, 설득적, 서정적
> ㉣ 문체 : 간결체, 우유체
> ㉤ 특징 : 수필이라는 문학 장르에 대한 개념적 지식을 비유적 언어로 친절하게 서술하고 있다.
> ㉥ 작자 : 피천득(1910 ~ 2007) – 수필가, 시인, 호는 금아. 동심에서 우러나온 맑은 서정으로 쓴 작품이 많다. 수필에 「봄」, 「구원의 여인상」, 「인연」, 시집에 「서정시집」등이 있다.

13 다음 중 화자가 수필의 속성으로 강조한 바가 아닌 것은?

① 고아함 　　　　　　　　　　② 그윽함
③ 산뜻함 　　　　　　　　　　④ 화려함

> **TIP** ④ '수필의 빛깔은 황홀 찬란하거나 진하지 아니하며~'에서 알 수 있듯이 수필은 화려하진 않지만 은은한 매력을 가진 글임을 알 수 있다.

ANSWER 12.③ 13.④

※ 다음 글을 읽고 물음에 답하시오. 【14 ~ 15】

⒢ 오늘도 하늘은 더할 나위 없이 맑고, 우리 연전(延專) 일대를 덮은 신록은 어제보다도 한층 더 깨끗하고 신선하고 생기 있는 듯하다. 나는 오늘도 나의 문법 시간이 끝나자, 큰 무거운 짐이나 벗어 놓은 듯이 옷을 훨훨 떨며, 본관 서쪽 숲 사이에 있는 나의 자리를 찾아 올라간다. 나의 자리래야 솔밭 사이에 있는, 겨우 걸터앉을 만한 조그마한 소나무 그루터기에 지나지 못하지마는, 오고 가는 여러 동료가 나의 자리라고 명명(命名)하여 주고, 또 나 자신도 하룻동안에 가장 기쁜 시간을 이 자리에서 가질 수 있으므로, 시간의 여유가 있을 때마다 나는 한 특권이나 차지하는 듯이, 이 자리를 찾아 올라와 앉아 있기를 좋아한다. 물론, 나에게 멀리 군속(群俗)을 떠나 고고(孤高)한 가운데 처하기를 원하는 선골(仙骨)이 있다거나, 또는 나의 성미가 남달리 괴팍하여 사람을 싫어한다거나 하는 것은 아니다. 나는 역시 사람 사이에 처하기를 즐거워하고, 사람을 그리워하는 갑남을녀(甲男乙女)의 하나요, 또 사람이란 모든 결점이 있음에도 불구하고, 역시 가장 아름다운 존재의 하나라고 생각한다. 그리고 또, 사람으로서도 아름다운 사람이 되려면 반드시 사람 사이에 살고, 사람 사이에서 울고 웃고 부대껴야 한다고 생각한다. 그러나 이러한 때—푸른 하늘과 찬란한 태양이 있고, 황홀(恍惚)한 신록이 모든 산, 모든 언덕을 덮는 이 때, 기쁨의 속삭임이 하늘과 땅, 나무와 나무, 풀잎과 풀잎 사이에 은밀히 수수(授受)되고, 그들의 기쁨의 노래가 금시라도 우렁차게 터져 나와, 산과 들을 흔들 듯한 이러한 때를 당하면, 나는 곁에 비록 친한 동무가 있고, 그의 재미있는 이야기가 있다 할지라도, 이러한 자연에 곁눈을 팔지 않을 수 없으며, 그의 기쁨의 노래에 귀를 기울이지 아니할 수 없게 된다.

⒩ 그러나 이 짧은 동안의 신록의 아름다움이야말로 참으로 비할 데가 없다. 초록이 비록 (　　) 빛이라 할지라도, 이러한 때의 초록은 그의 아름다움에 있어, 어떤 색채에도 뒤서지 아니할 것이다. 예컨대, 이러한 고귀한 순간의 단풍(丹楓) 또는 낙엽송(落葉松)을 보라. 그것이 드물다 하면, 이즈음의 도토리, 버들, 또는 임간(林間)에 있는 이름 없는 이 풀 저 풀을 보라. 그의 청신한 자색(姿色), 그의 보드라운 감촉, 그리고 그의 그윽하고 아담(雅淡)한 향훈(香薰), 참으로 놀랄 만한 자연의 극치(極致)의 하나가 아니며, 또 우리가 충심으로 찬미하고 감사를 드릴 만한 자연의 아름다운 혜택의 하나가 아닌가?

14 ⒢에서 알 수 있는 지은이의 태도로 가장 알맞은 것은?

① 이상 세계를 동경하고 있다.　　　② 현실 도피 사상이 나타나 있다.
③ 현실에 대해 혐오감을 가지고 있다.　④ 잠시 세속적인 일에서 벗어나려고 한다.

> **TIP** 신록을 제재로 하여 세속에서 벗어난 자연의 혜택을 누리는 담박한 삶을 제재로 한 수필로, 인간과 자연의 관계를 내용으로 한 글로 자연 친화적인 자세로 대상에 접근하고 있으며, 표면적으로는 자연의 혜택과 아름다움을 예찬하고 있으면서도 그 속에는 세속적인 삶의 태도를 반성하도록 촉구하는 내용을 포함하고 있다.

15 다음 중 문맥으로 보아 ⒩의 (　　) 안에 들어갈 알맞은 구절은?

① 청신하고 발랄한　　　　　　　② 소박하고 겸허한
③ 고상하고 중후한　　　　　　　④ 연약하고 부드러운

> **TIP** 자연의 아름다움인 청신한 자색, 보드라운 감촉, 그윽하고 아담한 향훈과 대조를 이루는 말이 나와야 하므로 '소박하고 겸허한'이 적절하다.

ANSWER 14.④ 15.②

05 희곡 · 시나리오 · 비평

① ·· 희곡

(1) 희곡의 정의

무대에서 배우가 공연하는 것을 목적으로 한 연극의 대본으로 산문 문학의 한 갈래이면서 동시에 연극의 한 요소가 된다.

(2) 희곡의 특징

① **무대 상연의 문학** : 희곡은 무대 상연을 전제로 한 문학, 즉 연극의 각본이다.

② **행동의 문학** : 희곡에서의 행동은 압축과 생략, 집중과 통일이 이루어져야 하며, 배우의 연기에 의해 무대에서 직접 형상화된다.

③ **대사의 문학** : 소설에서는 마음껏 묘사와 설명을 할 수 있지만, 희곡에서는 오직 극 중 인물의 대사와 행동만으로 이루어진다.

④ 현재화된 인생을 보여 주는 문학이다.

⑤ 내용이 막(幕, act)과 장(場, scene)으로 구분되는 문학이다.

⑥ 시간적 · 공간적 제약을 받는 문학이다.

⑦ 의지의 대립 · 갈등을 본질로 하는 문학이다.

(3) 희곡의 구성(plot)

① **희곡의 형식적 구분 단위**

㉠ 장(場, scene) : 막의 하위 단위이며 희곡의 기본 단위이다. 전체 가운데 한 독립된 장면으로, 하나의 막 가운데에서 어떤 하나의 배경으로 진행되는 장면의 구분이다.

㉡ 막(幕, act) : 몇 개의 장으로 이루어지며, 휘장을 올리고 내리는 것으로 생기는 구분이다. 연극 및 희곡의 길이와 행동을 구분하는 개념이 된다.

② **희곡의 구성 유형**

㉠ 3분법(3막극) : 발단→상승(전개 · 위기)→해결(결말)

㉡ 4분법(4막극) : 발단→전개→전환(위기 · 절정)→결말

㉢ 5분법(5막극) : 발단→상승(전개)→절정(위기)→하강(반전)→결말(대단원)

(4) 희곡의 갈래

① **내용에 따른 갈래**

㉠ 희극(喜劇, comedy) : 인생의 즐거운 면을 내용으로 하는 희곡으로, 기지, 풍자, 해학의 수법으로 세태를 표현하는 골계미(滑稽美)가 있다. 지적이며 행복한 결말을 맺는다.
　예 몰리에르의 수전노, 셰익스피어의 말괄량이 길들이기

㉡ 비극(悲劇, tragedy) : 인생의 불행한 면을 내용으로 하는 희곡으로 처음부터 비극을 예감하게 하는 비극적 성격자를 주인공으로 하여 불행하게 끝맺는다.
　예 소포클레스의 오이디프스왕, 셰익스피어의 햄릿 · 리어왕 · 맥베드 · 오델로, 아더 밀러의 세일즈맨의 죽음

㉢ 희비극(喜悲劇, tragicomedy) : 비극과 희극이 합쳐진 극으로 대체로 처음에는 비극적으로 전개되나 작품의 전환점에 이르러 희극적인 상태로 전환되는 것이 많다.
　예 셰익스피어의 베니스의 상인

📞 보충학습

희곡의 형식적 구성 요소

㉠ 해설 : 희곡의 첫머리 부분으로 막이 오르기 전후에 필요한 무대 장치, 인물, 배경(시간적, 공간적) 등을 설명하는 글을 말한다.

㉡ 지문 : 배경, 효과, 조명, 등장 인물의 행동, 표정, 심리 등을 지시하고 설명하는 글로 '바탕글'이라고도 하며 현재형으로 쓴다.

㉢ 대사 : 등장 인물이 하는 말로 모든 극적인 주제와 사건은 대사를 바탕으로 이루어진다.

📞 보충학습

희곡의 삼일치(三一致)의 법칙

아리스토텔레스의 시학(詩學)에서 비롯된 법칙(고전극의 법칙)이다.

㉠ 시간의 통일(unity of time) : 모든 사건은 하루(24시간)를 넘어서는 안 된다는 제한

㉡ 장소의 통일(unity of place) : 모든 사건은 한 장소에서 이루어져야 한다는 제한

㉢ 행동의 통일(unity of action) : 일정한 주제와 줄거리 안에서 필연적 관계를 가지도록 통일되어야 한다는 제한

📝 기출문제

다음 글이 설명하는 희곡의 특성으로 옳은 것은?

2005. 4. 3. 경기도

- 무대는 가공의 장소이지만, 희곡에서는 이를 현실로 받아들인다.
- 희곡의 등장 인물은 분장을 한 인물이지만 실제 인물로 간주하고, 배우의 행동 또한 실제의 행동으로 간주한다.
- 독백과 방백은 다른 등장 인물은 듣지 못한다.

① 희곡은 무대 상연의 문학이다.
② 희곡은 약속의 문학이다.
③ 희곡은 대사의 문학이다.
④ 희곡은 행동의 문학이다.

☞ ②

② 장·막에 따른 갈래
  ㉠ 단막극 : 1막으로 끝나는 희곡
  ㉡ 장막극 : 2막 이상으로 끝나는 희곡
③ 창작 의도에 따른 갈래
  ㉠ 창작 희곡(original drama) : 무대 상연을 목적으로 창작한 희곡이다.
  ㉡ 각색 희곡 : 소설, 시나리오 등을 기초로 각색한 희곡이다.
  ㉢ 레제드라마(lese drama) : 무대 상연을 목적으로 하지 않고, 읽히기 위한 목적으로 쓴
   희곡이다.

(5) 희곡과 소설의 비교

구분	희곡	소설
공통점	• 허구적인 사건을 통해 자아와 세계의 갈등을 다룸 • 플롯의 전개(일정한 사건을 다룸) • 대화의 사용, 배경 설정 등	
차이점	객관적인 문학 양식	객관과 주관을 겸한 문학 양식
	시간적·공간적 제약이 있음	자유로운 사건 전개. 시간과 공간의 제약이 없음
	등장 인물의 수가 제한되고 인물의 성격적 대립이 뚜렷함	인물의 수나 성격에 제한이 없음
	관객의 육체적·정신적 지속력과 흥미의 연속성에 제한을 받음	길이에 제한이 없음
	대화, 즉 대사에 의한 문학	서술, 묘사 및 대화로 표현
	현재화된 인생의 표현이므로 현재 시제를 씀	시제의 제한이 없음
	읽고 감상하는 측면도 있으나 말과 동작으로 관객에게 보여 주기 위한 문학	작가가 사건을 이야기로 꾸며 독자로 하여금 읽게 하기 위한 문학

(6) 주요 작품의 이해
① 맹 진사 댁 경사
  ㉠ 작자 : 오영진(1916 ~ 1974) - 희곡·시나리오 작가. 영화인·영화평론가. 호는 우천(又
   川). 주로 향토적인 소재에 한국적인 해학을 담으려 하였다. 작품에 인생 차압, 배뱅
   이굿, 허생전, 해녀 뭍에 오르다 등이 있다.
  ㉡ 갈래 : 희곡
  ㉢ 주제 : 인간의 탐욕과 우매성에 대한 풍자와 비판
  ㉣ 성격 : 희극적, 풍자적, 해학적
  ㉤ 배경 : 조선 시대, 맹 진사의 집
  ㉥ 특징 : 우리나라 전래 민담인 뱀신랑에서 그 소재를 취해 온 작품으로 해학적인 요소와
   함께 권선징악적인 주제를 가지고 있다.

② 불모지
  ㉠ 작자 : 차범석(1924 ~) - 극작가. 한국 극작가 중 가장 많은 작품을 지은 작가로, 연
   출가로서도 큰 역할을 했으며 사실주의 연극의 확립에 공헌하였다. 장막극에 산불,
   불모지, 장미의 성, 희곡집에 껍질이 깨지는 아픔 없이는, 대리인 등이 있다.
  ㉡ 갈래 : 희곡
  ㉢ 주제 : 근대화 과정에서 겪는 가족의 해체와 가치관의 변화
  ㉣ 성격 : 사실적
  ㉤ 배경 : 1950년대 전후(戰後) 사회. 서울 종로 한복판
  ㉥ 특징 : 1957년 발표한 장막극으로 변화하는 시대에 적응해 나가지 못하는 최 노인 일가
   의 불행을 사실적으로 그려내고 있다.

2 ·· 시나리오

(1) 시나리오의 정의

영화로 상연할 것을 목적으로 작가가 상상한 이야기를 장면의 차례, 배우의 대사, 동작, 배경, 카메라의 작동, 화면 연결 등을 지시하는 형식으로 쓴 영화의 대본이다.

(2) 시나리오의 특징

① 화면에 의하여 표현되므로 촬영을 고려해야 하고, 특수한 시나리오 용어가 사용된다.

② 주로 대사로 표현된다.

③ 시간적·공간적 배경의 제한을 적게 받는다.

④ 등장 인물의 수에 제한을 받지 않는다.

⑤ 시퀀스(sequence)나 화면(cut)과 장면(scene)을 단위로 한다.

⑥ 직접적인 심리 묘사가 불가능하고, 장면과 대상에 의하여 간접적으로 묘사된다.

(3) 시나리오의 표현 요소

① 장면 지정 : 장면(scene) 번호가 붙는다. 사건의 배경이 되는 장면이 설정된다.

② 대사 : 등장 인물 간의 대화를 말한다.

③ 지문 : 여러 가지 촬영 방법과 영화의 상황을 지시하는 것으로 약정된 부호를 사용해야 한다.

(4) 시나리오의 갈래

① 창작(original) 시나리오 : 작가의 상상에 의해 새로 지은 시나리오를 말한다.

② 각색(脚色) 시나리오 : 소설, 희곡, 수기, 실화 등을 시나리오 형식으로 고친 것을 말한다.

③ 레제(lese) 시나리오 : 오로지 문학 작품으로서 감상시킬 목적으로 창작한 시나리오를 말한다.

(5) 희곡과 시나리오의 비교

구분	희곡	시나리오
공통점	• 사건을 대사와 지문으로 전개한다. • 다른 예술을 위한 대본이다. • 직접적인 심리 묘사가 불가능하다.	
차이점	연극의 대본	영화의 대본
	무대에서 상연	스크린을 통해 상영
	막과 장이 단위	신과 시퀀스가 단위
	행위 예술로 입체적임	영상 예술로 평면적임
	문학적 독자성이 강함	문학적 독자성이 약함
	등장 인물 수의 제약	등장 인물 수의 제약이 없음
	초점화된 행동, 집약적	확산된 행동, 유동미

기출문제

다음과 같은 글의 특성이 아닌 것은?

2003. 4. 13. 충청남도

장면 2 영화반(낮)

모여 있는 영화반 아이들

신화 : 좋은 애 같은데…….

홍수 : 네 눈에 안 좋아 보이는 애도 있냐?

애라 : 왜, 나도 멋있던데. 벌써 1학년 여자애들이 구경왔더라니까?

홍수 : 눈에 깁스를 하라 그래라.

지민 : (홍수 놀리려고 짐짓) 유진 걔, 어딘지 강렬하게 사람을 끌어당기는 뭔가가 있는 거 같지 않니?

정연 : (홍수쪽 의식하며) 그게 말야. 이유가 뭘까?

애라 : 딴 것 몰라도 일단 얼굴이 되잖냐. 솔직히 우리 학교 남학생들, 얼굴이 양심 불량인 애들이 좀 많았냐?

유미 : (수긍한 듯 끄덕이고 진지하게) 사람은 일단 잘생기고 봐야겠구나.

---

① 영상화를 전제로 한다.

② 등장 인물, 장소 등의 제약이 적다.

③ 막과 장의 구성 단위로 이루어진다.

④ 해설, 지문, 대사, 장면 번호를 구성요소로 한다.

☞ ③

(6) 시나리오의 용어

① S#(scene number) : 장면 번호

② shot : 하나하나의 짧은 장면으로 카메라의 회전을 중단하지 않고 촬영한 이어진 필름

③ NAR(narration) : 해설

④ M.(music) : 효과 음악

⑤ E.(effect) : 효과음

⑥ O.L.(over lap) : 한 장면 위에 다음 장면이 겹치면서 장면이 전환되는 것

⑦ F.I.(fade in) : 어두운 화면이 점점 밝아지는 것

⑧ F.O.(fade out) : 밝은 화면이 점점 어두워지는 것

⑨ C.U.(close up) : 어떤 인물이나 장면을 크게 확대하여 찍는 것

⑩ D.E.(double exposure) : 하나의 화면에 다른 화면이 겹쳐서 이루어지는, 이중 노출법에 의한 합성 화면

⑪ W.O.(wipe out) : 한 화면의 일부가 닦아내는 듯이 없어지면서 다른 화면이 나타나는 수법

⑫ PAN(panning) : 카메라를 상하 좌우로 이동하는 것

⑬ conti(continuity) : 시나리오를 기초로 하여 영화 감독이 만든 촬영 대본으로, 장면마다 카메라의 위치, 각도, 거리, 배우의 연기, 효과 등을 적어놓는다.

❸ ·· 비평

(1) 비평의 정의

사회, 문화, 정치, 경제, 예술, 학술 및 그 외의 인생 전반에 걸쳐서 작가의 비평적인 견해를 논리적으로 체계를 세워 진술한 글이다.

(2) 비평의 3단계

① 감상의 단계 : 작품 이해

② 해석의 단계 : 작품의 의미 구조와 작품의 외적인 요소

③ 평가의 단계 : 미적 의미 부여

(3) 비평의 종류

① 외재적(外在的) 방법 : 그 작품이 쓰여진 역사나 사회, 작가의 경향, 작품에 나타난 도덕·철학 등을 중심으로 비평하는 것을 말한다(표현론, 모방론, 효용론).

　　예 역사주의 비평, 심리주의 비평, 신화 비평, 사회·윤리적 비평

② 내재적(內在的) 방법 : 오로지 그 작품 자체만 가지고 하는 비평으로, 작품을 구성하고 있는 언어, 구조, 이미지, 운율, 행, 연 등을 중심으로 하는 비평을 말한다(절대론).

　　예 형식주의 비평(신비평)

1 다음 글에 대한 설명으로 옳지 않은 것은?

2019. 4. 6. 인사혁신처

> 해설자 : (관객들에게 무대와 등장인물을 설명한다.) 이곳은 황야입니다. 이리 떼의 내습을 알리는 망루가 세워져 있죠. 드높이 솟은 이 망루는 하늘로 둘러싸여 있습니다. 하늘은 연극의 진행에 따라 황혼, 초승달이 뜬 밤, 그리고 아침으로 변할 겁니다. 저기 위를 바라보십시오. 파수꾼이 앉아 있습니다. 높은 곳에서 하늘을 등지고 있기 때문에 그는 언제나 시커먼 그림자로만 보입니다. 그는 내가 태어나기 전부터 파수꾼이었습니다. 나의 늙으신 아버지께서도 어린 시절에 저 유명한 파수꾼의 이야기를 들으셨다 합니다.

① 공간적 배경은 망루가 세워져 있는 황야이다.
② 시간적 배경은 연극의 진행에 따라 변한다.
③ 해설자는 무대 위의 아버지를 소개한다.
④ 파수꾼의 얼굴은 분명하게 알 수 없다.

> **TIP** ③ '나의 늙으신 아버지께서도 어린 시절에 저 유명한 파수꾼 이야기를 들으셨다고 합니다'는 아버지를 소개하려는 것이 아니라 파수꾼의 이야기가 그만큼 오래되고 유명하다는 것을 말하기 위해 언급된 것이다.

2 다음 글의 내용에 부합하지 않는 것은?

2013. 8. 24 제1회 지방직

> 소설 속에는 세 개의 욕망이 들끓고 있다. 하나는 소설가의 욕망이다. 소설가의 욕망은 세계를 변형시키려는 욕망이다. 소설가는 자기 욕망의 소리에 따라 세계를 자기 식으로 변모시키려고 애를 쓴다. 둘째 번의 욕망은 소설 속의 주인공들의 욕망이다. 소설 속의 인물들 역시 소설가의 욕망에 따라 혹은 그 욕망에 반대하여 자신의 욕망을 드러내고, 자신의 욕망에 따라 세계를 변형하려 한다. 주인공, 아니 인물들의 욕망은 서로 부딪쳐 다채로운 모습을 드러낸다. 마지막의 욕망은 소설을 읽는 독자의 욕망이다. 소설을 읽으면서 독자들은 소설 속의 인물들은 무슨 욕망에 시달리고 있는가를 무의식적으로 느끼고, 나아가 소설가의 욕망까지를 느낀다. 독자의 무의식적인 욕망은 그 욕망들과 부딪쳐 때로 소설 속의 인물들을 부인하기도 하고, 나아가 소설까지를 부인하기도 하며, 때로는 소설 속의 인물들에 빠져 그들을 모방하려 하기도 하고, 나아가 소설까지를 모방하려 한다. 그 과정에서 읽는 사람의 무의식 속에 숨어 있던 욕망은 그 욕망을 서서히 드러내, 자기가 세계를 어떻게 변형시키려 하는가를 깨닫게 한다. 소설 속의 인물들은 무엇 때문에 괴로워하는가, 그 괴로움은 나도 느낄 수 있는 것인가, 아니면 소설 속의 인물들은 왜 즐거워하는가, 그 즐거움에 나도 참여할 수 있는가, 그것들을 따지는 것이 독자가 자기의 욕망을 드러내는 양식이다.

① 소설가는 자기의 욕망에 따라 세계를 변형시키고자 한다.
② 소설 속의 인물은 자신의 욕망을 소설가의 욕망에 일치시킨다.
③ 독자는 소설을 읽으면서 소설가의 욕망을 느낀다.
④ 독자는 소설을 통해 자신의 욕망을 깨닫게 된다.

> **TIP** ② 지문에서 '소설 속의 인물들 역시 소설가의 욕망에 따라 혹은 그 욕망에 반대하여 자신의 욕망을 드러내고, 자신의 욕망에 따라 세계를 변형하려 한다.'고 언급하고 있다. 따라서 소설 속의 인물이 자신의 욕망을 소설가의 욕망에 일치시킨다고 보는 것은 지문과 부합하지 않는다.

ANSWER 1.③ 2.②

3 다음 중 희곡의 가장 본질적인 성격으로 알맞지 않은 것은?

2001. 6. 24 인천광역시

① 극중 인물의 대사를 통해 표현되는 문학이다.
② 인간의 행동을 언어로 묘사한 문학이다.
③ 무대 상연을 전제로 한 문학이다.
④ 현재 시제로 표현되는 문학이다.
⑤ 주관과 객관을 겸한 문학이다.

TIP ⑤ 희곡은 주관을 배제하고 철저히 객관적인 문학 형식을 취한다.

※ 희곡의 특성
㉠ **무대 상연의 문학** : 희곡은 무대 상연을 전제로 하는 문학으로, 시간과 공간의 제약을 받으며 작가의 직접적 묘사, 해설과 내면의 심리 상태, 정신 세계의 완전한 표현이 불가능하다.
㉡ **행동의 문학** : 희곡은 인간의 행동을 모방한 등장 인물의 행동을 통해 삶을 형상화하며, 주인공의 행동에 의해 주제를 전달한다(객관적).
㉢ **대사의 문학** : 등장 인물의 대화에 의해서 사건이 전개되고 성격이 표현된다(간접적 전달 방법).
㉣ **현재화된 인생 표현** : 극중 인물의 행위로는 과거를 표현할 수 없으므로 무대 위에서 지금 일어나는 사건으로 현재화하여 표현한다.
㉤ **대립과 갈등의 문학** : 주인공이 다른 인물이나 상황과 대립함으로써 일어나는 극적 긴장과 갈등을 중심으로 사건이 전개된다.

ANSWER 3.⑤

※ 다음 글을 읽고 물음에 답하시오. 【4~6】

2000. 11. 19 충청남도

이중생 : 달지!

송달지 : ……

이중생 : (   ) 달지! 자네는 누구의 허락을 받었길래 독단적 행동을 헌단 말야, 응? 누가 자네더러 무료 병원 세워 달랬어, 응? 대답 좀 해 봐. 나는, 그래 무료 병원 세울 줄 몰라서 이 지경인 줄 아나? 내가 뭐랬어? 유산이니 재산문제는 일체 함구 불언하라구……. 자네, 그래 무슨 원한이 있어서 우리 집안을 망치는 게야, 응? 천치면 천치처럼 말 챙견이나 말 것이지, 뭐이 어쩌구 어째? "내 의견은 그렇습니다만……?" 의견이 무슨 당찮은 의견이란 말야? 내 재산, 내 돈 가지구 왜 염치 없이 제 의견을 말해……, 응? 의견이 또 도대체 자네 같은 위인에게 무슨 의견이야. 일껀 의견이랍시구 내세운 게 장인 재산 물에 타 버리는 종합병원? 에끼, 고약한 놈 같으니라구, 어디서 배운 의견이야? 자넨 살아 있는, 아니 죽어 있는! 아아, 아니 살아 있는 이중생……, 죽어 있는 이중생의 재산 관리인 이외의 아무것도 아닌 걸 왜 몰라, 응? 이 천치! 어서 없어져! (달지, 묵묵히 일어난다.) 어딜 가? 앉어 있지 못허구. 그래 어떡헐 셈인가, 응? 나는 그래 어떡허면 좋단 말야. 이 집은, 토지는, 현금은 어떡허란 말이야. 그래, 자네 의견대루 배라먹을 무료 병원에 내놓으란 말인가? 어디 좀 말해 보겠나, 응? 이 재산이, 내 재산이 어떤 건 줄이나 알구 그래? 이 사람, 왜 말이 없어? 일처리 그렇게 잘하니 끝을 맺어야지.

최 변호사 : 영감, 그만두십쇼. 또 좋은 방법이 서겠죠. 철머리가 없어서 그렇게 된 걸.

이중생 : (최에게) 뭣이 어쩌구 어째? 그래 자넨 철머리가 있어서 일껀 맹글어 논게 이 모양인가?

최 변호사 : 고정하십쇼. 저보구꺼정 왜 야단이슈?

이중생 : 자네가 뭘 잘했길래 왜 날더러 죽으라고 해, 응? (면도칼을 휘두르며) 여보, 최 변호사! 내가 뭘 잘못했길래 이걸로 목 따는 시늉까지 하구 나흘 닷새를 두고 이 고생, 이 망신을 시키는 거냐아! 유서는 왜 쓰라구 했어! 내 재산을 몰수하는 증거가 되라구? 고문 변호사라구 믿어 온 보람이 이래야만 옳단 말야? 이 일을 다 망쳐 버린 게 누구 탓야, 응? 유서는, 저 사람에게 책잡힐 유서는 왜 쓰랬어! 왜 내 입으로 발명 한 마디 못 하게 죽여 났냐 말야, 나를 왜 죽여! 이 이중생을…….

최 변호사 : 영감, 왜 노망이슈? 누가 당신 서사구, 머슴인 줄 아슈? 누구게 욕설이구, 누구게 패담이야!

이중생 : 에끼, 적반하장도 유만부동이지. 배라먹을 놈 같으니라구! 은혜도 정리두 몰라 보구, 살구도 죽은 송장을 맨들어 말 한 마디 못 하구 송두리째 재산을 **빼앗기게** 해야 옳단 말인가!

최 변호사 : 헛헛……. 영감, 말씀 좀 삼가시죠. 영감 가정일은 가정일이구, 내게 내줄 것이나 깨끗이 셈을 하십쇼. 영감 사위께 내 수수료를 청구하리까?

임표운 : 최 선생, 오늘은 어서 그냥 돌아가세요.

최 변호사 : 왜? 나만 못난이 노릇을 허란 말인가? 영감이 환장을 해두 분수가 있지, 내게다 욕지거리라니, 당찮은 짓 아닌가 말이세, 임 군!

이중생 : (벌벌 떨며) 에끼, 사기꾼 같으니라구, 아직두!

최 변호사 : 사기꾼? 영감은 무엇이구 응, 영감은 뭐야!

4 이 글의 (　) 안에 들어갈 말로 적당한 것은?

① 꼬치꼬치 따지듯이   ② 비아냥거리며

③ 화를 내며   ④ 눈치를 보며

⑤ 콧방귀를 뀌며

> **TIP** ③ 송달지가 무료 병원을 세우는 데 재산을 쓰자는 의견을 말한 데 대해 이중생이 크게 화를 내고 있는 대목이다. 실제 지문에는 '두 팔을 휘두르고 두 발을 궁그르며'로 되어 있다.

5 이 글의 내용과 가장 관계가 깊은 한자 성어는?

① 自手成家   ② 自繩自縛

③ 風飛雹散   ④ 自中之亂

⑤ 自初至終

> **TIP** ① 自手成家(자수성가) : 물려받은 재산이 없는 사람이 제 힘으로 한 살림을 이룩함
> ② 自繩自縛(자승자박) : 자기 새끼줄에 자기의 몸을 묶은 것처럼 자신의 언행으로 말미암아 스스로 곤란을 겪게 됨을 뜻하는 말
> ③ 風飛雹散(풍비박산) : 부서져 사방으로 확 흩어짐
> ④ 自中之亂(자중지란) : 같은 패 안에서 일어나는 싸움
> ⑤ 自初至終(자초지종) : 처음부터 끝까지의 과정

6 다음 중 이 글의 내용과 같지 않은 것은?

① 이중생은 위장 자살하였다.

② 최 변호사의 태도 변화는 반말투에서 확연히 드러난다.

③ 이중생은 자신의 몰락이 최 변호사 탓이라고 보고 있다.

④ 임표운은 최 변호사를 진정시키려고 애쓰고 있다.

⑤ 달지는 이중생의 말에 아무런 대답도 안하고 있다.

> **TIP** 제시된 글은 오영진의 살아있는 이중생 각하이다. 부정하게 모은 재산을 위장 자살로 지키려는 이중생의 허욕을 날카롭게 풍자하고 그의 몰락의 당위성을 드러내는 사회 풍자극이다. 위 내용은 충직한 재산관리인으로 적격이라 판단한 송달지가 오히려 자신의 전재산을 잃게 한 장본인이 되자 이중생이 이성을 잃고 날뛰는 장면이다.

1 다음 중 밑줄 친 ㉠과 유사한 사례는?

다 : 촌장님은 이리가 무섭지 않으세요?

촌장 : 없는 걸 왜 무서워하겠니?

다 : 촌장님도 아시는군요?

촌장 : 난 알고 있지.

다 : 아셨으면서 왜 숨기셨죠? 모든 사람들에게, 저 덫을 보러 간 파수꾼에게, 왜 말하지 않는 거예요?

촌장 : 말해 주지 않는 것이 더 좋기 때문이다.

다 : 거짓말 마세요, 촌장님! 일생을 이 쓸쓸한 곳에서 보내는 것이 더 좋아요? 사람들도 그렇죠! '이리 떼가 몰려온다.'이 헛된 두려움에 시달리는데 그게 더 좋아요?

촌장 : ㉠애야, 이리 떼는 처음부터 없었다. 없는 걸 좀 두려워한다는 것이 뭐가 그렇게 나쁘다는 거냐? 지금까지 단 한 사람도 이리에게 물리지 않았단다. 마을은 늘 안전했어. 그리고 사람들은 이리 떼에 대항하기 위해서 단결했다. 그들은 질서를 만든 거야. 질서, 그게 뭔지 넌 알기나 하니? 모를 거야, 너는. 그건 마을을 지켜 주는 거란다. 물론 저 충직한 파수꾼에겐 미안해. 수 천 개의 쓸모없는 덫들을 보살피고 양철북을 요란하게 두들겼다. 허나 말이다. 그의 일생이 그저 헛되다고만 할 순 없어. 그는 모든 사람들을 위해 고귀하게 희생한 거야. 난 네가 이러한 것들을 이해해 주기 바란다. 만약 네가 새벽에 보았다는 구름만을 고집한다면, 이런 것들은 모두 허사가 된다. 저 파수꾼은 늙도록 헛북이나 친 것이 되구, 마을의 질서는 무너져 버린다. 애야, 넌 이렇게 모든 걸 헛되게 하고 싶진 않겠지?

---

① 회사의 경영 실적이 나아졌음에도 불구하고 이를 숨기고 노동자에게 고통 분담만을 강요하는 경영주

② 자신의 판단 착오로 회사에 손해를 끼쳤음에도 이를 하급 직원의 탓으로 돌리는 상사

③ 선거 직전에 타 정당에 대한 비판적 자세를 옹호적 자세로 바꾸는 정치인

④ 무죄를 주장하는 용의자에게 형량을 경감해 줄 테니 자백하라고 회유하는 형사

> **TIP** ① ㉠은 사회적 위기를 조장하거나 과장하고 거기에 대비한다는 이유로 지배층이 구성원의 기본권을 제약하는 사례이다.
>
> ※ 이강백의 「파수꾼」
> ㉠ 갈래 : 희곡, 단막극
> ㉡ 성격 : 교훈적, 상징적, 우화적
> ㉢ 주제 : 진실이 통용되기 어려운 비극적 사회
> ㉣ 짜임 : 발단 – 전개 – 위기 – 절정 – 결말
> ㉤ 작자 : 이강백(1947 ~), 희곡작가. 1971년 「다섯」으로 등단

2 다음 중 희곡에서 대사가 지닌 기능이 아닌 것은?

① 사건을 서술한다.　　　　　　　　② 갈등을 표현한다.

③ 극의 분위기를 형성한다.　　　　　④ 인물의 성격을 부각시킨다.

> **TIP** ① 희곡에서 대사는 사건을 전개시키는 기능을 한다.
>
> ※ 대사의 기능
> ㉠ 사건을 진행시킨다.
> ㉡ 인물의 생각, 성격, 사건의 상황을 드러낸다.
> ㉢ 사건의 분위기를 형성한다.
> ㉣ 주제를 제시한다.

ANSWER 1.① 2.①

3 다음 중 연극과 영화의 공통점은?

① 종교 의식에서 비롯되었다.
② 과학적 성격을 강하게 가진다.
③ 키노드라마는 연극과 영화를 결합하여 독자성을 없앴다.
④ 시간과 공간의 예술로서 여러 부문의 예술이 결합되어 완성된다.

TIP 연극과 영화의 비교

구분	연극	영화
공통점	종합 예술, 카타르시스, 구성 원칙, 시청각을 통한 전달	
차이점	• 순간적, 일회적 • 희곡, 연출가, 배우, 무대 필요	• 반복성, 동시성(동시 상영) • 시나리오, 콘티(continuity), 기계, 도구 필요

① 연극의 특징
② 영화의 특징
③ 키노드라마(kino drama)는 연극에 영화의 기법을 사용한 것이다.

4 다음 중 밑줄 친 부분이 희곡에서 하는 기능으로 옳지 않은 것은?

> 다 : 뭘 망설이시죠?
> 촌장 : 아냐. 아무 것두……난 아직 안심이 안 돼서 그래. <u>(온화한 얼굴에서 혀가 낼름 나왔다가 들어간다.)</u> 지금 사람들은 도끼까지 들구 온다잖니? 망루를 부순 다음엔 속은 것에 더욱 화를 낼 거야! 아마 날 죽이려구 덤빌지도 몰라. 아니 꼭 그럴 거다. 그럼 뭐냐? 지금까진 이리에게 물려 죽은 사람은 단 한명도 없었는데, 흰구름의 첫날 살인이 벌어진다.

① 배경을 제시한다.
② 인물의 표정을 나타낸다.
③ 갈등을 표출시킨다.
④ 음향이나 효과를 지시한다.

TIP ③ 극 중 인물의 갈등을 표출시키며 사건을 진행시키는 것은 대사이다.

※ 다음 글을 읽고 물음에 답하시오. 【5~6】

> 맹 노인 : 엑기! 불측불효한 무리들! 무슨 대꾸가 그리 수다스러우냐. 이제나 저제나 경각에 있는 늙은것
>   에게 돈으로 사서 바치는 경사도 아니어늘 ······. 그래도 냉큼 서두르지를 못할까?
> 맹 진사 : 참봉! (하고 내닫는다.)
>   (맹효원, 한씨, 근친 갑, 을, 잠깐 구수)
> 맹 진사 : (실심해 등장)
> 김명정 : 허 ······ 사둔님?
> 맹 진사 : (껑충 놀라뛰며) 네, 네?
> 김명정 : 거참 이상합니다. 여태 그냥들 계시니 아니 뭐가 또 생겼습니까?
> 맹 진사 : 네? 아니올시다. 뭐가 생기긴요. 저 ······, 신부가 갑재기 가슴아리가 아니 치통이 나설랑 ······.
> 김명정 : 거, 더욱이나 이상합니다. 아까는 조부님께서 참례하시기를 기다리신다드니만 ······.
> 맹 진사 : 네, 네, 아까는 아버님 때문에 ······.
> 김명정 : 그런데, 이번엔 또 신부께서 갑자기 치통이시라뇨?
> 맹 진사 : 네, 별안간에, 별안간에 ······.
> 김명정 : 사둔님, 정말이신가요?
> 맹 진사 : 네, 아 그럼요, 사둔님께서도 ······.
> 김명정 : 헛헛헛! 혹 노새를 기다리기에 지치신 사둔님 자신의 병환이나 아니신지요?
> 맹 진사 : 노새?
> 김명정 : 사둔님! 혼인의 의식이란 자고로 엄숙한 것이며 인륜의 대사입니다 혹시 신랑이 불만이시다면
>   모든 것을 없던 것으로 하고 물러가겠습니다.
> 맹 진사 : 어이구, 아니올시다. 그런 거 아니에요. (이때 실심해 돌아오는 참봉을 쫓아간다.) 참봉!
> 참봉 : ······.
> 맹 진사 : 참봉!
> 참봉 : 네!
> 맹 노인 : 신부 데려 내오게. 내 마지막 경사인 이 초롓랑 내 손으로 올려야겠다. 오냐, 너희들도 그걸
>   바랬든 모양이지? 에이, 그렇다구 진작 말을 해야잖느냐. 자 참봉.
> 참봉 : (비명) 어유, 진사님.

5 이 글에 대한 설명으로 옳지 않은 것은?

① 전래 민담인 뱀신랑 설화와 소재면에서 유사하다.
② 인간의 거짓됨과 진실을 대비시켜 미묘한 심리 세계를 파헤치고 있다.
③ 권력 지향적인 인물들의 허욕과 위선적 행동을 해학과 풍자를 통해 형상화하고 있다.
④ 세속적 욕망을 위해 수단과 방법을 가리지 않는 인물의 비극적 종말을 그린 비극이다.

TIP ④ 제시된 글은 권선징악적 주제를 가지고 있는 희극(喜劇)이다.

※ 오영진의 맹진사댁 경사 ··· 전래 민담인 뱀신랑 설화를 바탕으로 인간의 허욕과 권력 지향성 등을 해학적으로 풍자, 비
   판한 희극이다. 권선징악적 주제를 가지고 있으며, 정(正)과 사(邪)의 대결에서 정이 이긴다는 점에서 민담의 구조를
   취하고 있다.

ANSWER 5.④

6 이와 같은 갈래의 문학이 갖는 특성으로 옳은 것은?

① 서술자가 인물과 사건을 제시한다.
② 작중 인물이 직접 행동으로 보여 준다.
③ 개인적 체험과 사색을 독자에게 고백하는 형식이다.
④ 역사적 기록을 토대로, 과거 서술형 어미를 사용한다.

TIP ② 맹진사댁 경사는 희곡으로 '행동의 문학'을 그 특성으로 한다.

7 다음 글의 시대적 배경과 가장 밀접하게 관련되는 것은?

> 명서의 처 : (소리만) 후어! 저 놈의 닭들 좀 봐라! 후어! 에그 속상해.
>   명서의 아내, 왼쪽 입구에서 등장. 호미와 바구니를 든 것을 보면 그가 밭에서 일하고 오는 것이 분명하다. 나이에 비하여 아직 기력이 좋아서 능히 자기의 노동을 담당하는 것이다.
> 명서의 처 : (들어서면서) 아이, 세상이 약으니까, 닭꺼정 약아서 사람의 소리를 겁을 내야지. (금녀에게) 이년아, 넌 집에 있으문서 닭두 좀 못 쫓냐?
> 금녀 : 집에 있으문 누가 노우? 어머니두 참, 밭이나 다 매고 왔우?
> 명서의 처 : (몸의 흙을 떨면서) 아랫밭만 맸지. (남편을 보고) 당신은 그걸 여태 들구 앉았우? 오늘두 끝을 못 내구 ……. 아이구, 편지 한 장에 며칠이 걸린단 말유?
> 명서 : …….
> 명서의 처 : 그렇게 천장만 쳐다보구, 눈만 까무락거리문 뭣이 나오우? 얼른 써유. 삼조가 곧 올 텐데. 일본 간다구. 금녀야, 내 없는 동안에 삼조가 혹 왔다 가진 않았니?
> 금녀 : 아뉴, 아직.
> 명서의 처 : 아까 밭에서 보니까 벌써 보퉁이를 들구 나가더라던데. (남편에게) 그애더러 금년에는 꼭 나오라구 그러쥬. 그리구 나올 때는 돈 좀 가지구 나오구. 그렇게 썼우?
> 명서 : 왜 이 수선야? 정신 헷갈리게.
> 명서의 처 : 돈이 있어야 사람이 좀 허리를 펼 게 아뉴?
> 명서 : 편지라는 건 그리 쉽게 되는 게 아니어.
> 명서의 처 : 대관절 이 편지를 들구 앉은 지가 오늘이 며칠이우?

① 인물의 행동　　　　　　　　② 인물의 이름
③ 방언의 사용　　　　　　　　④ 궁핍한 생활상

TIP 제시된 유치진의 토막의 배경은 1920년대의 어느 궁핍한 농촌 마을로, 이 글은 1920년대 궁핍한 한국 농촌의 현실을 묘사한 사실주의적 희곡의 전형으로 꼽는다.
　　　※ 유치진의 토막
　　　　㉠ 갈래 : 희곡(사회 문제극, 비극, 장막극, 사실극)
　　　　㉡ 주제 : 일제의 악랄한 수탈 속에서 황폐해져 가는 한국의 참담한 현실
　　　　㉢ 성격 : 현실 고발적, 비판적, 사실적
　　　　㉣ 배경 : 1920년대 어느 빈한한 농촌 마을
　　　　㉤ 특징 : 일제 강점기인 1920년대를 시대적 배경으로 하여 일본의 수탈과 가혹한 통치 아래 파멸되어 가는 민족의 현실을 그리고 있는 작품이다.
　　　　㉥ 작자 : 유치진(1916 ~ 1974) − 극작가. 호는 동랑. 1931년 김진섭, 서항석 등과 '극예술 연구회'를 창립하였으며 근대극 운동에 주력하였다. 작품에 소, 토막, 원술랑, 자명고, 나도 인간이 되련다 등이 있다.

ANSWER 6.② 7.④

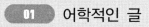

고전 문학

01 어학적인 글

❶ ‥ 훈민정음(訓民正音)

(1) 개관

① 창제자 : 세종 대왕(집현전 학자들이 협찬)

② 창제의 목적

　㉠ 훈민정음 어지(御旨)에서 밝힌 '자주(自主)·애민(愛民)·실용(實用) 정신'을 구현한다.

　㉡ 우리 나라 한자음의 정리와 표기를 통일한다.

(2) 훈민정음 어지(御旨)

① 창제자 : 세종 대왕(1379~1450) – 조선 4대 임금. 1420년 집현전을 설치하여 학문을 장려하고 훈민정음을 창제·반포하였다. 월인천강지곡을 비롯하여 용비어천가, 고려사, 석보상절 등 많은 책을 편찬하였으며, 해시계 등 새로운 과학 기구의 발명 제작과 음악을 장려하여 아악의 기초를 확립하였다. 국방에도 힘써 6진을 설치하는 등 내정, 외치, 문화 등 찬란한 업적을 남겼다.

② 연대 : 세조 5년(1459)

③ 주제 : 훈민정음 창제의 취지

④ 사상 : 자주 정신, 애민 정신, 실용 정신

⑤ 특징 : 간결하고 분명하며, 지시적인 의미만을 사용하였다.

❷ ‥ 용비어천가(龍飛御天歌)

(1) 개관

① 시기

　㉠ 창작 시기 : 세종 27년(1445)

　㉡ 간행 시기

　　• 초간본 : 세종 29년(1447)

　　• 중간본 : 광해군 4년(1612) – 만력본, 효종 10년(1659) – 순치본, 영조 41년(1765) – 건륭본

② 작자 : 정인지(1396~1478), 권제(1387~1445), 안지(1377~1464) 등

③ 창작 동기

　㉠ 조선 건국의 정당성 천명 및 민심 수습을 수습하려 하였다.

　㉡ 후대 왕에 대한 권계(勸戒), 왕권의 확립을 목적으로 하였다.

　㉢ 훈민정음의 실용성 여부를 시험하고자 하였다.

　㉣ 나라말에 대해 존엄성을 부여하려 하였다.

📖 보충학습

훈민정음 명칭의 변천

㉠ 훈민정음(訓民正音) : 창제 당시에 세종이 붙인 정식 이름으로 '백성을 가르치는 바른 소리'라는 뜻이다.

㉡ 정음(正音) : 훈민정음을 줄여서 부른 이름이다.

㉢ 언문(諺文) : 훈민정음을 낮추어 부른 이름이다.

㉣ 반절(反切) : 최세진(崔世珍)의 훈몽자회(訓蒙字會) 범례(凡例)에 "언문자모는 세속에서 일컫는 바의 반절(反切) 27자다."라고 한 데에서 비롯된 이름이다.

㉤ 국문(國文) : 갑오개혁 이후 국어의 존엄성을 자각하게 된 뒤부터 생긴 이름이다.

㉥ 한글 : 주시경이 붙인 이름으로 '하나의 글', '바른 글', '위대한 글'이라는 뜻이다.

📝 기출문제

'훈민정음 어지의 밑줄 친 부분에 나타난 한글 창제의 정신으로 가장 적절한 것은?

2016. 8. 27. 지역인재

① 애민 정신

② 자주 정신

③ 실용 정신

④ 창조 정신

☞ ③

④ 체제

    ㉠ 구성 : 세종의 6대조인 목조부터 익조, 도조, 환조, 태조, 태종의 사적(史蹟)을 중국 역대 왕의 사적과 대비하여 서술하였다.

      • 서사 : 제1·2장 – 건국의 정당성과 영원성 송축

      • 본사 : 제3~109장 – 육조의 사적을 예찬

      • 결사 : 제110~125장 – 후대 왕에 대한 권계

    ㉡ 형식 : 2절 4구체의 대구로 이루어져 있다(단, 1장 3구체, 125장 9구체).

      • 전절 : 중국 역대 왕들의 사적을 찬양

      • 후절 : 6조의 사적을 찬양

    ㉢ 악장(樂章)

      • 여민락(與民樂) : 제1~4장과 제125장의 한역가를 가사로 하여 연주

      • 치화평(致和平) : 제1~16장과 제125장의 국문 가사를 연주

      • 취풍형(醉豊亨) : 제1~8장과 제125장의 국문 가사를 연주

⑤ 의의

    ㉠ 훈민정음으로 기록된 최초의 작품이다.

    ㉡ 세종 당시, 즉 15세기 국어 연구에 귀중한 자료가 된다.

    ㉢ 국문으로 된 최초의 악장 문학이다.

    ㉣ 월인천강지곡과 쌍벽을 이루는 악장 문학의 대표작이다.

⑥ 표기상의 특징

    ㉠ 종성부용초성의 원칙에 따라 8종성 외에 'ㅈ, ㅊ, ㅍ'이 종성으로 쓰였다.

    ㉡ 모음 조화가 철저하게 지켜졌다.

    ㉢ 사잇소리 표기가 훈민정음 언해본보다 엄격하게 지켜졌다.

    ㉣ 'ㅸ, ㆆ, ㆅ, ㅿ, ㆁ, ·' 등이 모두 쓰였다.

    ㉤ 원문에는 방점이 찍혀 있다.

    ㉥ 동국정운식 한자음을 전제로 하여 조사와 어미를 붙여 썼다.

    ㉦ 15세기 문헌 중 가장 고형을 유지하고 있다.

(2) 작품의 이해

① 제1장

    ㉠ 형식 : 1절 3구(제125장과 함께 형식상의 파격을 이룬 장)

    ㉡ 주제 : 조선 건국의 천명성

    ㉢ 성격 : 송축가(개국송)

    ㉣ 핵심어 : 천복(天福)

② 제2장

    ㉠ 형식 : 2절 4구

    ㉡ 주제 : 조선의 무궁한 발전 송축

    ㉢ 성격 : 송축가(개국송)

    ㉣ 핵심어 : 곶, 여름, 바ᄅᆞᆯ, 내

③ 제48장

    ㉠ 형식 : 2절 4구

    ㉡ 주제 : 태조의 초인간적 용맹

    ㉢ 성격 : 송축가, 사적찬(事蹟讚)

    ㉣ 핵심어 : 石壁(석벽)에 말을 올이샤

④ 제 125 장

　　㉠ 형식 : 3절 9구(형식상 파괴)

　　㉡ 주제 : 후왕(後王)에 대한 권계

　　㉢ 성격 : 송축가, 계왕훈(戒王訓)

　　㉣ 핵심어 : 경천 근민(敬天勤民)

③ ·· 두시언해(杜詩諺解)

(1) 개관

① 원제(原題) : 분류두공부시(分類杜工部詩)언해로 두보의 시를 내용별로 분류하였다는 의미이다. 이는 25권 17책으로 되어 있다.

② 작자 : 두보(杜甫, 712 ~ 770)

③ 의의

　㉠ 국문학상 최초의 번역 시집이다.

　㉡ 국어학상 초간본과 중간본이 약 150년의 차이가 있어 임란 전후의 국어의 변화를 살피는 데 중요한 자료가 된다.

　㉢ 한시 및 한문학 연구의 자료가 된다.

④ 초간본과 중간본의 차이

구분		초간본	중간본
간행 연대		성종 12년(1481)	인조 10년(1632)
간행자		유윤겸, 조위, 의침	오숙, 김상복
판본		활판본(活版本)	목판본(木版本)
표기법		연철(連綴)	간혹 분철도 보임
방점		사용됨	없어짐
음운 변화	△, ㆁ	사용됨	'ㅇ'으로 바뀜
	자음 동화	두드러지지 않음	자주 나타남
	모음 조화	잘 지켜짐	파괴되어 감
	구개음화	나타나지 않음	가끔 나타남

(2) 작품의 이해

① 강촌(江村)

　㉠ 갈래 : 서정시, 칠언 율시

　㉡ 주제 : 강촌 생활의 한가함

　㉢ 배경 : 성도에서 초당을 짓고 한가로이 지내던 여름

② 절구(絕句)

　㉠ 갈래 : 서정시, 기·승·전·결의 오언 절구

　㉡ 주제 : 고향에 돌아가지 못하는 아쉬움, 향수(鄕愁), 수구초심(首邱初心)

　㉢ 특징

　　• 대구(기구와 승구), 색채(靑과 紅)의 대조

　　• 선경후정(先景後情) : 봄을 맞는 푸른 강, 푸른 산의 정경과 시적 자아의 심상

기출문제

다음의 '용비어천가 125장'에 대한 설명으로 틀린 것은?

2013. 9. 7. 국회사무처

千世 우희 미리 定ᄒᆞ샨 漢水 北에 累仁開國ᄒᆞ샤 卜年이 ᄀᆞ 업스시니
聖神이 니ᅀᅡ샤도 敬天勤民ᄒᆞ샤ᅀᅡ 더욱 구드리시이다
님금하 아ᄅᆞ쇼셔 落水예 山行 가 이셔 하나빌 미드니잇가

① 조선 세종 29년(1447년)에 간행된 악장·서사시이다.

② '累仁開國'은 '어진 덕을 쌓아서 나라를 열었다.'라는 뜻이다.

③ '聖神'은 '聖子神孫'의 준말이다. 위대한 후대 왕들을 지칭한다.

④ 앞에는 중국 역사상의 사적을 적고, 뒤에는 앞의 것에 부합되는 조선 건국의 사적을 적고 있다.

⑤ 용비어천가는 전반적으로 조선 건국의 당위성을 담고 있는데 이 125장은 후대 왕에게 주는 권계(勸戒)가 그 주제가 된다.

☞ ④

보충학습

두보의 시를 언해한 이유

두보의 시는 사상적 배경이 유교적이고, 그 정서가 우국적(憂國的)이며, 시의 기법이 엄정하여 한시의 모범이 된다고 여겨 이를 일반화하기 위해 언해하였다.

4 ·· 소학언해(小學諺解)

(1) 개관

① 원전(소학)

ㄱ 연대 : 중국 남송(南宋) 효종 14년(1187)

ㄴ 편저자 : 유자징

ㄷ 목적 : 주자의 지시에 따라 아동들에게 수신예절(修身禮節)과 충효신자(忠孝信者)의 사적을 가르치기 위해 여러 경서에서 뽑아 엮었다.

ㄹ 내용

• 입교(入敎) : 가르침을 베풂

• 명륜(明倫) : 인륜을 밝힘

• 경신(敬身) : 몸가짐을 삼감

• 계고(稽古) : 성현의 고사 인용

• 가언(嘉言) : 교훈이 되는 말

• 선행(善行) : 착한 행실

② 간행 경위 및 판본 : 중종 때 발간한 번역 소학이 의역(意譯)에 치우쳤기에 이를 바로잡고자 직역(直譯)을 하였다.

판본	번역(飜譯) 소학	소학 언해	어제(御製) 소학 언해
간행 연대	중종 12년(1517)	선조 19년(1586)	영조 20년(1744)
간행처	홍문관	교정청	궁중(?)
권수	전 10 권 활자본	전 6 권 중간본	전 6 권 중간본
언해자	김전, 최숙생	정구, 최영경	선조판을 고쳐 중간(重刊)

③ 의의 : 중세 국어의 마지막 문헌 자료로서의 가치(16세기 국어)가 있다.

④ 표기상 특징

ㄱ 'ㅿ'은 거의 소멸, 단 'ㆁ'은 사용되었다.

ㄴ 방점이 사용되었고 성조 체계는 혼란을 보이기 시작하였다.

ㄷ 모음 조화 현상이 파괴되었다.

ㄹ 끊어적기가 많이 보인다.

ㅁ 명사형 어미 '-기'가 등장하였다.

ㅂ 명사형 어미 '-옴 / -움'에서 '-오 / -우'의 탈락이 보인다.

ㅅ 한자 옆에 한글을 병기(竝記)하였다.

(2) 작품의 이해

① 소학언해 1(선조판 2. 29)

ㄱ 원전 : 효경(孝經)

ㄴ 주제 : 효도의 처음과 끝

ㄷ 중심어 : 효도

ㄹ 간행 연대 : 선조 20년(1587)

② 소학언해 2(선조판 2. 67)

ㄱ 원전 : 논어(論語)

ㄴ 주제 : 벗의 선택

ㄷ 중심어 : 벗

ㄹ 간행 연대 : 선조 20년(1587)

기출문제

다음의 시는 제목이 없다. 제목을 붙인다면?

2001. 6. 24. 경기도

ᄀᄅ미 ᄑ라니 새 더욱 히오,

江碧鳥逾白

뫼히 퍼러ᄒᆞ니 곳 비치 블 븓ᄂᆞᆫ 듯도다.

山青花欲燃

옰보미 본딘 ᄯᅩ 디나가ᄂᆞ니,

今春看又過

어느 나리 이 도라갈 히오.

何日是歸年

① 춘망　　　　② 강산

③ 귀안　　　　④ 조화

☞ ①

1 두보의 '두시언해' 중 절구에 대한 설명으로 옳지 않은 것은?

2007. 7. 8. 서울특별시

> 江碧鳥逾白
> 山靑花欲燃
> 今春看又過
> 何日是歸年
>
> ᄀᆞ르미 프르니 새 더욱 ㉠희오.
> 뫼히 퍼러ᄒ니 곳 비치 블 븓ᄂᆞᆫ 돗도다.
> 옰보미 본틴 ᄯᅩ 디나가ᄂᆞ니,
> 어느 나리 이 도라갈 ㉡희오.

① 두보의 원문을 언해로 번역한 것이다.
② 주된 정서는 애상이다.
③ 밑줄 친 ㉠은 현대어로 '희고'이며 ㉡은 '해인가'이다.
④ 제재는 봄 경치이다.
⑤ 주제는 자연의 아름다움에 대한 예찬이다.

> **TIP** ⑤ 주제는 고향에 돌아가지 못하는 아쉬움이다.

2 다음 글의 밑줄 친 부분과 가장 잘 통할 수 있는 한자 성어는?

2001. 6. 24. 인천광역시

> 千世(천 세) 우희 미리 定(정)ᄒ샨 漢水(한수) 北(북)에,
> 累仁開國(누인 개국)ᄒ샤 卜年(복년)이 ᄀᆞ업스시니,
> 聖神(성신)이 니ᅀᅳ샤도 敬天勤民(경천 근민)ᄒ샤ᅀᅡ, 더욱 구드시리이다.
> 님금하, 아ᄅ쇼셔. 洛水(낙수)예 山行(산행) 가 이셔 하나빌 미드니잇가.

① 我田引水
② 牽强附會
③ 他山之石
④ 龜鑑
⑤ 走馬看山

> **TIP** 밑줄 친 부분은 敬天勤民(경천근민)하라는 비유적 표현으로 우(夏)나라 태강왕의 고사를 본보기로 삼아 백성들을 부지런히 다스릴 것을 권하고 있다.
> ① 아전인수(我田引水): '제 논에 물대기'와 같은 말이다. 자기에게만 유리하도록 행동한다.
> ② 견강부회(牽强附會): 자기 입장을 유리하게 내세우기 위해 어떤 말을 끌어다가 억지 논리에 맞추는 것이다.
> ③ 타산지석(他山之石): 하찮은 남의 언행일지라도 자신을 수양하는 데에 도움이 된다는 말이다(다른 산에서 난 나쁜 돌이라도 자신의 옥돌을 가는 데에 소용이 된다는 뜻).
> ④ 귀감(龜鑑): 거울 삼아 본받을 만한 모범을 일컫는 말이다[거북(龜)은 길흉을 점치고, 거울(鑑)은 사물의 모습을 비춘다는 데서].
> ⑤ 주마간산(走馬看山): 사물의 겉만을 대강 보고 지나감을 말한다(말을 타고 달리며 산천을 구경한다는 뜻).
> ※ 용비어천가 제125장… 첫 부분에서 서울을 도읍으로 정한 이유를 밝혀 국운을 송축하고, 다음으로 후대 왕에게 교훈을 주고, 마지막 부분은 대화체를 사용하여 둘째 부분의 내용을 구체화하여 제시한다. 현실 상황보다는 미래 상황을 걱정하는 서술 태도에서 이 작품의 미래지향적 의식을 엿볼 수 있다. 또한 중국 고사를 뒤로 돌림으로써 앞 장들의 흐름을 차단하고 대단원의 막을 내리는 구성상의 파격을 보여 준다.

ANSWER 1.⑤ 2.③

01 핵심예상문제

1 다음 중 훈민정음으로 쓰인 최초의 작품은?

① 두시언해
② 소학언해
③ 용비어천가
④ 월인천강지곡

TIP ③ 용비어천가는 세종 27년(1445)에 훈민정음으로 기록된 최초의 작품이다.

※ 다음 글을 읽고 물음에 답하시오. 【2~3】

> 世·솅 宗종 御·엉製·졩 訓·훈民민正·졍音흠
> 　나·랏ⓖ:말ᄊᆞ·미 中듕國·귁·에 달·아 文문字·ᄍᆞ·와·로 서르 ᄉᆞᄆᆞᆺ·디 아·니ᄒᆞᆯ·씨 ·이런
> 젼·ᄎᆞ·로 어·린 百·빅姓·셩·이 니르·고·져 ·홇·배 이·셔·도 ᄆᆞ·ᄎᆞᆷ:내 제·ᄠᅳ·들 시·
> 펴·디 :몯ᄒᆞᆯ ·노·미 하·니·라 ·내·이·ᄅᆞᆯ 爲·윙·ᄒᆞ·야 :어엿·비 너·겨 ·새·로 ⓛ ·스·
> 믈여·듧 字·ᄍᆞ·ᄅᆞᆯ ᄆᆡᇰ·ᄀᆞ노·니 :사름 :마·다 :ᄒᆡ·여 :수·ᄫᅵ 니·겨 ·날·로·ᄡᅮ·메 便뼌 安
> 한·킈 ᄒᆞ·고·져 ᄒᆞᇙ ᄯᆞᄅᆞ·미니·라

2 이 글을 통해 알 수 있는 사실이 아닌 것은?

① 훈민정음의 창제는 문자의 대중화를 위한 것이다.
② 세종은 백성을 사랑하는 마음으로 훈민정음을 창제하였다.
③ 세종은 한자로 우리말을 표기하는 일이 매우 어렵다고 생각하였다.
④ 세종은 훈민정음이 배우기는 어려우나 일단 배우고 나면 사용함에 있어 매우 편할 것이라고 생각하였다.

TIP ④ 제시된 글에서 "모든 사람들로 하여금 쉽게 익혀서 날마다 쓰는 데 편하게 하고자 할 따름이다."라고 밝히고 있다.

3 다음 중 밑줄 친 ⓖ과 같은 의미로 사용된 것은?

① 발 없는 말이 천리를 간다
② 부모님의 말씀을 잘 들어야 한다.
③ 선생님의 말씀을 전혀 이해할 수 없다.
④ 나는 중국인의 말을 알아들을 수 없다.

TIP ⓖ의 '나·랏:말씀'은 우리 나라 말, 곧 국어를 가리킨다. 여기서 '말씀'은 민족 고유의 '언어'를 뜻한다.

ANSWER 1.③ 2.④ 3.④

※ 다음 글을 읽고 물음에 답하시오. 【4~7】

> ㈎ 海東(해동) ㉠六龍(육룡)이 ᄂᆞᄅᆞ샤 일마다 天福(천복)이시니.
>   古聖(고성)이 同符(동부)ᄒᆞ시니.
>
> ㈏ 불휘 기픈 남ᄀᆞᆫ ᄇᆞᄅᆞ매 아니 뮐ᄊᆡ, 곶 됴코 여름 하ᄂᆞ니.
>   ᄉᆡ미 기픈 므른 ᄀᆞ믈래 아니 그츨ᄊᆡ 내히 이러 바ᄅᆞ래 가ᄂᆞ니.
>
> ㈐ ᄀᆞᄅᆞᆷ ᄀᆞቂ새 자거늘 밀므리 사ᅌᆞ리로ᄃᆡ 나거사 ᄌᆞ므니이다.
>   셤 안해 자싫 제 한비 사ᅌᆞ리로ᄃᆡ 뷔어사 ᄌᆞ므니이다.

4 이 글에 대한 설명으로 옳지 않은 것은?

① 먼저 한문본을 간행한 뒤, 이를 훈민정음으로 국역하였다.
② 악장 문학의 대표이며, 중세 국어를 연구하는 데 귀중한 자료가 된다.
③ 조선 왕조 건국의 합리화와 왕업의 영광이 무궁하리라는 것을 노래하였다.
④ 세종 29월 5월에는 치화평, 봉래의, 여민락 등 악보를 만들어 연향에 쓰게 하였다.

> **TIP** ① 용비어천가는 국문 가사 – 한문 가사 – 한문 주해의 순으로 진행되었다.
>
> ※ 용비어천가(龍飛御天歌) … 조선 왕조의 창업 사적을 찬양하고 후대의 왕에게 왕업의 수호를 권계(勸戒)한 내용의 악장 문학으로, 훈민정음으로 쓰여졌다(전 125 장의 장편 서사시).
> ㉠ 제1장 해동장(海東章) : 새 왕조 창업의 천명성, 조선 건국의 정당성
> ㉡ 제2장 근심장(根深章) : 조선의 영원한 발전 다짐
> ㉢ 제67장 : 태조에의 천우신조, 위화도 회군을 합리화

5 ㈎, ㈏의 공통점이 될 수 없는 것은?

① 주제의 성격상 대상에 대한 예찬을 한 악장이다.
② 예찬적 · 송축적인 내용으로 송축가(頌祝歌)에 해당한다.
③ 용비어천가의 백미가 되는 장으로 비유와 상징이 뛰어나다.
④ 개국송(開國頌)으로 대상의 형상화(形象化)를 통한 표현이다.

> **TIP** ③은 ㈏에만 해당되는 설명이다.

6 ㈐의 주제어로 가장 적절한 것은?

① 설상가상(雪上加霜) ② 천우신조(天佑神助)
③ 누란지위(累卵之危) ④ 간난신고(艱難辛苦)

> **TIP** ㈐는 태조의 천우신조에 대해 노래하면서 위화도 회군을 합리화하고 있다.
> ① 난처한 일이나 불행한 일이 잇따라 일어남을 이르는 말
> ② 하늘이 돕고 신령이 도움
> ③ 층층이 쌓아 놓은 알의 위태로움이라는 뜻으로, 몹시 아슬아슬한 위기를 비유적으로 이르는 말
> ④ 몹시 힘들고 어려우며 고생스러움

7 다음 중 밑줄 친 ㉠과 관계없는 것은?

① 목조 ② 태조
③ 태종 ④ 정종

> **TIP** ④ 정종은 세종의 직계가 아니다.
> ※ 六龍(육룡) … 세종의 직계 육대조(목조, 익조, 도조, 환조, 태조, 태종)

8 다음 글에 대한 설명으로 옳지 않은 것은?

> ㈎ 孔·공子·지 曾증子·ᄌᆞ두·려 닐·러 글ᄋᆞ·샤·ᄃᆡ ·몸·이며 얼굴·이며 머·리털·이·며 ·살·흔 父·부母:모·끠 받ᄌᆞ·온 거·시·라 敢:감·히 헐·워 샹히·오·디 아·니 :홈·이 :효·도·의 비르·소미·오 ·몸·을 셰·워 道:도·를 行ᅘᅵᆼ·ᄒᆞ·야 일:홈·을 後:후世:셰·예 :베퍼·뻐 父·부母:모·ᄅᆞᆯ :현·뎌케 :홈·이 :효·도·의 ᄆᆞ·ᄎᆞᆷ·이니·라.
>
> ㈏ :유·익ᄒᆞᆫ ·이:세 가 짓 :벋·이오 :해·로온 ·이 :세 가 짓 :벋·이니 直·딕ᄒᆞᆫ ·이를 :벋ᄒᆞ·며 :신·실ᄒᆞᆫ ·이를 :벋ᄒᆞ·며 들:온 것 한 ·이를 :벋ᄒᆞ·면 :유·익ᄒᆞ·고 :거·동·만 니·근 ·이를 :벋ᄒᆞ·며 아:당ᄒᆞ·기 잘 ·ᄒᆞᄂᆞᆫ ·이를 :벋ᄒᆞ·며 :말ᄉᆞᆷ·만 니·근 ·이를 :벋ᄒᆞ·면 해·로온이·라

① 모음 조화에 어긋난 단어들이 있다.
② 동국정운식 한자음 표기가 쓰이지 않았다.
③ 중세 국어의 구어체의 모습이 여실히 드러난다.
④ 음의 높낮이에 의해 뜻이 구별됨을 나타내고 있다.

> **TIP** ① 道:도·를→'도ᄅᆞᆯ'이 모음 조화에 맞다.
> ② 父·부母:모→동국정운에 의하면 종성이 없을 경우 형식적으로 'ㅇ'이나 'ㅱ'을 붙여 주도록 되어 있다.
> ③ 소학(小學)을 우리말로 번역한 책으로, 문어체(文語體)로 쓰여졌다.
> ④ 글자 왼쪽에 찍혀 있는 점들은 소리의 높낮이를 나타내는 것들이다.
> ※ 소학언해(小學諺解) … 중국 남송 때 유자징이 스승인 주자의 지도를 받아 편찬한 소학(小學)을 우리말로 번역한 것으로 중종 때의 번역 소학, 선조 때의 소학언해, 영조 때 중간한 어제 소학언해 등이 있다.

ANSWER 6.② 7.④ 8.③

※ **다음 글을 읽고 물음에 답하시오.** 【9~10】

> 岐王(기왕)ㅅ 집 안해 샹녜 보다니,
> 崔九(최구)의 집 알픠 몃 디윌 드러뇨.
> 正(정)히 이 江南(강남)애 風景(풍경)이 됴ᄒᆞ니,
> <u>곳 디ᄂᆞᆫ 時節(시절)</u>에 ᄯᅩ 너를 맛보과라.

9 다음 중 이 시의 계절적 배경으로 알맞은 것은?

① 입춘(立春)
② 만춘(晩春)
③ 중추(中秋)
④ 대서(大暑)

TIP ② 이 시의 계절은 꽃이 지는 늦은 봄이다. 만춘(晩春)은 늦은 봄을 가리키는 말로 계춘(季春), 모춘(暮春)이라고도 한다.
※ 강남봉이구년(江南逢李龜年) … 인생 무상(人生無常)을 노래한 두시언해의 하나이다.
　　岐王宅裏尋常見(기왕택리심상견)
　　崔九堂前幾度聞(최구당전기도문)
　　正是江南好風景(정시강남호풍경)
　　落花時節又逢君(낙화시절우봉군)
[현대어 풀이]
　　기왕의 집 안에서 자주 이구년(당 현종 때의 명창)을 만나 보았고,
　　최구의 집 앞에서 (명창인 그대의 노래를) 몇 번이나 들었던가?
　　정녕 이 강남의 풍경은 아름다운데,
　　꽃이 지는 시절에 또 다시 너를 만나보는구나.

10 이 글에서 밑줄 친 '곳 디ᄂᆞᆫ 時節(시절)'이 뜻하는 바는?

① 고달픈 방랑 생활의 암담함
② 꽃이 지는 시절 계절감의 표현
③ 관직에서 물러나 고향으로 돌아감
④ 늙고 영락한 인생살이의 초라함

TIP ④ 꽃이 지는 시절을 인생의 부분에 대입하여 생각하면 '늙고 영락한 인생살이'의 뜻이다.

ANSWER 9.② 10.④

02 운문 문학

① ·· 고대 가요

(1) 구지가(龜旨歌)

① 작자 : 구간(九干)

② 갈래 : 4구체, 한역 시가

③ 연대 : 신라 유리왕 19년(42)

④ 주제 : 수로왕의 강림 기원

⑤ 성격 : 주술요(呪術謠), 노동요(勞動謠), 집단 무가

⑥ 의의 : 현재 전하는 가장 오래된 집단 무가(巫歌)이며 주술성을 가진 현전 최고의 노동요(勞動謠)이다.

(2) 공무도하가(公無渡河歌)

① 작자 : 백수 광부(白首狂夫)의 처(妻)

② 갈래 : 한역가(漢譯歌), 서정시, 개인적인 서정 가요

③ 연대 : 고조선(古朝鮮)

④ 주제 : 임을 여읜 슬픔, 남편의 죽음을 애도

⑤ 성격 : 개인적, 서정적

⑥ 의의 : 황조가와 함께 우리 나라 최고의 서정 가요이며 원시적·집단적 서사시에서 서정시로 옮아가는 과도기적 작품이다.

(3) 정읍사(井邑詞)

① 작자 : 어느 행상의 처

② 갈래 : 백제 가요, 속요(俗謠)

③ 연대 : 백제 시대(고려 시대로 보는 설도 있음)

④ 주제 : 행상 나간 남편의 무사귀환(안전)을 기원

⑤ 성격 : 민요적

⑥ 의의

    ㉠ 현전하는 유일한 백제의 노래이다.

    ㉡ 한글로 기록되어 전하는 가장 오래된 노래이다.

    ㉢ 시조 형식의 원형을 가진 노래이다(4음보의 형태).

② ·· 향가

(1) 서동요(薯童謠)

① 작자 : 서동(백제 무왕)

② 갈래 : 4구체 향가

③ 연대 : 신라 진평왕 때

④ 주제 : 선화 공주의 은밀한 사랑, 선화 공주를 꾀어내기 위한 참요

⑤ 성격 : 참요(讖謠 - 있지도 않은 사실을 날조하여 헐뜯는 노래), 동요(童謠)

⑥ 의의
  ㉠ 현전 최고(最古)의 향가 작품이다.
  ㉡ 배경 설화에 신화적인 요소가 있는 향가이다.
  ㉢ 향가 중 민요체를 대표하는 작품이다.

(2) 제망매가(祭亡妹歌)

① 작자 : 월명사

② 갈래 : 10구체 향가

③ 연대 : 신라 경덕왕 때

④ 주제 : 죽은 누이에 대한 추모의 정

⑤ 성격 : 추도가(追悼歌), 애상적, 종교적(불교적)

⑥ 의의
  ㉠ 향가 중 찬기파랑가와 함께 표현 기교 및 서정성이 뛰어나다.
  ㉡ 불교의 윤회 사상이 기저를 이루고 있다.
  ㉢ 정제된 10구체 향가로 비유성이 뛰어나 문학성이 높다.

❸ ·· 고려 가요

(1) 가시리

① 작자 : 미상

② 갈래 : 고려 가요

③ 연대 : 고려 시대

④ 주제 : 이별의 정한

⑤ 형태 : 전 4 연의 연장체(분연체)

⑥ 운율 : 3 · 3 · 2조의 3음보

⑦ 성격 : 이별의 노래, 민요풍

⑧ 의의 : 이별의 애달픔을 소박한 정조로 노래한 이별가의 절조

(2) 청산별곡

① 작자 : 미상

② 갈래 : 고려 가요, 장가, 서정시

③ 연대 : 고려 시대

④ 주제 : 삶의 고뇌와 비애, 실연(失戀)의 애상, 삶의 고통과 그 극복에의 지향성, 현실에의 체념

⑤ 형태 : 전 8 연의 분절체, 매연 4구 3 · 3 · 2조의 3음보

⑥ 성격 : 평민 문학, 도피 문학

⑦ 의의 : 고려 가요 중 서경별곡과 함께 비유성과 문학성이 가장 뛰어나며, 고려인들의 삶의 애환을 반영한 작품이다.

📝 기출문제

작품 '가시리'에 대한 설명으로 적절한 것은?

2016. 8. 27. 지역인재

① 4음보의 민요적 율격을 사용하고 있다.
② 후렴구의 삽입으로 연을 구분하고 있다.
③ '이별의 안타까움 - 소망 - 체념 - 용서'의 구성으로 이루어져 있다.
④ 임금의 은혜에 대한 감사와 나라의 안위를 걱정하는 마음을 담고 있다.

☞ ②

📝 기출문제

다음 작품에서 시적 자아의 분신은 무엇인가?

2003. 3. 9. 광주광역시

살어리 살어리랏다 청산(靑山)애 살어리랏다.
멀위랑 두래랑 먹고 청산(靑山)애 살어리랏다.
얄리얄리 얄랑셩 얄라리 얄라

우러라 우러라 새여 자고 니러 우러라 새여.
널라와 시름 한 나도 자고 니러 우니로라.
얄리얄리 얄라셩 얄라리 얄라

가던 새 가던 새 본다 믈 아래 가던 새 본다.
잉 무든 장글란 가지고 믈 아래 가던 새 본다.
얄리얄리 얄라셩 얄라리 얄라

이링공 뎌링공 ᄒᆞ야 나즈란 디내와손뎌.
오리도 가리도 업슨 바므란 또 엇디 호리라.
얄리얄리 얄라셩 얄라리 얄라

① 청산   ② 멀위
③ 새   ④ 장글

☞ ③

④ ·· 시조

(1) 고시조

① 강호사시가
- ㉠ 작자 : 맹사성
- ㉡ 갈래 : 평시조, 연시조(전 4 수)
- ㉢ 주제 : 강호 한정(江湖閑情), 안분지족하는 은사의 유유자적한 생활과 임금의 은혜에 감사함
- ㉣ 성격 : 강호가, 강호 한정가, 강호 연군가
- ㉤ 의의 : 국문학사상 최초의 연시조(聯詩調)로서 이황의 도산십이곡과 이이의 고산구곡가에 영향을 준 작품이다.

② 도산십이곡
- ㉠ 작자 : 이황
- ㉡ 갈래 : 평시조, 연시조(전 12 수)
- ㉢ 주제 : 전 6곡(자연에 동화된 생활), 후 6곡(학문 수양 및 학문에 힘쓸 것을 다짐)
- ㉣ 성격 : 교훈가

③ 어부사시사
- ㉠ 작자 : 윤선도
- ㉡ 갈래 : 연시조[춘 · 하 · 추 · 동 각 10수(전 40 수)]
- ㉢ 주제 : 강호의 한정(閑情). 철따라 펼쳐지는 자연의 경치와 어부(漁父) 생활의 흥취
- ㉣ 성격 : 강호한정가

(2) 사설시조

창(窓) 내고쟈 창(窓)을 내고쟈 이 내 가슴에 창(窓) 내고쟈.
고모장지 셰살장지 들장지 열장지 암돌져귀 수돌져귀 빗목걸새 크나큰 쟝도리로 쏭닥 바가 이 내 가슴에 창(窓) 내고쟈.
잇다감 하 답답홀 제면 여다져 볼가 호노라.

- ① 갈래 : 사설시조
- ② 주제 : 마음 속에 쌓인 답답한 심정
- ③ 성격 : 해학적

댁(宅)들에 동난지이 사오. 져 쟝스야, 네 황화 긔 무서시라 웨는다. 사쟈.
외골 내육(外骨內肉), 양목(兩目)이 상천(上天), 전행 후행(前行後行), 소(小)아리 팔족(八足) 대(大)아리 이족(二足), 청장(淸醬) 으스슥호는 동난지이 사오.
쟝스야, 하 거복이 웨지 말고 게젓이라 흐럼은.

- ① 갈래 : 사설시조
- ② 주제 : 서민들의 희극적인 상거래 장면
- ③ 성격 : 해학적, 풍자적

기출문제

밑줄 친 ㉠~㉣의 현대어 풀이로 옳지 않은 것은?

2011. 4. 9. 행정안전부

㉮ 말 업슨 靑山(청산)이오 態(태) 업슨 流水(유수) ㅣ로다.
갑 업슨 靑風(청풍)이오 님즈업슨 明月(명월)이라.
이 中(중)에 病(병) 업슨 이 몸이 ㉠分別(분별) 업시 늘그리라.

㉯ 재너머 성권롱(勸農) 집의 술 ㉡닉닷 말 어제 듯고
누은 쇼 발로 박차 언치 노하 지즐타고
아희야, 네 권롱(勸農) 겨시냐 뎡(鄭) 좌슈(座首) 왓다 하여라.

㉰ 무음이 ㉢어린 後(후) ㅣ니 흐는 일이 다 어리다.
萬重雲山(만중 운산)에 어늬 님 오리마는
지는 닙 부는 브람에 휘(행)혀 귄가 흐노라.

㉱ 동기로 세 몸 되어 한 몸같이 지내다가
두 아운 어디 가서 돌아올 줄 모르는고
날마다 석양 문외에 한숨 ㉣겨워 하노라.

① ㉠ : 걱정
② ㉡ : 있다는
③ ㉢ : 어리석은
④ ㉣ : 못 이기어

☞ ②

기출문제

다음 시조에 드러난 화자의 정서와 가장 가까운 것은?

2014. 6. 21. 제1회 지방직

흥망(興亡)이 유수(有數)흐니 만월대(滿月臺)도 추초(秋草)ㅣ로다.
오백 년(五百年) 왕업(王業)이 목적(牧笛)에 부쳐시니
석양(夕陽)에 지나는 객(客)이 눈물계워 흐노라.

① 서리지탄(黍離之歎)
② 만시지탄(晚時之歎)
③ 망양지탄(亡羊之歎)
④ 비육지탄(髀肉之歎)

☞ ①

두터비 푸리를 물고 두험 우희 치두라 안자
것넌 산(山) 브라보니 백송골(白松骨)이 써 잇거늘,
가슴이 금즉호여 풀덕 쒸여 내둣다가 두험 아래 잣바지거고.
모쳐라, 놀낸 낼식만졍 에헐질 번호괘라.

 작품분석

① 갈래 : 사설시조
② 주제 : 약자에게는 강한 체 뽐내고, 강자 앞에서는 비굴한 양반 계층을 풍자
③ 성격 : 우의적(寓意的)

5 ·· 가사

(1) 상춘곡(賞春曲)

① 작자 : 정극인(1401 ~ 1481) – 성종 때의 학자. 문인. 호는 불우헌
② 갈래 : 강호 가사, 양반 가사, 정격 가사
③ 연대 : 창작 – 성종(15세기), 표기 – 정조(18세기)
④ 주제 : 봄 경치의 완상과 안빈낙도(安貧樂道)
⑤ 형태 : 39행, 79구, 매행 4음보(단, 제12행은 6음보)의 정형 가사로, 4음보 연속체
⑥ 성격 : 묘사적, 예찬적, 서정적
⑦ 의의 : 가사 문학의 효시, 송순의 면앙정가에 영향을 주었다.

(2) 관동별곡(關東別曲)

① 작자 : 정철(1536~1593) – 시인. 호는 송강
② 갈래 : 기행 가사, 정격 가사, 양반 가사
③ 연대 : 창작 – 선조 13년(1580), 표기 – 숙종
④ 주제 : 관동 지방의 절경과 풍류
⑤ 형태 : 3 · 4조의 4음보(295구)
⑥ 문체 : 가사체, 운문체, 화려체
⑦ 의의 : 서정적인 기행 가사로 우리말의 아름다움을 승화시킨 작품이다.

(3) 유산가(遊山歌)

① 작자 : 미상
② 갈래 : 잡가, 교술 시가, 평민 가사 계통의 잡가
③ 연대 : 조선 후기(18세기로 추정)
③ 주제 : 봄 경치의 완상과 예찬
④ 형태 : 4음보격의 가사와 비슷
⑤ 의의 : 가사의 정형이 무너지고 새로운 시가 형식을 모색하는 과정을 보여 주며 조선 후기 유행한 잡가(雜歌) 중 대표작이다.

6 ‥ 한시

(1) 한시의 종류

① 고체시(古體詩) : 당나라 이전에 널리 쓰여졌던 시의 형태로 한시의 작법(作法)의 제약이 없이 자유로운 한시의 형태이다.

    ㉠ 시경(詩經) : 공자가 중국 고대의 민요나 궁중에서 사용하던 노랫말들을 모아 정리해 놓은 책이다. 한 문장(一句)이 네 자(四字)로 구성됨이 기본이나 그 이상으로 된 것도 있었다.

    ㉡ 초사(楚辭) : 중국 고대 남방 지방에서 널리 쓰여졌던 시의 형태로 기본 형태는 한 문장(一句)이 여섯 자(六字)이나 그 이상이나 이하로도 지어졌다.

    ㉢ 고시(古詩) : 근체시(近體詩)가 형성되기 이전까지의 시의 형태로 5언 고시(五言古詩)와 7언 고시(七言古詩)가 있다. 한 문장(一句)이 다섯 또는 일곱 자로 구성됨이 기본이나 길거나 짧게, 자유롭게 구성할 수 있다. 동일한 글자를 쓰는 것이 허용되었으며 율시와 같은 엄격한 법칙이 없었다.

② 근체시(近體詩) : 당나라 이후에 널리 쓰여졌던 시의 형태로 한시의 작법(作法)이 엄격했던 한시의 형태이다.

    ㉠ 5언 절구(五言絕句) : 한 문장(一句)이 다섯 자(五字)로 구성된 4행(四行)으로 지어진 시

    ㉡ 5언 율시(五言律詩) : 한 문장(一句)이 다섯 자(五字)로 구성된 8행(八行)으로 지어진 시

    ㉢ 5언 배율(五言排律) : 한 문장(一句)이 다섯 자(五字)로 구성된 12행(十二行)으로 지어진 시

    ㉣ 7언 절구(七言絕句) : 한 문장(一句)이 일곱 자(七字)로 구성된 4행(四行)으로 지어진 시

    ㉤ 7언 율시(七言律詩) : 한 문장(一句)이 일곱 자(七字)로 구성된 8행(八行)으로 지어진 시

    ㉥ 7언 배율(七言排律) : 한 문장(一句)이 일곱 자(七字)로 구성된 12행(十二行)으로 지어진 시

(2) 주요 작품의 이해

① 與隋將于仲文詩(여수장우중문시)

    ㉠ 작자 : 을지문덕

    ㉡ 형식 : 5언 고시(五言古詩)

    ㉢ 주제 : 적장에 대한 조롱

    ㉣ 압운 : 理, 止

    ㉤ 의의 : 현전하는 우리 나라 최고의 한시

② 絕句(절구)

    ㉠ 작자 : 두보(712 ~ 770)

    ㉡ 형식 : 5언 절구(五言絕句)

    ㉢ 주제 : 객지에서 느끼는 고향에 대한 그리움

    ㉣ 압운 : 然, 年

③ 子夜吳歌(자야오가)

    ㉠ 작자 : 이백(701 ~ 762)

    ㉡ 형식 : 5언 고시(五言古詩)

    ㉢ 주제 : 남편을 기다리는 여인의 정

    ㉣ 압운 : 聲, 情, 征

④ 送人(송인)

  ㉠ 작자 : 정지상(? ~ 1135)

  ㉡ 형식 : 7언 절구(七言絕句)

  ㉢ 주제 : 이별의 정한

  ㉣ 압운 : 多, 歌, 波

기출문제

(가)와 (나)의 공통점에 대한 설명으로 가장 적절한 것은?

2018. 8. 18. 지역인재

(가) 쑴에 단니는 길히 자최곳 날쟉시면
    님의 집 창(窓) 밧긔 석로(石路)라도 달흐리라
    쑴길히 자최 업스니 그를 슬허ᄒ노라.

(나) 비 갠 긴 언덕에는 풀빛이 푸른데,
    그대를 남포에서 보내며 슬픈 노래 부르네.
    대동강 물은 그 언제 다할 것인가,
    이별의 눈물 해마다 푸른 물결에 더하는 것을.

① 시적 대상과의 대화를 통해 이별의 상실감을 표현하고 있다.

② 역설적 표현을 통해 임에 대한 원망의 감정을 표출하고 있다.

③ 인식을 전환하여 부정적인 상황을 긍정적으로 받아들이고 있다.

④ 상황을 과장하여 시적 화자가 느끼는 절실한 감정을 드러내고 있다.

☞ ④

1 다음 작품의 정서와 가장 유사한 것은?

2021. 9. 11. 지역인재

> 雨歇長堤草色多 비 갠 긴 둑에 풀빛 더욱 짙어졌는데
> 送君南浦動悲歌 남포(南浦)에서 임 보내니 슬픈 노래 울린다.
> 大同江水何時盡 대동강 물은 언제나 다할 것인고?
> 別淚年年添綠波 해마다 흘린 이별의 눈물이 푸른 물결에 더해지니.

① 청산(靑山)는 엇뎨ᄒᆞ야 만고(萬古)애 프르르며
　유수(流水)는 엇뎨ᄒᆞ야 주야(晝夜)애 긋디 아니는고
　우리도 그치디 마라 만고상청(萬古常靑) ᄒᆞ리라.

② 백구(白鷗)ㅣ야 말 무러보쟈 놀라지 마라스라
　명구승지(名區勝地)를 어듸 어듸 ᄇᆞ렷ᄃᆞ니
　날ᄃᆞ려 자세(仔細)히 닐러든 네와 게 가 놀리라.

③ 어져 내 일이야 그릴 줄을 모로ᄃᆞ냐
　이시라 ᄒᆞ더면 가랴마는 제 구ᄐᆡ야
　보내고 그리는 정(情)은 나도 몰라 ᄒᆞ노라.

④ 강호(江湖)에 녀름이 드니 초당(草堂)에 일이 업다
　유신(有信)ᄒᆞᆫ 강파(江波)는 보내ᄂᆞ니 ᄇᆞ람이로다
　이 몸이 서늘ᄒᆡ옴도 역군은(亦君恩)이샷다.

TIP 정지상의 「송인」은 사랑하는 임과 이별한 슬픔을 드러낸 작품으로, '이별의 정한'을 자연과의 대비를 통해 빼어나게 드러낸 한시의 대표작이라고 할 수 있다.
③은 황진이의 시조로 임을 떠나보내고 그리워하는 마음을 드러낸 '이별의 정한'을 드러낸 작품이다.
① 이황 「도산십이곡」 : 변함없는 학문 정진의 자세
② 김천택의 시조 : 아름다운 자연을 즐기고 싶은 마음
④ 맹사성 「강호사시가」 : 초당에서 한가로이 보내는 생활
※ 정지상 「송인」
　㉠ 감상의 길잡이
　　'송인(送人)'은 임과 이별하는 애달픈 정서가 애틋하게 표현된 작품으로 한시의 전통적인 형식에 따라 서경과 서정의 세계를 함께 보여준다. 이별가의 백미(白眉)로 평가받는 작품으로 이별의 슬픔을 절묘하게 드러낸다.
　㉡ 핵심정리
　• 갈래 : 한시
　• 형식 : 칠언절구
　• 성격 : 서정적
　• 표현
　－도치법, 과장법, 대조법, 설의법
　－시각적 이미지
　• 주제 : 이별의 정한(슬픔)
　• 출전 : 〈파한집〉
　• 구성
　－기 : 강변의 서경
　－승 : 이별의 전경(이별의 슬픔)
　－전 : 이별의 한
　－결 : 이별의 정한

ANSWER 1.③

※ 다음 글을 읽고 물음에 답하시오. 【2~3】

2020. 6. 20. 소방공무원

> (개) 눈 마ᄌ휘여진 ᄃᆡ를 뉘라서 굽다턴고
> 　　㉠구블 절(節)이면 눈 속의 프를소냐
> 　　아마도 세한고절(歲寒孤節)은 너ᄲᅮᆫ인가 ᄒᆞ노라
>
> (나) 동지(冬至)ㅅᄃᆞᆯ 기나긴 밤을 한 허리를 ㉡버혀 내어
> 　　춘풍(春風) 니불 아레 서리서리 너헛다가
> 　　어론 님 오신 날 밤이여든 구뷔구뷔 펴리라
>
> (다) 두터비 파리를 물고 두험 우희 치다라 안자
> 　　것넌산 바라보니 백송골(白松鶻)이 떠 잇거늘 가슴이 금즉하여 풀덕 뛰여 내닷다가 두험 아래 잣바지거고
> 　　㉢모쳐라 날낸 낼싀만졍 ㉣에헐질 번 하괘라

2

윗글에 대한 설명으로 적절하지 않은 것은?

① (개)의 중심 소재는 'ᄃᆡ'이다.

② (나)의 화자는 임과의 재회를 바라고 있다.

③ (다)는 종장의 길이가 길어진 시조 형식을 보여 준다.

④ (개)~(다)는 종장 첫 구에 음수의 제약을 갖고 있다

> **TIP** 시조 중 사설시조는 주로 중장이 길어진 형태를 보인다. (다)의 사설시조도 중장이 긴 반면, 종장은 평시조의 일반적 형식인 4음보의 율격을 유지하고 있다.
> ① (개) 시조는 대나무의 절개를 의인화하여 예찬하고 있다.
> ② (나) 시조의 화자는 동짓달 기나긴 시간을 봄바람 이불 속에 넣어두었다가 임이 오신 날 밤 펴겠다고 하여 임과의 재회를 간절히 바라고 있다.
> ④ 모든 시조는 종장 첫 구의 글자수를 3음절로 고정하여 지키고 있다.
> ※ 작품분석
> 　(개) 갈래 : 평시조
> 　　　성격 : 의지적, 절의적
> 　　　제재 : 대나무
> 　　　주제 : 고려왕조에 대한 변함없는 충절
> 　(나) 갈래 : 평시조, 서정시
> 　　　성격 : 감상적, 낭만적
> 　　　제재 : 동짓달 기나긴 밤
> 　　　주제 : 임을 향한 사랑과 그리움
> 　(다) 갈래 : 사설시조
> 　　　성격 : 해학적, 풍자적, 우의적
> 　　　제재 : 두터비
> 　　　주제 : 탐관오리의 횡포와 허장성세(虛張聲勢) 풍자

ANSWER 2.③

3 윗글에서 ⊙~@의 의미로 적절하지 않은 것은?

① ⊙ : 굽힐
② ⓒ : 잘라 내어
③ ⓒ : 목이 터져라
④ @ : 멍이 들

TIP ⓒ '모쳐라'는 '마침' 정도의 의미로 해석된다.

4 다음 시가의 정서와 가장 유사한 것은?

2019. 8. 17. 지역인재

> 동지(冬至)ㅅ돌 기나긴 밤을 한 허리를 버혀 내여,
> 춘풍(春風) 니불 아레 서리서리 너헛다가,
> 어론님 오신 날 밤이여든 구뷔구뷔 펴리라.

① 강호(江湖)에 ㄱ율이 드니 고기마다 슬져 잇다.
　소정(小艇)에 그물 시러 흘리 쯰여 더뎌 두고,
　이 몸이 소일(消日)히옴도 역군은(亦君恩)이샷다.
② 오백년(五百年) 도읍지를 필마(匹馬)로 도라드니,
　산천(山川)은 의구(依舊)ㅎ되 인걸(人傑)은 간 듸 업다.
　어즈버 태평연월(太平烟月)이 쭘이런가 ㅎ노라.
③ 흔 손에 막디 잡고 쏘 흔 손에 가싀 쥐고,
　늙는 길 가싀로 막고 오는 백발(白髮) 막디로 치려터니,
　백발(白髮)이 제 몬져 알고 즈럼길노 오더라.
④ 이화우(梨花雨) 훗쑤릴 제 울며 잡고 이별(離別)흔 님,
　추풍 낙엽(秋風落葉)에 저도 날 싱각는가.
　천리(千里)에 외로운 쑴만 오락가락 ㅎ노매.

TIP 제시된 작품은 황진이의 시조로 임을 그리워하는 마음을 담고 있다. ④의 시조 역시 이별의 슬픔과 임에 대한 그리움의 정서를 담고 있다.
　① 임금의 은혜에 대한 감사
　② 나라가 망한 것에 대한 한
　③ 늙음을 막을 수 없음을 한탄

※ 다음 시조를 읽고 물음에 답하시오. 【1~2】

> 화란춘성(花爛春城)하고 ㉠만화방창(萬化方暢)이라.
> 때 좋다 벗님네야, 산천경개(山川景槪)를 구경을 가세.
> ㉡죽장망혜(竹杖芒鞋) 단표자(單瓢子)로 천리 강산을 들어를 가니,
> 만산홍록(滿山紅綠)들은 ㉢일년일도(一年一度) 다시 피어
> 춘색을 자랑노라 색색이 붉었는데,
> 창송취죽(蒼松翠竹)은 ㉣창창울울(蒼蒼鬱鬱)한데
> 기화요초(琪花瑤草) 난만 중에 꽃 속에 잠든 나비 자취 없이 날아난다.

1 위 글에 대한 설명으로 옳지 않은 것은?

① 조선 전기에 쓰인 가사작품이다.
② 봄 경치에 대한 완상을 담고 있다.
③ 4음보의 율격을 보인다.
④ 예찬적 어조이다.

> **TIP** ① 조선 후기 가사의 정형이 무너지고 새로운 시가 형식을 모색하는 과정을 보여주는 잡가(雜歌) 형식의 작품이다.
> ※ 작자미상 〈유산가〉
> ㉠ 경기 십이잡가의 하나로 한국의 절경을 중국의 명승지와 여러 고사를 이용하여 비교하며 읊은 노래
> ㉡ 주제 : 봄 경치의 완상과 예찬

2 ㉠~㉣에 대한 풀이로 옳지 않은 것은?

① 따뜻한 봄날에 만물(萬物)이 나서 자람
② 대나무 지팡이를 들고 나아가 싸움
③ 한 해에 한 번씩 돌아옴
④ 큰 나무들이 아주 빽빽하고 푸르게 우거짐

> **TIP** ② 대지팡이와 짚신이라는 뜻으로, 먼 길을 떠날 때의 간편한 차림을 이르는 말이다.

※ 다음 글을 읽고 물음에 답하시오. 【3~4】

龜何龜何	거북아 거북아
㉠首其現也	머리를 내어라
若不現也	내놓지 않으면
燔灼而喫也	구워서 먹으리.

3 다음 중 밑줄 친 ㉠의 상징적 의미로 옳지 않은 것은?

① 수로왕의 머리
② 풍부한 재물
③ 생명의 근원
④ 강력한 군주

TIP '머리', 또는 '목'의 뜻으로 보아 '생명' 또는 강력한 우두머리를 의미한다.

※ 구지가
  ㉠ 갈래: 한역시가, 집단요, 의식요, 노동요
  ㉡ 성격: 주술적
  ㉢ 주제: 수로왕의 강림기원
  ㉣ 특징: 우리나라 최초의 집단적 서사시

4 이 작품의 내용 전개 방식으로 가장 바른 것은?

① 주체의 소망을 점층적으로 표현하였다.
② 현실에 대한 좌절을 우의적으로 표현하였다.
③ 상반되는 대상을 통해 주제를 명확하게 제시하였다.
④ 사건의 순차적인 발전을 제시하였다.

TIP ① 1, 2행이 머리를 내놓으라는 요구였다면 3, 4행은 머리를 내놓지 않으면 구워 먹겠다는 위협조로 그 강도가 높아졌다.

※ 다음 글을 읽고 물음에 답하시오. 【5~6】

> 둘하 노피곰 도두샤
> 어긔야 머리곰 비취오시라.
> 어긔야 어강됴리
> 아으 다롱디리
> 져재 녀러신고요
> 어긔야, 즌 딕를 드딕욜셰라.
> 어긔야 어강됴리
> 어느이다 노코시라.
> 어긔야, 내 가논 딕 졈그롤셰라.
> 어긔야 어강됴리
> 아으 다롱디리

5 밑줄 친 '노피곰', '머리곰'에 내포된 서정적 자아의 심정은?

① 체념의 심정
② 강렬한 소망
③ 애절한 마음
④ 소망의 절제

> **TIP** '노피곰', '머리곰'은 남편의 안위를 걱정하는 서정적 자아의 간절한 소망을 나타내고 있다. '-곰'은 서정적 자아의 마음을 강조하는 첨어적 기능을 하는 강세의 효과를 지니고 있다.

6 이 글에 대한 설명으로 옳은 것은?

① 유일하게 전하는 고구려 가요이다.
② '둘'은 유유자적하는 삶의 표상으로 쓰였다.
③ 후렴구를 제외하면 3장 6구의 형식으로 고려 속요의 성격을 띤다.
④ '내'는 시적 자아와 남편을 동일시하려는 의도가 반영된 것이다.

> **TIP** ① 유일하게 전하는 백제의 가요이다.
> ② '광명(光明)'의 표상으로 쓰였다.
> ③ 정읍사는 형식이 연장체 형태로 후렴구가 있어 민요적 성격을 띠기 때문에 '고려 속요'로 보기도 하지만 후렴구를 제외하면 3장 6구의 형식으로 시조의 성격을 띤다.
> ※ 정읍사 … 밤 늦도록 돌아오지 않는 남편을 기다리는 아내의 사랑과 염려가 잘 드러나 있는, 현전하는 유일한 백제의 노래이다.

ANSWER 5.② 6.④

※ 다음 글을 읽고 물음에 답하시오. 【7~8】

> (가) 잡ᄉᆞ와 두어리마ᄂᆞᄂᆞᆫ
> 선ᄒᆞ면 아니 올셰라.
> 위 증즐가 대평셩ᄃᆡ(大平盛代)
>
> 셜온 님 보내ᅌᆞ노니 나ᄂᆞᆫ
> ㉠ 가시ᄂᆞᆫ 듯 도셔 오쇼셔 나ᄂᆞᆫ.
> 위 증즐가 대평셩ᄃᆡ(大平盛代)
>
> (나) 서경(西京)이 아즐가
> 서경(西京)이 셔울히 마르는
> 위 두어렁셩 두어렁셩 다링디리
>
> 닷곤 ᄃᆡ 아즐가
> 닷곤 ᄃᆡ 쇼셩경 고ᄋᆈ마른
> 위 두어렁셩 두어렁셩 다링디리
> 여희ᄆᆞ론 아즐가
> 여희ᄆᆞ론 질삼뵈 ᄇᆞ리시고
> 위 두어렁셩 두어렁셩 다링디리
>
> 괴시란ᄃᆡ 아즐가
> 괴시란ᄃᆡ 우러곰 좃니노이다.
> 위 두어렁셩 두어렁셩 다링디리

7 밑줄 친 ㉠의 문맥상 의미는?

① 가시는 것처럼   ② 가시자마자 곧

③ 가시는 듯하다가   ④ 가시는 듯 마는 듯

> **TIP** '듯'은 '~하자마자'의 뜻으로, '가시는 듯 도셔 오쇼셔'는 '가실 때 그리 총총 떠나시는 것과 같이 가시자마자 곧 돌아오소
> 서'로 해석할 수 있다.

8 (나)에 나타난 내용이 아닌 것은?

① 떠나는 임에 대한 애원

② 부절한 사랑과 믿음에 대한 맹세

③ 애소(哀訴)를 넘어선 절제와 체념

④ 별리를 아쉬워하는 연모의 지정

> **TIP** ③ 사랑과 행복을 중시하는 적극적인 여인의 삶의 정서를 노래하고 있다.
>   (가) 가시리 : 간결하고 소박한 언어로 감정을 절제하여 이별의 정한을 노래한 고려 가요이다.
>   (나) 서경별곡(西京別曲)
>   ㉠ 갈래 : 고려 가요
>   ㉡ 주제 : 이별의 정한
>   ㉢ 형태 : 전 3 연. 3·3·3조의 3음보
>   ㉣ 특징 : 각 구절 앞의 동일어를 반복(운율감)하고 있으며, 2연은 정석가의 6연과 같다. 절제와 체념의 감정은 없다.
>   ㉤ 작자 : 미상

ANSWER 7.② 8.③

9 다음에 대한 설명 중 옳은 것은?

> 紅牡丹(홍모단) 白牡丹(빅모단) 丁紅牡丹(뎡홍모단)
> 紅芍藥(홍쟉약) 白芍藥(빅쟉약) 丁紅芍藥(뎡홍쟉약)
> 御柳玉梅(어류옥민) 黃紫薔薇(황ᄌ쟝미) 芷芝冬柏(지지동빅)
> 위 間發(간발)ㅅ 景(경) 긔 엇더ᄒ니잇고.
> 葉(엽) 合竹桃花(합듁도화) 고온 두 분 合竹桃花(합듁도화)고온 두 분위
> 相映(샹영)ㅅ 景(경) 긔 엇더ᄒ니잇고.

① 삼국 시대에 출현한 장르로서, 자연의 아름다움을 노래한 것이다.
② 고려 가요의 하나로, 유토피아적인 동경을 노래하였다.
③ 주로 사대부가 작가인 정형시로서, 조선 전기 이후 자취를 감추었다.
④ 조선 초기의 산문으로, 자연의 아름다움을 노래한 것이다.

TIP 제시문은 경기체가인 '한림별곡'이다.
　① 경기체가는 고려 시대 때 출현한 장르이다.
　④ 경기체가는 운문이다.

10 다음 글에 대한 감상으로 적절하지 않은 것은?

> 정월(正月)ㅅ 나릿므른 아으 어져 녹져 ᄒ논ᄃᆡ
> 누릿 가온ᄃᆡ 나곤 몸하 ᄒ올로 널셔
> 아으 동동(動動) 다리
>
> 二月ㅅ 보로매 아으 노피 현 등(燈)ㅅ불 다호라
> 만인(萬人) 비취실 즈싀샷다
> 아으 동동(動動) 다리
>
> 삼월(三月) 나며 개(開)한 아으 만춘 ᄃᆞᆯ욋고지여
> ᄂᆞ미 브롤 즈슬 디녀 나샷다
> 아으 동동(動動) 다리
>
> 사월(四月) 아니 니저 오실셔 곳고리새여
> 므슴다 녹사(綠事)니ᄆᆞᆫ 녯 나ᄅᆞᆯ 닛고신뎌
> 아으 동동(動動) 다리
>
> 오월(五月) 오일(五日)애 아으 수릿날 아츰 약은
> 즈믄 힐 장존(長存)ᄒ샬 약이라 받ᄌᆞᆸ노이다
> 아으 동동(動動) 다리
>
> 유월(六月)ㅅ 보로매 아으 별해 ᄇᆞ룐 빗 다호라
> 도라보실 니믈 적곰 좃니노이다.
> 아으 동동(動動) 다리

① 임에 대한 영원한 기다림의 의지를 다지고 있어.
② 시적화자의 태도나 감정에 일관된 흐름을 찾기가 어려워.
③ 달을 중심으로 한 풍속에 맞추어 여인의 연정을 노래하고 있어.
④ 자연물과의 대조를 통해 화자의 고독한 처지를 나타내고 있어.

> **TIP** 임에 대한 예찬과 연모의 정, 화자의 외로운 처지를 노래한 작품으로 영원한 기다림의 의지를 다지는 내용은 나타나지 않았다.
>
> ※ 동동(動動)(작자미상)
>   ㉠ 연대 : 미상
>   ㉡ 갈래 : 고려가요
>   ㉢ 형식 : 전편 13장(서사 1연, 본사 12연)
>   ㉣ 주제 : 임에 대한 칭송과 애달픈 사랑
>   ㉤ 특징
>   • 우리나라 최초의 월령체(月令體) 시가
>   • 조선시대의 악학궤범(樂學軌範)에 한글 가사가 실려 있다.
>   • 고려 · 조선시대에 가창 · 연주되었고, 연중나례(年中儺禮) 뒤에 아박무(牙拍舞)의 무용이 있었다.

산문 문학

1 ·· 고대 소설

(1) 구운몽(九雲夢)

① 작자 : 김만중(1637 ~ 1692) — 조선 후기의 문신. 호는 서포. 작품에 구운몽, 사씨남정기 등이 있다.

② 갈래 : 고대 소설, 국문 소설, 염정 소설, 몽자류 소설, 영웅 소설

③ 연대 : 숙종 15년(1689) 남해 유배시

④ 주제 : 인생 무상의 자각과 불법에의 귀의

⑤ 배경 : 당나라 때, 중국

⑥ 시점 : 전지적 작가 시점

⑦ 의의 : 몽자류 소설의 효시

⑧ 근원 설화 : 조신 설화

⑨ 아류작 : 옥루몽, 옥련몽

⑩ 사상 : 유 · 불 · 선 사상

(2) 허생전(許生傳)

① 작자 : 박지원(1737 ~ 1805) — 호는 연암. 양반 사대부의 위선과 무능을 풍자한 작품을 많이 썼다. 문집에 열하일기(熱河日記), 연암집 등이 있다.

② 갈래 : 고대 소설, 한문 소설, 풍자 소설, 단편 소설, 액자 소설

③ 연대 : 정조 4년(1780) 중국 여행 후

④ 주제 : 양반 및 위정자들의 무능력에 대한 비판과 자아 각성의 제시

⑤ 배경 : 17세기 효종 때, 서울을 중심으로 한반도 전역, 장기, 무인도

⑥ 시점 : 전지적 작가 시점

⑦ 의의 : 조선 시대 사실주의 소설의 전형을 보여 주고 있다.

기출문제

다음 글에서 알 수 있는 내용으로 적절하지 않은 것은?

2019. 8. 17. 지역인재

이때 성진이 물결을 열고 수정궁에 나아가니 용왕이 매우 기뻐하며 친히 궁궐 밖에 나와 맞았다. 그리고 상좌에 앉히고 진수성찬을 갖추어 잔치하여 대접하고 손수 잔을 잡아 권하였다. 이에 성진이 말하되,

"술은 마음을 흐리게 하는 광약(狂藥)이라 불가(佛家)에서는 크게 경계하는 바이니 감히 파계를 할 수 없나이다."

용왕이 말하되,

"부처의 오계(五戒)에 술을 경계하고 있음을 내 어찌 모르리오? 하나 궁중에서 쓰는 술은 인간 세상의 광약과는 달라 다만 사람의 기운을 화창하게 하고 마음을 어지럽히지는 않나이다."

왕이 계속 권하자 성진이 이를 거역하지 못하여 석 잔을 연거푸 마시고 용왕께 하직하고는 바람을 타고 연화봉으로 향했다. 산 아래에 이르자 술기운이 올라 얼굴이 달아올랐다. 마음으로 생각하되,

'만일 얼굴이 붉으면 사부께서 이상하게 여겨 나무라지 않으리오?'

하고 즉시 냇가에 나아가 웃옷을 벗고 두 손으로 물을 움켜 얼굴을 씻었다.

① 성진은 사부의 질책을 두려워한다.
② 성진은 자신의 잘못을 스스로 알고 있다.
③ 성진은 세속적 쾌락의 허망함을 깨닫는다.
④ 성진은 자신의 원칙을 고수하려고 노력했다.

☞ ③

(3) 춘향전(春香傳)

① 작자 : 미상

② 갈래 : 고대 소설, 염정 소설, 판소리계 소설

③ 주제 : 신분을 초월한 남녀 간의 사랑, 지배 계층에 대한 서민의 항거

④ 배경 : 조선 후기, 전라도 남원

⑤ 시점 : 전지적 작가 시점

⑥ 의의 : 고대 소설 중 가장 사실적이며, 풍자적 · 해학적이다.

2 ·· 고대 수필

(1) 아기설(啞器說)

① 작자 : 안정복(1712~1791) – 조선 후기의 실학자. 호는 순암(順菴). 특히 과거의 역사 · 지리학을 비판하고 우리 역사의 정통성과 자주성을 강조하였다. 저서에 동사강목, 순암집, 가례집해 등이 있다.

② 갈래 : 설(說), 고대 수필

③ 주제 : 때에 맞게 말을 할 줄 아는 지혜의 필요성

④ 성격 : 교훈적, 풍자적, 비판적

(2) 동명일기(東溟日記)

① 작자 : 의유당(1727~1823) – 조선 후기 여류 문인. 우리 문학사에서 수필 문학의 독특한 경지를 개척한 탁월한 여류 문인이다.

② 갈래 : 고대 수필(여류 수필), 기행문

③ 주제 : 귀경대에서 본 일출의 장관

④ 성격 : 묘사적, 사실적, 주관적

⑤ 의의 : 고대 수필 중 여류 수필의 백미이다. 순 한글 기행 수필로 세밀한 관찰과 사실적 묘사가 뛰어나며, 특히 일출장관의 묘사가 탁월하다.

3 ·· 봉산 탈춤

① 갈래 : 민속극, 가면극, 탈춤 대본, 전통극

② 주제 : 무능한 양반에 대한 풍자

③ 성격 : 해학적, 풍자적, 서민적

④ 특징 : 익살과 풍자가 풍부하게 나타나며 근대적 서민 의식을 반영하고 있다.

기출문제

다음 글에 대한 설명으로 적절한 것은?

2011. 6. 11. 서울특별시

춘향이 이 말을 듣더니 고대 발연변색이 되며 요두전목에 붉으락 푸르락 눈을 간잔지런하게 뜨고 눈썹이 꼿꼿하여지면서 코가 발심 발심하며 이를 뿌드득 뿌드득 갈며 온몸을 쑤신 입 틀 듯하며 매 꿩 차는 듯 하고 앉더니

"허허 이게 웬 말이오."

왈칵 뛰어 달려들며 치맛자락도 와드득 좌르륵 찢어 버리며 머리도 와드득 쥐어뜯어 싹싹 비벼 도련님 앞에다 던지면서

"무엇이 어쩌고 어째요. 이것도 쓸 데 없다."

명경(明鏡) 체경 산호죽절을 두루 쳐 방문 밖에 탕탕 부딪치며 발도 동동 굴러 손뼉치고 돌아앉아 자탄가(自歎歌)로 우는 말이

"서방 없는 춘향이가 세간살이 무엇하며 단장하여 뉘 눈에 괴일꼬. 몹쓸 년의 팔자로다."

① 인물의 행동 묘사를 통해 성격이 드러나고 있다.

② 인물의 차림새로 상황을 말하고 있다.

③ 인물의 생활 방식을 들어서 그의 성격을 보여주고 있다.

④ 인물의 생김새를 묘사하여 그의 성격을 짐작할 수 있다.

⑤ 인물이 가진 살림살이를 나열하여 그가 처한 상황을 밝히고 있다.

☞ ①

기출문제

다음 글의 서술상 특징과 거리가 먼 것은?

2004. 6. 13. 경상남도

홍색(紅色)이 거룩하여 붉은 기운이 하늘을 뛰노더니, 이랑이 소래를 높이 하여 나를 불러,

"저기 물 밑을 보라."

외거늘, 급히 눈을 들어 보니, 물 밑 홍운(紅雲)을 헤앗고 큰 실오리 같은 줄이 붉기 더욱 기이하며, 기운이 진홍(眞紅) 같은 것이 차차 나 손바닥 넓이 같은 것이 그믐밤에 보는 숯불 빛 같더라. 차차 나오더니, 그 우흐로 적은 회오리밤 같은 것이 붉기 호박(琥珀) 구슬 같고, 맑고 통랑(通朗)하기는 호박도곤 더 곱더라.

① 비현실적 묘사이다.

② 사대부 여성들을 중심으로 보급된 편지글 형식의 내간체이다.

③ 적절한 비유를 사용하여 사실적으로 표현하고 있다.

④ 시간적 순서를 따르고 있다.

☞ ①

1 다음 글의 ⊙에 해당하는 것은?

2021. 9. 11. 지역인재

> 인화가 눈물을 지으며 이르되,
> "나는 무슨 죄로 포락지형(炮烙之刑)을 받아 활활 타오르는 불에다가 내 낯을 지지고, 딱딱하게 굳은 것을 부드럽게 하는 일을 다 날 시키니 내 서럽고 괴로움을 측량하지 못할레라."
> 울 낭자가 근심스러운 얼굴로 이르되,
> "나는 그대와 맡은 바가 같고 욕되기도 한가지라. 자기 옷을 문지르려고 내 목을 잡아 들어서는 있는 힘껏 우겨 누르니, 하늘이 덮치는 듯 심신이 아득하야 내 목이 떨어져 나갈 뻔한 적이 몇 번인줄 알리오."
> 칠우가 이렇듯 담론하여 회포를 이르더니, 자던 여자가 문득 깨어나 칠우에게 말하기를,
> "칠우는 내 허물을 이와 같이 말하느냐."
> ⊙감토 할미 머리를 조아리며 이르되,
> "젊은것들이 망령되어 생각이 없는지라. 저희들이 재주는 있으나 공이 많음을 자랑하고 급기야 원망까지 하였으니 마땅히 곤장을 맞을 만하되, 평소의 깊은 정과 저희의 작은 공을 생각하여 용서하심이 어떨까 하나이다."
> 여자 답하여 이르기를,
> "할미 말을 좇아 용서하리니, 내 손부리가 성한 것이 다 할미의 공이라. 꿰차고 다니며 은혜를 잊지 아니하리니, 비단 주머니를 만들어 그 가운데 넣고서 내 몸에서 떠나지 않게 하리라."
> 하니, 할미는 머리를 조아려 사례를 표하고 칠우는 부끄러워하며 물러나더라.

① 바늘
② 가위
③ 인두
④ 골무

> **TIP** 지문 후반부의 여자의 대사 "내 손부리가 성한 것이 다 할미의 공이라."를 참고하면 ⊙은 바느질 도구 중 '골미'임을 알 수 있다.
> ※ 지문 후반부 여자의 대사 전문
>   여자 답하여 이르기를,
>   할미 말을 좇아 용서하리니, <u>내 손부리가 성한 것이 다 할미의 공이라.</u> 꿰차고 다니며 은혜를 잊지 아니하리니, 비단 주머니를 만들어 그 가운데 넣고서 내 몸에서 떠나지 않게 하리라
> ※ 규중칠우쟁론기 – 고전 수필
> • 조선 시대의 한글 수필.
> • 바늘, 자, 가위, 인두, 다리미, 실, 골무 따위를 의인화하여 인간 사회를 풍자
> • 《망로각수기(忘老却愁記)》에 실려 있으며, 작가와 연대는 알 수 없다.
> • 주제 : 공을 다투는 인간의 세태 풍자, 성실한 직무 수행

ANSWER 1.④

2 **이 글에 대한 설명으로 가장 적절하지 않은 것은?**

2020. 9. 19. 경찰공무원

> 어사또 들어가 단좌하여 좌우를 살펴보니, 당상의 모든 수령 다담을 앞에 놓고 진양조 양양할 제 어사또 상을 보니 어찌 아니 통분하랴. 모 떨어진 개상판에 닥채 저붐, 콩나물, 깍두기, 막걸리 한 사발 놓았구나. 상을 발길로 탁 차 던지며 운봉의 갈비를 직신, "갈비 한 대 먹고지고." "다라도 잡수시오." 하고 운봉이 하는 말이, "이러한 잔치에 풍류로만 놀아서는 맛이 적사오니 차운(次韻) 한 수씩 하여 보면 어떠하오?" "그 말이 옳다." 하니 운봉이 운을 낼 제, 높을 고(高)자, 기름 고(膏)자 두 자를 내어놓고 차례로 운을 달 제, 어사또 하는 말이, "걸인도 어려서 추구권(抽句卷)이나 읽었더니, 좋은 잔치 당하여서 주효를 포식하고 그저 가기 무렴하니 차운 한 수 하사이다."
>
> 운봉이 반겨 듣고 필연을 내어 주니 좌중이 다 못하여 글 두 귀를 지었으되, 민정을 생각하고 본관의 정체를 생각하여 지었것다. "금준미주(金樽美酒)는 천인혈(千人血)이요, 옥반가효(玉盤佳肴)는 만성고(萬姓膏)라. 촉루낙시(燭淚落時) 민루낙(民淚落)이요, 가성고처(歌聲高處) 원성고(怨聲高)라."
>
> 이 글 뜻은 "금동이의 아름다운 술은 일만 백성의 피요, 옥소반의 아름다운 안주는 일만 백성의 기름이라. 촛불 눈물 떨어질 때 백성 눈물 떨어지고, 노랫소리 높은 곳에 원망소리 높았더라." 이렇듯이 지었으되, 본관은 몰라보고 운봉이 이 글을 보며 내념(內念)에, "아뿔싸, 일이 났다."

① 서술자가 작품에 개입하여 상황을 제시하고 있다.
② 당대 사회의 현실 고발적인 내용이 포함되어 있다.
③ 요약적 진술을 통해 사건이 빠르게 진행되고 있다.
④ 언어 유희적 표현을 사용하여 해학성을 드러내고 있다.

TIP ③ 제시된 글은 어사또와 운봉의 대화와, 어사또가 지은 한시의 내용이 구체적으로 제시되고 있다. 따라서 요약적 진술을 통해 사건이 빠르게 진행되고 있다는 설명은 적절하지 않다.
① '어사또 상을 보니 어찌 아니 통분하랴.' 등을 통해 서술자가 작품에 개입하여 상황을 제시하고 있음을 알 수 있다.
② 어사또가 지은 한시에 당대 사회의 현실 고발적인 내용이 포함되어 있다.
④ '운봉의 갈비(사람의 갈비)를 직신'과 '갈비(고기 갈비) 한 대 먹고지고'는 동음이의어를 활용한 언어 유희적 표현이다.

3 다음 글에 대한 이해로 가장 적절한 것은?

유 소사가 말하기를, "신부(新婦)가 이제 내 집에 들어왔으니 어떻게 남편을 도울꼬?"

사씨 대답하여 말하기를, "첩(妾)이 일찍 아비를 여의고 자모(慈母)의 사랑을 입사와 본래 배운 것이 없으니 물으시는 말씀에 대답치 못하옵거니와 어미 첩을 보낼 제 중문(中門)에 임(臨)하여 경계하여 말씀하시기를 '반드시 공경(恭敬)하며 반드시 경계(警戒)하여 남편을 어기오지 말라.' 하시니 이 말씀이 경경(耿耿)하여 귓가에 있나이다."

유 소사가 말하기를, "남편의 뜻을 어기오지 말면 장부(丈夫) 비록 그른 일이 있을지라도 순종(順從)하랴?"

사씨 대 왈, "그런 말이 아니오라 부부(夫婦)의 도(道) 오륜(五倫)을 겸(兼)하였으니 아비에게 간(諫)하는 자식이 있고 나라에 간하는 신하 있고 형제(兄弟) 서로 권하고 붕우(朋友) 서로 책(責)하나니 어찌 부부라고 간쟁(諫諍)치 않으리이까? 그러하나 자고로 장부(丈夫) 부인(婦人)의 말을 편청(偏聽)하면 해로움이 있삽고 유익(有益)함이 없으니 어찌 경계 아니 하리이까?"

유 소사가 모든 손님을 돌아보며 말하기를, "나의 며느리는 가히 조대가*에 비할 것이니 어찌 시속(時俗) 여자가 미칠 바리오."라고 하였다.

* 조대가 : 한서(漢書)를 지은 반고(班固)의 누이동생인 반소(班昭). 학식이 뛰어나고 덕망이 높아 왕실 여성의 스승으로 칭송이 자자했다.

① 사씨의 어머니는 딸이 남편에게 맞섰던 일을 비판하고 있다.
② 사씨는 홀어머니를 모시느라 제대로 배우지 못한 것을 안타까워하고 있다.
③ 사씨는 부부의 예에 따라, 남편이 잘못하면 이를 지적해야 한다고 생각한다.
④ 유 소사는 며느리와의 대화를 통해, 효성이 지극한 사씨의 모습에 흡족해 하고 있다.

> **TIP** 이 장면은 시아버지인 유 소사와 며느리인 사씨 간의 대화로, 주된 내용은 부부간의 올바른 도리에 대한 것이다. 사씨는 시아버지의 말을 받들면서도 자신의 생각을 차분하게 진술하고 있고, 유 소사는 며느리의 태도를 인정하며 긍정적으로 수용하고 있다.
> ① 사씨의 말에서 사씨의 어머니가 사씨에게 남편을 공경하라고 당부했다는 것은 알 수 있지만, 남편에게 맞섰던 일을 비판한 것은 알 수 없다.
> ② 사씨가 '본래 배운 것이 없으니'라고 한 것은 자신을 낮추는 표현으로 보는 것이 적절하다.
> ④ 유 소사는 사씨의 지혜로움에 흡족한 것이지 효성이 지극한 모습에 흡족한 것은 아니다.

4 다음 글에 대한 설명으로 적절하지 않은 것은?

2018. 8. 18. 지역인재

> 거사가 거울 하나를 갖고 있었는데, 먼지가 끼어서 흐릿한 것이 마치 구름에 가린 달빛 같았다. 그러나 그 거사는 아침저녁으로 이 거울을 들여다보며 얼굴을 가다듬곤 했다. 한 나그네가 거사를 보고 이렇게 물었다.
> "거울이란 얼굴을 비추어 보거나, 군자가 거울을 보고 그 맑음을 취하는 것으로 알고 있습니다. 지금 당신의 거울은 안개가 낀 것처럼 흐려서 둘 다 할 수 없습니다. 그럼에도 당신은 항상 그 거울에 얼굴을 비춰 보고 있으니, 그것은 무엇 때문입니까?"
> "얼굴이 잘생긴 사람은 맑은 거울을 좋아하겠지만, 얼굴이 못생긴 사람은 오히려 싫어할 것입니다. 그러나 잘생긴 사람은 적고 못생긴 사람은 많습니다. 못생긴 사람이 맑은 거울을 본다면 반드시 깨뜨릴 것입니다. 그러니 깨뜨려질 바에야 차라리 먼지에 흐려진 채로 두는 편이 나을 것입니다. 먼지로 흐려진 것은 겉은 흐릴지라도 그 맑은 바탕은 없어지지 않으니, 잘생긴 사람을 만난 후에 갈고 닦아도 늦지 않습니다. 아! 옛날에 거울을 보는 사람들은 그 맑음을 취하기 위함이었지만 내가 거울을 보는 것은 오히려 흐림을 취하고자 하는 것인데, 그대는 어찌 이를 이상하다 생각합니까?" 하니, 나그네는 아무 대답이 없었다.

① 문답 형식을 통해 작가의 직접적 개입이 약화되는 효과를 거두고 있다.
② '흐린 거울'과 '맑은 거울'의 대비를 통해 사람들의 인생관을 드러내고 있다.
③ 비유적인 표현의 활용을 통해 작가가 삶에서 얻은 깨달음을 제시하고 있다.
④ 작가의 분신인 '나그네'와 일반적 인식을 대표하는 '거사'를 통해 주제를 전달하고 있다.

TIP ④ '거사'는 작가의 대리인이자 분신으로 독창적인 사고를 지닌 인물이다. 이에 반해 '나그네'는 일반적인 인식을 대표하는 인물로 '거사'와 대립되는 관계에 있다. 작가는 이 두 인물 간의 대화를 통해 주제를 전달하고 있다.
  ※ 이규보, 「경설」
    ㉠ 갈래 : 한문 수필, 설(說)
    ㉡ 성격 : 관조적, 교훈적
    ㉢ 구성방식 : 문답식, 대화식
    ㉣ 특징
      • 대화를 통해 주제를 표현함
      • 사물을 통해 삶의 이치를 깨닫게 함
    ㉤ 주제
      • 세상을 살아가는 올바른 처세훈과 현실에 대한 풍자
      • 사물과 현상의 본질을 꿰뚫는 통찰력

ANSWER 4.④

5 다음 글에 나타난 양반의 모습을 비판한 내용으로 가장 적절한 것은?

2016. 8. 27. 지역인재

> 양반의 이름은 여러 가지로, 글만 읽으면 선비라 하고, 정치에 종사하면 대부라 하며, 착한 덕이 있으면 군자라고 한다. 무관의 계급은 서쪽에 벌여 있고, 문관의 차례는 동쪽에 자리 잡았으며, 이들을 통틀어 양반이라고 한다.
>
> ··· (중략) ···
>
> 손에는 돈을 지니지 말아야 하며, 쌀값을 묻지도 말아야 한다. 날씨가 더워도 버선을 벗지 말며, 밥을 먹을 때에도 맨상투 꼴로 앉지 말아야 한다. 식사하면서 국물부터 마시지 말며, 설령 마시더라도 훌쩍거리는 소리를 내지 말아야 한다. 젓가락을 내릴 때에는 밥상을 찧어 소리 내지 말며, 생파를 씹지 말아야 한다. 술을 마신 뒤에는 수염을 빨지 말며, 담배를 태울 때에는 볼이 오목 파이도록 빨지 말아야 한다. 아무리 화가 나더라도 아내를 치지 말며, 화가 나더라도 그릇을 차지 말아야 한다. 맨주먹으로 아녀자들을 때리지 말며, 종들이 잘못하더라도 때려서 죽이지는 말아야 한다. 소와 말을 꾸짖으면서 팔아먹은 주인을 욕하지 말아야 한다. 병이 들어도 무당을 부르지 말고, 제사하면서 중을 불러다 재를 올리지 말아야 한다. 화롯가에 손을 쬐지 말며, 말할 때에 침이 튀지 말아야 한다. 소를 도살하지 말며, 돈으로 노름을 하지 말아야 한다.

① 양반들은 다른 사람들에게 무례한 태도를 보이는군.
② 양반들은 행동을 규정하는 형식적 예법에 얽매여 있군.
③ 양반들은 글 읽는 자라면 누구나 할 수 있는 것이로군.
④ 양반들은 자신의 경제적 무능력을 다른 사람의 탓으로 돌리고 있군.

TIP 제시된 글은 박지원의 『양반전』 중 일부로, 양반이 해서는 안 되는 행동에 대해 열거하고 있다. 그 내용들이 대부분 체면치레 위한 형식적 예법에 관련된 것으로 ②와 같은 비판을 할 수 있다.

03 핵심예상문제

※ 다음 글을 읽고 물음에 답하시오. 【1~3】

> 이른바 규중 칠우(閨中七友)는 부인내 방 가온데 일곱 벗이니 글하는 선배는 필묵(筆墨)과 조희 벼루로 문방사우(文房四友)를 삼았나니 규중 녀잰들 홀로 어찌 벗이 없으리오.
>
> 이러므로 침선(針線) 돕는 유를 각각 명호를 정하여 벗을 삼을 새, 바늘로 세요 각시(細腰閣氏)라 하고, 척을 척 부인(戚夫人)이라 하고, 가위로 교두 각시(交頭閣氏)라 하고 인도로 인화 부인(引火夫人)이라 하고, 달우리로 울 랑자(娘子)라 하고, 실로 청홍흑백 각시(靑紅黑白閣氏)라 하며, 골모로 감토 할미라 하여, 칠우를 삼아 규중 부인내 아츰 소세를 마치매 칠위 일제히 모혀 종시하기를 한가지로 의논하여 각각 소임을 일워 내는지라.

1 이 글에 대한 설명으로 옳지 않은 것은?

① 사물을 의인화하여 세태를 풍자하고 있다.
② 인물의 성격이 뚜렷하게 드러나 있다.
③ '조침문'과 함께 내간체 소설의 백미로 꼽히는 작품이다.
④ 자신의 임무에 충실한 규중 칠우를 통하여 겸손함의 미덕을 보여주고 있다.

TIP ④ 규중 칠우들은 본인의 공만을 내세우는 자기중심적인 태도를 보이고 있다.

2 다음 중 규중 칠우의 별명을 짓게 된 근거가 다른 것은?

① 척부인
② 감토 할미
③ 교두 각시
④ 세요각시

TIP '척부인'은 길이의 단위인 '척(尺)'과 발음이 같아 지어진 이름이다.
②③④ 생김새를 본떠서 이름을 지었다.

3 이 작품은 가전체의 전통을 따르고 있다. 가전체 문학에 대한 설명으로 적절하지 않은 것은?

① 사물의 의인화한다.
② 허구적 작품이라는 점에서 설화와 소설의 교량적 구실을 한다.
③ 주인공의 탄생부터 죽음에 이르기까지 일대기적 구성을 취한다.
④ 이규보의 국선생전은 엽전, 곧 돈을 의인화하여 돈의 폐해를 경계하는 내용이다.

TIP ④ 이규보의 국선생전은 술과 누룩을 의인화하여 위국충절(爲國忠節)과 신하로서의 올바른 처신에 대해 권계하는 내용이다.

ANSWER 1.④ 2.① 3.④

4 다음 글의 밑줄 친 말을 인용한 이유는?

> 아! 사람의 마음이 옮겨지고 바뀌는 것이 이와 같을까? 남의 물건을 빌려서 하루 아침 소용에 대비하는 것도 이와 같거든, 하물며 참으로 자기가 가지고 있는 것이랴.
>
> 그러나 사람이 가지고 있는 것이 어느 것이나 빌리지 아니한 것이 없다. 임금은 백성으로부터 힘을 빌려서 높고 부귀한 자리를 가졌고, 신하는 임금으로부터 권세를 빌려 은총과 귀함을 누리며, 아들을 아비로부터, 지어미는 지아비로부터, 비복(婢僕)은 상전으로부터 힘과 권세를 빌려서 가지고 있다. 그 빌린 바가 또한 깊고 많아서 대개는 자기 소유로 하고 끝내 반성할 줄 모르고 있으니, 어찌 미혹(迷惑)한 일이 아니겠는가? 그러다가도 혹 잠깐 사이에 그 빌린 것이 도로 돌아가게 되면, 만방(萬邦)의 임금도 외톨이가 되고, 백승(百乘)을 가졌던 집도 외로운 신하가 되니, 하물며 그보다 더 미약한 자야 말할 것이 있겠는가?
>
> 맹자가 일컫기를 "남의 것을 오랫동안 빌려 쓰고 있으면서 돌려 주지 아니하면, 어찌 그것이 자기의 소유가 아닌 줄 알겠는가?" 하였다.

① 작품 구성상 모순점을 제거하기 위해
② 도식적인 고정 관념을 벗어나기 위해
③ 주제를 강조하여 명확하게 하기 위해
④ 권위자의 의견을 내세워 자신의 견해를 뒷받침하기 위해

TIP 밑줄 친 부분은 필자와 유사한 견해인 맹자의 견해를 인용하여 주장의 타당성을 뒷받침하고 있다.

※ 이곡의 차마설(借馬說) … 모든 소유는 빌린 것에 불과하니 사람은 겸허하게 살아야 한다는 교훈을 담고 있는 수필(설)이다.

5 다음 글의 밑줄 친 부분의 문맥적 의미는?

> 음식이란 목숨만 이어 가면 되는 것이다. 아무리 맛있는 고기나 생선이라도 입 안으로 들어가면 더러운 물건이 되어 버린다. 삼키기 전에 벌써 사람들은 싫어한다.
>
> 인간이 이 세상에서 귀하다고 하는 것은 정성 때문이니, 전혀 속임이 있어서는 안 된다. 하늘을 속이면 제일 나쁜 일이고, 임금이나 어버이를 속이거나 농부가 같은 농부를 속이고 상인이 동업자를 속이면 모두 죄를 짓게 되는 것이다. 단 한 가지 <u>속일 수 있는</u> 일이 있다면 그건 자기의 입과 입술이다. 아무리 맛없는 음식도 맛있게 생각하여 입과 입술을 속여서 잠깐 동안만 지내고 보면 배고픔은 가셔서 주림을 면할 수 있을 것이니, 이러해야만 가난을 이기는 방법이 된다.

① 속여도 좋은 일
② 속여야 하는 일
③ 속이려고 하는 일
④ 속이기가 쉬운 일

TIP 앞부분에 전혀 속임이 없어야 한다고 말하며 뒷부분에서 맛없는 음식도 맛있다고 생각하여 입과 입술을 속이는 것이 가난을 이기기 위한 하나의 방법이 된다고 하였으므로 문맥상 '속여도 좋은 일'이 된다.

※ 정약용의 유배지에서 보낸 편지 … 글쓴이가 전남 강진에서 유배 생활을 할 때, 고향에 남아 있던 두 아들에게 보낸 편지글이다.

ANSWER 4.④ 5.①

※ 다음 글을 읽고 물음에 답하시오. 【6~7】

> 허생은 묵적골(墨積洞)에 살았다. 곧장 남산(南山) 밑에 닿으면, 우물 위에 오래 된 은행나무가 서 있고, 은행나무를 향하여 사립문이 열렸는데, 두어 칸 초가는 비바람을 막지 못할 정도였다. 그러나 허생은 글읽기만 좋아하고, 그의 처가 남의 바느질 품을 팔아서 입에 풀칠을 했다.
>
> 하루는 그 처가 몹시 배가 고파서 울음 섞인 소리로 말했다.
>
> "당신은 평생 과거(科擧)를 보지 않으니, 글을 읽어 무엇합니까?"
>
> 허생은 웃으며 대답했다.
>
> "나는 아직 독서를 익숙히 하지 못하였소."
>
> "그럼 장인바치 일이라도 못 하시나요?"
>
> "장인바치 일은 본래 배우지 않았는 걸 어떻게 하겠소?"
>
> "그럼 장사는 못 하시나요?"
>
> "장사는 밑천이 없는 걸 어떻게 하겠소?"
>
> 처는 왈칵 성을 내며 소리쳤다.
>
> "밤낮으로 글을 읽더니 기껏 '어떻게 하겠소?'소리만 배웠단 말씀이오? 장인바치 일도 못 한다, 장사도 못 한다면, 도둑질이라도 못 하시나요?"
>
> 허생은 읽던 책을 덮어놓고 일어나면서,
>
> "아깝다. 내가 당초 글읽기로 십 년을 기약했는데, 인제 칠 년인걸 ……."
>
> 하고 획 문 밖으로 나가 버렸다.

6 이 글에 대한 설명으로 옳지 않은 것은?

① 한문 단편 소설을 번역한 것이다.
② 현실을 예리하게 비판한 풍자 문학이다.
③ 실존 인물에 근거한 전기체(傳記體) 소설이다.
④ 이용후생(利用厚生)의 실학 사상이 반영되었다.

> **TIP** ③ '허생'은 실존 인물이 아니며, 또 실존 인물에 근거를 둔 것도 아니다.
>
> ※ 박지원의 허생전 … 당시 활발하게 진행되었던 실학 연구를 그 사상적 배경으로 하여, 그 시대와 사회가 안고 있었던 정치적·경제적 제도의 취약점과 모순성을 밝히면서 실학적인 세계관과 청나라의 실용적 문물을 수용할 것을 주장하고 있다.

7 이 글을 통해 추리할 수 있는 당대의 사회·문화적 상황과 거리가 먼 것은?

① 학문의 실용성 추구
② 집권 계층의 비굴함
③ 양반층의 무능과 비생산성
④ 몰락한 양반의 궁핍한 생활상

> **TIP** 허생전은 실학 사상을 바탕으로 당시의 정치적·경제적 모순을 밝히려 한 글이다.

8 다음 글에서 다루고 있는 소재들의 관계가 다른 하나는?

어떤 사람이 내게 말했다.

"어제저녁, 어떤 사람이 몽둥이로 <u>개</u>를 때려 죽이는 것을 보았네. 그 모습이 불쌍해 마음이 매우 아팠네. 그래서 이제부터는 개고기나 돼지고기를 먹지 않을 생각이네."

그 말을 듣고 내가 말했다.

"어제저녁, 어떤 사람이 화로에서 <u>이[蝨]</u>를 잡아 태워 죽이는 것을 보고 마음이 무척 아팠네. 그래서 다시는 이를 잡지 않겠다고 맹세를 하였네."

그러자 그 사람은 화를 내며 말했다.

"이는 하찮은 존재가 아닌가? 나는 큰 동물이 죽는 것을 보고 불쌍한 생각이 들어 말한 것인데, 그대는 어찌 그런 사소한 것이 죽는 것과 비교하는가? 지금 나를 놀리는 것인가?"

좀 구체적으로 설명할 필요를 느꼈다.

"무릇 살아 있는 것은 사람으로부터 소, 말, 돼지, 양, <u>벌레</u>, <u>개미</u>에 이르기까지 모두 사는 것을 원하고 죽는 것을 싫어한다네. 어찌 큰 것만 죽음을 싫어하고 작은 것은 싫어하지 않겠는가? 그렇다면 개와 이의 죽음은 같은 것이겠지. 그래서 이를 들어 말한 것이지, 어찌 그대를 놀리려는 뜻이 있었겠는가? 내 말을 믿지 못하거든, 그대의 열 손가락을 깨물어 보게나. 엄지손가락만 아프고 나머지 손가락은 안 아프겠는가? 우리 몸에 있는 것은 크고 작은 마디를 막론하고 그 아픔은 모두 같은 것일세. 더구나 개나 이나 각기 생명을 받아 태어났는데, 어찌 하나는 죽음을 싫어하고 하나는 좋아하겠는가? 그대는 눈을 감고 조용히 생각해 보게. 그리하여 <u>달팽이의 뿔</u>을 <u>소의 뿔</u>과 같이 보고, <u>메추리</u>를 큰 <u>붕새</u>와 동일하게 보도록 노력하게나. 그런 뒤에야 내가 그대와 더불어 도(道)를 말할 수 있을 걸세."

① 이[蝨] : 개
② 벌레 : 개미
③ 달팽이의 뿔 : 소의 뿔
④ 메추리 : 붕새

TIP ② '벌레'와 '개미'는 '작은 것'과 '작은 것'의 관계이다. 나머지는 '작은 것'과 '큰 것'의 관계이다. 밑줄 친 소재를 '작은 것'과 '큰 것'으로 구분하면 다음과 같다.
• '작은 것'에 해당하는 것 : 이, 벌레, 개미, 달팽이의 뿔, 메추리
• '큰 것'에 해당하는 것 : 개, 소의 뿔, 붕새

ANSWER 8.②

9 다음 밑줄 친 부분의 현대어 풀이로 잘못된 것은?

> ㉠이 몸 삼기실 제 님을 조차 삼기시니, 훈싱緣연分분이며 하늘 모룰 일이런가. ㉡나 호나 졈어 잇고 님 호나 날 괴시니, 이 무음 이 스랑 견졸 딕 노여 업다. ㉢平평生싱애 願원호요딕 훈딕 녜자 호얏더니, ㉣늘거야 므스 일로 외오 두고 글이는고. 엊그제 님을 뫼셔 廣광寒한殿뎐의 올낫더니, 그 더딕 엇디호야 下하界계예 누려오니, 올 적의 비슨 머리 얼킈연 디 三삼年년이라

① ㉠ 이 몸이 태어날 때에 임을 좇아서 태어나니
② ㉡ 나 혼자만 젊어있고 임은 날 괴로이 여기시니
③ ㉢ 이 몸이 태어날 때에 임을 좇아서 태어나니
④ ㉣ 늙어서야 무슨 일로 외따로 멀리 두고 보고 싶어 하는가

TIP 현대어 풀이 … 이 몸이 태어날 때에 임을 좇아서 태어나니, 이것은 한 평생을 함께 살 인연이며, 어찌 하늘이 모를 일이던가? 나 오직 임만을 위하여 젊어 있고, 임은 오로지 나를 사랑하시니, 이 마음과 이 사랑을 견줄 곳이 다시없다. 평생에 원하되 임과 함께 살아가려 하였더니, 늙어서야 무슨 일로 외따로 멀리 두고 보고 싶어 하는가. 엊그제는 임을 모시고 달나라의 궁궐에 있었더니, 그동안에 어찌하여 속세에 내려왔는가. 내려올 때에 빗은 머리가 헝클어진 지 삼 년일세.
② '괴시니'의 기본형은 '괴다'로 사랑한다는 의미이다.
※ 정철의 사미인곡
  ㉠ 갈래 : 서정 가사, 정격 가사, 양반 가사
  ㉡ 성격 : 서정적, 연모적, 주정적
  ㉢ 운율 : 3(4) · 4조, 4음보의 연속체
  ㉣ 주제 : 연군의 정
  ㉤ 특징
    • 우리말 구사의 극치를 보여 줌
    • 후편 경인 '속미인곡'과 더불어 가사 문학의 백미를 이룸

10 다음 글에서 얻을 수 있는 삶의 지혜는?

> 정사년(1737년) 가을에 과거 시험을 보기 위해 서울에 갔다가, 시장에서 전에는 보지 못했던 물건 하나를 발견했다. 위는 둥글고 아래는 평평하며 속은 텅 비었는데, 이마에는 일자(一字) 모양으로 가늘게 구멍이 뚫려 있었다.
> 내가 종을 돌아보며 물었다.
> "이게 무엇인가?"
> "벙어리입니다."
> 내가 그 말을 알 수가 없어서 또 물었다.
> "이게 무엇인가?"
> "벙어리입니다."
> 나는 그가 농하는 줄 알고 화가 나서 다시 물었다.
> "내가 이 물건이 무엇이냐고 물었는데, 벙어리라고만 대답을 하니, 도대체 무슨 소리인가?"
> "소인은 감히 농한 것이 아닙니다. 이 물건의 이름이 벙어리이기 때문에 벙어리라고 대답하였습니다."

① 말이 많은 사람은 벙어리 그릇을 따라야 한다.　② 꼭 필요한 말은 하고 불필요한 말은 하지 않는다.
③ 말은 상대방의 처지를 고려하여 해야 한다.　④ 말은 유용한 정보를 담은 것만 선택해야 한다.

TIP ② 상황에 어울리지 않는 말을 하거나 책임을 지지 않고 말을 하여 화를 자초하는 사람을 비판한 글이다.
※ 안정복의 아기설 … '벙어리'의 외형적 특성으로부터 삶의 교훈을 이끌어내고 있는 글이다.

ANSWER 9.② 10.②

국문학사

고전 문학사

❶ ·· 고대 문학

(1) 설화 문학(서사 문학)

① 신화 : 민족신이나 건국신에 대한 신앙 상징으로써 신성하고 진실한 것으로 믿는 이야기이다.

　　예 단군, 해모수, 금와, 동명왕, 박 혁거세, 수로왕 등의 조국(肇國) 신화

② 전설 : 비범한 인물의 위대한 업적이 산, 나무, 바위 등 구체적인 증거물과 결합되어 전해지며, 역사성·진실성이 있는 것으로 믿어지는 이야기이다.

　　예 온달 설화, 연오랑 세오녀 설화

③ 민담 : 흥미와 교훈 위주의 이야기로 조상의 슬기와 기지와 해학이 담겨 있으며 허구성과 독창성을 지닌 이야기이다.

(2) 고대 가요(古代歌謠)

① 발생 : 음악, 무용, 시가의 종합이었던 원시 종합 예술에서 개인적이고 서정적인 내용을 노래하는 '시가'가 분리되면서 고대 서정 가요가 발생하였다.

② 특징

　㉠ 구전되다가 한역(漢譯)되어 전하는 고대 가요의 정확한 형태는 알 수 없지만 한역을 근거로 살펴볼 때 4행시였던 것으로 추정된다.

　㉡ 고대 서정 가요는 배경 설화 속에 삽입되어 전하는 경우가 대부분이다(서사 문학과 시가 문학이 완전히 분리되지 않은 상태임을 보임).

　㉢ 고대 가요는 집단적 서정 가요로부터 개인적 서정 가요로의 변천 과정을 보인다.

　　• 집단적 서정 가요 : 구지가→해가

　　• 개인적 서정 가요 : 황조가, 공무도하가

③ 주요 작품

작품	연대	작자	내용	출전
공무도하가	고조선	백수광부의 처	물에 빠져 죽은 남편을 애도하면서 부른 노래	해동역사
황조가	고구려 유리왕	고구려 유리왕	꾀꼬리의 정다운 모습을 보고 실연의 슬픔을 노래	삼국사기
구지가	신라 유리왕	구간 등	새로운 임금을 맞는 주술적인 노래. 노동요	삼국유사
해가(사)	신라 성덕왕	강릉의 백성들	수로 부인을 구원하기 위한 주술적인 노래	삼국유사
정읍사	백제	행상인의 처	행상 나간 남편의 신변을 걱정하여 부른 노래	악학궤범

(3) 향가

① 정의 : 향가(鄕歌)란 본래 중국의 노래에 대한 우리말 노래를 의미하는 말이나, 오늘날에는 한자의 음과 훈을 빌려서 향찰(鄕札)로 표기한 신라의 노래를 이르는 것이 보통이다.

② 발생 : 유리왕 5년에 도솔가가 지어진 것이 가악(歌樂)의 시초라 하였으나, 현존하는 것은 진평왕 때 만들어진 서동요가 최고(最古)의 작품이다.

③ 의의

　㉠ 최초의 국문 시가이자 개인 창작시이다.

보충학습

근원 설화

㉠ 구토 설화→별주부전

㉡ 방이 설화→흥부전

㉢ 연권녀 설화(효녀 지은)→심청전

㉣ 열녀 설화(도미의 처, 설씨녀 설화), 신원 설화, 암행어사 설화→춘향전

㉤ 조신 설화→몽유록계 소설(구운몽 등)

㉥ 지하국 대적 퇴치 설화→홍길동전

보충학습

부전 가요

㉠ 고구려 : 내원성가, 연양가, 명주가

㉡ 백제 : 지리산가, 무등산가, 선운산가, 방등산곡

㉢ 신라 : 도솔가, 회소곡, 치술령곡, 대악, 원사, 목주가

기출문제

4행의 민요적 성격의 향가가 아닌 것은?

2008. 7. 20. 서울특별시

① 모죽지랑가　　② 서동요

③ 풍요　　　　　④ 헌화가

⑤ 도솔가

☞ ①

ⓛ 신라어 연구의 중요한 자료가 된다.

ⓒ 표기법은 외래 문화를 주체적으로 수용·발전시킨 좋은 예가 된다.

④ 형식

ⓐ 4구체 : 초기의 형식으로 민요와 동요의 정착형이다.

　　예 서동요, 풍요, 헌화가, 도솔가

ⓑ 8구체 : 4구체에서 발전된 형태로 과도기적 형식이다.

　　예 처용가, 모죽지랑가

ⓒ 10구체

• 향가 중에서 가장 세련되며 완성된 형식이다.

• 비연시(非聯詩)이며, 내용상 3단 구성을 취하고 낙구 첫머리에 감탄사가 쓰인다.

• 흔히 '사뇌가'라고 하는데, 사뇌가는 숭고미(崇高美)를 주된 미적 특질로 하는 서정시 이며, 화랑(花郎) 사회의 이상이나 불교 사상이 그 배경을 이루고 있다.

　　예 제망매가, 원왕생가, 찬기파랑가, 천수대비가, 원가, 안민가, 우적가, 보현십원가

⑤ 향가 수록 문헌 : 삼국유사(三國遺事)에 14수, 균여전에 11수가 전한다.

⑥ 향가집 : 9세기 후반인 진성 여왕 때 위홍과 대구화상이 향가집인 삼대목(三代目)을 편찬했다고 하나 전해지지 않는다.

⑦ 삼국 유사에 전하는 향가 14수 : 서동요(薯童謠), 혜성가(彗星歌), 풍요(風謠), 원왕생 가(願往生歌), 모죽지랑가, 헌화가, 원가(怨歌), 도솔가, 제망매가(祭亡妹歌), 안민가 (安民歌), 찬기파랑가(讚耆婆郞歌), 도천수대비가, 우적가(遇賊歌), 처용가(處容歌)

❷ ·· 고대 시대의 문학

(1) 고려 가요(고려 속요)

① 성격 : 평민들이 향유한 평민 문학으로 그들의 진솔한 감정과 당시 사회상이 잘 반 영되어 있다.

② 형식 : 대부분 분연체(연장체, 분절체, 분장체)로 3·3·2조, 3·3·4조, 4·4·4조 등의 음수율과 3음보의 율격으로 되어 있으며, 각 연 끝에 후렴구가 붙어 있고, 율 조가 매우 유려하다.

③ 내용 : 현세적, 향락적이어서 남녀 간의 연정을 노래한 것이 대부분이다. 이 때문에 조선의 유학자들은 속요를 남녀상열지사(男女相悅之詞)라 하여 많이 버렸다.

④ 의의 : 아름다운 우리말 배움과 유려한 율조, 소박한 표현, 함축적 의미, 꾸밈없는 생활 감정의 표출 등으로 하여 국문학사상 백미로 평가된다.

⑤ 주요 작품

작품	성격	출전	내용
사모곡	효심(孝心)	악장가사, 시용향악보	곡조명은 엇노리. 목주가와 연관됨
상저가		시용향악보	백결 선생의 대악의 후신. 방아노래, 노동요
동동	송도(頌禱)	악학궤범	월령체(달거리 형식) 노래의 효시
정석가		악장가사, 시용향악보	불가능한 상황 설정으로 만수 무강 송축
처용가	축사(逐邪)	악학궤범, 악장가사	향가 처용가에서 발전한 희곡적 노래
청산별곡	현실 도피	악장가사, 시용향악보	비애, 고독, 도피, 체념을 노래

📝 보충학습

향가계 고려 가요

ⓐ 도이장가(悼二將歌) : 예종이 고려의 개국 공 신인 김낙, 신숭겸을 추도한 8구체 형식의 노래이며, 서경 팔관회에서 불려졌다.

ⓑ 정과정(鄭瓜亭) : 정서가 동래에 귀양가서 쓴 충신연주지사로 유배 문학의 효시이다. 곡조명은 '삼진작'이며 10구체 형식의 노래 이다.

📄 기출문제

다음 중 작품의 문학장르가 같은 것끼리 묶 인 것은?

2005. 6. 19. 충청북도

① 동동 – 가시리 – 하여가 – 쌍화점

② 청산별곡 – 한림별곡 – 가시리 – 정석가

③ 청산별곡 – 유규곡 – 쌍화점 – 정석가

④ 관동별곡 – 한림별곡 – 서경별곡 – 죽계별곡

☞ ③

가시리	별리(別離)의 정한(情恨)	악장가사, 시용향악보	이별의 한(恨), 체념, 기다림의 전통적 여심(女心)을 노래. 일명 귀호곡
서경별곡	별리(別離)의 정한(情恨)	악장가사, 시용향악보	강물, 나룻터의 공간에서 이루어진 극적 이별
유구곡	애조(愛鳥)	시용향악보	벌곡조와 유사. 정치 풍자

(2) 경기체가

① 형식

   ㉠ 음수율은 제1·2행이 3·3·4조, 제3·4행은 4·4·4조, 제5·6행은 4·4·4·4조로 고정되어 있으며, 음보율은 3음보이다.

   ㉡ 각 연은 4행의 전대절과 2행의 후소절로 나뉜다.

   ㉢ 분연체(분장체)이며 각 연의 끝에 '경(景)긔 엇더ᄒ니잇고' 또는 '경기하여'라는 후렴구가 붙는다.

② 내용 : 대체로 고답적, 풍류적, 향락적인 내용을 담고 있다.

③ 의의 : 경기체가는 운율적으로는 음악적이지만 내용에 문학성이 없으며, 한시도 우리나라의 시도 아닌 중간적인 존재로써 일종의 기형적인 문학이다. 그러나 한국적인 자연스러운 운율과 정제된 형식미를 갖추고 있어 조선 시대까지 한학자들이 애용한 시 형식이다.

④ 주요 작품 : 한림별곡(한림제유), 관동별곡·죽계별곡(안축)이 있다.

(3) 시조

① 정의 : 3장 6구 45자 내외로 된 우리 고유의 대표적인 정형시이다.

② 형성

   ㉠ 고려 중엽에 발생하여 고려 말기에 형식이 완성되었다.

   ㉡ 향가에서 기원하여 고려 속요의 분장 과정을 거치면서 형성된 것으로 추측된다(민요→10구체 향가→고려 가요→시조).

③ 형식 : 3·4조 또는 4·4조, 3장 6구 45자 내외의 4음보, 종장의 첫 음보는 3음절로 고정되었다.

④ 의의 : 처음에는 단아하고 간결한 형식이 사대부 계층의 취향에 맞아서 발달했지만, 향유층이 점차 확대되어 구비 문학으로 승화되었다.

⑤ 주요 작가 : 이조년(다정가), 정몽주(단심가), 이방원(하여가), 우탁(한정가), 원천석(회고가) 등이 있다.

(4) 패관 문학

① 정의 : 패관 문학은 민간의 가담항설(街談巷說) 등을 주제로 한 문학을 가리킨다.

② 특징 : 소설의 전신으로 개인 창작이 아니며, 내용도 다양하다(채록자의 생각이 가미됨).

📖 보충학습

고려 가요와 경기체가의 공통점과 차이점

㉠ 공통점 : 3음보의 율격, 분연체, 후렴구

㉡ 차이점

- 고려 가요 : 서정 장르, 평민 문학, 비정형, 구비성
- 경기체가 : 교술 장르, 귀족 문학, 정형, 기록성

📝 기출문제

다음 중 조선 시대 가사가 아닌 것은?

2001. 7. 29. 서울특별시

① 김인겸 – 일동장유가
② 백광홍 – 관서별곡
③ 송순 – 면앙정가
④ 안축 – 죽계별곡
⑤ 정철 – 관동별곡

☞ ④

③ 주요 작품

작품	연대	작자	내용
수이전	문종	박인량	부전(不傳). 최초의 순수 설화집. 연오랑 세오녀, 호원 등 9편이 삼국유사, 해동고승전에 전함
백운소설	고종	이규보	시화, 문담(文談)을 기록
파한집	고종	이인로	시화, 문담, 기사, 고사를 기록
보한집	고종	최자	파한집의 자매편. 사실(史實), 기녀의 이야기
역옹패설	고려 말	이제현	익재난고 권말에 수록. 기문(異聞), 기사(奇事). 시문, 서화, 인물에 대한 이야기

(5) 가전체 문학

① 정의 : 계세 징인(戒世懲人)을 목적으로 사물을 의인화하여 傳(전)의 형식으로 지은 것을 말한다.

② 특징 : 어떤 사물을 역사적 인물처럼 의인화시켜서 그 가계와 생애 및 개인의 성품 등을 기록하는 전의 양식이다(개인 창작, 설화와 소설의 교량적 역할).

③ 주요 작품

작품	연대	작자	내용
국순전	인종	임춘	술을 의인화하여 술이 사람에게 미치는 영향을 씀
공방전	인종	임춘	엽전을 의인화하여 탐재(貪財)를 경계함
국선생전	고종	이규보	술을 의인화하여 군자(君子)의 처신을 경계함
청강사자 현부전	고종	이규보	거북을 의인화하여 어진 사람의 행적을 그림
죽부인전	공민왕	이곡	죽부인을 의인화하여 절개를 나타냄

(6) 한문학

① 한문학 융성의 배경 : 고려 시대는 과거 제도의 실시, 불교 문학의 발달, 주자학의 도입, 국자감 · 수사원의 설치 등으로 국문학사상 한문학이 가장 융성했던 시기이다.

② 주요 작품

작품	연대	작자	내용
동명왕편	명종 23년	이규보	장편 영웅 서사시로 서사 문학의 백미
제왕운기	충렬왕	이승휴	상권에는 중국 역대 사적을 칠언시로, 하권은 우리나라 역대 사적을 칠언과 오언으로 엮은 민족 서사시
동국이상국집	고종	이규보	전 53 권의 문집으로, 전집에는 부(賦), 시(詩), 송(頌) 등이, 후 집에는 시, 찬(讚), 서(書), 기(記) 등이 수록
해동고승전	고종 2년	각훈	고구려 · 신라 때의 고승의 전기. 우리 나라 최초의 승전(僧傳)

❸ ·· 조선 전기의 문학

(1) 악장

① 정의 : 조선 초 궁중의 연락(宴樂)이나 종묘제악(宗廟祭樂)에 쓰인 주악(奏樂)의 가사로, 일정한 형태상 특징보다는 조선 왕조를 송축하는 내용에 의해 설정된 장르이다.

② 형식 : 기본형으로 2절 4구의 형식을 갖춘 것이 전형적인 악장(용비어천가, 월인천강지곡)이지만, 변조형으로 기존 문학 형식에 송축적 내용 또는 종묘제악용 가사만을 붙인 악장들이 있다(속요체, 경기체가체, 한시체).

③ 내용 : 조선 건국의 정당성 홍보, 새로운 문물 제도 찬양, 임금의 만수무강 기원, 자손 번영을 축원하였다(목적성이 강한 문학, 송축의 노래).

④ 소멸 : 궁중 연회 등 특수한 목적에 사용하여 귀족 계층만 향유하였고 평민층에 확대되지 않아 소멸되었다.

⑤ 주요 작품
  ㉠ 한시체 : 납씨가(정도전), 문덕곡(정도전), 정동방곡(정도전), 봉황음(윤회)이 있다.
  ㉡ 신체 : 용비어천가(정인지·권제), 월인천강지곡(세종)이 있다.
  ㉢ 속요체 : 신도가(정도전), 감군은(상진), 유림가(윤회)가 있다.
  ㉣ 경기체가체 : 상대별곡(권근), 화산별곡(변계량)이 있다.

(2) 번역 문학

① 정의 : 중국에서 들어온 불경(佛經), 경서(經書), 문학(文學)류 등을 훈민정음 창제와 더불어 우리말로 번역한 것을 말한다.

② 의의
  ㉠ 중국 문학이 소개되어 우리 문학 영역이 확대되었다.
  ㉡ 조선 초기 국어 연구의 귀중한 자료가 된다.
  ㉢ 국문학과 중국 문학의 비교 연구 자료가 된다.

③ 주요 작품
  ㉠ 불경 : 석보상절(수양대군), 월인석보(세조)가 있다.
  ㉡ 경서 : 내훈(소혜왕후), 소학언해(교정청 학자)가 있다.
  ㉢ 문학서 : 분류두공부시언해(유윤겸·조위·의침)가 있다.
  ㉣ 기타 : 구급방언해(미상)가 있다.

(3) 시조

① 전개 : 고려 말에 완성된 시조는 한글 창제와 더불어 사대부들의 교양물로 널리 애창되면서 국문학의 대표적인 장르가 되었다.

② 특징
  ㉠ 영역 확대 : 처음에는 충의(忠義)를 주제로 출발하여 점차 애정과 도학의 세계에까지 나아갔다.
  ㉡ 자연미의 발견(자연에 도학적 의미 부여) : 정국이 안정되고 왕조의 기틀이 잡힌 뒤로는 유교 사상과 함께 노장(老莊)의 무위자연(無爲自然)에 영향을 받아 자연 속에서 한가롭고 평화로운 자연미를 완성하게 되었다.

ⓒ 강호가도(江湖歌道) : 자연에 도학적인 의미를 부여하여 그것과의 일치를 추구하였다.
- 영남가단(嶺南歌壇) : 심성(心性)을 닦는 것을 우위로 내세웠다. 시문보다 선비로서 마땅히 실행해야 할 도리를 찾자는 강호가도를 구현하였다(이현보, 주세붕, 이황, 권호문).
- 호남가단(湖南歌壇) : 풍류(風流) 중심으로 자기 합리화의 성명 없이 작품을 통해 감회를 드러내었고, 도리를 따지지 않고 풍류를 자랑하였다(송순, 김인후, 김성원, 정철).
ⓔ 교방 시조의 발전 : 기녀들의 고독과 한의 정서가 정교하고 아름답게 표현되었다.
ⓜ 연시조가 등장하였다.
③ 주요 작품 : 희고가(길재·원천석), 강호사시가(맹사성), 충의가(성삼문·박팽년), 오륜가(주세붕), 도산십이곡(이황), 고산구곡가(이이), 훈민가(정철), 장진주사(정철)가 대표적이다.

(4) 가사

① 정의 : 3(4)·4조, 4음보의 연속체이고 운문으로 된 교술 시가(교훈적 내용)이다.
② 발생 : 경기체가의 붕괴 과정에서 발생하였다는 설과 4음보 연속체인 교술 민요가 문자로 정착되는 과정에서 발생하였다는 설이 있다(고려 말엽 전후에 발생하여 조선 시대에 본격적으로 발전).
③ 내용 : 서정적인 것과 서사적인 것이 있는데, 서사적인 작품은 다분히 수필적인 성격을 띠고 있다. 조선 전기의 가사는 대체로 유교적 충의 사상과 자연 친화 의식을 내용으로 하고 있다.
④ 효시 : 조선 성종 때 불우헌 정극인이 쓴 상춘곡으로 보고 있다.
⑤ 의의
- ㉠ 시조와 더불어 조선조 양반 문학을 대표하는 문학 형식이다.
- ㉡ 산문과 운문의 중간적 성격을 지닌 과도기적 문학(형식의 율문성과 내용의 산문성)이다.
⑥ 주요 작품 : 상춘곡(정극인), 면앙정가(송순), 성산별곡·관동별곡·사미인곡·속미인곡(정철)이 대표적이다.

(5) 고대 소설

① 정의 : 설화(신화, 민담, 전설), 패관 문학, 가전체 등을 바탕으로 구전되다가(구비 문학) 중국의 전기(傳奇), 화본(話本) 등의 영향을 받아 생겨난 산문 문학이다.
② 특징
- ㉠ 낭독하기에 알맞은 4·4조의 가사체투를 갖추었다.
- ㉡ 전형적인 인물이 설정되었다.
- ㉢ 문장 표현이 문어체(文語體)로써 사물을 극히 미화시켰다.
- ㉣ 주제가 권선징악이며, 일상적·현실적인 것과 거리가 먼 신비로운 것을 그렸다.
- ㉤ 사건의 전개가 우연적이고, 사건의 결말은 행복하게 끝나는 것이다.
③ 주요 작품 : 금오신화(김시습), 화사·수성지·원생몽유록(임제)이 있다.

🖉 기출문제
다음 가사 중 창작 계층이 다른 하나는?
2004. 6. 13. 서울특별시
① 상춘곡　　② 관동별곡
③ 일동장유가　④ 사미인곡
⑤ 용부가
☞ ⑤

🖉 기출문제
다음 중 금오신화에 실린 작품이 아닌 것은?
2006. 5. 7. 경상북도
① 만복사저포기(萬福寺樗蒲記)
② 남염부주지(南炎浮洲志)
③ 용궁부연록(龍宮赴宴錄)
④ 전등신화(剪燈新話)
☞ ④

❹ ·· 조선 후기의 문학

(1) 시조

① **전개** : 평민 의식과 산문 정신의 성장으로 사설시조가 등장하였다.

② **특징**

ㄱ 평민들의 참여로 산문화 경향을 띠었다.

ㄴ 시조창 : 18세기에 새로 등장한 대중적 창법으로 전문 가객이 아니더라도 쉽게 부를 수 있는데, 이후 문학상의 명칭으로 쓰였다.

ㄷ 전문 가객의 등장 : 시조를 창작하고 곡조를 얹어 부르는 한편, 가단을 형성하고 시조 집을 편찬하여 시조 부흥에 기여하였다.

ㄹ 가단의 형성 : 시조가 창곡(唱曲) 위주로 변모해 갔다[경정산 가단(김천택, 김수장), 승 평계 가단(박효관, 안민영), 노가재 가단(김수장 중심) 등].

③ **주요 시조집** : 청구영언(김천택), 해동가요(김수장), 고금가곡(송계연월옹), 병와가곡 집(이형상), 가곡원류(박효관 · 안민영)가 대표적이다.

④ **주요 작품** : 조홍시가(박인로), 우후요 · 산중신곡 · 어부사시사(윤선도), 영매가(안민 영)가 있다.

(2) 가사

① **특징**

ㄱ 현실적인 문제에 대한 관심의 확대 : 기행 가사와 유배 가사

ㄴ 여성 및 평민 작자층의 성장 : 사대부 부녀자들에 의해 창작 · 향유된 규방 가사와 평민 층의 가사

ㄷ 주제와 표현 양식이 다변화되었다.

② **갈래**

ㄱ 기행 가사 : 중국과 일본, 국내를 다녀와서 견문을 기록한 가사이다.

　예 김인겸의 일동장유가, 홍순학의 연행가 등

ㄴ 유배 가사 : 유배지의 체험을 기록한 가사이다.

　예 안조환의 만언사, 김진형의 북천가, 송주석의 북관곡, 이수광의 조천가 등

ㄷ 전쟁 가사 : 전쟁의 체험을 읊은 가사로, 왜적에의 적개심이 드러나며 평화를 추구하였다.

　예 박인로의 태평사, 선상탄 등

ㄹ 내방 가사 : 규방의 부녀자들에 의해 창작되고 향수된 가사로 여인들의 섬세한 감정과 현실 생활을 노래한다.

　예 계녀가, 사친가, 화전가, 이별가 등

ㅁ 평민 가사 : 서민 생활을 주제로 하는 작자 미상의 가사이다.

　예 상사별곡, 권주가, 춘면곡 등

③ **주요 작품** : 고공가(허전), 고공답주인가(이원익), 태평사 · 선상탄 · 누항사 · 독락당 · 영남가(박인로), 일동장유가(김인겸), 만언사(안조환), 농가월령가(정학유), 북천가 (김진형), 연행가(홍순학)가 있다.

🎓 **보충학습**

사설시조

조선 후기에 성행한 평민 문학의 백미로 3장 중 2구 이상이 평시조보다 길며 이야기가 담겨 있다. 최초의 작품은 정철의 장진주사이다.

🎓 **보충학습**

3대 시조집

청구영언, 해동가요, 가곡원류

(3) 고대 소설

① 전개

　㉠ 평민의 자각, 산문 정신, 현실주의 사고 등의 영향으로 한층 발달하였다.

　㉡ 최초의 국문 소설인 홍길동전이 나오면서 한글 소설이 나타났다.

　㉢ 숙종 때 김만중의 구운몽과 사씨남정기가 나오면서 소설의 수준이 한층 격상되었다.

　㉣ 영 · 정조 시대에 박지원의 풍자 단편과 평민 소설이 나타나면서 고대 소설의 전성기를 이루었다.

② 특징

　㉠ 주제 : 대부분이 권선징악(勸善懲惡)이다.

　㉡ 구성 : 평면적 구성, 일대기적 구성, 행복한 결말

　㉢ 문체 : 문어체, 설화체, 역어체, 담화체, 구송체, 서술체 등

　㉣ 인물 : 평면적 · 전형적 · 유형적 · 비범한 인물

　㉤ 사건 : 비현실적, 우연적

　㉥ 배경 : 중국(양반 소설), 우리 나라(평민 소설), 시간적으로 과거

　㉦ 사상 : 무속화된 유 · 불 · 선 사상

　㉧ 묘사 : 구체적 사실의 결여, 지극히 상투적 · 추상적

　㉨ 작자 · 연대 : 대부분 미상(未詳)

③ 주요 작품

구분	특징	작품
군담 소설	전쟁을 소재로 하여 주인공의 무용담을 그린 소설	임진록, 유충렬전, 조웅전, 장국진전, 임경업전, 박씨전, 곽재우전 등
사회 소설	사회 제도의 모순을 비판한 소설	홍길동전, 전우치전, 허생전, 양반전 등
애정 소설	남녀 간의 애정 문제를 다룬 소설	운영전, 구운몽, 옥루몽, 춘향전, 숙향전, 숙영낭자전 등
풍자 소설	시대, 사회, 인물의 결함이나 과오 등을 풍자한 소설	요로원야화기, 배비장전, 이춘풍전 등
가정 소설	봉건적인 가정 내의 갈등을 다룬 소설	사씨남정기, 장화홍련전, 장풍운전 등
설화 소설	구비전승되어온 설화를 소재로 한 소설	왕랑반혼전, 흥부전, 심청전, 삼설기, 장끼전 등

(4) 고대 수필

① 특징

　㉠ 민간과 궁중에서 함께 쓰여졌다.

　㉡ 처음에는 한문, 나중에는 순 한글로 쓰였다.

　㉢ 궁중 수필은 여성 특유의 섬세 · 우아한 표현으로 곡진한 정서와 인간미가 넘친다.

② 의의

　㉠ 내간체 · 역어체 · 담화체 문장이 형성되었다.

　㉡ 양란 전후를 구분 짓는 특성, 즉 운문에서 산문으로 흐르는 하나의 맥을 짚을 수 있다.

③ 갈래

　㉠ 한글 수필 : 조선 후기의 운문적인 어투에서 탈피하려는 각성에 의해 이루어졌으며, 일기 · 기행 · 내간 등이 이에 속한다.

ⓛ 한문 수필 : 고려조와 조선 전기의 패관 문학 작품들을 비롯하여 조선 후기의 문집이
  이에 속한다. 홍만종의 시화총림·순오지, 김만중의 서포만필, 박지원의 열하일기 등
  이 유명하다.

④ 주요 작품

구분	종류
궁정수상	계축일기, 인현왕후전, 한중록(혜경궁 홍씨)
일기	산성일기, 의유당일기
기행	연행록(김창업), 을병연행록(홍대용), 무오연행록(서유문)
전기	윤씨행장(김만중)
서간	우념재수서(이봉한), 한산유찰(양주 조씨)
기타	어우야담(유몽인), 요로원야화기(박두세)
제문	조침문(유씨), 제문(숙종)

(5) 판소리

① 유래 : 그 기원에 관해서도 많은 논란이 있는데, 현재까지는 전라도 중심의 세습무들
  이 부르는 서사 무가에서 나왔다는 견해가 가장 유력하다.

② 특징

  ㉠ 서민들의 현실적인 생활을 주로 그리고 있다.

  ㉡ 창가의 내용에는 극적 요소가 많고 민속적이며, 그 체제는 희곡적이며, 문체는 운문
    체이다.

  ㉢ 풍자와 해학 등 골계적인 내용과 비장미, 숭고미 등이 다양하게 드러나 있다.

  ㉣ 판소리는 구비 문학이기 때문에 부분의 독자성이 성립한다.

  ㉤ 주제는 크게 이면적 주제와 표면적 주제로 나눌 수 있다.

  ㉥ 평민 계층이 사용하는 욕설이나 비속어 등과 양반 계층이 주로 사용하는 한문구나 한
    자 성어 등이 공존한다.

③ 가창 방식

  ㉠ 창자인 광대와 반주자인 고수의 두 사람에 의해 진행된다.

  ㉡ 광대는 고수의 장단에 맞춰 창과 아니리를 섞어가며 노래를 하면서 사설에 맞춰 너름
    새를 곁들이고, 고수는 추임새로 광대의 흥을 돋우어 준다.

  ㉢ 사건의 전개에 꼭 필요한 서사 부분은 주로 아니리로 하며, 서정이나 묘사 부분은 창
    으로 한다.

④ 용어

  ㉠ 광대 : 노래를 부르는 사람

  ㉡ 고수 : 북을 치며 장단을 맞추는 사람

  ㉢ 아니리 : 노래 도중에 말로 하는 부분

  ㉣ 너름새(발림) : 노래를 부르며 하는 몸 동작

  ㉤ 추임새 : 고수나 청중들이 창 도중에 흥에 겨워 내는 탄성

⑤ 장단 : 진양조 < 중몰이(중모리) < 중중몰이(중중모리) < 잦은몰이(자진모리) < 휘몰
  이(휘모리)

기출문제

다음 중 판소리와 서양음악에 대한 설명으로
옳지 않은 것은?

2005. 4. 3. 경기도

① 판소리는 관객의 개입이 가능하나, 서양음
  악은 가능하지 않다.

② 판소리에서 '더늠은 서양음악의 '못갖춘마
  디'와 같다.

③ 판소리에서 소리의 빠르기를 조정하는 사
  람인 '고수'는 서양음악의 '지휘자'와 같은
  역할을 한다.

④ 판소리는 서양음악과 달리 짜여진 각본이
  없다.

☞ ②

보충학습

판소리 구성의 3요소와 4대 요소

㉠ 판소리 구성의 3요소 : 창(唱), 아니리, 너름
  새(발림)

㉡ 판소리의 4대 요소 : 창(唱), 아니리, 너름새
  (발림), 추임새

⑥ 의의
  ㉠ 양반 문학과 서민 문학을 통합하는 근대 문학적 위치에 있다.
  ㉡ 판소리계 소설로 이행하여 설화를 소설로 정착시켰다.
⑦ 작품
  ㉠ 판소리 12마당 : 춘향가, 심청가, 흥보가, 수궁가, 적벽가, 변강쇠 타령, 배비장 타령, 강릉매화전, 옹고집전, 장끼 타령, 왈짜 타령(무숙이 타령), 가짜 신선 타령(숙영낭자전)
  ㉡ 판소리 6마당 : 춘향가, 심청가, 흥보가, 수궁가, 적벽가, 변강쇠 타령
  ㉢ 판소리계 소설 : 흥부전, 심청전, 별주부전(토끼전), 춘향전, 변강쇠전(가루지기전), 장끼전, 배비장전, 옹고집전

(6) 가면극

① 전개 : 삼국 시대의 기악(伎樂)이나 오기(五伎)에 그 연원을 두고, 고려 시대의 산대잡극, 조선 시대의 산대도감극 등의 여러 형태로 전승되었다.
② 내용 : 양반 계층에 대한 풍자, 승려의 파계에 대한 조소, 처첩 간의 갈등, 서민들의 빈궁상 등 평민들의 저항 의식을 담고 있다.
③ 특징
  ㉠ 시간과 공간을 자유롭게 선택·변화시킬 수 있으며, 두 개의 사건을 한 무대에서 보여줄 수 있다.
  ㉡ 관중이나 악사는 극에 개입함으로써 극적 환상이 차단되고, 이에 따라 관중은 객관적 비판자의 입장에 서게 된다.
  ㉢ 대사는 말과 노래가 섞여 있고 극적 요소(춤, 행동)가 풍부하다.
  ㉣ 언어는 일상적인 구어를 기초로 하며, 관용적인 한문구나 직설적인 비속어가 사용되는 등 양반성과 평민성이 함께 드러난다.
  ㉤ 새로운 사회로 지향하고자 하는 민중 의식이 드러난다.

(7) 민요

① 특징
  ㉠ 구전성 : 설화와 마찬가지로, 문자에 의한 기록과 무관하게 입에서 입으로 전승되었다.
  ㉡ 서정성 : 농축된 정서를 직접적으로 표출한다.
  ㉢ 서민성 : 서민의 생활 감정이 포함된 비전문적인 양식이다.
  ㉣ 형식미 : 불려지기 적합하도록 율격이나 형식이 일정한 정형성을 띤다.
② 형식
  ㉠ 두 연이 대칭 구조를 이룬다.
  ㉡ 3·4조 또는 4·4조의 율격을 지닌다.
  ㉢ 민속·음악·문학의 복합체이다.
  ㉣ 가창 형식과 시가 형태가 긴밀한 관계를 가진다.
  ㉤ 가창 방식은 선후창, 교환창, 독창, 합창으로 구분된다.
③ 내용
  ㉠ 민중들의 일상 생활의 정한이 잘 나타나 있다.
  ㉡ 노동요에는 일하는 즐거움과 보람이 꾸밈없이 소박하게 나타난다.
  ㉢ 생활상의 고통도 드러난다.
  ㉣ 비기능요에는 남녀 이별의 정한이 주조를 이룬다.

④ 주요 작품

 ㉠ 노동요 : 논매기 노래, 타작 노래, 해녀 노래 등

 ㉡ 의식요 : 지신밟기요, 상여 노래, 달구질 노래 등

 ㉢ 유희요 : 강강술래, 줄다리기 노래, 널뛰기 노래, 놋다리 노래 등

 ㉣ 비기능요 : 아리랑, 강원도 아리랑, 정선 아리랑, 밀양 아리랑 등

(8) 잡가

① 정의 : 조선 후기에 발생하여 개화기까지 불리었던 창곡의 한 형태로, 주로 하류 계층의 유흥적인 노래를 말한다(가사, 민요, 시조의 영향을 받아 발생).

② 형식 : 4 · 4조의 가사 형식이지만 파격이 심하고 한자어나 중국 고사 등의 유식한 표현이 많다.

③ 내용 : 자연의 경치, 남녀 간의 애정, 풍자, 익살, 해학, 삶의 애환 등

④ 향유 계층 : 서민층에서 향유되었고, 사당패나 광대 등의 전문적인 소리꾼에 의해 불리어졌다.

기출문제분석

1 다음 글이 설명하고자 하는 것은?

2012. 9. 22. 하반기 지방직

> 구비문학에서는 기록문학과 같은 의미의 단일한 작품 내지 원본이라는 개념이 성립하기 어렵다. 윤선도의 '어부사시사'와 채만식의 '태평천하'는 엄밀하게 검증된 텍스트를 놓고 이것이 바로 그 작품이라 할 수 있지만, '오누이 장사 힘내기' 전설이라든가 '진주 낭군' 같은 민요는 서로 조금씩 다른 종류의 구연물이 다 그 나름의 개별적 작품이면서 동일 작품의 변이형으로 인정되기도 하는 것이다. 이야기꾼은 그의 개인적 취향이나 형편에 따라 설화의 어떤 내용을 좀 더 실감 나게 손질하여 구연할 수 있으며, 때로는 그 일부를 생략 혹은 변경할 수 있다. 모내기할 때 부르는 '모노래'는 전승적 가사를 많이 이용하지만, 선창자의 재간과 그때그때의 분위기에 따라 새로운 노래 토막을 끼워 넣거나 일부를 즉흥적으로 개작 또는 창작하는 일도 흔하다.

① 구비문학의 현장성   ② 구비문학의 유동성
③ 구비문학의 전승성   ④ 구비문학의 구연성

> **TIP** ② 구비문학은 계속적으로 변하며, 그 변화가 누적되어 개별적인 작품이 존재하는 특징을 지니므로 유동문학(流動文學), 적층문학(積層文學)이라고도 한다.

2 다음 중 판소리와 서양음악에 대한 설명으로 옳지 않은 것은?

2005. 4. 3. 경기도

① 판소리는 관객의 개입이 가능하나, 서양음악은 가능하지 않다.
② 판소리에서 '더늠'은 서양음악의 '못갖춘마디'와 같다.
③ 판소리에서 소리의 빠르기를 조정하는 사람인 '고수(鼓手)'는 서양음악의 지휘자와 같은 역할을 한다.
④ 판소리는 서양음악과 달리 짜여진 각본이 없다.

> **TIP** ② 판소리의 '더늠'은 판소리 명창들이 작곡하여 자신의 장기로 부르는 대목을 말한다.

3 조선 후기의 문학에 대한 다음 설명 중 옳지 않은 것은?

2005. 5. 29. 국회사무처(8급)

① 봉산탈춤과 같은 민속극이 성행하였다.
② 한중록, 인현왕후전 등의 궁정 수필이 창작되었다.
③ 실사구시의 사상을 배경으로 구체적 현실을 대상으로 한 작품들이 양산되었다.
④ 강호가도(江湖歌道) 계열의 작품이 유행하고 개인 시조집의 편찬이 시작되었다.
⑤ 서민정신과 산문정신의 발흥으로 엄격한 정격(正格) 형식보다는 느슨한 변격(變格) 형식이 유행하였다.

> **TIP** ④ 강호가도와 관련된 문학작품이 많이 쓰여진 때는 조선 전기이며, 최초의 개인 시조집은 1926년에 발행된 최남선의 '백팔번뇌'이다.
>
> ※ 조선 후기 문학의 특징
> ㉠ 실학 사상의 대두로 구체적이고 사실적인 서민 문학이 발달하였다.
> ㉡ 관념적인 운문 문학에서 사실적인 산문 문학으로 발전하였다.
> ㉢ 한글 소설이 발생하여 크게 발달하였다.
> ㉣ 평민 가사, 내방 가사, 장편 기행 가사가 성행하였다.
> ㉤ 판소리, 탈춤, 잡가가 성행하였다.
> ㉥ 작가의 범위가 확대되었다(평민, 부녀자 중심).

ANSWER 1.② 2.② 3.④

4 다음 설명 중 옳지 않은 것은?

2005. 6. 19. 충청북도

① 향가는 삼국유사에 14수, 균여전에 11수가 전한다.
② 경기체가는 민요적 시가로 장가, 여요, 속요 등으로도 불린다.
③ 악장은 목적성이 강한 문학으로 귀족계층만 향유하다가 소멸되었다.
④ 맹사성의 강호사시가는 최초의 연시조이다.

TIP ② 고려가요에 대한 설명이다.

5 다음 중 고려 가요의 특징에 해당하는 것은?

2003. 4. 13. 충청남도

① 조선 후기의 평민 의식이 반영되어 있다.
② 분절체이며 후렴구가 있다.
③ 산문 정신과 실학 사상의 영향을 받았다.
④ 4구체→8구체→10구체로 형식이 완성되어 갔다.

TIP ①③ 조선 후기의 문학 ② 고려의 가요 ④ 신라의 향가
※ 고려 가요의 특징
㉠ 대부분 3음보 율격의 분절체로, 분절마다 후렴구가 있다.
㉡ 운율이 아름답고 표현이 소박하다.
㉢ 당시 평민들의 순수하고 진솔한 감정이 잘 표현되어 있다.
㉣ 우리말을 잘 구사하고 있다.

ANSWER 4.② 5.②

1 다음 중 「제망매가」에 대한 설명으로 옳지 않은 것은?

① 의식요의 성격을 엿볼 수 있다.
② 도교적 신앙을 바탕으로 한 추모시이다.
③ 인생의 무상함이 잘 드러나 있다.
④ 유한자인 인간의 한계를 종교적 믿음으로 극복하고 있다.

TIP 「제망매가」는 불교적 윤회사상을 바탕으로 한 작품이다.

2 다음에서 유배(流配) 가사만으로 묶인 것은?

① 북천가, 한양가, 조천가
② 북천가, 북관곡, 만언사
③ 연행가, 만언사, 일동장유가
④ 연행가, 관동별곡, 일동장유가

TIP 유배 가사는 유배지의 체험을 기록한 가사로 만분가, 북천가, 북관곡, 만언사가 있다.
ⓐ 만분가 : 무오사화 때 조위가 유배지인 전남 순천에서 지은 유배 가사
ⓑ 북관곡 : 숙종 때 송주석이 조부인 송시열의 덕원 유배에 따라가 지은 유배 가사
ⓒ 만언사 : 정조 때 안조원이 추자도로 귀양가서 겪은 참상을 노래한 유배 가사
ⓓ 북천가 : 철종 때 김진형이 함경도 명천에 귀양갔다가 돌아오기까지의 생활과 견문을 쓴 유배 가사

3 다음 중 구지가에 대한 설명으로 옳지 않은 것은?

① 시가사상 최초의 서정시이다.
② 주술성이 강한 영신 군가이다.
③ 군왕의 출현을 기원하는 집단적 무요이다.
④ 가락국의 건국 신화와 관계가 있는 노동요이다.

TIP ① 구지가는 영신 군가로서 개인적 서정보다는 집단적 서정을 노래한 것이다.

4 다음 중 용비어천가를 악장으로 바꾼 내용이 아닌 것은?

① 여민락   ② 치화평
③ 취풍형   ④ 태평송

TIP ④ 태평송은 신라 진덕 여왕이 당의 태평을 기린 외교시이다.
※ **용비어천가의 악장**
ⓐ 여민락(與民樂) : 제1 ~ 4 장과 제125 장의 한역가를 가사로 하여 연주
ⓑ 치화평(致和平) : 제1 ~ 16 장과 제125 장의 국문 가사를 연주
ⓒ 취풍형(醉豊亨) : 제1 ~ 8 장과 제125 장의 국문 가사를 연주

ANSWER 1.② 2.② 3.① 4.④

5 다음 향가 작품 중 형식이 같은 것끼리 바르게 짝지어진 것은?

① 안민가, 풍요 　　　　　　② 혜성가, 헌화가
③ 처용가, 모죽지랑가 　　　④ 서동요, 제망매가

> **TIP** 향가의 형식
> ㉠ 4구체: 서동요, 풍요, 헌화가
> ㉡ 8구체: 모죽지랑가, 처용가
> ㉢ 10구체: 제망매가, 안민가, 혜성가

6 다음 중 향가에 대한 설명으로 옳지 않은 것은?

① 삼국유사에 14수가 전하고 있다.
② 가장 정제된 형식은 10구체이다.
③ 한자로 기록된 우리 나라 최고의 시가이다.
④ 좁은 개념으로는 향찰로 표기된 신라 시대의 노래를 지칭한다.

> **TIP** ③ 향가는 향찰로 표기된 우리 고유의 시가이다.

7 다음 중 고려 가요(속요)에 대한 설명으로 옳지 않은 것은?

① 고려 시대 평민들이 부르던 민요적 시가이다.
② 악학궤범, 악장가사 등에 전하고 있다.
③ 구전되다가 조선 초에 훈민정음으로 기록되었다.
④ 작품으로 서경별곡, 가시리, 한림별곡 등이 있다.

> **TIP** ④ 한림별곡은 경기체가이다.

8 다음 중 고려 가요와 경기체가의 공통점은?

① 한문구의 나열이 많다.
② 남녀 간의 애정을 묘사한 작품이 많다.
③ 향유 계층이 동일하다.
④ 대체로 분절체이며, 후렴구를 가졌다.

> **TIP** 고려 가요와 경기체가의 공통점 … 3음보, 후렴구 발달, 분장체(분절체)

ANSWER 5.③　6.③　7.④　8.④

9 다음 설명과 관계 있는 작품은?

> • 현실 도피적(現實逃避的)인 노장적 퇴폐 사상을 주조(主潮)로 한다.
> • 고려 후기 신흥 사대부들의 활기찬 감정과 의식세계를 노래하였다.
> • 사물이나 경치를 나열함으로써 신흥 사대부들의 호탕한 기상을 드러내고 있다.

① 성산별곡
② 면앙정가
③ 한림별곡
④ 서경별곡

TIP 경기체가에 대한 설명이다.
① 가사
② 가사
③ 경기체가
④ 고려 가요

10 청산별곡에 대한 다음 설명 중 옳지 않은 것은?

① 전체는 8연으로 구성되어 있다.
② 고려 가요 중에 백미로 꼽는다.
③ 남녀상열지사(男女相悅之詞)에 해당한다.
④ 현실 도피적인 생활상과 실연의 애정이 담긴 노래이다.

TIP ③ 남녀상열지사(男女相悅之詞)는 '남녀가 서로 사랑하면서 즐거워하는 가사'라는 뜻으로, 조선 시대에 사대부들이 고려 가요를 낮잡아 이르던 말이다. 남녀 간의 애정을 표현한 저속한 고려 가요는 문헌에 싣지 못한다고 하여 문헌에서 삭제하기도 하였다. 남녀상열지사에 해당하는 작품에는 이상곡, 만전춘, 쌍화점이 있다.

현대 문학사

1 ·· 개화기 문학(1894 ~ 1907)

(1) 창가(唱歌)

① 정의 : 개화 가사에 기원을 두고 찬송가 및 일본의 영향 아래 새로운 시가 형태를 취한 노래로서 가사에서 신체시로 옮겨 가는 과도기적 시가 형태로 '창가 가사'라고도 한다.

② 형식 : 초기에는 주로 가사체(歌辭體)의 4·4조였고, 후기에 7·5, 8·5, 6·5조 등으로 자유로운 리듬이 나타났다.

③ 내용 : 애국 사상, 평등 사상, 개화 사상, 독립 사상, 신교육 사상 등으로 다양하다.

④ 주요 발표지 : 〈독립신문〉, 〈소년〉, 〈청춘〉 등의 신문이나 잡지

⑤ 주요 작품 : 교훈가(최재우), 애국가(이용우), 경부철도가·한양가·세계일주가(최남선), 권학가(미상) 등이 대표적이다.

(2) 신체시(新體詩)

① 형식 : 3·4조가 기본이 되는 구형을 깨뜨리고 7·5조 또는 3·4·5조의 새로운 형태를 취하고 있다. 자유시에 한 발 다가선 형태이다.

② 내용 : 개화 의식, 자주 독립과 민족 정신, 신교육, 남녀 평등 등의 사상을 담고 있는 것이 대부분이다.

③ 의의
  ㉠ 갑오개혁을 분수령으로 하여 그 이전의 시가와 구분하는 뜻에서 부르게 된 것으로, 창가 가사보다 율조면(律調面)에서 자유로운 시의 형태이기는 하나, 완전한 자유시로서의 근대시에는 이르지 못하는 형태를 지녔다.
  ㉡ 창가(唱歌) 가사와 근대시의 과도기적 형태이다.

④ 주요 작품 : 최남선의 해에게서 소년에게(1908 〈소년〉, 최초의 신체시)·신 대한 소년(1909)·구작 3편(1909), 이광수의 우리 영웅(1910)·옥중호걸 등이 있다.

(3) 신소설(新小說)

① 특징 : 현대 소설적 요소를 보이나, 고대 소설의 요소를 완전히 탈피하지는 못하였다.

② 주제
  ㉠ 근대적 문명에 대한 동경
  ㉡ 신교육 사상의 고취
  ㉢ 기성 인습에 대한 비판 : 미신 타파, 자유 결혼
  ㉣ 민족의 자주와 독립에 대한 염원

③ 주요 작품
  ㉠ 창작 신소설
   • 이인직 : 혈의 누(1906), 모란봉(1913), 귀의성(1906), 치악산(1908), 은세계(1908)
   • 안국선 : 공진회, 금수회의록(1908)
   • 이해조 : 빈상설(1908), 자유종(1910)
   • 최찬식 : 추월색(1912), 안의성(1912)

  ⓒ 번안 신소설
   • 이해조 : 철세계(1908)
   • 구연학 : 설중매(1908)
   • 조중환 : 장한몽(1913)
   • 이상협 : 해왕성(1916)
  ⓒ 고대 소설의 개작 : 이해조의 소양정(昭陽亭)(1912, 소양정기), 옥중화(獄中花)(1912, 춘
   향전), 강상련(江上蓮)(1912, 심청전), 연(燕)의 각(脚)(1913, 흥부전), 토(兎)의 간(肝)
   (1916, 별주부전)

❷ ·· 1910년대의 문학(1908 ~ 1919)

(1) 시대 개관

 ① 일제 강점기로서 민족 의식이 제고(提高)되던 때로, 신문학의 흐름이 계속되면서도
  서구 문학의 영향을 받아 새로운 기법과 의식을 담은 현대 문학이 출현하였다.

 ② 민족 계몽 의식을 주제로 한 문학이 등장하였다.

 ③ 서구 문학의 기법과 의식이 수용되었고, 태서문예신보를 통하여 서구 문예 사조가
  소개되기 시작하였다.

 ④ 신체시와 자유시의 등장 : 1908년 최남선의 해에게서 소년에게라는 신체시가 등장하
  였으며, 〈태서문예신보〉에 김억의 봄은 간다, 1919년 주요한의 불놀이가 발표되면
  서 자유시가 등장하게 되었다.

 ⑤ 현대 소설의 등장 : 1917년 이광수의 장편 소설 무정(無情)이 〈매일 신보〉에 연재되
  면서 본격적인 현대 소설의 문이 열렸다.

 ⑥ 신극 운동의 전개 : 1908년에 극단 '원각사'의 출현으로 신극 운동이 막을 올린 후 '혁
  신단', '문수성' 등의 극단이 잇달아 창단되면서 초보적인 신극 운동이 전개되었다.

 ⑦ 육당 최남선과 춘원 이광수에 의해 문학 활동이 주도되어 2인 문단 시대라고 한다.

(2) 시

 ① 특징
  ㉠ 김억, 황석우 등이 프랑스의 상징시를 번역·소개하였다.
  ㉡ 주요한, 김억 등이 자유시를 창작하여 하나의 시 형태로 정착시켰다.

 ② 내용 : 계몽성과 비예술성에 의존한 초기의 신체시에서 벗어나 개인의 정서를 주로
  읊었다.

 ③ 주요 작품 : 김억의 봄은 간다, 주요한의 불놀이, 황석우의 벽모의 묘 등이 있다.

(3) 소설

 ① 특징
  ㉠ 언문 일치에 가깝다.
  ㉡ 사건, 인물의 묘사가 사실적이다.
  ㉢ 내용상 계몽성(신교육, 자유 연애 등)을 띠었다.

② 단편 소설 : 이광수의 어린 희생(1910) · 소년의 비애(1917) · 어린 벗에게(1917), 현상윤의 한의 일생(1914) · 핍박(1917) 등이 발표되었다.

③ 장편 소설 : 최초의 현대 장편 소설인 무정이 〈매일신보〉(1917)에 연재되었다.

❸ ·· 1920년대의 문학(1920 ~ 1930)

(1) 시대 개관

① 3 · 1 운동, 좌익 이데올로기의 등장, 본격적인 서구 문예 사조의 유입 등이 문학에 상당한 영향을 끼쳤다.

② 1920년 〈조선일보〉와 〈동아일보〉가 창간되었고, 〈창조〉, 〈백조〉, 〈개벽〉 등 동인지와 종합지가 간행됨으로써 문학의 저변이 확대되었으며, 전문 문학인의 등장으로 문학적 기반이 확립되었다(본격적인 현대 문학이 모색됨).

③ 예술로서의 문학 추구 : 문학을 계몽의 수단으로부터 분리시켜 예술 본연의 문학으로 위상을 정립시켰다. 이 시기의 전반기에는 낭만주의의 경향을 보였으나, 후반기에는 이를 극복하고 현실을 객관적으로 인식하려는 사실주의의 경향을 보였다.

④ 계급 문학의 대두와 국민 문학파의 등장 : 좌익 이데올로기를 바탕으로 '신경향파'가 등장하자, 민족주의에 바탕을 두고 우리의 전통을 계승하고자 하는 '국민 문학파'가 등장하여 '신경향파'를 계승한 '카프'와 대립하였다.

(2) 시

① 낭만적 · 퇴폐적 상징시의 유행 : 3 · 1 운동의 실패에 따른 좌절과 이 시대에 소개된 낭만주의, 상징주의, 퇴폐주의 등의 영향으로 감상적 · 퇴폐적 상징시가 유행하였다.

② 신경향파 시의 등장 : 카프 결성 후 박영희, 김기진 등에 의해 시도되었으나, 지나친 사회주의적 이념의 강조로 문학적으로는 실패하였다.

③ 자유시의 확립 : 최초의 자유시인 주요한의 불놀이가 〈창조〉의 창간호에 발표된 이후로 활발하게 전개되었다.

④ 민요시 운동 : 홍사용은 민요시를 통해 민족 문학의 현대적 계승을 시도하였고, 이외에 이상화와 김억, 김소월에 의해 시도되었다.

⑤ 한국의 전통시와 서구적 현대시의 기법을 도입한 시인으로 김소월과 한용운이 활동하였다.

⑥ 시조 부흥 운동의 전개 : 최남선, 이병기, 정인보, 이은상 등에 의해 현대 시조의 길이 열렸다.

⑦ 주요 작자와 작품 : 김억의 오뇌의 무도(최초의 근대 번역 시집) · 해파리의 노래(최초의 근대 개인 시집), 주요한의 불놀이(상징주의 영향), 김소월의 진달래꽃 · 초혼, 이상화의 나의 침실로, 홍사용의 나는 왕이로소이다, 김동환의 국경의 밤(최초의 현대 서사시), 한용운의 님의 침묵 등이 있다.

(3) 소설

① 개성의 자각으로 현대 소설이 확립되었다.

　　㉠ 완전한 언문 일치가 확립되었다(김동인).

　　㉡ 묘사가 치밀해졌다(치밀한 구성, 인상적 결말 처리).

　　㉢ 사실주의 수법이 등장하였다.

② **단편 소설의 확립**: 김동인, 현진건, 나도향 등에 의해 개성의 자각과 시대의 괴로움을 포착하는 단편 소설이 확립되었다.

③ 계급주의 문학으로 큰 성과를 거두었다.

　　㉠ 소재를 궁핍한 생존 문제에 두고 가진 자와 못 가진 자를 대립시켰다.

　　㉡ 폭력으로 결말을 삼는 경향이 많았다(진정한 계급주의 문학으로 성장하기 위해서는 긴 시간이 필요하였음).

④ **주요 작자와 작품**: 김동인의 감자·배따라기, 전영택의 화수분, 염상섭의 삼대·표본실의 청개구리, 현진건의 빈처·운수 좋은 날, 나도향의 벙어리 삼룡이, 주요섭의 사랑 손님과 어머니, 최서해의 홍염 등이 있다.

(4) 주요 동인지 및 잡지

잡지	창간 연대	주요 동인	특징
창조	1919	김동인, 주요한, 전영택	최초의 순 문예 동인지. 구어체 문장의 확립. 이광수·최남선의 계몽 문학 배척, 예술적 순수 문학 지향. 소설에서의 사실주의·자연주의 도입, 시에서는 상징주의·낭만주의를 추구. 김동인의 처녀작 약한 자의 슬픔, 주요한의 불놀이가 실림
개벽	1920	박영희, 김기진	월간 교양 잡지. 천도교에서 발행. 진달래꽃, 빼앗긴 들에도 봄은 오는가, 표본실의 청개구리가 실림
폐허	1920	황석우, 오상순, 염상섭, 김억	퇴폐성 문학의 대표적 동인지. 시 중심의 활동
장미촌	1921	황석우, 변영로, 박종화, 박영희	최초의 시 전문 동인지. 〈폐허〉와 〈백조〉의 교량적 역할을 함
백조	1922	박종화, 현진건, 이상화, 나도향, 홍사용, 박영희	시에서 감상적 낭만주의가 주조를 이루었고, 소설에서는 사실주의 경향을 띰
금성	1923	양주동, 이장희	시 중심 동인지
영대	1924	주요한, 김억, 김소월, 이광수	순 문예지. 〈창조〉의 후신
조선 문단	1924	방인근, 이광수	동인지의 성격을 탈피하고, 추천제를 둔 문예 종합지. 국민 문학파가 활동, 시조 부흥 운동 전개
해외 문학	1927	김진섭, 정인섭, 김광섭, 이하윤	외국 문학에 대한 최초의 본격적인 번역 소개지. 해외 문학파 활동. 순수 문학의 모태. 극예술 연구회 조직

④ ·· 1930년대의 문학(1931 ∼ 1944)

(1) 시대 개관
① 문학 활동의 기반이 확충되고 예술적 기교가 발달하였다.
② 신문이나 잡지의 수가 늘어나 작품이 발표될 수 있는 지면이 확대되어 활발한 문학 활동이 이루어졌다.
③ 말기에는 일제의 광적인 탄압으로 문학 활동이 크게 위축되었다.
④ 목적 문학의 퇴조와 순수 문학의 발달 : 일제의 좌익 세력에 대한 탄압과 자체의 비판으로 카프(KAPF)가 해산되고 문학의 순수성과 예술성을 지향하는 '시문학파'와 '구인회'의 활동이 활발하였다.
⑤ 현실에 대한 지적 인식을 바탕으로 한 주지적 경향 : 인간의 문제, 생사의 문제, 도시 문명의 모습, 농촌과 도시의 삶 등을 다룬 작품들이 많이 발표되었다.
⑥ 문학적 기교의 성숙 : 문학에 대한 시각이 다양화되고, 서구 문학과 사조(주지주의, 다다이즘)를 수용함으로써 전대의 문학에 비해 한층 성숙된 문학적 기교를 구사하였다.
⑦ 새로운 기법의 등장 : 날개의 작가 이상의 초현실주의가 대표적이다. 그리고 현실 비판을 위주로 했던 리얼리즘도 다양해졌는데, 박태원의 천변 풍경은 '리얼리즘의 확대와 심화'라는 평가를 받기도 하였다.

(2) 시
① 순수 서정시에의 지향
　㉠ 〈시문학〉을 중심으로 박용철, 김영랑, 정지용, 정인보, 신석정, 이하윤 등이 카프의 계급주의에 반발하여 순수시를 썼다.
　㉡ 〈구인회〉도 목적 문학에 반대하여 예술성과 문장의 형식미를 중시하였다.
　㉢ 순수시의 특징
　　• 언어의 선택이 매우 엄격하였다.
　　• 영롱한 언어미를 추구하고 세련된 기교를 사용하였다.
　　• 예술 지상주의, 유미주의적 경향을 보인다.
　　• 새로운 공감각적 기법을 사용하였다.
　㉣ 주요 작자와 작품 : 김영랑의 모란이 피기까지는, 정지용의 향수·유리창, 박용철의 떠나가는 배, 이하윤의 들국화 등이 있다.
② 모더니즘의 주지적 경향
　㉠ 1926년 이후 주지주의, 다다이즘, 초현실주의 등 이미지를 중시하는 새로운 움직임이 전개되었다.
　㉡ 감성 위주의 '음악성'에서 지성 위주의 '회화성'으로의 변모를 보였다.
　㉢ 대표 작가와 경향
　　• 영·미의 이미지즘 수용 : 김광균, 장만영, 김기림, 정지용 등
　　• 프랑스의 초현실주의 수용 : 이상, 이시우 등
　　• 김기림(金起林) : 모더니즘 시론(詩論)을 시로써 실험
　　• 김광균(金光均) : 이미지즘이라는 신선한 기법으로 시단에 충격을 줌
　　• 이상(李縮) : 다다이즘, 초현실주의 시와 소설. 의식의 흐름 수법 사용
　㉣ 주요 작자와 작품 : 김기림의 바다와 나비, 김광균의 추일서정·와사등, 이상의 거울 등이 있다.

📞 **보충학습**

순수시 계열의 동인지
〈시문학〉, 〈문예 월간〉, 〈문학〉 등

📝 **기출문제**

다음 중 모더니즘 작가가 아닌 것은?

2004. 10. 31. 서울특별시

① 김기림　　② 정지용
③ 김광균　　④ 이상
⑤ 한용운

☞ ⑤

③ 생명파의 등장
  ㉠ 1936년 창간된 〈시인 부락〉의 동인이었던 서정주, 김동리 등과 〈생리〉에서 활동한 유치환을 가리키며 '인생파'라고도 한다.
  ㉡ 생명 의식의 고양과 인생의 궁극적 의미의 추구에 주력하였다.
  ㉢ 주요 작자와 작품 : 서정주의 국화 옆에서 · 자화상, 유치환의 바위 · 깃발 등이 있다.
④ 청록파의 등장
  ㉠ 박목월, 조지훈, 박두진을 일컫는 명칭으로 '자연파'라고도 한다.
  ㉡ 1940년 경 거의 같은 시기에 〈문장〉으로 등단하였다.
  ㉢ 해방 후 청록집(1946)이라는 합동 시집을 간행하였다.
  ㉣ 각각 작품 경향은 다르나 전통적인 율감으로 한국적 자연관을 표출하였다.
  ㉤ 주요 작자와 작품 : 박목월의 나그네 · 청노루, 박두진의 해 · 향현, 조지훈의 봉황수 · 승무 등이 있다.
⑤ 반(反)도시적 경향의 전원적 목가시(牧歌詩) : 목가적 전원시를 쓴 일련의 시인들이 등장하여 도시적 삶에서 벗어나 농촌 또는 자연의 세계에 대한 동경을 표현함으로써 자연 친화적인 태도를 보였다.
⑥ 저항과 참회의 시인 : 이육사(광야, 청포도)와 윤동주(서시, 참회록, 자화상)는 일제 말기의 문학적 공백기에 민족적인 의지와 양심을 지켜준 대표적 시인이며, 일제 치하에 한국 저항시의 맥을 형성하고 있다.
⑦ 여류 시인의 본격적 등장 : 여성적인 정념(情念)의 표출을 주로 한 모윤숙, 절제의 아름다움을 보인 노천명 등과 같은 여류 시인이 등장하였다.

(3) 소설
① 소설의 다양화
  ㉠ 토속성의 탐구→농촌과 농민의 생활
  ㉡ 순수 문학→〈구인회〉의 성립
  ㉢ 역사의 재조명→역사 소설의 발흥과 야담으로서의 전락
  ㉣ 지식인의 고민→심리 소설
  ㉤ 도시 생활의 관심→세태, 풍속 소설, 관찰 문학론
② 장편 소설의 창작 : 장편 소설의 창작에 대한 관심이 높아지면서, 깊이 있는 현실 탐구와 사회적 전형의 창조가 이루어졌다. 대표적인 작품으로 염상섭의 삼대(三代), 심훈의 상록수, 채만식의 탁류 · 태평 천하, 현진건의 무영탑, 강경애의 인간 문제 등이 있다.
③ 농촌 소설의 등장과 확산
  ㉠ 농촌 계몽 소설 : 1931년부터 일어난 브나로드 운동의 영향을 받아 계몽 운동이 전개되면서 이광수의 흙, 심훈의 상록수 등의 작품이 발표되었다.
  ㉡ 향토적 농촌 소설 : 향토색 짙은 농촌의 삶과 자연과의 합일을 지향한 이효석의 메밀꽃 필 무렵, 김유정의 동백꽃, 이무영의 제1과 제1장 등이 발표되었다.
  ㉢ 현실 비판적 농촌 소설 : 일제 강점하에서 고통스러운 현실을 드러낸 김정한의 사하촌(寺下村) · 옥심이 등의 작품이 발표되었다.

브나로드(V Narod) 운동과 농촌 소설
㉠ 태동 : 1870년, 러시아에서 귀족 청년과 학생들이 주동이 되고 농민이 주체가 되어 일어난 사회 개혁 운동으로 'V Narod'는 '민중 속으로'라는 뜻을 지니고 있다. 1930년대 초, 이러한 영향을 우리 나라에도 파급시키려고 〈동아일보〉 등에서 계몽 사업을 벌였는데, 단순한 농촌 계몽 운동에 그치지 않고 민족 각성 운동으로 확산되었다.
㉡ 문학적 영향 : 이 운동의 지원책으로 이광수가 흙을 발표하였고, 농민 운동을 제재로 한 현상 장편 소설 모집에 심훈의 상록수가 당선되는 등 농촌 소설의 확산을 가져왔다.

④ 역사 소설의 창작 : 역사에서 제재를 취하여 허구성과 통속성을 부여한 소설로, 일제의 검열을 피하면서도 민족 의식을 고취하려는 의도에서 쓰여졌다. 이광수의 마의 태자, 김동인의 운현궁의 봄, 박종화의 금삼의 피, 현진건의 무영탑 등이 있다.

⑤ 도시 공간을 무대로 한 도시 소설 : 도시성(都市性)이 내포하고 있는 병리적인 제요소와 도시적인 세태를 제시하고 관찰하고자 한 소설이다. 이상의 날개, 박태원의 천변 풍경, 소설가 구보 씨의 일일, 채만식의 레디 메이드 인생, 이효석의 장미 병들다, 유진오의 김 강사와 T 교수 등이 있다.

⑥ 가족사 소설의 등장 : 역사적 흐름 속에 놓인 가족의 운명을 그린 소설들이 쓰여졌다. 염상섭의 삼대, 채만식의 태평 천하 등이 있다.

⑦ 카프(KAPF) 문학 등 사회주의 경향의 작품의 퇴조 : 1930년대 들어 일제의 탄압이 가혹해짐에 따라 카프가 해산되었다. 이후 카프에 소속된 문인들은 세태나 풍속을 비판하는 소설, 자기의 내면을 반성하는 소설 등으로 주제를 바꾸었다.

⑧ **주요 작자와 작품** : 김유정의 봄봄·동백꽃, 채만식의 태평 천하, 이효석의 메밀꽃 필 무렵, 이상의 날개, 김동리의 무녀도·역마, 황순원의 학, 심훈의 상록수 등이 있다.

(4) 희곡과 시나리오

① 해외 문학파를 중심으로 근대 사실주의극 단체인 '극예술연구회(劇藝術研究會)(1931)'가 결성되고, 본격적 현대극이 공연되었다.

② 민족 의식을 고취하기 위한 사실주의 희곡이 창작·공연되었다.

③ 희곡 작품으로 유치진의 토막·소를 극예술연구회에서 공연하였으며, 임선규의 사랑에 속고 돈에 울고 등의 통속극과 대중 영화가 활발히 제작되었다.

(5) 수필

① 본격적인 수필 이론의 소개 : 해외 문학파와 외국 문학을 전공한 이양하 등에 의해 외국의 수필 및 그 이론이 도입되었다.

② 전문적인 수필가의 등장 : 수필이 독자적 장르로 인식되고 전문적인 수필가가 등장하면서, 수필이 하나의 독립된 장르로 자리를 잡았다.

③ 주요 작자와 작품 : 이양하의 신록 예찬, 김진섭의 인생 예찬, 이희승의 청춘 수제 등의 수준 높은 작품들이 발표되었다.

(6) 주요 동인지 및 잡지

잡지	창간 연대	주요 동인	특징
시문학	1930	박용철, 김영랑 신석정, 이하윤 정지용	시 전문 동인지. 1920년대의 목적 문학에 반발하여 언어의 미감과 음악성을 추구하는 순수 서정시를 지향하여 시의 수준을 높임. 〈문예 월간〉(1931), 〈시원〉(1935) 등으로 계승됨
문학	1934	박용철	순수 문학을 주장한 문예지
시원	1935	모윤숙, 노천명 김광섭, 김상용	순수 문학을 추구한 시 전문지
시인 부락	1936	서정주, 김동리	시 전문 동인지. 인간과 생명 자체의 근원성에 대한 집요한 관심을 보임
자오선	1937	김광균, 이육사	시 전문지. 모든 경향과 유파 초월

문장	1939	이병기	월간 종합 문예지. 범문단적인 작품발표 및 고전 발굴에 주력. 특히 신인 추천 제도를 두어 우수한 신인을 발굴. 청록파와 김상옥, 이호우 등 시조 시인 배출
인문 평론	1939	최재서	월간 문예지로 최재서가 주도. 작품 발표 및 비평 활동에 주력하여 우리 문학의 수준을 높이는 데 공헌함. 후에 〈국민 문학〉으로 개칭하여 친일 어용지로 전락

❺ ·· 해방 이후의 문학(1945년 해방)

(1) 해방 공간의 문학(광복 ~ 6 · 25)

① 시대 개관

ⓐ 이념의 논쟁의 심화 : 우리 문학계는 좌익과 우익으로 분열되어, '민족 문제와 계급 문제', '문학의 순수성과 시대성 현실성 문제'를 보는 시각차를 드러냄으로써 논쟁이 심화되어 대립적 갈등을 나타내었다.

ⓑ 문학의 발전의 저해 : 이데올로기의 갈등은 문학가들을 양분시켰고, 이로 인해 양 진영은 민족 문학과 계급 문학으로 나뉘어 대립함으로써 순수한 문학 발전의 저해 요인으로 작용하였다.

ⓒ 일제 치하에서의 절박한 삶의 체험과 고향을 잃은 자들의 귀향 의식을 표현하는 작품들이 많았다.

② 시

ⓐ 민족주의적 경향 : 민족주의 계열에서는 조국과 민족에 대한 애정을 주조로 하는 작품을 발표하였다.

🔵 박종화의 청자부, 정인보의 담원 시조, 김억의 민요 시집, 김상옥의 초적(草笛)

ⓑ 청록파의 시집 발간 : 해방 전에 등단하여 자연과의 교감을 추구하던 박목월, 박두진, 조지훈 등이 청록집(1946)을 내어 해방 전의 시와 해방 후의 시를 연결하는 역할을 하였다.

ⓒ 유고 시집의 발간 : 일제 강점하에서 끝까지 민족혼을 노래했던 고인들의 시집이 간행되었다.

🔵 이육사의 육사 시집, 이상화의 상화 시집, 윤동주의 하늘과 바람과 별과 시

ⓓ 생명파의 시집 발간 : 1930년대 후반, 생명 의식의 앙양을 부르짖고 나왔던 생명파의 시인들이 시집을 내놓아, 이후 시사(詩史)의 중요한 골격을 이루었다.

ⓔ 모더니즘의 계승 : 1930년대 중반 모더니즘 경향을 계승해 도시와 문명을 소재로, 시각적 이미지와 관념의 조화를 시도한 〈후반기〉 동인이 생겨 새로운 도시와 시민들의 합창(1949)이라는 공동 시집을 간행하였다. 김경린, 박인환, 김수영 등이 대표적 문인이다.

③ 소설

ⓐ 귀향 의식의 반영 : 해방 후 해외 동포들이 귀환하게 되면서 고향을 찾게 되는 의식을 그린 작품으로, 당시의 사회 현실을 반영하였다.

🔵 김동리의 혈거 부족(穴居部族), 정비석의 귀향, 엄흥섭의 귀향일지

ⓑ 식민지의 삶을 극복하고자 하는 작품 : 고통스러웠던 일제 강점기를 반성의 체험으로 승화시키고자 한 작품이다.

🔵 채만식의 논 이야기, 계용묵의 바람은 그냥 불고

ⓒ 분단 의식의 형상화 : 삼팔선의 분단 문제 및 미군의 주둔과 소련군의 군정을 그렸다.
> **예** 채만식의 역로, 염상섭의 삼팔선·이합(離合), 계용묵의 별을 헨다

ⓔ 순수 의식, 순수 문학의 지향 : 문학의 사회적 기능이나 관계는 고려함이 없이 평범하거나 보편적인 문제를 다룬 작품이다.
> **예** 염상섭의 두 파산(破産), 김동리의 역마·달

ⓜ 해방 직후부터 대한 민국 정부 수립(1948. 8. 15)까지의 사회적 혼란, 좌·우 이데올로기의 대립을 다룬 작품이 양산되었다. 채만식의 민족의 죄인이나 이태준의 해방 전후는 일제 때 친일파로 행세하던 자들이 해방을 맞이하면서 겪어야 했던 당혹감, 양심적인 문인들이 소극적으로나마 친일의 행적을 남겼던 일에 대한 자기 반성적인 소설이다.

④ 수필 : 수필집이 간행되었다.
> **예** 박종화의 청태집(靑笞集), 이광수의 돌베개, 김진섭의 인생 예찬, 이양하의 이양하 수필집

⑤ 희곡 : 일제 강점기 이래 침체를 벗어나지 못했으나, 일제 강점기의 삶과 항일 투쟁을 재구성하는 데 주력하였다.
> **예** 유치진의 조국·원술랑, 오영진의 살아 있는 이중생 각하, 김영수의 혈맥, 김동식의 유민가, 함세덕의 고목, 이광래의 독립군, 시나리오로 윤봉춘의 유관순

(2) 1950년대의 문학

① 시대 개관

ⓐ 전쟁 체험의 문학 등장 : 전쟁의 체험과 전후의 사회 현실에 대한 인식을 바탕으로, 전쟁으로 인한 물질적 피해와 정신적인 피폐, 인간성 상실의 문제, 분단 현실의 아픔, 절망적인 시대 상황 등을 형상화한 작품들이 쓰여졌다.

ⓑ 전쟁의 체험을 바탕으로 한 현실 참여의 주지주의 문학과 전통 지향적인 순수 문학의 두 가지 커다란 흐름을 형성하였다.

ⓒ 실존주의 문학의 영향 : 서구의 실존주의 문학을 수용하면서 인간의 본질 문제, 실존의 탐구 등을 다룬 작품들이 발표되었다.

② 시

ⓐ 전쟁 체험의 형상화 : 6·25라는 전쟁 체험을 시로 형상화하였으며 전후의 가치관 또는 새로운 인간상을 제시하였다.
> **예** 유치환의 보병과 더불어, 조지훈의 다부원에서, 구상의 적군 묘지 앞에서, 김종문의 벽(壁)

ⓑ 현실 참여 의식의 반영 : 모더니스트 중에는 1950년대 후반 이후 사회 참여 의식을 강하게 드러내는 시를 쓰는 경향이 증폭되었다. 이러한 경향은 이후 '순수와 참여'라는 문학 논쟁의 중요한 문제가 되었다.
> **예** 박인환의 목마와 숙녀, 김수영의 달나라의 장난, 조향의 바다의 층계 등

ⓒ 문명 비판적 성향의 시 : 전후의 비참한 현실이나 사회 부조리, 불안 의식 등을 작품화하였다.
> **예** 구상, 신동문, 신동엽 등

ⓓ 전통적 순수시의 추구 : 현실 인식의 주지적 경향과 함께 한국 현대시의 맥을 형성한 것은 전통적 순수시를 계승·발전시킨 것이다.
> **예** 유치환, 박목월, 박두진, 박성룡, 서정주, 박재삼, 이성교 등

ⓔ 주지적 서정시의 발표 : 현실에 대한 지적 인식을 바탕으로 도회적 서정시를 썼다. 기법면에서 주지주의적 경향을 보이면서도 주로 서정성을 추구하는 데 초점을 맞추었다.
> **예** 김광림, 전봉건, 김종삼 등

ⓑ 기타
- 이동주 : 애(哀), 원(怨), 한(恨)이라는 한국의 전통적 정서를 추구하였다.
- 송욱 : 현실 생활에서 비뚤어진 모습을 반영하는 비시적 일상어를 대담하게 시 속에 끌어들이는 특성을 보였다.
- 조병화 : 현실 긍정, 인간성 옹호의 인생파적 로맨티시즘을 형성하였다.
ⓢ 주요 작자와 작품 : 김수영의 풀, 김춘수의 꽃 · 꽃을 위한 서시 등이 있다.

③ 소설
㉠ 전쟁을 배경으로 한 작품이 많이 쓰여졌다.
> 예 황순원의 장편 카인의 후예 · 나무들 비탈에 서다, 단편 곡예사 · 학, 이범선의 학마을 사람들, 김동리의 귀환 장정 · 흥남 철수
㉡ 전후 사회와 현실에 대한 다양한 인식과 새로운 인간상을 제시하였다.
> 예 김동리의 밀다원 시대, 황순원의 카인의 후예, 안수길의 제3인간형, 손창섭의 비 오는 날, 김성한의 백지의 기록, 이범선의 학마을 사람들, 하근찬의 수난 이대
㉢ 부조리한 현실을 고발하고 적극적 참여 의식을 보였다.
> 예 김성한의 바비도, 오상원의 모반, 전광용의 꺼삐딴 리, 선우휘의 불꽃, 박경리의 불신 시대, 송병수의 쑈리킴, 김광식의 212호 주택, 이호철의 파열구
㉣ 인간의 본질적인 삶을 다룬 순수 소설도 쓰였다.
> 예 오영수의 갯마을, 한무숙의 감정이 있는 심연, 전광용의 흑산도, 강신재의 절벽 등
㉤ 주요 작자와 작품 : 장용학의 요한 시집, 김성한의 바비도, 오영수의 갯마을, 박경리의 토지 · 김약국의 딸들, 전광용의 꺼삐딴 리, 이범선의 오발탄 · 학마을 사람들 등이 있다.

④ 희곡
㉠ 서구의 표현 기법을 도입하여 다양하고 새롭게 발전하였다.
㉡ 전후의 현실 인식과 현실 참여 의식을 보였다.
㉢ 인간의 삶과 감동을 다룬 순수 희곡도 발표되었다.
㉣ 주요 작품 : 유치진의 나도 인간이 되련다, 임희재의 꽃잎을 먹고 사는 기관차, 차범석의 불모지, 하유산의 젊은 세대의 백서, 이용찬의 가족 등이 있다.

⑤ 수필
㉠ 문학적 향기가 높은 작품들이 많이 발표되었다.
㉡ 사회적 불안이나 가치관의 상실을 다룬 교훈적 수필이 발표되었다.
㉢ 예술적 기교를 바탕으로 한 서정적 수필도 발표되었다.
㉣ 주요 작품 : 이희승의 벙어리 냉가슴, 피천득의 산호와 진주, 조지훈의 지조론(志操論), 유달영의 인간 발견 등이 있다.

⑥ 비평 : 서구의 구조주의(構造主義) 비평 방법이 유입되면서 작품의 예술적 가치를 규명하려는 경향이 우세하였다. 순수 참여의 문제, 전통의 계승 문제, 현대 문학의 기점 문제 등의 논쟁이 활발하게 논의되었다.

 기출문제
한국 전쟁의 비극을 다룬 작품이 아닌 것은?
2004. 10. 31. 서울특별시
① 장용학의 요한 시집
② 하근찬의 수난 이대
③ 오상원의 유예
④ 황순원의 나무들 비탈에 서다
⑤ 오영수의 갯마을
☞ ⑤

(3) 1960년대 이후의 문학

① 시대 개관
  ㉠ 4·19와 5·16이라는 정치적 격동기를 겪으면서, 이를 배경으로 1950년대의 문학을 계승·발전시키면서 보다 성숙된 현대 문학으로의 발전을 꾀했다.
  ㉡ 문학의 현실 참여 문제에 관심이 고조되었다.
  ㉢ 민족 분단에 대한 인식이 새롭게 전개되었다.
  ㉣ 사실주의 경향의 문학이 주류를 이루었다.
  ㉤ 문학의 순수성을 지향하는 서정주의와 기교주의의 문학이 뚜렷한 맥을 형성하였다
  ㉥ 1960년대 순수·참여 논쟁 : 문학과 정치·사회 상황과의 관련에 대하여 이형기, 이어령, 유종호가 '순수'를, 김우종, 김병걸 등이 '참여'적 입장을 견지하였다.

② 시
  ㉠ 사회 부패에 대한 고발과 비판의 기능을 수행하였다.
    예 김수영의 풀, 신동엽의 껍데기는 가라, 신경림의 농무 등
  ㉡ 순수 서정과 시의 예술적 기교를 추구하기도 하였다.
    예 • 시의 전통성 계승 : 서정주, 김광섭, 박두진, 조지훈, 박목월, 박재삼, 이동주, 김남조, 조병화, 박성룡 등
      • 시의 예술적 기교 추구 : 김춘수, 전봉건, 송욱, 신동엽, 문덕수, 김광림 등
  ㉢ 현대 시조가 발달하였다.
    예 김상옥의 사향·봉선화, 이호우의 개화, 정완영의 조국, 이영도의 낙화

③ 소설
  ㉠ 전쟁의 상흔과 민족의 비극을 조명하였다.
    예 황순원의 나무들 비탈에 서다, 오상원의 황선 지대, 강용준의 철조망
  ㉡ 현실 비판 인식이 확산되었다.
    예 김정한의 모래톱 이야기, 전광용의 꺼삐딴 리, 하근찬의 왕릉과 주둔군
  ㉢ 역사에 대한 반성으로 현실에 대한 각성을 촉구하였다.
    예 안수길의 북간도, 김정한의 수라도, 김성한의 이성계, 서기원의 혁명, 하근찬의 일본도
  ㉣ 순수 지향의 소설이 발표되었다.
    예 김동리의 등신불, 김승옥의 서울, 1964년 겨울, 이청준의 병신과 머저리

1 다음 중 현대 문학의 시대별 특징을 잘못 기술하고 있는 것은?

2007. 4. 8. 국회사무처

① 1920년대는 본격적인 서구 문예 사조가 유입되어 문학의 저변이 다양해졌으며, 창조를 비롯한 동인지 중심의 문예 활동이 두드러졌다.

② 1930년대는 목적 문학이 퇴조하면서 시문학파, 생명파 등의 시 유파가 등장하였으며, 구인회를 중심으로 예술적 가치를 추구하는 소설들이 발표되었다.

③ 1940년대는 아름다운 우리말로 사상과 감정을 미학적으로 표현하였으며, 민족 문학의 회생을 지적으로 승화하였다.

④ 1950년대는 분단과 전쟁이라는 절망적인 시대 상황과 그 속에서 배태된 인간의 실존적 문제를 작품에 담아내고자 했다.

⑤ 1960년대는 현실 참여 문학을 통해 사회 현실에 대한 성찰과 비판, 분단 현실에 대한 심화된 인식 등을 표현하고자 했다.

> **TIP** 1940년대 문학의 특징
> ㉠ 우리 문학계는 좌익과 우익으로 분열되어 '민족문제와 계급문제', '문학의 순수성과 시대성 · 현실성문제'를 보는 시각차를 드러냄으로써 논쟁이 심화되어 대립적 갈등을 나타내었다.
> ㉡ 이데올로기의 갈등은 문학가들을 양분시켰고 이로 인해 양 진영은 민족 문학과 계급 문학으로 나뉘어 대립함으로써 순수한 문학 발전의 저해 요인으로 작용하였다.
> ㉢ 일제 치하에서의 절박한 삶의 체험과 고향을 잃은 자들의 귀향의식을 표현하는 작품들이 많았다.

2 다음 작품을 발표연대순으로 바르게 연결한 것은?

2005. 4. 3. 경기도

① 운수 좋은 날 – 태평천하 – 광장 – 난쟁이가 쏘아 올린 작은 공
② 운수 좋은 날 – 태평천하 – 난쟁이가 쏘아 올린 작은 공 – 광장
③ 태평천하 – 운수 좋은 날 – 광장 – 난쟁이가 쏘아 올린 작은 공
④ 태평천하 – 운수 좋은 날 – 난쟁이가 쏘아 올린 작은 공 – 광장

> **TIP** 작품별 발표연대
> ㉠ 현진건의 운수 좋은 날 : 1924년 '개벽' 48호에 발표되었다.
> ㉡ 채만식의 태평천하 : 1938년 '조광'에 '태평천하춘'이라는 제목으로 연재되었다.
> ㉢ 최인훈의 광장 : 1960년 잡지 '새벽'에 중편으로 발표되었으나 단행본으로 간행되면서 장편으로 개작되었다.
> ㉣ 조세희의 난쟁이가 쏘아 올린 작은 공 : 1976년 '문학과 지성'에 발표되었다.

ANSWER 1.③ 2.①

3 한국 근대 시사에 가장 크게 영향을 끼친 시인으로 바르게 짝지어진 것은?

2005. 5. 22 충청남도

① 김소월 – 서정주 – 김지하 – 박노해
② 김소월 – 정지용 – 김수영 – 김지하
③ 김소월 – 한용운 – 정지용 – 김영랑
④ 김소월 – 서정주 – 황지우 – 신경림

> **TIP** 근대시란 개화기 이후부터 8·15광복까지 쓰여진 시로, 1920년대 한용운은 '님의 침묵'에서 임을 상실한 슬픔을 기다림의 의지로 승화시켜 독특한 사상시의 세계를 개척하였으며, 김소월은 '진달래꽃'에서 민요적 율격에 우리 민족 고유의 서정을 담아 내어 서정시의 기틀을 다졌다. 1930년대 김영랑의 '모란이 피기까지는'은 대표적인 순수시로, 순수 서정의 세계를 열어 보였으며, 정지용은 근대시의 감각적인 모더니스트 시인으로, 사물을 감각적으로 포착하여 시의 언어로 표현해 내고, 거기에 감정을 이입할 수 있는 능력을 지니고 있었다.

4 다음 설명 중 사실과 맞지 않는 것은?

2005. 5. 29. 국회사무처(8급)

① 이무영은 농촌소설을 많이 쓴 작가이다.
② 정지용은 해외문학파에 속하는 시인이다.
③ 최초의 신소설은 이인직이 쓴 '혈의 누'이다.
④ 김소월은 동인지 '영대'에 참여하여 활동하였다.
⑤ 이효석은 한때 동반자 작가로 일컬어진 적이 있다.

> **TIP** ② 정지용은 처음에 시문학 동인을 결성하여 활동하였고 후에 구인회를 결성하기도 하였다.
> ※ 해외문학 … 외국문학에 대한 최초의 본격적인 번역 소개지로 순수문학의 모태가 되었으며 극예술 연구회를 조직하기도 하였다. 주요 작가로는 김진섭, 정인섭, 김광섭, 이하윤 등이 활동하였다.

5 다음 중 작가와 작품에 대한 설명으로 옳지 않은 것은?

2007. 7. 8. 서울특별시

① 계용묵 – '백치 아다다', '병풍에 그린 닭이', '마부' 등을 통해 인간의 선량함과 무지로 인해 당하는 피해를 잘 그렸다.
② 김유정 – '금따는 콩밭', '땡볕', '봄봄' 등을 통해 식민지 지식인의 무기력한 모습을 비판적으로 그렸다.
③ 김정한 – '사하촌', '수라도', '모래톱 이야기' 등의 작품을 통해 민중들의 고통과 그의 항거정신을 보여준다.
④ 김동리 – '바위', '무녀도', '황토기' 등을 통해 인간의 운명과 구원에 대해 다루었다.
⑤ 이효석 – '돈', '들', '메밀꽃 필 무렵'에서 향토적 분위기를 중심으로 독특한 세계관을 형성하였다.

> **TIP** 김유정의 작품으로는 '금따는 콩밭', '땡볕', '봄봄' 등이 있으며, 향토적이고 토속적인 세계관이 잘 나타난다.

ANSWER 3.③ 4.② 5.②

1 다음 중 창가에 대한 설명으로 옳지 않은 것은?

① 새 문물 제도를 노래하였다.
② 완전한 자유시의 형태를 취했다.
③ 집단적 이상의 현실 문제를 다루고 있다.
④ 가사, 민요의 형식에 변형을 시도하였다.

TIP ② 3 · 4조에서 조금 자유로워진 형식을 보이고 있으나 완전하게 자유롭지는 못했다.

2 다음 중 신체시 작품이 아닌 것은?

① 동심가 ② 극웅행
③ 우리 영웅 ④ 해에게서 소년에게

TIP ① 동심가는 이중원의 작품으로 개화 가사이다(1896).
※ **신체시** … 갑오개혁 이후 나타난 새로운 시 형식으로 개화 가사, 창가 등의 종래의 시 형식을 탈피하여 자유로운 율조로 새로운 사상을 담으려 했던 실험적 · 과도기적 시 형태이다. 작품으로는 최남선의 해에게서 소년에게 · 신 대한 소년 · 구작 3편, 이광수의 우리 영웅 · 극웅행 · 옥중호걸 등이 있다.

3 다음 중 신소설의 특징으로 옳지 않은 것은?

① 산문체 문장을 써서 언문 일치에 근접하였다.
② 필연적 인과 관계에 의해 사건이 전개되었다.
③ 역전적 구성(逆轉的構成) 등의 새로운 방법을 시도하였다.
④ 설명적 · 설화적 서술 방법에서 묘사적 방법으로 전환하였다.

TIP ② 신소설에서 사건은 우연적으로 발생한다.

4 다음 중 '태서문예신보'에 대한 설명으로 옳지 않은 것은?

① 최초의 시 동인지 ② 자유시 개척의 견인차
③ 서구시, 시론의 번역 · 소개 ④ 김억, 황석우, 장두철 등이 집필

TIP ① 최초의 시 동인지는 '장미촌'이다.
※ 태서문예신보
㉠ 최초의 주간 문예지
㉡ 처음에는 종합지로 출발하였으나 문예지로 전환
㉢ 해외 문학을 번역 · 소개, 해외 문학의 동정 소개
㉣ '폐허', '백조' 등의 시 동인지 출현에 영향을 줌
㉤ 김억이 프랑스 상징시 오뇌의 무도를 번역하여 발

ANSWER 1.② 2.① 3.② 4.①

5 다음 중 이해조의 자유종에 대한 설명으로 옳지 않은 것은?

① 정치적인 소설이다.
② 일본인들이 적극적으로 후원해 준 작품이다.
③ 문장도 지문도 없이 순전히 대화만으로 구성된 소설이다.
④ '부녀의 해방', '한자 폐지', '지방과 적서의 차별 타파' 등을 주된 내용으로 한다.

TIP ② 일본인들이 그 당시 사회를 비판하였다고 하여 판매 금지 조치를 내린 작품이다.

6 해에게서 소년에게에 대한 다음 설명 중 옳지 않은 것은?

① 1908년 '소년' 창간호에 발표되었다.
② 전 6 연으로 되어 있는 계몽적인 작품이다.
③ 창가의 정형률을 벗어난 완전한 자유시 형태를 취하고 있다.
④ 의인화된 서정적 자아 '파도'를 통해 소년을 찬미한 작품이다.

TIP ③ 최남선의 해에게서 소년에게는 신체시의 대표적인 작품으로 정형시에서 자유시로 넘어가는 과도기적 형태를 취하고
있다. 창가 가사보다 율조면에서 자유로운 시의 형태이기는 하나, 완전한 자유시로서의 근대시에는 이르지 못하는 형태
를 지녔다.

7 다음 중 1930년대 활동했던 생명파 작가와 동인지는?

① 김영랑, 박용철 – 시문학
② 서정주, 유치환 – 시문학
③ 서정주, 김동리 – 시인 부락
④ 김진섭, 이헌구 – 해외 문학

TIP 1936년 창간된 '시인 부락'의 동인이었던 서정주, 김동리 등과 '생리'에서 활동한 유치환을 가리켜 생명파라고 하며, 이
들은 생명 의식의 고양과 인생의 궁극적 의미의 추구에 주력하였다.

8 다음 중 이광수의 무정에 대한 설명으로 옳지 않은 것은?

① 최초의 근대적 장편 소설이다.
② '만세보'에 연재되었다.
③ 계몽주의 성격을 띠고 있다.
④ 근대적 개인주의에 바탕을 두고 있다.

TIP ② 이광수의 무정은 '매일신보'에 연재되었다.
이광수의 무정 … 최초의 현대 장편 소설로 언문 일치의 문장, 새로운 애정관, 교육자적 작가의 개입, 신구 가치관의 대립
등 근대화 과정에서 나타난 현실상을 민족주의적 열정과 계몽의식으로 그려내고 있다.

ANSWER 5.② 6.③ 7.③ 8.②

9 다음 중 김유정의 동백꽃에 대한 설명으로 옳지 않은 것은?

① 산골 마을을 배경으로 순수한 사랑을 그리고 있다.
② 생성의 삶과 붕괴(파멸)의 삶을 대조적으로 나타내었다.
③ 불구적 남녀 관계의 설정을 통해 1930년대의 식민지적 상황을 간접적으로 보여 주었다.
④ 마름과 소작농의 관계 설정을 통해 농촌의 궁핍상과 가난의 문제를 실감나게 보여 주었다.

> **TIP** ② 식민지하의 전통적 가치관을 지닌 순박한 인물이 몰락해 가는 모습과 이에 대응되는 인물을 설정하여 현실을 타개해 가는 모습을 대조적으로 보여 주는 채만식의 탁류에 대한 설명이다.

10 다음 중 1930년대의 농촌 계몽 소설과 관계있는 것은?

① 황순원의 소나기
② 정한숙의 금당벽화
③ 오영수의 갯마을
④ 심훈의 상록수

> **TIP** 농촌을 제재로 한 소설 … 심훈의 상록수, 이광수의 흙, 박화성의 한귀(旱鬼), 이무영의 제1과 제1장, 박영준의 모범 경작생, 김정한의 사하촌 등

한자 · 한문

01 한자

① ·· 한자의 이해

(1) 한자의 3요소

한자는 표의 문자로서 모양(形) · 소리(音) · 뜻(義)의 3요소를 갖추고 있는 것이 그 특징이다.

(2) 육서(六書)

① 상형 문자(象形文字) : 구체적인 사물의 모양을 본떠서 만든 글자를 말한다.

> 예 日, 月, 山, 人, 木, 水, 手, 足, 鳥 등

② 지사 문자(指事文字) : 추상적인 생각이나 뜻을 점이나 선으로 나타낸 글자를 말한다.

> 예 一, 二, 三, 四, 五, 七, 八, 九 , 上, 中, 下, 本, 末, 天 등

③ 회의 문자(會意文字) : 둘 이상의 글자를 뜻끼리 모아 새로운 뜻을 나타낸 글자를 말한다.

> ㉠ 목(木) + 목(木) = 림(林) : 나무와 나무가 합쳐져 수풀을 이룸
> ㉡ 인(人) + 목(木) = 휴(休) : 나무 옆에 사람이 쉬고 있으니 휴식한다는 뜻
> 예 信 ,東, 好, 林, 休, 男 등

④ 형성 문자(形聲文字) : 뜻을 나타내는 글자와 음을 나타내는 글자를 합쳐 새로운 뜻을 나타낸 글자를 말한다.

> 예 心(뜻) + 生(음) = 性(성품 성), 門(음) + 口(뜻) = 問(물을 문)

⑤ 전주 문자(轉注文字) : 이미 만들어진 글자를 가지고 유추하여 다른 뜻으로 쓰는 글자를 말한다.

> 예 • 相 : 서로(상), 재상(상), 도울(상), 지팡이(상)
> • 樂 : 풍류(악), 즐거울(락), 좋아할(요)

⑥ 가차 문자(假借文字) : 이미 있는 글자의 뜻과는 관계없이 음이나 형태를 빌려다 쓰는 글자를 말한다.

> 예 • 음만 빌리는 경우 : 印度(인도 – India), 亞細亞(아세아 – Asia)
> • 형태만 빌리는 경우 : 弗(불 – $)

(3) 한자어의 구성

① 병렬 관계(竝列關係) : 같은 품사를 가진 한자끼리 연이어 결합된 한자어의 짜임을 말한다.

> ㉠ 유사 관계(類似關係) : 뜻이 같거나 비슷한 한자끼리 연이어 결합된 한자어의 짜임
> 예 家屋(가옥), 群衆(군중), 星辰(성신), 土地(토지), 海洋(해양), 繪畫(회화), 到達(도달), 引導(인도)

> ㉡ 대립 관계(對立關係) : 뜻이 서로 반대 또는 상대되는 한자끼리 연이어 결합된 한자어의 짜임
> 예 賞罰(상벌), 上下(상하), 善惡(선악), 因果(인과), 陰陽(음양), 天地(천지), 加減(가감), 多少(다소)

> ㉢ 대등 관계(對等關係) : 뜻이 서로 대등한 한자끼리 연이어 결합된 한자어의 짜임
> 예 父母(부모), 松柏(송백), 仁義(인의), 忠孝(충효), 眞善美(진선미), 紙筆硯墨(지필연묵)

> ㉣ 첩어 관계(疊語關係) : 똑같은 글자가 겹쳐 이루어진 한자어의 짜임
> 예 代代(대대), 年年(연년), 正正堂堂(정정당당)

> ㉤ 융합 관계(融合關係) : 한자의 뜻이 융합되어 쪼갤 수 없는 관계
> 예 光陰(광음), 琴瑟(금슬), 春秋(춘추)

ⓗ 일방 관계(一方關係) : 한자가 병렬되었으나 한쪽의 뜻만 나타내는 말
　　예 國家(국가), 多少(다소) – 조금(少의 뜻만 작용), 緩急(완급) – 위급함(急의 뜻만 작용)

② 수식 관계(修飾關係) : 꾸미는 말과 꾸밈을 받는 말로 결합된 한자어의 짜임을 말한다.
　ㄱ 관형어(冠形語) + 체언(體言)
　　예 家事(가사), 城門(성문), 吉夢(길몽), 明月(명월), 外貨(외화), 流水(유수)
　ㄴ 부사어(副詞語) + 용언(用言)
　　예 廣告(광고), 徐行(서행), 雲集(운집), 疾走(질주), 必勝(필승)

③ 주술 관계(主述關係) : 주어와 서술어의 관계로 결합된 한자어의 짜임을 말한다. 주어는 행위의 주체가 되고 서술어는 행위, 동작, 상태 등을 나타낸다. 문장의 조건을 갖추었으면서도 한자어의 역할을 한다.
　　예 國立(국립), 夜深(야심), 人造(인조), 日出(일출), 年少(연소), 品貴(품귀)

④ 술목 관계(述目關係) : 서술어와 목적어의 관계로 결합된 한자어의 짜임을 말한다. 이 때의 서술어는 행위나 동작을 나타내고, 목적어는 그 대상이 된다.
　　예 交友(교우), 讀書(독서), 修身(수신), 愛國(애국), 成功(성공), 作文(작문)

⑤ 술보 관계(述補關係) : 서술어와 보어의 관계로 결합된 한자어의 짜임을 말한다. 서술어는 행위나 동작을 나타내고 보어는 서술어를 도와 부족한 뜻을 완전하게 해준다.
　　예 歸家(귀가), 登山(등산), 多情(다정), 有名(유명), 非凡(비범)

❷ ·· 한자어

(1) 잘못 읽기 쉬운 한자어

（ㄱ）

可矜 가긍	苛斂 가렴	恪別 각별	看做 간주	姦慝 간특
戡定 감정	降下 강하	改悛 개전	坑道 갱도	醵出 갹출
揭示 게시	更張 경장	更迭 경질	競合 경합	誇示 과시
誇張 과장	刮目 괄목	壞滅 괴멸	攪亂 교란	句節 구절

（ㄴ）

內人 나인	拿捕 나포	烙印 낙인	難澁 난삽	捺印 날인
捏造 날조	濫觴 남상	來往 내왕	鹿皮 녹비	鹿茸 녹용
賂物 뇌물	漏泄 누설	訥辯 눌변	凜凜 늠름	稜線 능선

（ㄷ）

茶菓 다과	茶店 다점	團欒 단란	簞食 단사	踏襲 답습
遝至 답지	撞着 당착	對峙 대치	陶冶 도야	挑戰 도전
淘汰 도태	瀆職 독직	獨擅 독천	鈍濁 둔탁	登攀 등반

기출문제

밑줄 친 부분에 들어갈 한자로 가장 적절한 것은?

2019. 8. 17. 지역인재

　올림픽 유치를 두고 두 도시가 치열한 _____을 벌이고 있다.

① 附合　　　② 整合
③ 倂合　　　④ 競合

☞ ④

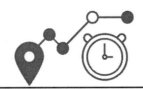

ㅁ

莫逆 막역　　蔓延 만연　　魅力 매력　　邁進 매진　　驀進 맥진
萌芽 맹아　　蔑視 멸시　　明澄 명징　　木瓜 모과　　牡友 모우
木鐸 목탁　　杳然 묘연　　巫覡 무격　　拇印 무인　　未洽 미흡

ㅂ

撲滅 박멸　　撲殺 박살　　剝奪 박탈　　反駁 반박　　頒布 반포
潑剌 발랄　　拔萃 발췌　　幇助 방조　　拜謁 배알　　便秘 변비
兵站 병참　　報酬 보수　　布施 보시　　敷衍 부연　　忿怒 분노
焚香 분향　　不朽 불후　　沸騰 비등　　譬喩 비유　　憑藉 빙자

ㅅ

詐欺 사기　　辭典 사전　　奢侈 사치　　索漠 삭막　　數數 삭삭
撒布 살포　　相殺 상쇄　　省略 생략　　書簡 서간　　逝去 서거
棲息 서식　　先塋 선영　　洗滌 세척　　遡及 소급　　猜忌 시기
示唆 시사　　諡號 시호　　辛辣 신랄　　迅速 신속　　呻吟 신음

ㅇ

阿諂 아첨　　齷齪 악착　　斡旋 알선　　謁見 알현　　隘路 애로
濾過 여과　　役割 역할　　永劫 영겁　　誤謬 오류　　嗚咽 오열
歪曲 왜곡　　窯業 요업　　凹凸 요철　　容喙 용훼　　雨雹 우박
蹂躪 유린　　遊說 유세　　吟味 음미　　凝結 응결　　凝視 응시
義捐 의연　　移徙 이사　　弛緩 이완　　一括 일괄　　一切 일체

ㅈ

自刎 자문　　孜孜 자자　　箴言 잠언　　暫定 잠정　　將帥 장수
障碍 장애　　裝塡 장전　　沮止 저지　　傳播 전파　　奠幣 전폐
措置 조치　　憎惡 증오　　桎梏 질곡　　叱責 질책　　執拗 집요

ㅊ

捉來 착래　　刹那 찰나　　斬新 참신　　懺悔 참회　　暢達 창달
漲溢 창일　　闡明 천명　　喘息 천식　　尖端 첨단　　諦念 체념
追悼 추도　　推薦 추천　　秋毫 추호　　衷心 충심　　熾烈 치열

拓本 탁본　度支 탁지　綻露 탄로　彈劾 탄핵　眈溺 탐닉
攄得 터득　慟哭 통곡　洞察 통찰　堆敲 퇴고　堆積 퇴적

ㅍ

破綻 파탄　瓠得 판득　霸權 패권　敗北 패배　膨脹 팽창
平坦 평탄　閉塞 폐색　抛棄 포기　褒賞 포상　捕捉 포착
輻輳 폭주　標識 표지　風味 풍미　諷刺 풍자　跛立 피립

ㅎ

割引 할인　陜川 합천　行列 항렬　肛門 항문　降將 항장
偕老 해로　解弛 해이　諧謔 해학　享樂 향락　絢爛 현란
忽然 홀연　廓然 확연　滑走 활주　恍惚 황홀　膾炙 회자
嚆矢 효시　嗅覺 후각　萱堂 훤당　毀損 훼손　麾下 휘하
恤兵 휼병　欣快 흔쾌　恰似 흡사　犧牲 희생　詰難 힐난

(2) 동자이음어(同字異音語)

覺 ┌ 깨달을 각 : 覺醒(각성)　　降 ┌ 내릴 강 : 降等(강등)
　 └ 꿈깰 교 : 覺眼(교안)　　　　 └ 항복할 항 : 降服(항복)

覺 ┌ 깨달을 각 : 覺醒(각성)　　降 ┌ 내릴 강 : 降等(강등)
　 └ 꿈깰 교 : 覺眼(교안)　　　　 └ 항복할 항 : 降服(항복)

乾 ┌ 하늘 건 : 乾坤(건곤)　　　更 ┌ 다시 갱 : 更新(갱신)
　 └ 마를 간 : 乾物(간물)　　　　 └ 고칠 경 : 變更(변경)

見 ┌ 볼 견 : 見學(견학)　　　　句 ┌ 글귀 구 : 文句(문구)
　 └ 드러날 현 : 謁見(알현)　　　 └ 글귀 귀 : 句節(귀절)

龜 ┌ 거북 귀 : 龜趺(귀부)　　　洞 ┌ 동리 동 : 洞里(동리)
　 └ 땅이름 구 : 龜浦(구포)　　　 └ 구멍 동 : 洞窟(동굴)

內 ┌ 안 내 : 室內(실내)　　　　金 ┌ 쇠 금 : 金庫(금고)
　 └ 궁궐 나 : 內人(나인)　　　　 └ 성씨 김 : 金氏(김씨)

丹 ┌ 붉을 단 : 丹靑(단청)　　　宅 ┌ 집안 댁 : 宅內(댁내)
　 └ 꽃이름 란 : 牡丹(모란)　　　 └ 집 택 : 住宅(주택)

單 ┌ 홀로 단 : 簡單(간단)　　　　度 ┌ 법도 도 : 制度(제도)
　 └ 오랑캐임금 선 : 單于氏(선우씨)　 └ 헤아릴 탁 : 忖度(촌탁)

讀 ┌ 읽을 독 : 讀書(독서)　　　率 ┌ 비례 률 : 比率(비율)
　 └ 구절 두 : 句讀(구두)　　　　 └ 거느릴 솔 : 統率(통솔)

樂 ┌ 즐길 락 : 娛樂(오락)　　　說 ┌ 말씀 설 : 說明(설명)
　 └ 좋아할 요 : 樂山(요산)　　　 └ 달랠 세 : 遊說(유세)

木 ┌ 나무 목 : 草木(초목)　　　反 ┌ 돌이킬 반 : 反擊(반격)
　 └ 모과 모 : 木瓜(모과)　　　　 └ 뒤칠 번 : 反杳(번답)

기출문제

'降'은 '강(내리다)'과 '항(항복하다)'으로 읽힌다. '降'의 독음이 다른 하나는?

2020. 9. 26. 지역인재

① 降等　　② 投降
③ 降水量　④ 昇降機

☞ ②

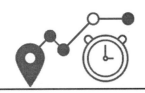

復
┌ 회복할 복 : 復舊(복구)
└ 다시 부 : 復活(부활)

北
┌ 북녘 북 : 南北(남북)
└ 패할 배 : 敗北(패배)

索
┌ 찾을 색 : 搜索(수색)
└ 적막할 삭 : 索莫(삭막)

食
┌ 먹을 식 : 食事(식사)
└ 밥 사 : 簞食(단사)

什
┌ 열 사람 십 : 什長(십장)
└ 세간 집 : 什器(집기)

識
┌ 알 식 : 識見(식견)
└ 기록할 지 : 標識(표지)

惡
┌ 악할 악 : 惡魔(악마)
└ 미워할 오 : 憎惡(증오)

葉
┌ 잎 엽 : 落葉(낙엽)
└ 성 섭 : 葉氏(섭씨)

切
┌ 끊을 절 : 切斷(절단)
└ 모두 체 : 一切(일체)

車
┌ 수레 차 : 自動車(자동차)
└ 수레 거 : 車馬費(거마비)

合
┌ 합할 합 : 合同(합동)
└ 홉 홉 : 五合(오홉)

否
┌ 아니 부 : 否定(부정)
└ 막힐 비 : 否運(비운)

寺
┌ 절 사 : 寺刹(사찰)
└ 내관 시 : 內侍(내시)

塞
┌ 막을 색 : 閉塞(폐색)
└ 변방 새 : 要塞(요새)

殺
┌ 죽일 살 : 殺人(살인)
└ 감할 쇄 : 相殺(상쇄)

省
┌ 살필 성 : 反省(반성)
└ 덜 생 : 省略(생략)

辰
┌ 때 신 : 生辰(생신)
└ 별 진 : 辰宿(진수)

若
┌ 같을 약 : 若干(약간)
└ 땅이름 야 : 般若(반야)

易
┌ 쉬울 이 : 容易(용이)
└ 바꿀 역 : 貿易(무역)

參
┌ 참여할 참 : 參加(참가)
└ 석 삼 : 參拾(삼십)

則
┌ 법칙 칙 : 規則(규칙)
└ 곧 즉 : 然則(연즉)

行
┌ 갈 행 : 行軍(행군)
└ 항렬 항 : 行列(항렬)

(3) 상대어(相對語)·반대어(反對語)

- 强(굳셀 강)↔弱(약할 약)
- 去(갈 거)↔來(올 래)
- 傑(뛰어날 걸)↔拙(못날 졸)
- 京(서울 경)↔鄕(시골 향)
- 屈(굽을 곡)↔沆(대항할 항)
- 勤(부지런할 근)↔怠(게으를 태)
- 諾(승락할 낙)↔拒(물리칠 거)
- 禍(재앙 화)↔福(복 복)
- 貸(빌릴 대)↔借(빌 차)
- 鈍(둔할 둔)↔敏(민첩할 민)
- 瞭(밝을 료)↔曖(희미할 애)
- 忙(바쁠 망)↔閑(한가할 한)
- 問(물을 문)↔答(답할 답)
- 美(아름다울 미)↔醜(추할 추)
- 虛(빌 허)↔實(찰 실)
- 悲(슬플 비)↔喜(기쁠 희)
- 勝(이길 승)↔敗(패할 패)
- 新(새 신)↔舊(옛 구)
- 逆(거스를 역)↔順(좇을 순)
- 凹(오목할 요)↔凸(볼록할 철)

- 開(열 개)↔閉(닫을 폐)
- 建(세울 건)↔壞(무너뜨릴 괴)
- 儉(검소할 검)↔奢(사치할 사)
- 輕(가벼울 경)↔重(무거울 중)
- 貴(귀할 귀)↔賤(천할 천)
- 禽(날짐승 금)↔獸(길짐승 수)
- 難(어려울 난)↔易(쉬울 이)
- 斷(끊을 단)↔繼(이을 계)
- 同(같을 동)↔異(다를 이)
- 得(얻을 득)↔失(잃을 실)
- 利(이로울 리)↔害(해로울 해)
- 賣(팔 매)↔買(살 매)
- 好(좋을 호)↔惡(미워할 오)
- 潑(활발할 발)↔萎(시들 위)
- 賢(어질 현)↔愚(어리석을 우)
- 貧(가난할 빈)↔富(넉넉할 부)
- 視(볼 시)↔聽(들을 청)
- 深(깊을 심)↔淺(얕을 천)
- 厭(싫을 염)↔樂(좋아할 요)
- 友(벗 우)↔敵(원수 적)

- 優(뛰어날 우)↔劣(못날 렬)
- 陰(그늘 음)↔陽(볕 양)
- 戰(싸울 전)↔和(화목할 화)
- 淨(깨끗할 정)↔汚(더러울 오)
- 興(일어날 흥)↔亡(망할 망)

- 隱(숨을 은)↔顯(나타날 현)
- 因(까닭 인)↔果(결과 과)
- 絕(끊을 절)↔續(이을 속)
- 靜(고요할 정)↔騷(시끄러울 소)
- 統(합칠 통)↔分(나눌 분)

- 可決(가결)↔否決(부결)
- 謙虛(겸허)↔倨慢(거만)
- 屈服(굴복)↔抗拒(항거)
- 漠然(막연)↔確然(확연)
- 反目(반목)↔和睦(화목)
- 非凡(비범)↔平凡(평범)
- 永劫(영겁)↔刹那(찰나)
- 愚昧(우매)↔賢明(현명)

- 謙遜(겸손)↔傲慢(오만)
- 供給(공급)↔需要(수요)
- 歸納(귀납)↔演繹(연역)
- 模糊(모호)↔分明(분명)
- 潑剌(발랄)↔萎縮(위축)
- 勝利(승리)↔敗北(패배)
- 昇進(승진)↔左遷(좌천)
- 漸進(점진)↔急進(급진)

(4) 중요 어휘

① 나이에 관한 어휘

나이	어휘	나이	어휘
10대	沖年(충년)	15세	志學(지학)
20세	弱冠(약관)	30세	而立(이립)
40세	不惑(불혹)	50세	知天命(지천명)
60세	耳順(이순)	70세	古稀(고희)
77세	喜壽(희수)	88세	米壽(미수)
99세	白壽(백수)	100세	期頤之壽(기원지수)

② 가족의 호칭

구분	본인		타인	
	생존시	사 후	생존시	사 후
父(아버지)	家親(가친) 嚴親(엄친) 父主(부주)	先親(선친) 先考(선고) 先父君(선부군)	春府丈(춘부장) 椿丈(춘장) 椿堂(춘당)	先大人(선대인) 先考丈(선고장) 先人(선인)
母(어머니)	慈親(자친) 母生(모생) 家慈(가자)	先妣(선비) 先慈(선자)	慈堂(자당) 大夫人(대부인) 萱堂(훤당)	先大夫人(선대부인) 先大夫(선대부)
子(아들)	家兒(가아) 豚兒(돈아) 迷豚(미돈)	亡兒(망아)	令郎(영랑) 令息(영식) 令胤(영윤)	
女(딸)	女息(여식)		令愛(영애) 令孃(영양)	

⚡ 기출문제

해당 나이를 지칭하는 말이 아닌 것은?

2020. 9. 26. 지역인재

① 20세 – 약관(弱冠)
② 50세 – 불혹(不惑)
③ 60세 – 육순(六旬)
④ 70세 – 고희(古稀)

☞ ②

⚡ 기출문제

밑줄 친 지칭어의 쓰임이 옳지 않은 것은?

2017. 8. 26. 지역인재

① 사위 : 장인어른, 장모님께서도 평안하시지요?
② 아내 : 여보, 우리 이번 주말에 친정아버지께 다녀와요.
③ 동료 : 김 선생님, 내일이 제 선친의 칠순 잔칫날입니다.
④ 며느리 : 어머니, 얼마 전 아비가 승진을 했어요.

☞ ③

1 밑줄 친 부분의 한자가 나머지 셋과 다른 것은?

2021. 9. 11. 지역인재

① <u>백</u>주에 일어난 사건에 주민들은 모두 경악했다.
② 그녀는 자신의 결<u>백</u>을 입증하기 위해 노력했다.
③ 그의 소식을 알려고 <u>백</u>방으로 수소문하고 다녔다.
④ 형은 시험지의 여<u>백</u>을 활용하여 수학문제를 풀었다.

> **TIP** ③ 백방(百方) : 여러 가지 방법, 온갖 수단과 방도
> ① 백주(白晝) : 환한 밝은 낮
> ② 결백(潔白) : 깨끗하고 흼, 행동이나 마음씨가 조촐하여 아무런 허물이 없음
> ④ 여백(餘白) : 글씨를 쓰거나 그림을 그리고 남은 빈자리

2 밑줄 친 부분의 한자어로 적절하지 않은 것은?

2020. 7. 18. 일반군무원

> 코로나가 갖고 온 변화는 ㉠<u>침체</u>된 것처럼 보이는 삶－㉡<u>위축</u>된 경제와 단절된 관계와 불투명한 미래까지 － 에서부터 일상의 작은 규칙들, 마스크를 쓰고 손을 씻고 사회적 거리두기를 하는 것 등 삶의 전반에 크고 작은 영향을 끼쳤다. 그것이 우리 눈앞에 펼쳐진 코로나 이후의 맞닥뜨린 냉혹한 현실이지만 반대급부도 분명 존재한다. 가만히 들여다보면 차가운 현실의 이면에는 분명 또 다른 내용의 속지가 숨겨져 있다. 코로나로 인해 '국가의 감염병 예방 시스템이 새롭게 정비되고 ㉢<u>방역</u> 의료체계가 발전하고 환경오염이 줄고'와 같은 거창한 것은 ㉣<u>차치</u>하고라도 당장, 홀로 있음의 경험을 통해서 내 자신의 마음 들여다보기가 가능해졌다.

① ㉠ 沈滯
② ㉡ 萎縮
③ ㉢ 紡疫
④ ㉣ 且置

> **TIP** ③ 紡疫→防疫 : 전염병이 발생하거나 유행하는 것을 미리 막는 일

ANSWER 1.③ 2.③

3 ⊙ ~ ⓔ의 한자 표기로 옳은 것은?

2020. 7. 11. 인사혁신처

> 과학사를 들춰 보면 기존의 학문 체계에 ⊙도전했다가 낭패를 본 인물들의 이야기를 자주 만날 수 있다. 대표적인 인물이 천동설을 부정하고 지동설을 주장한 갈릴레이이다. 천동설을 ⓛ지지하던 당시의 권력층은 그들의 막강한 힘을 이용하여 갈릴레이를 신의 권위에 도전하는 이단자로 욕하고 목숨까지 위협했다. 갈릴레이가 영원한 ⓒ침묵을 ⓔ맹세하지 않고 계속 지동설을 주장했더라면 그는 단두대의 이슬로 사라졌을지도 모른다.

① ⊙ 逃戰

② ⓛ 持地

③ ⓒ 浸黙

④ ⓔ 盟誓

TIP ④ 맹세는 일정한 약속이나 목표를 꼭 실천하겠다고 다짐함을 뜻하는데. 盟 맹세할 맹, 誓 맹세할 서(세)이다. 따라서 맹세의 표기는 올바르다.
① '정면으로 맞서 싸움을 걺', '어려운 사업이나 기록 경신 따위에 맞섬'을 비유적으로 이르는 말을 뜻하는 '도전'은 挑戰과 같이 쓰는 것이 옳다.
② '어떤 사람이나 단체 따위의 주의 · 정책 · 의견 따위에 찬동하여 이를 위하여 힘을 씀. 또는 그 원조'를 뜻하는 지지는 支持로 쓰는 것이 옳다.
③ '어떤 일에 대하여 그 내용을 밝히지 아니하거나 비밀을 지킴. 또는 그런 상태'를 뜻하는 침묵은 沈黙으로 쓰는 것이 옳은 표기이다.

4 밑줄 친 부분의 한자 표기가 잘못된 것은?

2019. 6. 15. 제1회 지방직

① 그는 여러 차례 TV 출연으로 유명세(有名勢)를 치렀다.
② 누가 먼저 할 것인지 복불복(福不福)으로 정하기로 했다.
③ 긴박한 상황이라 대증요법(對症療法)을 쓸 수밖에 없었다.
④ 사건의 경위(經緯)는 알 수 없지만, 결과만 본다면 우리에게 유리하다.

TIP 유명세(有名稅)의 세는 '稅(세금 세)'를 쓴다. 유명세(有名稅)의 의미가 '세상에 이름이 널리 알려져 있는 탓으로 당하는 불편이나 곤욕을 속되게 이르는 말'이기 때문이다.

5 괄호 안에 공통으로 들어갈 한자는?

2018. 8. 18. 지역인재

> 回( ): 원래의 상태로 돌이키거나 원래의 상태를 되찾음
> ( )命: 명령을 받고 일을 처리한 사람이 그 결과를 보고함
> ( )活: 죽었다가 다시 살아남

① 復   ② 死
③ 生   ④ 歸

TIP • 回復(회복): 원래의 상태로 돌이키거나 원래의 상태를 되찾음
      • 復命(복명): 명령을 받고 일을 처리한 사람이 그 결과를 보고함
      • 復活(부활): 죽었다가 다시 살아남
      ① 復: 회복할 복, 다시 부
      ② 死: 죽을 사
      ③ 生: 날 생
      ④ 歸: 돌아갈 귀

6 밑줄 친 부분에 들어갈 한자어로 가장 적절한 것은?

2018. 4. 7. 인사혁신처

> _____(이)란 이익과 관련된 갈등을 인식한 둘 이상의 주체들이 이를 해결할 의사를 가지고 모여서 합의에 이르기 위해 대안들을 조정하고 구성하는 공동 의사 결정 과정을 말한다.

① 協贊   ② 協奏
③ 協助   ④ 協商

TIP ④ 협상: 어떤 목적에 부합되는 결정을 하기 위하여 여럿이 서로 논의함
      ① 협찬: 힘을 합하여 도움, 어떤 일 따위에 재정적으로 도움을 줌
      ② 협주: 독주 악기와 관현악이 합주하면서 독주 악기의 기교가 돋보이게 연주함
      ③ 협조: 힘을 보태어 도움

ANSWER 5.① 6.④

1 다음 중 호칭이 바르지 않은 것은?

① 仁兄 – 벗을 높이어 부를 때
② 萱堂 – 살아계신 자기 어머니
③ 家親 – 살아계신 자기 아버지
④ 春府丈 – 살아계신 남의 아버지

TIP ② 萱堂(훤당) … 살아계신 남의 어머니를 높여 부르는 말이다.

2 밑줄 친 말의 한자 표기가 맞는 것은?

이런 샌님의 생각으로는 청렴 개결(淸廉介潔)을 생명으로 삼는 선비로서 재물을 알아서는 안 된다. 어찌 감히 이해를 따지고 가릴 것이냐. 오직 예의 · 염치(廉恥)가 있을 뿐이다. 인(仁)과 의(義) 속에 살다가 인과 의를 위하여 죽는 것이 떳떳하다. 백이와 숙제를 배울 것이요, 악비(岳飛)와 문천상(文天祥)을 본받을 것이다. 이리하여 마음에 음사(淫邪)를 생각하지 않고, 입으로 재물을 말하지 않는다. 어디 가서 취대하여 올 주변도 못 되지마는, 애초에 그럴 생각을 염두에 두는 일이 없다.

① 取貸   ② 取待
③ 就貸   ④ 就待

TIP 取貸(취대) … 돈을 돌려서 꾸어 주거나 꾸어 씀

3 다음 중 가장 많은 나이를 가리키는 한자어는?

① 이순(耳順)   ② 불혹(不惑)
③ 희수(喜壽)   ④ 미수(米壽)

TIP ① 60세
② 40세
③ 77세
④ 88세

4 다음 중 서로 반대의 뜻을 가진 한자는?

① 非, 常   ② 可, 觀
③ 過, 用   ④ 優, 劣

TIP ④ 優(뛰어날 우) ↔ 劣(못할 렬)

ANSWER 1.② 2.① 3.④ 4.④

5 다음 글에서 밑줄 친 단어를 한자로 바르게 쓴 것은?

> 이번에 ㉠제시한 개선 방안이 ㉡미흡하여 공무원 ㉢연금 개혁이 ㉣지연되고 있다.

① ㉠ 題示　　　　　　　　　② ㉡ 未吸
③ ㉢ 捐金　　　　　　　　　④ ㉣ 遲延

TIP ① 제시(提示) : 어떤 의사를 말이나 글로 나타내어 보임
② 미흡(未洽) : 흡족하지 못하거나 만족스럽지 않음
③ 연금(年金) : 국가나 사회에 특별한 공로가 있거나 일정기간 동안 국가기관에 복무한 사람에게 해마다 주는 돈

6 다음 중 한자의 음이 잘못된 것은?

① 模倣 – 모방　　　　　　　② 忖度 – 촌탁
③ 釀出 – 갹출　　　　　　　④ 改悛 – 개준

TIP ④ 改悛(개전) : 행실이나 태도의 잘못을 뉘우치고 마음을 바르게 고쳐먹음

7 다음 (　　) 안에 알맞은 한자는?

> 국장으로부터 決(　　)를 받았다.

① 載　　　　　　　　　　　② 裁
③ 濟　　　　　　　　　　　④ 栽

TIP ② 決裁(결재): 결정할 권한이 있는 상관이 부하가 제출한 안건을 검토하여 허가하거나 승인함

8 다음 한자의 음이 모두 옳은 것은?

① 膏肓(고망), 分別(분별)
② 錯誤(착오), 誘惑(수혹)
③ 暴惡(포악), 看過(간고)
④ 傀儡(괴뢰), 遝至(답지)

TIP ① 膏肓(고황) ② 誘惑(유혹) ③ 看過(간과)

ANSWER 5.④ 6.④ 7.② 8.④

한자성어 · 속담 · 고유어

02

1 ·· 한자 성어

ㄱ

- 刻骨難忘(각골난망) : 입은 은혜에 대한 고마움을 뼛속 깊이 새기어 잊지 않음
- 刻舟求劍(각주구검) : 판단력이 둔하여 세상일에 어둡고 어리석다는 말
- 甘呑苦吐(감탄고토) : 달면 삼키고 쓰면 뱉는다는 뜻으로 신의(信義)를 돌보지 않고 사리(私利)를 꾀한다는 말
- 甲男乙女(갑남을녀) : 보통의 평범한 사람들
- 改過遷善(개과천선) : 지나간 허물을 고치고 착하게 됨
- 隔靴搔癢(격화소양) : 신을 신은 채 가려운 발바닥을 긁음과 같이 일의 효과를 나타내지 못함을 이르는 말
- 牽強附會(견강부회) : 이치에 맞지 않는 말을 억지로 끌어 붙여 자기의 주장하는 조건에 맞도록 함
- 見物生心(견물생심) : 물건을 보면 욕심이 생긴다는 말
- 見危致命(견위치명) : 나라의 위태로움을 보고는 목숨을 아끼지 않고 나라를 위하여 싸움
- 結草報恩(결초보은) : 죽어 혼령이 되어도 은혜를 잊지 않고 갚음
- 鷄卵有骨(계란유골) : 달걀 속에도 뼈가 있다는 뜻으로 뜻밖에 장애물이 생김을 이르는 말
- 孤掌難鳴(고장난명) : 손바닥 하나로는 소리가 나지 않는다는 뜻으로 상대가 없이 혼자 힘으로 일하기 어렵다는 말
- 苦盡甘來(고진감래) : 고생 끝에 낙이 온다는 말
- 曲學阿世(곡학아세) : 그릇된 학문을 하여 세속에 아부함
- 過猶不及(과유불급) : 지나친 것은 미치지 못한 것과 같다는 말
- 管鮑之交(관포지교) : 제(齊)나라 관중(管仲)과 포숙(鮑叔)의 사귐이 매우 친밀했다는 고사에서 유래한 말로, 친구끼리의 매우 두터운 사귐을 이르는 말
- 刮目相對(괄목상대) : 눈을 비비고 다시 본다는 말로, 다른 사람의 학문이나 덕행이 크게 진보한 것을 말함
- 矯角殺牛(교각살우) : 뿔을 고치려다 소를 죽인다는 뜻으로, 작은 일에 힘쓰다 큰 일을 망친다는 말
- 敎學相長(교학상장) : 가르쳐 주거나 배우거나 다 나의 학업을 증진시킨다는 뜻
- 九折羊腸(구절양장) : 아홉 번 꼬부라진 양의 창자라는 뜻으로, 산길 따위가 몹시 험하게 꼬불꼬불한 것을 이르는 말
- 群鷄一鶴(군계일학) : 닭의 무리 속에 끼어 있는 한 마리의 학이란 뜻으로 평범한 사람 가운데서 뛰어난 사람을 일컫는 말
- 近墨者黑(근묵자흑) : 먹을 가까이하면 검어진다는 뜻으로 나쁜 사람과 사귀면 그 버릇에 물들기 쉽다는 말
- 錦衣還鄕(금의환향) : 비단 옷을 입고 고향으로 돌아온다는 뜻으로 타향에서 크게 성공하여 자기 집으로 돌아감을 이르는 말

ㄴ

- 爛商公論(난상공론) : 여러 사람들이 잘 의논함
- 難兄難弟(난형난제) : 누구를 형이라 하고 누구를 동생이라 해야 할지 분간하기 어렵다는 뜻으로 사물의 우열이 없다는 말
- 南柯一夢(남가일몽) : 꿈과 같이 헛된 한때의 부귀영화
- 男負女戴(남부여대) : 남자는 짐을 등에 지고 여자는 짐을 머리에 인다는 뜻으로 가난에 시달린 사람들이 살 곳을 찾아 떠돌아 사는 것을 이르는 말
- 囊中之錐(낭중지추) : 주머니 속에 든 송곳이라는 뜻으로 재주가 뛰어난 사람은 숨어 있어도 저절로 사람들이 알게 됨을 이르는 말

기출문제

다음 글에 해당하는 한자성어로 옳은 것은?

2005. 4. 24. 중앙인사위원회

학문에 진리 탐구 이외의 다른 목적이 섣불리 앞장을 설 때, 그 학문은 자유를 잃고 왜곡(歪曲)될 염려조차 있다. 학문을 악용하기 때문에 오히려 좋지 못한 일을 하는 경우가 얼마나 많은가? 진리 이외의 것을 목적으로 할 때, 그 학문은 한 때의 신기루와도 같아, 우선은 찬연함을 자랑할 수 있을지 모르나, 과연 학문이라고 할 수 있을까부터가 문제다.

① 학수고대(鶴首苦待) ② 곡학아세(曲學阿世)
③ 견강부회(牽強附會) ④ 다기망양(多岐亡羊)

☞ ②

- 綠衣紅裳(녹의홍상) : 연두 저고리에 다홍 치마라는 뜻으로 곱게 차려 입은 젊은 아가씨의 복색을 이르는 말
- 弄瓦之慶(농와지경) : 딸을 낳은 기쁨
- 弄璋之慶(농장지경) : 아들을 낳은 기쁨
- 累卵之危(누란지위) : 달걀을 쌓아 놓은 것과 같이 매우 위태함

- 多岐亡羊(다기망양) : 길이 여러 갈래여서 양을 잃다는 뜻으로 학문의 길이 다방면이어서 진리를 깨치기 어려움을 이르는 말
- 多多益善(다다익선) : 많으면 많을수록 좋음
- 斷機之戒(단기지계) : 학문을 중도에 그만둔다는 것은 짜던 베의 끊음과 같다는 맹자 어머니의 교훈
- 簞食瓢飮(단사표음) : 도시락 밥과 표주박 물, 즉 변변치 못한 살림을 가리키는 말로 청빈한 생활을 이름
- 大器晩成(대기만성) : 큰 그릇은 이루어짐이 더디다는 뜻으로 크게 될 사람은 성공이 늦다는 말
- 塗炭之苦(도탄지고) : 진흙탕이나 숯불에 빠졌다는 뜻으로 몹시 고생스러움을 일컬음
- 同病相憐(동병상련) : 처지가 서로 비슷한 사람끼리 서로 동정하고 도움
- 同床異夢(동상이몽) : 같은 처지와 입장에서 저마다 딴 생각을 함
- 登高自卑(등고자비) : 높은 곳에 오르려면 낮은 곳에서부터 오른다는 뜻으로, 일을 순서대로 하여야 함을 이르는 말
- 得隴望蜀(득롱망촉) : 농(隴)나라를 얻고 나니 촉(蜀)나라를 갖고 싶다는 뜻으로, 인간의 욕심은 한이 없음을 비유해 이르는 말
- 燈下不明(등하불명) : 등잔 밑이 어둡다는 뜻으로 가까이 있는 것이 오히려 알아내기 어려움을 이르는 말

- 磨斧爲針(마부위침) : 아무리 이루기 힘든 일이라도 끊임없는 노력과 끈기 있는 인내가 있으면 성공하고야 만다는 뜻
- 馬耳東風(마이동풍) : 남의 말을 귀담아 듣지 않고 흘려 버림
- 萬頃蒼波(만경창파) : 한없이 넓고 푸른 바다
- 明明白白(명명백백) : 아주 똑똑하게 나타나 의문의 여지가 없음을 이르는 말
- 明若觀火(명약관화) : 불을 보는 듯이 환하게 분명히 알 수 있음
- 矛盾撞着(모순당착) : 같은 사람의 문장이나 언행이 앞뒤가 서로 어그러져서 모순됨
- 目不忍見(목불인견) : 차마 눈 뜨고 볼 수 없는 참상이나 꼴불견
- 門前成市(문전성시) : 권세를 드날리거나 부자가 되어 집문 앞에 찾아오는 손님들로 가득 차서 시장을 이룬 것 같음

- 拍掌大笑(박장대소) : 손바닥을 치면서 크게 웃음
- 拔本塞源(발본색원) : 폐단의 근원을 아주 뽑아서 없애 버림
- 傍若無人(방약무인) : 언행이 방자하고 제멋대로 행동하는 사람
- 背恩忘德(배은망덕) : 은혜를 잊고 도리어 배반함
- 白骨難忘(백골난망) : 죽어서도 잊지 못할 큰 은혜를 입음
- 百年河淸(백년하청) : 아무리 세월이 가도 일을 해결할 희망이 없음
- 夫唱婦隨(부창부수) : 남편이 창을 하면 아내도 따라 하는 것이 부부 화합의 도리라는 것
- 附和雷同(부화뇌동) : 제 주견이 없이 남이 하는 대로 그저 무턱대고 따라함
- 氷炭之間(빙탄지간) : 얼음과 숯불처럼 서로 화합될 수 없음

기출문제

한자 성어를 속담으로 뜻풀이할 때 옳지 않은 것은?

2011. 4. 행정안전부

① 득롱망촉(得隴望蜀) : "말 가는 데 소도 간다."라는 뜻이다.
② 교각살우(矯角殺牛) : "빈대 잡으려다 초가삼간 태운다."라는 뜻이다.
③ 당랑거철(螳螂拒轍) : "하룻강아지 범 무서운 줄 모른다."라는 뜻이다.
④ 망양보뢰(亡羊補牢) : "소 잃고 외양간 고친다."라는 뜻이다.

☞ ①

기출문제

다음 글이 설명하고 있는 민간 풍속과 관련이 깊은 것은?

2012. 9. 22. 하반기 지방직

그때 귀신이 모습을 나타내고, 처용 앞에 꿇어앉아 말했다. 제가 그대의 아내를 사모해 오늘 범했는데, 그대는 노한 모습을 보이지 않으니, 감동해서 그것을 찬미합니다. 맹세컨대 이다음에는 그대의 모습을 그린 그림만 보아도 그쪽엔 얼씬도 하지 않겠습니다." 하고 물러났다. 신라 사람들은 이후부터 처용의 얼굴을 그려 문에 걸어 두었다.

① 벽사진경(辟邪進慶)
② 견강부회(牽强附會)
③ 비육지탄(髀肉之嘆)
④ 사필귀정(事必歸正)

☞ ①

- 四面楚歌(사면초가) : 한 사람도 도우려는 자가 없이 고립되어 곤경에 처해 있음
- 沙上樓閣(사상누각) : 모래 위에 세운 누각이라는 뜻으로, 기초가 튼튼하지 못하여 오래 견디지 못할 일이나 물건을 이르는 말
- 事必歸正(사필귀정) : 무슨 일이든지 결국은 옳은 대로 돌아간다는 뜻
- 死後藥方文(사후약방문) : 이미 때가 늦음
- 殺身成人(살신성인) : 절개를 지켜 목숨을 버림
- 三顧草廬(삼고초려) : 유비가 제갈량을 세 번이나 찾아가 군사로 초빙한 데에서 유래한 말로 인재를 얻기 위해 끈기 있게 노력한다는 말
- 三遷之敎(삼천지교) : 맹자의 어머니가 아들의 교육을 위하여 세 번 거처를 옮겼다는 고사에서 유래하는 말로 생활 환경이 교육에 있어 큰 구실을 한다는 말
- 桑田碧海(상전벽해) : 뽕나무밭이 변하여 바다가 된다는 뜻으로 세상일의 변천이 심하여 사물이 바뀜을 비유하는 말
- 塞翁之馬(새옹지마) : 세상일은 복이 될지 화가 될지 예측할 수 없다는 말
- 雪上加霜(설상가상) : 눈 위에 또 서리가 덮인다는 뜻으로 불행이 엎친 데 덮친 격으로 거듭 생김을 이르는 말
- 說往說來(설왕설래) : 서로 변론(辯論)을 주고 받으며 옥신각신함
- 首丘初心(수구초심) : 고향을 그리워하는 마음을 일컫는 말
- 水深可知 人心難知(수심가지 인심난지) : 물의 깊이는 알 수 있으나 사람의 속마음은 헤아리기가 어렵다는 뜻
- 水魚之交(수어지교) : 교분이 매우 깊은 것을 말함[君臣水魚(군신수어)]
- 脣亡齒寒(순망치한) : 입술이 없으면 이가 시린 것처럼 서로 돕던 이가 망하면 다른 한쪽 사람도 함께 위험하다는 말
- 是是非非(시시비비) : 옳고 그름을 가림
- 識字憂患(식자우환) : 아는 것이 탈이라는 말로 학식이 있는 것이 도리어 근심을 사게 됨을 이름
- 十匙一飯(십시일반) : 열 사람이 한 술씩 보태면 한 사람 먹을 분량이 된다는 뜻으로 여러 사람이 힘을 합하면 한 사람을 쉽게 도울 수 있다는 말

- 我田引水(아전인수) : 제 논에 물대기. 자기에게 유리하도록 행동하는 것
- 安貧樂道(안빈낙도) : 빈궁한 가운데 편안하게 생활하여 도(道)를 즐김
- 羊頭狗肉(양두구육) : 양의 머리를 내걸고 개고기를 판다는 뜻으로 겉모양은 훌륭하나 속은 변변치 않음을 이르는 말
- 漁父之利(어부지리) : 도요새가 조개를 쪼아 먹으려다가 둘 다 물리어 서로 다투고 있을 때 어부가 와서 둘을 잡아갔다는 고사에서 나온 말로 둘이 다투는 사이에 제3자가 이득을 보는 것
- 言中有骨(언중유골) : 예사로운 말 속에 깊은 뜻이 있음
- 緣木求魚(연목구어) : 나무에 올라가 물고기를 구하듯 불가능한 일을 하고자 할 때를 비유하는 말
- 烏飛梨落(오비이락) : 까마귀 날자 배 떨어진다는 뜻으로 공교롭게도 어떤 일이 같은 때에 일어나 남의 의심을 받게 됨을 이르는 말
- 傲霜孤節(오상고절) : 서릿발 속에서도 굴하지 않고 외로이 지키는 절개라는 뜻으로 국화를 두고 하는 말
- 五十步百步(오십보백보) : 양자 간에 차이는 있으나 본질적으로는 같다는 뜻

기출문제

괄호 안에 들어갈 사자성어로 가장 적절한 것은?

2017. 8. 26. 지역인재

우리 자신의 것을 바탕으로 하지 않는 문화는 (   )에 불과합니다. 다른 일이나 물건들과 마찬가지로 문화 또한 그 기초가 튼튼해야 하기 때문입니다.

① 일석이조(一石二鳥)
② 사상누각(沙上樓閣)
③ 설왕설래(說往說來)
④ 동병상련(同病相憐)

☞ ②

기출문제

밑줄 친 말과 관련된 한자 성어로 가장 적절한 것은?

2016. 8. 27. 지역인재

그는 사정도 들어 보기 전에 딱 잘라서 내 부탁을 거절하였다.

① 명명백백(明明白白)
② 일언지하(一言之下)
③ 지호지간(指呼之間)
④ 청천벽력(靑天霹靂)

☞ ②

기출문제

다음 내용에 어울리는 한자성어로 가장 적절한 것은?

2018. 8. 18. 지역인재

옛것을 본받는 사람은 옛 자취에 얽매이는 것이 문제다. 새것을 만드는 사람은 이치에 합당치 않은 것이 걱정이다. 진실로 능히 옛것을 본받으면서 변화할 줄 알고, 새것을 만들면서 법도에 맞을 수만 있다면 지금 글도 옛글만큼 훌륭하게 쓸 수 있을 것이다.

① 一日三秋   ② 先憂後樂
③ 送舊迎新   ④ 溫故知新

☞ ④

- 溫故知新(온고지신) : 옛것을 익히고 나아가 새것을 앎
- 臥薪嘗膽(와신상담) : 섶에 누워 자고 쓴 쓸개를 씹는다는 뜻으로 원수를 갚고자 고생을 참고 견딤을 이르는 말
- 樂山樂水(요산요수) : '智者樂水 仁者樂山(지자요수 인자요산)'의 준말로 지혜 있는 자는 사리에 통달하여 물과 같이 막힘이 없으므로 물을 좋아하고, 어진 자는 의리에 밝고 산과 같이 중후하여 변하지 않으므로 산을 좋아한다는 말
- 欲速不達(욕속부달) : 일을 속히 하려고 하면 도리어 이루지 못한다는 말
- 龍頭蛇尾(용두사미) : 처음엔 그럴 듯하다가 끝이 흐지부지되는 것
- 牛耳讀經(우이독경) : 쇠 귀에 경 읽기라는 뜻으로 아무리 가르치고 일러 주어도 알아듣지 못함을 이르는 말 [牛耳誦經 何能諦聽(우이송경 하능체청)]
- 有備無患(유비무환) : 어떤 일에 미리 준비가 있으면 걱정이 없다는 말
- 以心傳心(이심전심) : 마음과 마음이 서로 통함
- 李下不整冠(이하부정관) : 자두나무 아래에서는 갓을 고쳐 쓰지 말라는 뜻으로 남에게 의심받을 일을 하지 않도록 주의하라는 말
- 益者三友(익자삼우) : 사귀어 이롭고 보탬이 되는 세 벗으로 정직한 사람, 신의 있는 사람, 학식 있는 사람을 가리킴
- 一擧兩得(일거양득) : 하나의 행동으로 두 가지의 성과를 거두는 것
- 日就月將(일취월장) : 나날이 다달이 진보함

- 張三李四(장삼이사) : 장씨(張氏)의 삼남(三男)과 이씨(李氏)의 사남(四男)이라는 뜻으로 평범한 사람을 가리키는 말
- 賊反荷杖(적반하장) : 도둑이 도리어 매를 든다는 뜻으로 잘못한 사람이 도리어 잘한 사람을 나무라는 경우에 쓰는 말
- 轉禍爲福(전화위복) : 화를 바꾸어 복이 되게 한다는 뜻으로 궂은 일을 당하였을 때 그것을 잘 처리하여 좋은 일이 되게 하는 것
- 切磋琢磨(절차탁마) : 학문과 덕행을 갈고 닦음을 가리키는 말
- 頂門一鍼(정문일침) : 정수리에 침을 놓는다는 뜻으로 따끔한 비판이나 충고를 뜻함
- 井底之蛙(정저지와) : 우물 안 개구리. 견문이 좁고 세상 형편을 모름
- 朝三暮四(조삼모사) : 간사한 꾀로 사람을 속여 희롱함. 눈앞에 당장 나타나는 차별만 알고 그 결과가 같음을 모름
- 鳥足之血(조족지혈) : 새 발의 피. 양이 아주 적음
- 晝耕夜讀(주경야독) : 낮에 일하고 밤에 공부함. 바쁜 틈을 타서 어렵게 공부를 함
- 走馬加鞭(주마가편) : 달리는 말에 채찍을 더한다는 뜻으로 잘하는 사람에게 더 잘하도록 하는 것을 일컬음
- 走馬看山(주마간산) : 말을 달리면서 산을 본다는 말로 바빠서 자세히 보지 못하고 지나침을 뜻함
- 竹馬故友(죽마고우) : 죽마를 타고 놀던 벗, 즉 어릴 때 같이 놀던 친한 친구
- 指鹿爲馬(지록위마) : 중국 진나라의 조고(趙高)가 이세 황제(二世皇帝)의 권력을 농락하려고 일부러 사슴을 말이라고 속여 바쳤다는 고사에서 유래한 것으로 윗사람을 농락하여 권세를 마음대로 함을 가리킴
- 進退維谷(진퇴유곡) : 앞으로 나아갈 수도 뒤로 물러설 수도 없이 꼼짝할 수 없는 궁지에 빠짐[進退兩難(진퇴양난)]

- 滄海桑田(창해상전) : 푸른 바다가 변하여 뽕밭으로 된다는 뜻으로 세상일이 덧없이 바뀜을 이르는 말[桑田碧海(상전벽해)]
- 天高馬肥(천고마비) : 하늘이 높고 말이 살찐다는 뜻으로 가을철을 일컫는 말
- 千慮一得(천려일득) : 아무리 바보같은 사람일지라도 한 가지쯤은 좋은 생각이 있다는 말

기출문제

다음 빈칸에 들어갈 한자의 연결로 옳은 것은?

2008. 9. 24. 중앙인사위원회

온고지신(溫○○新)

① 顧 − 支   ② 故 − 知
③ 告 − 知   ④ 高 − 紙

☞ ②

기출문제

다음 중 한자성어와 의미의 연결이 어색한 것은?

2007. 7. 8. 서울특별시

① 走馬加鞭(주마가편) – 사물의 겉만을 보고 대강 지나감
② 盤根錯節(반근착절) – 얽히고 설키어 해결하기 어려움
③ 賊反荷杖(적반하장) – 도둑이 도리어 매를 듦
④ 姑息之計(고식지계) – 언 발에 오줌누기

☞ ①

기출문제

다음 한자성어의 풀이로 적절하지 않은 것은?

2013. 9. 7. 서울특별시

① 左顧右眄 : 앞뒤를 재고 망설임
② 不問曲直 : 옳고 그름을 따지지 아니함
③ 靑出於藍 : 제자가 스승보다 뛰어남
④ 支離滅裂 : 흩어지고 찢기어 갈피를 잡을 수 없음
⑤ 千慮一失 : 잘못된 생각이 손해로 이어짐

☞ ⑤

- 千慮一失(천려일실) : 여러 번 생각하여 신중하고 조심스럽게 한 일에도 때로는 한 가지 실수가 있음을 이르는 말
- 千載一遇(천재일우) : 천 년에나 한번 만날 수 있는 기회, 즉 좀처럼 얻기 어려운 기회
- 靑出於藍(청출어람) : 쪽에서 우러난 푸른 빛이 쪽보다 낫다는 뜻으로 제자가 스승보다 더 뛰어남을 이르는 말
- 草綠同色(초록동색) : 풀과 녹색은 같은 빛임. 같은 처지나 같은 유의 사람들은 그들끼리 함께 행동한다는 말
- 寸鐵殺人(촌철살인) : 조그만 쇠붙이로 사람을 죽인다는 뜻으로 간단한 말이나 문장으로 사물의 가장 요긴한 데를 찔러 듣는 사람을 감동하게 하는 것
- 針小棒大(침소봉대) : 바늘을 몽둥이라고 말하듯 과장해서 말하는 것

- 他山之石(타산지석) : 다른 산에서 나는 하찮은 돌도 자기의 옥(玉)을 가는 데에 도움이 된다는 뜻으로 다른 사람의 하찮은 언행일지라도 자기의 지덕을 연마하는 데에 도움이 된다는 말
- 卓上空論(탁상공론) : 실현성이 없는 허황된 이론
- 吐盡肝膽(토진간담) : 솔직한 심정을 숨김없이 모두 말함

- 破竹之勢(파죽지세) : 대를 쪼개는 것처럼 거침없이 나아가는 세력
- 風樹之嘆(풍수지탄) : 부모가 이미 세상을 떠나 효도할 수 없음을 한탄함
- 風前燈火(풍전등화) : 바람 앞의 등불처럼 매우 위급한 경우에 놓여 있음을 일컫는 말
- 匹夫匹婦(필부필부) : 평범한 남자와 평범한 여자

- 下石上臺(하석상대) : 아랫돌을 빼서 윗돌을 괴고 윗돌을 빼서 아랫돌을 괸다는 뜻으로 임시변통으로 이리저리 둘러 맞춤을 말함
- 緘口無言(함구무언) : 입을 다물고 아무런 말이 없음
- 含哺鼓腹(함포고복) : 배불리 먹고 즐겁게 지냄
- 咸興差使(함흥차사) : 심부름을 시킨 뒤 아무 소식이 없거나 회답이 더디 올 때 쓰는 말
- 孑孑單身(혈혈단신) : 의지할 곳 없는 외로운 홀몸
- 螢雪之功(형설지공) : 중국 진나라의 차윤(車胤)이 반딧불로 글을 읽고 손강(孫康)은 눈(雪)의 빛으로 글을 읽었다는 고사에서 유래된 말로 고생하면서도 꾸준히 학문을 닦은 보람을 이르는 말
- 好事多魔(호사다마) : 좋은 일에는 방해가 되는 일이 많다는 뜻
- 虎死留皮(호사유피) : 범이 죽으면 가죽을 남김과 같이 사람도 죽은 뒤 이름을 남겨야 한다는 말[豹死留皮(표사유피)]
- 浩然之氣(호연지기) : 잡다한 일에서 해방된 자유로운 마음. 하늘과 땅 사이에 넘치게 가득찬 넓고도 큰 원기. 공명정대하여 조금도 부끄러울 바 없는 도덕적 용기
- 換骨奪胎(환골탈태) : 얼굴이 이전보다 더 아름다워짐. 선인의 시나 문장을 살리되, 자기 나름의 새로움을 보태어 자기 작품으로 삼는 일
- 會者定離(회자정리) : 만나면 반드시 헤어짐
- 後生可畏(후생가외) : 후진들이 젊고 기력이 있어 두렵게 여겨짐
- 興盡悲來(흥진비래) : 즐거운 일이 다하면 슬픔이 옴, 즉 흥망과 성쇠가 엇바뀜을 일컫는 말

기출문제

밑줄 친 부분과 맥락이 닿는 한자 성어는?

2009. 4. 11. 행정안전부

석벽에 매달려 백록담을 따라 남쪽으로 내려가다가, 털썩 주저앉아 잠시 동안 휴식을 취하였다. 모두 지쳐서 피곤했지만, 서쪽을 향해 있는 봉우리가 이 산의 정상이었으므로 조심스럽게 조금씩 올라갔다. 그러나 나를 따라오는 사람은 겨우 셋뿐이었다. … (중략) … 멀리 보이는 섬들이 옹기종기, 큰 것은 구름장만 하게 작은 것은 달걀만 하게 보이는 등 풍경이 천태만상이었다. 「맹자」에 "바다를 본 자에게는 바다 이외의 물은 물로 보이지 않으며, 태산에 오르면 천하가 작게 보인다." 라고 했는데, 성현의 역량(力量)을 어찌 우리가 상상이나 할 수 있겠는가?

① 浩然之氣   ② 勞心焦思
③ 乾坤一擲   ④ 焦眉之急

☞ ①

기출문제

밑줄 친 말이 옳게 쓰인 것은?

2016. 8. 27. 지역인재

① 세계를 다 둘러보아도 우리나라의 산수갑산 같은 오지는 많지 않다.
② 조부님은 한국전쟁 중에 홀홀단신으로 월남하여 서울에 정착하셨다.
③ 그들과 마주한 순간 나는 절대절명의 순간에 몰린 것처럼 체념하고 말았다.
④ 사람이 환골탈태한다고 하지만 그가 달라져도 이렇게 달라질 수 있는지 놀라웠다.

☞ ④

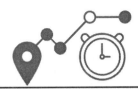

❷ ·· 속담

- **가까운 제 눈썹 못 본다**: 멀리 보이는 것은 용케 잘 보면서도 자기 눈앞에 가깝게 보이는 것은 오히려 잘 못 본다는 뜻
- **가난한 집 제사 돌아오듯 한다**: 힘들고 괴로운 일이 자주 닥쳐옴을 일컫는 말
- **간다간다 하면서 아이 셋 낳고 간다**: 하던 일을 말로만 그만둔다고 하고서 실제로는 그만두지 못하고 질질 끈다는 말
- **갈치가 갈치 꼬리 문다**: 친근한 사이에 서로 모함한다는 말
- **거미줄로 방귀동이 듯 한다**: 일을 함에 있어 건성으로 형용만 하는 체 하는 말
- **굽은 나무가 선산을 지킨다**: 쓸모없어 보이는 것이 오히려 제 구실을 한다는 뜻
- **굿하고 싶지만 맏며느리 춤추는 것 보기 싫다**: 무엇을 하려고 할 때 자기 마음에 들지 않는 미운 사람이 참여하여 기뻐함이 보기 싫어서 꺼려한다는 말
- **그물이 열 자라도 벼리가 으뜸이다**: 아무리 수가 많아도 주장되는 것이 없으면 소용이 없다는 뜻

- **나무는 큰 나무 덕을 못 보아도 사람은 큰 사람의 덕을 본다**: 뛰어난 인물에게서는 알게 모르게 가르침이나 영향을 받게 된다는 말
- **내 발등의 불을 꺼야 아비 발등의 불을 끈다**: 급할 때는 남의 일보다 자기 일을 먼저 하기 마련이라는 뜻
- **노름에 미치면 신주도 팔아먹는다**: 노름에 깊이 빠져든 사람은 노름 돈을 마련하기 위해 수단과 방법을 가리지 않고 나쁜 짓까지 해 가면서 노름하게 된다는 뜻
- **놀부 제사지내듯 한다**: 몹시 인색하고 고약한 짓을 한다는 뜻

- **다리가 위에 붙었다**: 일이 반대로 되어 아무짝에도 소용이 없다는 뜻
- **도둑놈 개 꾸짖듯 한다**: 남에게 들리지 않게 입 속으로 중얼거림
- **도둑의 때는 벗어도 자식의 때는 못 벗는다**: 자식의 잘못을 그 부모가 지지 않을 수 없다는 뜻
- **들은 풍월 얻은 문자다**: 자기가 직접 공부해서 배운 것이 아니라 보고 들어서 알게 된 글임
- **등잔불에 콩 볶아 먹는 놈**: 어리석고 옹졸하며 하는 짓마다 보기에 답답한 일만 하는 사람을 두고 이름
- **디딜방아질 삼 년에 엉덩이춤만 배웠다**: 디딜방아질을 오랫동안 하다보면 엉덩이춤도 절로 추게 된다는 뜻

- **망신살이 무지갯 살 뻗치듯 한다**: 큰 망신을 당하여 많은 사람으로부터 심한 원망과 욕을 먹게 되었을 때 쓰는 말
- **명태 한 마리 놓고 딴전 본다**: 본래 하고 있는 일과는 전혀 상관없는 일을 하고 있다는 말
- **문전 나그네 흔연 대접**: 어떤 신분의 사람이라도 자기를 찾아온 사람은 친절히 대하라는 말
- **물방아 물도 서면 언다**: 무슨 일이든 꾸준하고 부지런하게 하지 않으면 안 된다는 말

📄 기출문제

다음 글의 내용과 관련된 속담으로 가장 적절한 것은?

2012. 5. 12. 상반기 지방직

우리 토박이말이 있는데도 그것을 쓰지 않고 외국에서 들여온 말을 쓰는 버릇이 생겼다. '가람'이 옛날부터 있는데도 중국에서 '강(江)'이 들어오더니 '가람'을 물리쳤고 '뫼'가 있는데도 굳이 '산(山)'이 그 자리에 올라 앉고 말았다.

… (중략) …

원래 '외래어'란, 우리말로 적당하게 표현할 말이 없을 때에 마지못해 외국말에서 빌려다 쓰다가 보니 이제 완전히 우리말과 똑같이 되어 버린 것을 말한다. '학교, 선생, 비행기, 가족계획' 등등의 무수한 한자어가 그것이며, '버스, 빌딩, 커피, 뉴스' 등등 서양에서 들여온 외국어가 그것이다.

---

① 발 없는 말이 천 리 간다.
② 굴러 온 돌이 박힌 돌 뺀다.
③ 낮말은 새가 듣고 밤말은 쥐가 듣는다.
④ 말은 해야 맛이고 고기는 씹어야 맛이다.

☞ ②

📄 기출문제

다음 중 의미가 유사한 속담과 한자의 연결로 바르지 못한 것은?

2007. 7. 8. 서울특별시

① 달리는 말에 채찍질한다. → 走馬加鞭
② 달면 삼키고 쓰면 뱉는다. → 甘呑苦吐
③ 가난한 집 제사 돌아오듯 한다. → 貧則多事
④ 티끌 모아 태산 → 土積成山
⑤ 가난 구제는 나라도 못한다. → 艱難辛苦

☞ ⑤

- 뱁새는 작아도 알만 잘 낳는다 : 작아도 제 구실 못하는 법이 없다는 뜻
- 버들가지가 바람에 꺾일까 : 부드러운 것이 단단한 것보다 더 강하다는 뜻
- 벌거벗고 환도 찬다 : 체면이나 예절을 차리지 않고 볼썽사납게 덤벙댐을 이르는 말
- 분다 분다 하니 하루 아침에 왕겨 석 섬 분다 : 잘한다고 추어주니까 무작정 자꾸 한다는 뜻
- 뺨을 맞아도 은가락지 낀 손에 맞는 것이 좋다 : 이왕 욕을 당하거나 복종할 바에야 지위가 높고 덕망이 있는 사람에게 당하는 것이 낫다는 말

- 사자 어금니 같다 : 아주 든든하고 믿음직한 것을 비유적으로 이르는 말
- 산 개가 죽은 정승보다 낫다 : 아무리 구차하고 천한 신세라도 죽는 것보다는 사는 것이 낫다는 말
- 산 호랑이 눈썹 : 도저히 얻을 수 없는 것을 얻으려 하는 것
- 새도 날려면 움츠린다 : 어떤 일이든지 사전에 만반의 준비가 있어야 한다는 뜻
- 새 옷도 두드리면 먼지 난다 : 아무리 청백한 사람이라도 속속들이 파헤쳐 보면 부정이 드러남
- 섣달 그믐날 개밥 퍼주듯 한다 : 남에게 음식을 후하게 준다는 뜻
- 소매 긴 김에 춤춘다 : 별로 생각이 없던 일이라도 그 일을 할 조건이 갖추어졌기 때문에 하게 될 때 쓰는 말
- 시루에 물 퍼붓기 : 아무리 비용을 들이고 애를 써도 효과가 나타나지 않음
- 씻어놓은 흰 죽사발 같다 : 얼굴이 희고 키가 헌칠함을 비유적으로 이르는 말

- 안방에 가면 시어머니 말이 옳고 부엌에 가면 며느리 말이 옳다 : 각각 일리가 있어 그 시비를 가리기 어렵다는 말
- 언 발에 오줌 누기 : 눈앞에 급한 일을 피하기 위해서 하는 임시변통이 결과적으로 더 나쁘게 되었을 때 하는 말
- 염불 못하는 중이 아궁이에 불 땐다 : 무능한 사람은 같은 계열이라도 가장 천한 일을 하게 됨
- 오소리 감투가 둘이다 : 한 가지 일에 책임질 사람은 두 명이 있어서 서로 다툰다는 뜻
- 오동나무 보고 춤춘다 : 성미가 급하여 빨리 서둔다는 뜻
- 이사가는 놈이 계집 버리고 간다 : 가장 중요한 것을 소홀히 하거나 빠뜨리는 경우를 비꼬아 이르는 말

- 자는 범 침 주기 : 그대로 가만 두었으면 아무 일도 없었을 것을 공연히 건드려서 일을 저질러 위태롭게 된다는 말
- 장가들러 가는 놈이 불알 떼어놓고 간다 : 가장 긴요한 것을 잊어버린다는 말
- 장구치는 놈 따로 있고 고개 까딱이는 놈 따로 있나? : 저 혼자서 할 수 있는 일을 남에게 나누어 하자고 할 때 핀잔주는 말
- 죽 푸다 흘려도 솥 안에 떨어진다 : 일이 제대로 안 되어 손해를 본 것 같지만 따지고 보면 결코 손해는 없다는 뜻
- 쥐 잡으려다가 장독 깬다 : 조그만 일을 하려다가 큰일을 그르친다는 말

기출문제

밑줄 친 부분에 들어갈 속담으로 가장 적절한 것은?

2010. 5. 22. 상반기 지방직

"계정회가 세간에 이름이 나서 회원들이 많이 불편해 하는 기색일세. 이러다가는 회 자체가 깨어지는 게 아닌지 모르겠네." "깨어지기야 하겠는가. _____, 나는 이번 일을 오히려 잘된 일루 생각허네."

– 홍성원, 먼동 –

① 쫓아가서 벼락 맞는다고
② 곤장 메고 매품 팔러 간다고
③ 식초에 꿀 탄 맛이라고
④ 마디가 있어야 새순이 난다고

☞ ④

기출문제

서로 의미가 유사한 속담과 한자성어를 짝지은 것이다. 관련이 없는 것끼리 묶은 것은?

2019. 6. 15. 서울특별시

① 원님 덕에 나팔 분다 – 狐假虎威
② 소 잃고 외양간 고친다 – 晩時之歎
③ 언 발에 오줌 누기 – 雪上加霜
④ 낫 놓고 기역자도 모른다 – 目不識丁

☞ ③

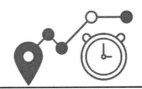

- 참새가 허수아비 무서워 나락 못 먹을까 : 일을 하려면 다소의 위험 정도는 감수해야 한다는 뜻
- 책망은 몰래하고 칭찬은 알게 하랬다 : 남을 책망할 때에는 다른 사람이 없는 데에서 하고 칭찬할 때에는 다른 사람 보는 앞에서 하여 자신감을 심어주라는 뜻
- 처갓집에 송곳 차고 간다 : 처갓집 밥은 꼭꼭 눌러 담았기 때문에 송곳으로 파야 먹을 수 있다는 말로, 처 갓집에서는 사위 대접을 극진히 한다는 뜻
- 천둥에 개 놀라듯 한다 : 몹시도 놀라서 허둥대며 정신을 못 차리고 날뛴다는 뜻
- 촌놈은 밥그릇 큰 것만 찾는다 : 무식한 사람은 어떠한 물건의 질은 무시하고 그저 양이 많은 것만 요구한 다는 뜻
- 칠 년 가뭄에 하루 쓸 날 없다 : 오랫동안 날씨가 개고 좋다가도 모처럼 무슨 일을 하려고 하면 비가 온다는 말

- 콩 볶아 먹다가 가마솥 터뜨린다 : 작은 이익을 탐내다가 도리어 큰 해를 입는다는 말
- 콩 심은 데 콩 나고 팥 심은 데 팥 난다 : 원인에 따라서 결과가 생긴다는 말
- 콩으로 메주를 쑨다 하여도 곧이 듣지 않는다 : 거짓말을 잘하여 신용할 수 없다는 말

- 평생 신수가 편하려면 두 집을 거느리지 말랬다 : 두 집 살림을 차리게 되면 대부분 집안이 항상 편하지 못하다는 뜻
- 포도청 문고리도 빼겠다 : 겁이 없고 대담한 사람을 두고 하는 말
- 핑계 없는 무덤 없다 : 무슨 일이라도 반드시 핑계거리는 있다는 말

- 함박 시키면 바가지 시키고, 바가지 시키면 쪽박 시킨다 : 어떤 일을 윗사람이 아랫사람에게 시키면 그는 또 제 아랫사람에게 다시 시킨다는 말
- 항우도 댕댕이 덩굴에 넘어진다 : 비록 힘이 세더라도 방심하여 조심하지 않으면 실수를 할 수 있으므로 작 고 보잘 것 없다 하여 깔보아서는 안 된다는 말
- 허허해도 빚이 열닷냥이다 : 겉으로는 쾌활하고 낙천적인 듯하나 속으로는 근심이 가득하다는 뜻
- 호랑이에게 개 꾸어 주기 : 빌려주면 다시 받을 가망이 없다는 말

③ ·· 고유어

- 가시다 : 변하여 없어지다.
- 가탈 : 일이 순편히 진행되지 못하게 방해하는 조건
- 갊다 : 간직하다.
- 갖 : 가죽
- 객적다 : 공연한 짓으로 부질없고 싱겁다.
- 거멀못 : 나무, 그릇 등의 금간 데나 벌어질 염려가 있는 곳에 걸쳐 박는 못
- 겅성드뭇하다 : 많은 것이 헤어져 군데군데 있다.
- 겻불 : 겨를 태우는 불
- 고즈너기 : 슬그머니(표준말은 아니지만 문학 작품에 자주 쓰임)
- 곬 : 한쪽으로 트인 길
- 구저분하다 : 거칠고 더럽다.
- 구트나 : 구태여
- 궂다 : 언짢고 거칠다. 날씨가 나쁘다.
- 기틀 : 일의 가장 중요한 고비
- 길마 : 짐을 싣기 위하여 소의 등에 얹는 틀
- 길쌈 : 피륙을 짜는 일
- 깃들이다 : 보금자리에 들어 살다.
- 껄끄럽다 : 껄껄하여 미끄럽지 못하다. 꺼끄러기(벼나 보리 등의 수염) 같은 것이 몸에 붙어 살이 따끔거리다.

- 낫잡다 : 좀 넉넉하게 치다. '낫'은 길게 발음함
- 느껍다 : 어떤 느낌이 일어나다.
- 늙마 : 늙어가는 무렵. '늘그막과 같은 뜻

- 다리 : 여자의 머리숱을 많게 하려고 덧넣는 머리
- 대거리 : 서로 번갈아 일함
- 더기 : 고원의 평평한 곳. 본래는 '덕'
- 더치다 : 병이 도지다.
- 도다녀오다 : 갔다가 지체하지 않고 올 길을 빨리 오다.
- 돝 : 돼지
- 돎다 : 샅샅이 더듬어 뒤져서 찾다.
- 되우 : 매우 심하게
- 두메 : 깊은 산골
- 둔치 : 물가의 언덕 또는 강이나 호수 따위에 물이 있는 곳의 가장자리
- 드리없다 : 일정하지 않다. 대중없다.
- 듣다 : 물방울이 떨어지다.
- 뚱기차다 : 깨닫지 못하는 사람에게 눈치채게 깨우쳐 주다.
- 뜨악하다 : 마음이 선뜻 내키지 않다.

- 마뜩하다 : 제법 마음에 들 만하다.
- 마른일 : 바느질이나 길쌈 따위와 같이 손에 물을 묻히지 아니하고 하는 일
- 머쓱하다 : 무안을 당하거나 흥이 꺾여 어색하고 열없다.
- 모지라지다 : 물건의 끝이 닳아서 없어지다.
- 모집다 : 허물이나 결함 따위를 명백하게 지적하다.
- 목대잡다 : 여러 사람을 거느리고 일을 시키거나 지휘하다.
- 미립 : 경험을 통하여 얻은 묘한 이치나 요령
- 미투리 : 삼, 노 따위로 삼은 신
- 민틋하다 : 울퉁불퉁한 곳이 없이 평평하고 비스듬하다.
- 밎다 : '미치다'의 준말

- 버성기다 : 벌어져서 틈이 나다.
- 버캐 : 액체 속에 섞였던 염분이 엉겨서 뭉쳐진 찌꺼기
- 벅벅이 : 틀림없이 그러하리라고 미루어 헤아리는 뜻을 나타내는 말
- 벌다 : 틈이 생겨서 사이가 뜨다.
- 벼리 : 그물 위쪽 코를 꿰어 잡아당기는 동아줄
- 벼리다 : 연장의 무딘 날을 불에 달궈 날카롭게 하다.
- 볏 : 닭이나 꿩의 이마 위에 세로로 붙은 살조각
- 보습 : 쟁기에 달린 삽 모양의 쇳조각
- 복장 : 가슴의 한복판
- 북받치다 : 속에서 치밀어 오르다.
- 불리다 : 쇠를 달구어 단련하다.

- 사립문 : 나뭇가지를 엮어서 만든 문
- 새우다 : 시기하다.
- 설핏하다 : 거칠고 성기다.
- 성깃하다 : 사이가 배지 않고 뜨다. 조금 성긴 것 같다.
- 소담하다 : 음식이 넉넉하여 보기에도 아름답고 먹음직하다.
- 솟보다 : 물건을 잘 살피지 않고 비싸게 사다.
- 수더분하다 : 성질이 순하고 소박하다.
- 숫접다 : 순박하고 수줍어하는 태도가 있다.
- 시나브로 : 모르는 사이에 조금씩 조금씩. 다른 일을 하는 사이사이에
- 시앗 : 남편의 첩

📖 기출문제

다음 중 '벼리'와 가장 가까운 단어는?

2002. 4. 28. 서울특별시

효도와 우애는 선비의 벼리요, 선비는 사람의 벼리요, 선비의 우아한 행실은 모든 행동의 벼리이다.

① 척도   ② 요체
③ 이상   ④ 결정
⑤ 토대

☞ ②

- 아이다 : 빼앗기다.
- 알토란같다 : 내용이 충실하다. 살림이 오붓한 경우에도 쓰임. '알토란'은 털을 다듬은 토란
- 앙바틈하다 : 짤막하고 딱 바라지다.
- 어줍다 : 언어와 동작이 부자연하고 시원스럽지 못하다.
- 어쭙잖다 : 하는 짓이 분수에 넘쳐 비웃을 만하다.
- 얼쭝거리다 : 가까이 돌며 그럴듯한 말로 자주 아첨하다.
- 에끼다 : 주고 받을 물건이나 일을 비겨 없애다.
- 에다 : 예리한 연장으로 도려내다.
- **여염집** : 보통 사람의 살림집
- 여울 : 물살이 세게 흐르는 곳
- 오롯하다 : 온전하다.
- 옹골지다 : 실속 있게 꽉 차다. 옹골지고 기운찬 것을 '옹골차다'라고 함
- 외우 : 외지게. 멀리
- 이드거니 : 분량이 흐뭇하게
- 이러구러 : 우연히 이러하게 되어
- 이울다 : 꽃이나 나뭇잎이 시들다.

- 자발없다 : 참을성이 없고 경솔하다. '자발머리없다'라고도 함
- 잣다 : 물레를 돌려 실을 뽑다.
- 재다 : 동작이 굼뜨지 아니하다.
- 저어하다 : 두려워하다.
- 주접들다 : 잔병이 많아 자라지 못하다.
- 지척거리다 : 힘없이 다리를 끌며 억지로 걷다.

- 차반 : 음식. 구차한 집에서 없으면 굶다가 생기면 뒷일을 생각하지 않고 많이 먹을 때 '범의 차반'이라 함
- 채반 : 싸릿개비를 결어서 만든 납작하고 울이 없는 그릇
- 초들다 : 입에 올려서 말하다.
- 총 : 말의 갈기와 꼬리의 털
- 추김 : 가만히 있는 사람을 꾀어 끌어냄
- 추렴 : 모임이나 놀음의 비용으로 각자가 얼마씩 내어 거둠. '출렴(出斂)'에서 나온 말
- 치레 : 잘 매만져서 모양을 내는 일

- 켜 : 물건을 포개어 놓은 층
- 켯속 : 일의 갈피

- **태가다** : 그릇에 깨진 금이 나다. 그릇의 깨진 금을 '태'라고 함
- **퇴물림** : 퇴박맞은 물건
- **투미하다** : 어리석고 둔하다.
- **트레바리** : 까닭없이 남에게 반대하기를 좋아하는 성미
- **틀수하다** : 성질이 넓고 깊다.

- **함치르르** : 곱고 윤이 나는 모양
- **헛헛하다** : 속이 비어 배고픈 느낌이 있다. 헛헛한 증세를 '헛헛증'이라 함
- **헤식다** : 단단하지 못하여 헤지기 쉽다.
- **호젓하다** : 무서운 느낌이 날 만큼 쓸쓸하다.
- **화수분** : 재물이 자꾸 생겨 아무리 써도 줄지 않음
- **화장** : 옷의 겨드랑이로부터 소매까지의 길이
- **휘휘하다** : 너무 쓸쓸하여 무서운 느낌이 있다. '휘하다'라고도 함

1 (가)에 들어갈 한자성어로 가장 적절한 것은?

2021. 9. 11. 지역인재

> 이 책에서는 일상에서 일어나는 우연한 사건이나 깜짝 놀랄 만한 일들도 모두 통계나 수학으로 설명할 수 있다며 많은 사례를 제시한다. 제시되는 통계적 · 수학적 개념들도 상식의 수준에서 충분히 이해할 만하다. 그래서 무엇보다 재미가 있다. 다만 가끔은 신비로워야 할 세상사를 모두 일련의 법칙으로 풀어내는 방식에 다소간의 저항감을 갖는 독자도 있을 것이다. 또한, 책에 등장하는 일부 사례들은 고개를 갸우뚱하게 한다. 예를 들어, '로또 복권의 모든 경우의 수를 전부 구입하면 그중의 하나는 반드시 1등 당첨이 된다.'라는 내용이 나오는데, 개념적으로 이해는 되지만 현실의 국면에서는 이치에 맞지 않을 수도 있는 사례를 통해 주장을 피력하는 것은 아닌가 하여, ___(가)___ (이)라는 말을 떠올리게 한다.

① 目不識丁   ② 牽强附會
③ 緣木求魚   ④ 不問可知

TIP 지문의 마지막문장에서 '현실의 국면에서 이치에 맞지 않을 수도 있는 사례를 통해 주장을 피력하는 것은 아닌가 하여' 라는 말로 미루어 보아 (가)에 들어갈 적절한 한자 성어는 ② 견강부회(牽强附會)임을 알 수 있다.
② 견강부회(牽强附會) : 이치에 맞지 않는 말을 억지로 끌어다 붙임
① 목불식정(目不識丁) : 눈을 뜨고도 고무래를 알아보지 못한다는 뜻으로, 아주 무식함을 비유하는 말
③ 연목구어(緣木求魚) : 나무에 올라가 물고기를 구한다는 뜻으로, 불가능한 일을 굳이 하려고 함을 비유하는 말
④ 불문가지(不問可知) : 묻지 아니하여도 알 수 있음

2 다음 글에서 [   ]에 들어갈 말로 가장 적절한 것은?

2020. 9. 19. 경찰공무원

> 동양의 유토피아는 몇 가지 유형으로 나뉜다. [   ] 유형 유토피아는 중국의 시인 도연명(陶淵明)의 소설체 산문 '도화원기'에 등장한다. 무릉 땅에 사는 어부가 강물을 따라 산으로 들어갔는데 복숭아꽃이 만발한 곳을 지나자 산의 막다른 곳에서 동굴이 나타났다. 동굴을 통과하니 별천지가 전개되고 모두가 행복하게 살아가는 마을이 나타났다. 어부는 그들로부터 환대를 받았다. 집으로 돌아가야 할 때 그는 나중에 다시 찾아갈 생각으로 산길에 표시를 해 놓았다. 그러나 다시 살펴보니 표식이 모두 없어져 결국 [   ]으로 돌아갈 수 없게 되었다는 것이다.

① 安分知足   ② 簞瓢陋巷
③ 武陵桃源   ④ 風月主人

TIP 도연명의 '도화원기'에서 이상향이나 별천지를 비유적으로 이르는 말로 '武陵桃源(무릉도원)'이라는 표현이 유래되었다.
① 安分知足(안분지족) : 편안한 마음으로 제 분수를 지키며 만족할 줄을 앎
② 簞瓢陋巷(단표누항) : 누항에서 먹는 한 그릇의 밥과 한 바가지의 물이라는 뜻으로, 선비의 청빈한 생활을 이르는 말
④ 風月主人(풍월주인) : 맑은 바람과 밝은 달 따위의 아름다운 자연을 즐기는 사람

ANSWER 1.② 2.③

3 다음 내용과 관계있는 한자성어로 가장 거리가 먼 것은?

> 선비는 단순한 지식 습득에 목적을 두지 않고 아는 것을 실천하는 것에 중점을 두고 있다. 또한 선비는 개인의 이익보다 사회 정의를 생각하며 행동하고 살아간다. 자신의 인격을 완성하고 그것을 통해 모든 사람에게 평안한 삶을 살게 하는 것이 그들의 궁극적 목적이다. 선비가 갖추어야 할 덕목은 많지만 상호 연결되어 있다. 자신을 낮추는 자세, 타인을 존중하는 마음, 검소하고 청렴결백한 삶 등이 하나로 연결되어 있는 것이다.

① 見利思義　　　　　　　　　② 勞謙君子
③ 修己安人　　　　　　　　　④ 梁上君子

TIP 선비의 덕목과 가장 먼 한자성어를 골라야 한다.
④ 梁上君子(양상군자) : 들보 위의 군자라는 뜻으로, 도둑을 완곡하게 이르는 말
① 見利思義(견리사의) : 눈앞의 이익을 보면 의리를 먼저 생각함
② 勞謙君子(노겸군자) : 애쓰고 노력하면서도 겸손한 선비
③ 修己安人(수기안인) : 스스로를 갈고 닦아 사람을 평안하게 하는 것

4 다음 작품과 가장 관련 있는 한자성어는?

> 이고 진 저 늙은이 짐 풀어 나를 주오
> 나는 젊었거늘 돌인들 무거울까
> 늙기도 설워라커늘 짐을조차 지실까

① 朋友有信　　　　　　　　　② 長幼有序
③ 君臣有義　　　　　　　　　④ 夫婦有別

TIP 제시된 정철의 훈민가 16수는 어른 공경의 중요성을 가르치고 있는 교훈적 작품이다. 그러므로 어른과 아이 사이의 순서가 있어야 함을 제시한 장유유서(長幼有序)의 의미가 통하는 한자성어이다.
① 붕우유신(朋友有信) : 친구 사이에 지켜야 할 도리는 믿음이다.
③ 군신유의(君臣有義) : 임금과 신하 사이의 도리는 의리에 있다.
④ 부부유별(夫婦有別) : 남편과 아내 사이에는 분별이 있어야 한다.

ANSWER 3.④ 4.②

5 다음 (   ) 속에 들어갈 말로 가장 적절한 것은?

2019. 6. 15. 제1회 지방직

> 방랑시인 김삿갓의 시는 해학과 풍자로 가득 차 있는데, 무슨 시든 단숨에 써 내리는 一筆揮之인데
> 다 가히 (   )의 상태라서 일부러 꾸미지 않았는데도 자연스럽고 아름답다.

① 花朝月夕   ② 韋編三絕
③ 天衣無縫   ④ 莫無可奈

TIP 괄호에 들어갈 말은 '일부러 꾸미지 않았는데 자연스럽고 아름답다'는 의미를 내포하고 있어야 한다.
　　① 花朝月夕(화조월석) : 꽃 피는 아침과 달 밝은 밤이라는 뜻으로, 경치가 좋은 시절을 이름
　　② 韋編三絕(위편삼절) : 한 권의 책을 몇 십 번이나 되풀이해서 읽음
　　③ 天衣無縫(천의무봉) : 천사의 옷은 꿰맨 흔적이 없다는 뜻으로, 일부러 꾸민 데 없이 자연스럽고 아름다우면서 완전함
　　④ 莫無可奈(막무가내) : 도무지 어찌할 수 없음

6 고유어인 것은?

2016. 8. 27. 지역인재

① 고생   ② 얼굴
③ 사탕   ④ 포도

TIP ②는 순우리말이고 ①③④는 모두 한자어이다.
　　① 고생(苦生) : 쓸 고, 날 생 사탕
　　③ 사탕(沙糖/砂糖) : 모래 사, 사탕 탕(당)
　　④ 포도(葡萄) : 포도 포, 포도 도

ANSWER 5.③ 6.②

1 밑줄 친 부분과 어울리는 한자 성어는?

> 초승달이나 보름달은 보는 이가 많지마는, 그믐달은 보는 이가 적어 그만큼 외로운 달이다. 객창한 등(客窓寒燈)에 <u>정든 님 그리워 잠 못 들어 하는 분이나, 못 견디게 쓰린 가슴을 움켜잡은 무슨 한(恨) 있는 사람</u>이 아니면, 그 달을 보아 주는 이가 별로 없을 것이다.

① 동병상련(同病相憐)

② 불립문자(不立文字)

③ 각골난망(刻骨難忘)

④ 오매불망(寤寐不忘)

TIP '오매불망'은 '자나 깨나 잊지 못함'의 의미이다.
  ① 같은 병을 앓는 사람끼리 서로 가엾게 여긴다는 뜻으로, 어려운 처지에 있는 사람끼리 서로 가엾게 여김을 이르는 말
  ② 불도의 깨달음은 마음에서 마음으로 전하는 것이므로 말이나 글에 의지하지 않는다는 말
  ③ 남에게 입은 은혜가 뼈에 새길 만큼 커서 잊히지 아니함

2 괄호 안에 들어갈 말로 가장 적절한 것은?

> 그에게 진짜 불행을 가져다 준 것은 어쩌면 8·15 광복이라고나 해야 할는지도 모른다. 조국의 광복은 우선 내 조부를 몰락시켰다. 그의 위엄은 하루아침에 땅에 떨어져서 헌 짚신짝처럼 짓밟혔고, 근동세 마을을 먹여 살린던 그 많던 가산들도 온통 거덜이 나 버렸던 것이다. 하지만 그것까지는 그래도 어쩔 수 없는 세상 탓으로 돌릴 수 있었을는지도 모른다. 그러나 전에는 (　　　　)이기는 할지언정 그의 앞에선 감히 얼굴조차 바로 쳐들지 못하던 소작인이며 하인배들에게 급기야는 가혹한 조리돌림까지 당해야 했던 그는 마지막 임종의 순간까지도 그날의 수모를 삭히지 못한 채 그들이 자신의 상여 메는 것조차 유언으로 거부했던 터였다.

① 곡학아세(曲學阿世)

② 면종복배(面從腹背)

③ 부화뇌동(附和雷同)

④ 허장성세(虛張聲勢)

TIP 면종복배는 겉으로는 순종하는 척하고 속으로는 딴 마음을 먹는다는 의미이다.
  ① 곡학아세 : 배운 것을 바르게 펼치지 못하고, 뜻을 굽혀가면서 속세에 아부하여 출세하려는 태도나 행동을 이르는 말
  ③ 부화뇌동 : 우레 소리에 맞추어 천지 만물이 함께 울린다는 의미로, 줏대 없이 남의 의견에 동조한다는 말
  ④ 허장성세 : 실력도 없으면서 허세를 부리는 모양을 이르는 말

ANSWER 1.④ 2.②

3 다음 중 ㉠~㉣의 의미와 같지 않은 것은?

> 우리 마을엔 꽈리뿐 아니라 살구나무도 흔했다. 살구나무가 없는 집이 없었다. ㉠여북해야 마을 이름도 행촌리(杏村里)였겠는가. 봄에 살구나무는 개나리와 함께 온 동네를 꽃대궐처럼 화려하게 꾸며 주었지만, 열매는 ㉡시금털털한 개살구였다. 약에 쓰려고 약간의 씨를 갈무리하는 집이 있긴 해도 열매는 아이들도 잘 안 먹어서 떨어진 자리에서 썩어 갔다. 아름다운 마을이었다. 살구꽃이 흐드러지게 필 무렵엔 자운영과 오랑캐꽃이 들판과 ㉢둔덕을 뒤덮었다. 자운영은 고루 질펀하게 피고, 오랑캐꽃은 소복소복 무리를 지어 가며 ㉣다문다문 피었다. 살구가 흙에 스며 거름이 될 무렵엔 분분히 지는 찔레꽃이 외진 길을 달밤처럼 숨가쁘고 그윽하게 만들었다.

① ㉠ - 오죽하면
② ㉡ - 맛이 조금 시면서 떫은
③ ㉢ - 물가의 언덕
④ ㉣ - 사이가 잦지 않고 조금 드물게

> **TIP** ③ '둔덕'은 가운데가 솟아서 불룩하게 언덕이 진 곳을 말한다.

4 '자신의 힘을 헤아리지 못하고 강한 적에게 덤비는 무모한 행동'을 비유하는 말로, 아래 〈보기〉에서 유래된 것은?

> ─────────────〈보기〉─────────────
> 계철(季徹)이 껄껄 웃으면서 말하였다. "만약 선생의 말을 제왕(帝王)의 덕(德)에다 비추어 본다면 마치 사마귀가 앞다리를 벌리고 수레바퀴 앞에 버티고 서 있는 것이나 같은 것이니, 반드시 당해 낼 수 없을 것입니다. 또는 그렇게 한다면 곧 그 자신이 위험에 처하게 될 것입니다. 그는 높은 누대(樓臺)를 갖게는 되겠지만 일이 많아질 것이고, 그에게로 몰려드는 사람만이 많아질 것입니다."

① 붕정만리(鵬程萬里)
② 문경지교(刎頸之交)
③ 당랑거철(螳螂拒轍)
④ 와신상담(臥薪嘗膽)

> **TIP** 당랑거철은 제 역량을 생각하지 않고, 강한 상대나 되지 않을 일에 덤벼드는 무모한 행동거지를 비유적으로 이르는 말이다.
> ① 붕정만리 : '산천만리(山川萬里)'와 같은 뜻으로 산을 넘고 내를 건너 아주 먼 거리
> ② 문경지교 : 생사를 같이할 수 있는 아주 가까운 사이, 또는 그런 친구
> ④ 와신상담 : 원수를 갚거나 마음먹은 일을 이루기 위하여 온갖 어려움과 괴로움을 참고 견딤

ANSWER 3.③ 4.③

5 다음 글에 적합한 고사 성어는?

> 우리 대표팀은 올림픽 예선에서 놀랄 만한 성과를 거두었다. 예선전이 있기 전 주전 선수들의 부상이 있었고 감독의 교체가 있었으며 그러다 보니 대표팀 내부의 심리적인 갈등도 꽤 있었다. 사실 국민 모두 이번 올림픽 예선은 탈락이라는 수모를 겪지 않으면 그나마 다행이라고 생각하고 있었던 것이다. 그러나 대표팀의 모든 코치진과 선수들은 그들에 대한 국민들의 희망을 저버리지 않고 위기를 기회로 전환한 것이다. 그래서인지 대표팀은 들뜨지 않고 본선에서의 진정한 승리, 즉 금메달을 향해 더욱 가열차게 땀방울을 흘리고 있다고 한다. 코치진도 더 강도 높은 훈련을 통해 경기력 향상을 위해 매진하고 있는 것이다.

① 走馬加鞭   ② 走馬看山
③ 切齒腐心   ④ 見蚊拔劍

> **TIP** 주마가편(**走馬加鞭**) … 달리는 말에 채찍질 한다는 뜻으로, 잘하는 사람을 더욱 장려함을 이르는 말이다.
> ② 주마간산(走馬看山) : 말을 타고 달리며 산천을 구경한다는 뜻, 자세히 살피지 않고 대충대충 보고 넘김
> ③ 절치부심(切齒腐心) : 몹시 분하여 이를 갈며 속을 썩이는 것
> ④ 견문발검(見蚊拔劍) : 모기를 보고 칼을 뺀다는 뜻, 보잘 것 없는 작은 일에 지나치게 큰 대책을 세움/조그만 일에 화를 내는 소견이 좁은 사람

6 다음 한자성어와 대응하는 우리말의 관용구의 쓰임이 옳지 않은 것은?

① 袖手傍觀 – 지금 이곳 분위기는 우리도 더이상 <u>가만히 앉아 있어서는</u> 안 된다는 쪽으로 흘러가고 있다.
② 糊口之策 – 내가 회사를 그만두게 되면 당장 <u>입에 풀칠하기도</u> 힘들다.
③ 拔本塞源 – 오늘날 두 집안 사이의 갈등의 <u>뿌리를 캐어</u> 내려가 보면 조선 시대의 당쟁에까지 이르게 된다.
④ 主客顚倒 – 구두 수선비로 만원이 들었지만, 시중에서 구두 한 켤레가 일이만원이니 <u>배보다 배꼽이 큰</u> 셈이지요.

> **TIP** ③ '拔本塞源(발본색원)'은 좋지 않은 일의 근본 원인이 되는 요소를 완전히 없애 버려서 다시는 그러한 일이 생길 수 없도록 함을 이르는 말이다. 여기서 '뿌리를 캐다'는 갈등의 근본적인 원인을 찾아본다는 의미로 쓰였다.
> ① 수수방관(袖手傍觀) : 간섭하거나 거들지 아니하고 그대로 버려둠
> ② 호구지책(糊口之策) : 겨우 먹고살아 갈 수 있는 방법
> ④ 주객전도(主客顚倒) : 사물의 경중·선후·완급 따위가 서로 뒤바뀜

7 ㉠~㉣에 들어갈 한자 숙어나 고사 성어가 바르게 연결된 것은?

> • (㉠)이라고, 내가 가지지 못한 것을 보니 욕심이 생긴다.
> • 그 교수님의 강의 내용은 작년 것과 (㉡)하다.
> • 부정부패를 (㉢)하고서야 나라의 기강이 바로 서는 법이다.
> • 공무원은 (㉣)의 자세로 업무를 처리해야 한다.

	㉠	㉡	㉢	㉣
①	見勿生心	大同少異	發本塞源	不偏不黨
②	見勿生心	大同小異	拔本塞源	不便不黨
③	見物生心	大同小異	拔本塞源	不偏不黨
④	見物生心	大同少異	發本塞源	不便不黨

ANSWER 5.① 6.③ 7.①

TIP ㉠ **견물생심(見物生心)** : 어떠한 실물을 보게 되면 그것을 가지고 싶은 마음이 생김을 뜻하는 말
㉡ **대동소이(大同小異)** : 큰 차이가 없이 거의 같음을 뜻하는 말
㉢ **발본색원(拔本塞源)** : 좋지 않은 일의 근본 원인이 되는 요소를 완전히 없애 버려서 다시는 그러한 일이 생길 수 없도록 함을 뜻하는 말
㉣ **불편부당(不偏不黨)** : 아주 공평하여 어느 쪽으로도 치우침이 없음을 뜻하는 말

8 다음의 글에서 (   ) 안에 들어갈 말로 적절한 것은?

> 내가 원하는 우리 민족의 사업은 결코 세계를 무력으로 정복하거나 경제력으로 지배하려는 것이 아니다. 오직 사랑의 문화, 평화의 문화로 우리 스스로 잘 살고 인류 전체가 의좋게, 즐겁게 살도록 하는 일을 하자는 것이다. 어느 민족도 일찍이 그러한 일을 한 이가 없으니 그것은 공상(空想)이라고 하지 마라. 일찍이 아무도 한 자가 없기에 우리가 하자는 것이다. 이 큰 일은 하늘이 우리를 위하여 남겨 놓으신 것임을 깨달을 때에 우리 민족은 비로소 제 길을 찾고 제 일을 알아본 것이다. 나는 우리나라의 청년 남녀가 모두 과거의 조그맣고 좁다란 생각을 버리고, 우리 민족의 큰 사명에 눈을 떠서, 제 마음을 닦고 제 힘을 기르기로 낙을 삼기를 바란다. 젊은 사람들이 모두 이 정신을 가지고 이 방향으로 힘을 쓸진댄 30년이 못하여 우리 민족은 (   )하게 될 것을 나는 확신하는 바다.

① 刮目相對
② 明若觀火
③ 面從腹背
④ 興亡盛衰

TIP ① **괄목상대(刮目相對)** : 눈을 비비고 다시 본다는 뜻으로 남의 학식이나 재주가 생각보다 부쩍 진보한 것을 이르는 말
② **명약관화(明若觀火)** : 밝기가 불을 보는 것과 같다는 뜻으로, 의심할 여지없이 매우 분명하다는 말
③ **면종복배(面從腹背)** : 겉으로는 복종하는 체하면서 내심으로는 배반함
④ **흥망성쇠(興亡盛衰)** : 흥하고 망함과 성하고 쇠함

9 다음 말의 풀이가 바르지 않은 것은?

① 갈음 - 둘로 나누다.
② 가멸다 - 재산이 많다.
③ 구쁘다 - 먹고 싶은 생각이 나다.
④ 갈무리 - 물건을 잘 정리하여 간수하다.

TIP ① 갈음 : 본디 것 대신에 다른 것으로 바꾸다.

10 다음 중 뜻이 비슷한 속담이 아닌 것은?

① 꿩 먹고 알 먹는다 - 도랑 치고 가재 잡고
② 오동나무 보고 춤춘다 - 우렁도 두렁은 넘는다.
③ 얕은 내도 깊게 건너라 - 돌다리도 두들겨 보고 건너라.
④ 가랑잎이 솔잎보고 바스락거린다고 한다 - 똥 묻은 개가 겨 묻은 개 나무란다.

TIP ① 한 가지 일로 두 가지 효과를 얻음
② "오동나무 보고 춤춘다."는 성질이 매우 급하다는 뜻이고 "우렁도 두렁은 넘는다."는 비록 어리석은 사람이라도 한두 가지의 재능은 지니고 있다는 말이다.
③ 모든 일을 언제나 조심해서 하라는 말
④ 자기 나쁜 점을 모르고 오히려 다른 사람을 탓한다는 말

ANSWER 8.③ 9.① 10.②

한 권으로
자격증
준비하자

사회조사분석사 2급 1차 필기
핵심분석 종합본

해기사 소형선박조종사
자격증 한 번에 따기

비즈니스 사고력 테스트
매경TEST 실전모의고사